U0839463

新时期中国经济外交理论与实践

何中顺　著

时事出版社

目 录

序　章

第一节　问题的提出

外交的历史源远流长。不同的国别在不同的历史时期，外交形成不同的风格和特点。从18世纪开始，随着西方概念的民族国家的产生，在近现代国际关系体系中，国家摆脱了单纯依靠军事手段实现国家利益的局面。外交在世界事务中的地位得到提高，西方各主要国家都成立了专门的外交部门，外交成为实现国家利益的手段之一，并在争夺政治霸权、贸易地位的过程中发挥了重要作用。总之，从根本上讲，外交从形式上来看，其特点是和平的，是排除军事手段之外的所有国家间的交往行为。

随着外交作为一门学科的诞生，国内外理论研究和实务界从不同的层次对外交进行了深入而多维度的研究。对外交的概念，外交学文献里有大量的界定。美国学者怀特（Brian White）认为，外交是在国际体系中居中心地位的沟通过程，是国际行为体通过谈判与对话解决冲突，是一种制度化和职业化的沟通过程。外交是实现对外政策的重要手段。① 鲁毅等编著的《外交学》一书认

① John Baylis and Steve Smith, eds. *The Globalization of World Politics*, Oxford: Oxford University Press, 1998, pp. 250—251.

为，“外交是以主权国家为主体，通过正式代表国家的机构与人员的官方行为，使用交涉、谈判和其他和平方式对外行使主权，以处理国家关系和参与国际事务，是一国维护本国利益及实施对外政策的重要手段”。[①]“任何国家都有由其最高决策机关根据国际形势和战略格局的变化，为维护本国利益，争取有利于本国的国际环境而制定的或调整的外交政策。”[②] 国家对外政策的最重要方面就是国家安全政策、国际经济政策和外交政策。外交政策（diplomatic policy）尤其要关注国际的和平与稳定，如何通过谈判在国际互动中为国家谋求最大利益，最大限度地实现与世界各国的合作与交流，以造就适宜的国际环境。[③]

外交的定义很多，在此不一一列举，但大体有狭义和广义的区分。从广义的概念讲，外交包括维护国家政治、经济、军事、环境、文化等目标的外交政策，以及实施这些外交政策的过程和行为。从狭义的传统外交概念讲，外交就是单纯的安全和政治外交政策和外交行为的统一。外交史上的研究多是从安全和政治的角度对外交进行定义的，即所谓从狭义的角度进行研究，把外交理解为一种过程，是实现对外政策和保障国家利益的重要手段。总之，外交政策是外交行为的指导。而外交政策的制定是以本国的国家利益为出发点的。无论狭义和广义的外交概念，外交都是外交政策和外交行为的统一体。从另一个角度讲，外交包括外交政策目标和保障这些目标实现的手段，也是目标和手段的统一。

国家之间的互动形成国际政治经济关系，国家试图在这种交往关系中实现自己国家利益的最大化。二战后，国际政治经济关

① 鲁毅等：《外交学概论》，世界知识出版社，1997年6月版，第5页。

② 鲁毅等：《外交学概论》，世界知识出版社，1997年6月版，第3页。

③ 李少军著：《国际政治概论》，上海人民出版社，2002年3月第1版，第217页。

系的内容构成日趋多元，国家在设定本国国家利益目标上随之多元。政治、经济、安全、文化、意识形态、环境等都作为对外政策目标，通过外交去实现，同时这些因素本身也作为实现外交政策的手段而加以运用。在这个过程中，外交的内涵和外延都得到了扩大。外交功能也在发生变化，从传统的政治外交、安全外交正在向经济外交、文化外交、民间外交，包括企业外交和总体外交方向发展。传统或狭义的政治外交、安全外交等概念继续保持稳定性的同时，经济外交、环境外交、文化外交等概念日益有了独立存在的价值和必要性，并已经为国际政治和外交的实践所证明。如图所示：

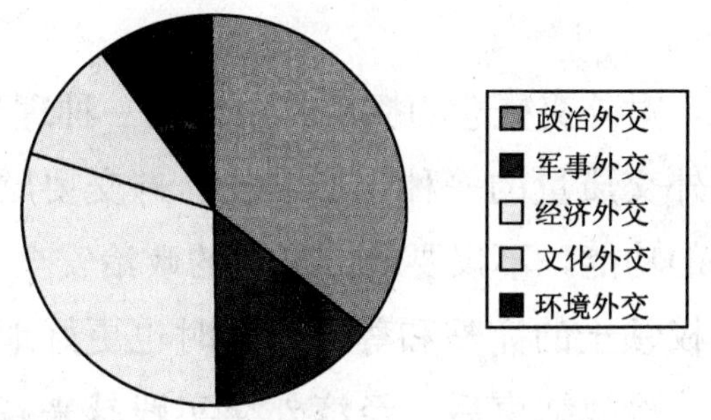

外交含义的变迁，意味着外交功能的延伸。从西方国家外交实践变迁的实践来看，随着国际关系的发展，外交政策的制定早已超出了单纯的政治层面，而涵盖军事安全、国际经济、环境保护、文化科技等众多领域。外交基本方式的变化通过“金元外交”、“石油外交”、“原子外交”等反映出来。[①] 如美国国务院是美国处理对外事务、制定外交政策的核心部门。但二战结束以来，国务院“已经从它影响对外政策制定程序的中心角色的地位

① ［英］巴斯顿，赵怀普等译：《现代外交》，北京：世界知识出版社，2002 年版，第 1 页。

下降了，……变为只是涉及对外政策若干重要机构中的一个”。[①] 一般认为，外交作为维护国家利益的手段之一，外交质量水平的高低在相当程度上影响着该国的权力地位。在评价外交的功能时，美国著名国际政治学者摩根索认为，决定国家权力的所有其他因素好比是制造国家权力的原料，外交将它们结合为一个有机整体，并使它们“沉睡的潜力苏醒”。当外交把构成国家权力的不同要素用于影响国际问题的时候，这些要素就取得了国家权力的表现形式。因此，大英帝国的权力变化与其外交质量的起伏紧密联系。沃尔西、卡萨尔雷和凯宁象征着英国外交质量和帝国权力的巅峰，而张伯伦颇受指责的“积极的绥靖外交”则标志着二者的衰落。[②]

简而言之，对外交概念的探索和研究是一种理论层面的追求，更是国家提高外交质量的一种现实需要。外交要顺应外交内涵的变化来扩大它的功能，不仅要维护国家的政治安全、国家的形象，维护国家的主权领土的完整和尊严，同时也更好地直接为国内的经济建设服务。冷战结束后，经济外交实践越来越普遍，它在整个对外交往当中的作用越来越重要。在国家获取经济利益或者使用经济手段获取政治或安全利益的命题没有过时之前，经济外交的功能和效力就不会降低。所以，随着对外交理论研究的不断深化，对经济外交的研究和关注也应得到高度重视。利奥·布仑凯特认为，国内的贸易促进机构并不能总是成功地进入特定的外贸

---

① 杰里尔·A·罗赛蒂：《美国对外政策的政治学》，北京：世界知识出版社，1997 年版，第 111 页。

② ［美］汉斯·J·摩根索著，肯尼斯·W·汤普森修订，徐昕等译：《国家间政治——寻求权力与和平的斗争》，北京：中国人民公安大学出版社，1990 年版，第 190—193 页。

市场。相反，经验已经证明，许多得以进入境外市场的企业，不仅得到了本国贸易促进组织机构的帮助，而且受益于本国政府的政治干预。在今天激烈竞争的全球市场中，这种贸易和投资关系中的政治已经渗透到各个经济部门。[①]

就中国国内情况而言，随着 1978 年后改革开放的深入和发展，对经济增长目标的积极追求成为国家利益的重要内容。从历史的角度看，20 世纪最重要的事件包括苏联成立和苏东解体、两次世界大战，也应该包括 1979 年后中国的崛起过程。配合国家总体的外交政策和外交实践，经济外交现象日渐突出，并且成绩斐然。经济外交贯穿于改革开放以来外交工作全过程，中央政府更加重视经济外交工作。2004 年 8 月底、9 月初，国务院召开了全国对发展中国家经济外交工作会议，对经济外交工作进行了具体部署。经济外交已经成为新一代中央领导集体外交思想的重要内容。“法国总统来了，直截了当地推销‘空中客车’，美国总统来了，直接呼吁多采购美国大豆，这些都是我们在外交工作中没有充分准备和预料到的”，外交部政府研究司副司长岳晓勇认为，“既然外国元首都要做本国企业的推销员，那我们的外交工作该如何为经济战略服务就成为必须”。[②]

1978 年以来，尤其是冷战结束后至今，中国外交以极其丰富的案例和具体实践证明，经济外交作为一种功能性的实践，已经并且正在发挥越来越重要的作用。无论如何，作为新兴的和转型的发展中大国，中国的经济外交案例具备了相对典型的实践和理

---

① Leo Brincat, “Introductory Remarks,” in Stephen C. Calleya, eds., Economic Diplomacy in the Mediterranean, Malta: University of Malta, 1998, p. 21.

② 《外交部维护国家经济利益 助力中国企业海外发展》，载于《中华工商时报》，2004 年 12 月 20 日。

论方面的文本意义。新时期中国经济外交“是什么”和“应当是什么”？对这样命题的探索和研究，无论对丰富中国外交的理论本身，还是对中国外交的实践，都极具学术价值和实践意义。遗憾的是，这种探索和研究目前在国内学界依旧凤毛麟角而且残缺不全。[①] 所以，以经济外交为理论主体，以中国经济外交为分析个案，深入剖析中国经济外交的历史实践过程，从而取得对中国经济外交的综合而全面的前瞻性的认识，在借鉴的基础上，对中国经济外交历史和现实进行学术厘清，并提出相关领域的政策层面的建议，是中国外交理论研究的需要，更是改革开放与和平崛起实践的需要。

第二节 研究的背景

20 世纪 70 年代末期以后，中国实行改革开放的政策，伴随制度变迁的改革过程，中国社会发生了巨大变化。在对外开放政策的背景下，中国外交为了维护和实现中国的既定国家利益和政策目标，进行了卓有成效的工作。作为发展中的和一个新兴的工业化国家，在改革开放的过程中，中国外交的表现日益丰富和立体，在多个层次和领域进行拓展。从引进国外的资金和技术以及先进的管理方式，到拓展国际合作领域推进双边的和多边的国际经济合作，到各种国际经济机制的参与和创立，中国的经济外交的实践日益丰富。

中国作为一个大国，国内发展的地区和结构差异大，又是一

① 笔者在搜寻资料的过程中，尚未查阅到对中国经济外交进行专门研究的学术专著。

个转型中的制度不断变迁的社会主义国家，多样性和差异性是中国的特点，中国在国家利益的设定上同样具备多样性。因此在国际关系的互动中，为保障国家利益的实现所采取的对外政策也是丰富的。改革开放以来，中国的外交政策逐渐成熟，并表现出连续性和稳定性。同样，为了完成这些外交政策目标，中国所采用的外交手段也是令人瞩目的。首脑外交、公众外交、多边外交、经济外交这些外交手段交叉并用。如同中国的渐进式改革模式在新兴国家的发展进程中具有典型意义一样，中国外交乃至中国经济外交作为模板也具有代表性。

中国的发展面临诸多的挑战。作为实现中国国家利益的手段，外交的方式也面临挑战。外交势必要被赋予更多的内涵。既要总结实践的经验，如何对中国经济外交的理论和现实做出适当的学术评价，也要从不同的维度对中国的经济外交做出有操作性的预测。中国学者曾经对以西方国家为主的国际政治理论，包括外交理论进行了大量的介绍和研究，但因为种种原因，对中国自身的关注却远远不够。中国对外政策学和外交学研究的学术研究成果寥寥可数。外交工作尤其强调知己知彼，但在中国的国际问题研究中，研究彼的多，研究自己的少；诠释现行政策的多，客观分析自己的少。只有客观地研究自己，认识自己，清楚自己的根本利益之所在，才能制定符合自己身份又切实可行的政策，进一步提高中国外交的水平和质量，更好地实现对外政策目标和维护中国的国家利益。对中国大量存在的对经济外交行为的忽视和冷漠，无论从学理上还是从实践上看，都是不应该存在的现象。一些具备实践性的命题，比如：国内政治对外交政策的影响；一国国内的外向型的经济政策或对外经济政策与经济外交作用；经济外交与制度变迁等等。此外，随着中国经济的发展，资源的获得和出口市场的保障等一系列经济问题都摆在中国政府面前，同样也是中国外交所要面临的问题。尤其是资源等问题的缺乏已经上升为中国的国家战略问题。寻求资源等问题的解决理所当然成为中国外交战略的中心内容之一。

作为国际政治中的一个很重要的领域，外交问题对任何国家的研究者来说，都是望而生畏的。在中国人的观念里，一直认为外交无小事。中国国际政治学者王缉思认为，中国学者研究中国的外交问题是很困难的。作为研究客体，中国外交决策过程及运作过程，原始资料匮乏，学者知之甚少，难以对其建立理论分析框架。同时中国学者在研究本国外交时难以超脱，往往主客体不分，感情色彩强烈。① 在屈指可数的专门研究中国对外政策或中国外交的学术专著里，研究者的着眼点也基本上从国家安全的角度进行切入，关注政治或安全手段的运用，极少涉及经济外交。如同中国外交理论研究的薄弱、中国经济外交的研究同样令人唏嘘。总体情况是，中国经济外交的研究，即使翻阅现有的文献，也只能证明在这个问题研究方面的极端匮乏，且研究结论多于实证分析。现有的几本学术文献也基本是从概论的角度对世界经济外交进行纵览，涉及中国的只是几个章节而已。缺乏从系统的和从理论和实证的角度，对中国经济外交进行研究的学术文本。而从国家利益角度对中国的经济安全进行研究的学者，多偏重于具体的数量指标的分析，偏重于经济学意义上的国家对外政策目标的设定，基本上属于微观和局限于操作层面的分析，缺乏从外交学角度或者外交资源的角度的学理分析。毕竟在现实主义竞争的国

① 资中筠主编：《国家政治理论探索在中国》，上海人民出版社，1998 年版，第 296 页。

际环境下，任何国家利益的外部实现和对外政策目标的锁定，都无法离开民族国家行为体的外交行为。①

---

① 关于经济外交，不同国家包括中国的学者已经初步做了尝试。涉及不同的国别和时期。根据中国国家图书馆博士论文和北京大学图书馆学位论文库的检索，近年来涉及经济外交的学位论文主要有：《霸权之路：大萧条至1945年期间的美国对英经济外交》、《中日民间经济外交研究》、《战后日本的经济外交：1952—1972》等。中国其他学者也对经济外交进行了不同视角的研究。主要的文献有：王殊的《在经济活动中看经济外交的重要性》(《瞭望》1986年第12期)、张健的《战后日本经济外交（1952—1972)》(1998)、张学斌的《经济外交与国际经济秩序》、周永生的《经济外交》、金熙德的《日美基轴与经济外交：日本外交的转型》、由碧竹的《经济外交》、夏先良的《试论中国的经济外交》(论文)、金熙德的《战后日本经济外交的作用及其演变》(论文）等。国外研究经济外交的主要文献有：野口雅昭的《终章 中国经济外交的进程》、鹿岛和平研究所编的《日本外交史》(第31卷)、《媾和后的外交（2）经济（下)》、山本满的《日本的经济外交》、牛场信彦的《牛场信彦对经济外交的证言》、长尾悟的《战后日本经济外交的展开》、大来佐武郎的《经济外交的生涯》等。Europe and economic reform in Africa ：structural adjustment and economic diplomacy / Obadiah Mailafia. — London ；New York ：Routledge，1997. ；Butter and guns ：America's Cold War economic diplomacy / Diane B. Kunz. — New York ：Free Press，c1997；Economic diplomacy，trade，and commercial policy ：positive and negative sanctions in a new world order. — Aldershot，Hants ：E. Elgar，c1994. ；The economic diplomacy of the Suez crisis / Diane B. Kunz. — Chapel Hill：University of North Carolina Press，c1991. ；Economic diplomacy：embargo leverage and world politics / M. S. Daoudi and M. S. Dajani. — Boulder ：Westview Press，1985. — (Westview special studies in international relations) ；Economic diplomacy between the European Community and Japan，1959—1981 / Albrecht Rothacher. — Aldershot，Hants.，England ：Gower，c1983. ；Japanese private economic diplomacy ：an analysis of business—government linkages / William E. Bryant. — New York ：Praeger，1975. (Praeger special studies in international politics and government)；China and Japan ：new economic diplomacy. —Stanford，Calif. ：Hoover Institution Pr.，1984. —174 p；Korea's economic diplomacy ：survival as a trading nation. —Seoul ：Sejong Institute，1995.

第三节　研究的目标

经济外交理论的提出，在很大程度上是对国家外交实践的一种总结。实践证明，在国际经济政治关系中，经济外交已经发挥了强大的功能。在维护国家利益方面，西方发达国家对经济外交进行了娴熟的操作。在实践的过程中，各国具体外交目标的不同，导致实现外交政策目标的手段的差异。美国的“胡萝卜加大棒”的外交政策，就包含了经济外交的意思。1944 年，美国的外交活动促成了布雷顿森林体系的建立，怀特计划为美国对外政策规定了国际金融领域的具体目标，美国积极开展外交活动，围绕怀特计划组织和进行有关谈判，保证了布雷顿森林体系按照美国设计的模式建立起来。正是由于美国的外交活动，怀特计划才变为布雷顿森林体系的现实，并最终确立了美国在国际金融领域的霸主地位。日本战后发达的经济外交实践直接催生了在这个领域理论研究的发展。但因为地缘和时代的缘故，日本学者更多地对本国经济外交行为进行研究。

中国实行经济外交的过程，为评价中国的外交政策和外交行为提供了一个现实的平台，为经济外交的研究提供了难得的丰富样本。中国外交的总体目标服务于中国改革开放的总体国家战略，为中国的改革开放创造一个良好的外部环境。保障中国的出口产品市场和资源、能源来源的稳定获得是中国外交面临的重大任务和挑战。作为实现中国国家利益的手段之一，我们有足够的理由和需求对中国经济外交的研究投入更多的精力。通过研究中国的经济外交行为，不仅可以对中国的外交政策和外交行为有更清晰的观察，而且可以为外交学研究的立体性和丰富性提供一个拥有较大学术价值和实践意义的文本。

应当明确，国家之间的国际经济关系或贸易关系有时与外交没有必然的联系。贸易关系有较强的独立性，有时是独立于政治之外的。在国际关系中，经常可以观察到这样的现象，就是两个国家之间政治关系和经济关系的脱离。双边贸易的繁荣不等于双边政治关系的良好，而双边政治关系的良好，也不等于双边经济贸易关系的繁荣。美国国际政治学者吉尔平教授曾经评价过这样一种现象，他说："虽然第二次世界大战结束以来运输成本大大降低，各国市场有可能密切联系在一起，而且这种情况将会继续发展下去，但是各国经济越来越紧密结合是必不可少和不可逆转的观点的支持者，却没有认识到政治力量在全球化成败中的直观重要性。世界经济全球化的程度，相对于世界经济的整个规模来说，19 世纪中期比今天的高。"① 简言之，吉尔平认为经济关系的繁荣并不必然带来政治关系的改善或改变。总之，经济关系具有一定的独立性，进而推出经济外交的功能也有自己的相对独立性，并非天然服务于政治目的。

经济外交的功能是什么？经济外交的脆弱性在什么地方？中美关系在 1978 年后的 20 多年中可谓一波三折，但贸易关系似乎非常稳定，贸易额一直直线上升。贸易关系发挥了一定的纽带作用。贸易关系是一个独立变量（independent variable）吗？自由贸易是国家恒定的国家利益吗？经济外交是否是一个独立的变量？中国经济外交的作用是什么？开展经济外交，对稳定双边关系的

① ［美］罗伯特·吉尔平著：《全球政治经济学：解读国际经济秩序》，上海世纪出版集团，2003 年 4 月版，中文版前言，第 4 页。

作用是什么？经济外交和单纯所谓“金元外交”有什么区别？这些都是进一步研究的话题。

第四节　研究的方法

问题提出后，研究问题的方法是保证研究过程规范和科学的重要手段。

一、马克思主义关于经济基础和上层建筑关系的分析方法

经济基础是一定社会历史发展阶段上占统治地位的生产关系各方面的总和。上层建筑是建立在一定经济基础之上的社会的政治、法律、道德、哲学、艺术、宗教等观点，以及同这些观点相应的政治、法律等制度和设施的总和。经济基础和上层建筑的关系，是对立统一的辩证关系：经济基础决定上层建筑，有什么性质的经济基础，就有什么性质的上层建筑。经济基础的发展变化决定上层建筑的发展和变革。同时上层建筑对经济基础又具有巨大的反作用，在一定条件下，甚至对经济基础的发展、变化起着主要的决定作用。上层建筑同经济基础之间自始至终存在着矛盾。当一种新的上层建筑产生的时候，它总是基本适应经济基础的要求，对生产力的发展起促进作用，同时也存在一定的矛盾。随着生产力的发展，必然要求生产关系（即经济基础）的变革。这时，原先的上层建筑逐步由新变旧，同经济基础变革的客观要求之间的矛盾尖锐起来。这种矛

盾，在阶级社会表现为剧烈的对抗和冲突。当上层建筑严重阻碍经济基础的变革，从而束缚生产力发展的时候，社会革命就到来了。经济基础和上层建筑的矛盾运动是不断地产生和解决，不断地由低级向高级发展的过程，人类社会已经历了五种基本的社会形态。上层建筑一定要适合经济基础的状况，是人类社会发展的客观规律，人们要自觉地认识和遵循这个客观规律。如经济外交是一种类型的外交，属于政府功能的范畴，属于上层建筑的范围。贸易经济关系作为经济基础的一部分，在一定条件下，会对外交的内容产生影响。二者的互动体现了经济基础和上层建筑的矛盾运动关系。

二、结合运用归纳法和演绎法

归纳推理建立在从特殊到一般的推理基础上。演绎推理建立在从一般到特殊的推理基础上。匈牙利学者拉卡托斯（Imre Lakatos）认为："一个命题要么表现被事实证实，要么必须——经过演绎和归纳——从其他已经证实的命题中推演出来。"[①] 在国际关系的研究领域，存在经验的知识和理论的知识。运用归纳的方法可以对前者进行归纳，得出有价值的接近事实真相的结论。演绎法是非常有用的思维和分析方法。演绎方法首先要求我们进行批评性的理论讨论和合乎逻辑的思维推理，然后进行实证性的测试。本书将遵循演绎推理的逻辑，首先针对经济外交的现有研究成果，分析其中的理论缺陷和发展前景，进而就经济外交的作用提出进一步的理论框架，并开始结合中国经济外交的实践进行

① ［匈牙利］拉卡托斯：《科学研究纲领方法论》，北京：商务印书馆，1963 年版，第 143 页。

实证性的分析，观察并检验理论假设和所分析事实的契合程度，并对契合的程度作出分析。运用演绎的方法对理论的知识进行演绎，用来解释各种各样的国际政治现象。归纳和演绎两种方法的交替运用，可以不断深化对现象和理论知识的认识，达到指导实践的目的。

三、层次分析法

在分析问题的路径（approach）上，本书试图借鉴美国国际政治学教授沃尔兹的层次分析法（level of analysis）。沃尔兹教授认为，国际关系分析的层次可以分为：系统层次、国家层次、个人层次。系统层次关注的是国际行为体所构成的国际体系的影响，所以要研究国际环境对国家间互动模式的影响。国家层次研究的是国家和非国家行为体在国家关系中的作用以及影响对外政策的国内要素。个人层次分析的是政治领导人和政府官员在制定和实施外交政策目标时的作用。沃尔兹认为，不同的层次涉及不同的问题，只有把三个层次结合起来，才能对国际关系有完整的认识。①

四、案例分析方法

在具体操作的层面上，本书将采用案例分析的方法（approach of case study）。案例分析方法是科学研究中经常采用的分析方法，重点在于采用某一理论对某一问题中的特殊个案作出解

① 转引自李少军：《国际政治学概论》，上海人民出版社，2002 年 3 月版，第 19 页。具体参见：Kenneth N. Waltz, *the State and War*, New York: Columbia University Press, 1959.

释，从理论出发，更深入地观察具体的现实。[①] 这种研究方法的特点是只研究一个国际事件或是一个国家在某一时期的外交行为。案例分析既可以得出对某一国际事件特殊性的结论，也可以总结出带有普遍性的结论。在国际关系研究中比较典型的案例分析是美国学者艾利森（Graham A. Allison）以古巴导弹危机进行的案例研究。[②] 笔者看来，中国经济外交就是一个很好的案例，通过对中国经济外交的描述性的解释，可以对经济外交的理论进行进一步验证，并可以丰富经济外交的理论内容。中国经济外交行为的发展和变化，随着中国对外政策的调整，逐渐形成自己鲜明的特点，大量外生性和内生性的变量因素使得中国经济外交具备了丰富的学术分析价值。中国外交在保障国家利益实现的过程中，从国家利益、外交原则、外交目标、外交手段的设定方面，都体现出大量经济外交的特点。

五、变量分析方法

在上述分析过程中，本书也将借鉴变量的分析方法。变量（variables）是一个数学概念，是指一个可发生变化的量。研究者把认为有关的事物和概念作为分析变量，并根据这些变量在研究中所处的位置，把变量分为自变量（independent variables）、因变量（dependent variables）和干预变量。自变量是指不受其他研究

---

① Alexander George,"Case Studies and Theory Development," in Paul Lauen ed.), Diplomacy: New Approaches in History , Theory, and Policy, New York: Free Press, 1979, pp43—68; Stephen Van Evera, Guide to Methodology for Students of Political Science, Cambridge: MIT ress, 1996, pp. 35—38; etc.

② Graham A. Allison, "Conceptual Models and the Cuban Missile Crisis," American Political Science Review, Vol. 63 (September 1969) .

的变量影响而自身变化的变量。因变量是指随着所研究的自变量变化而变化的变量。干预变量是影响自变量和因变量关系的变量。其中干预变量又可以分为中介变量、加强变量、抑制变量和外在变量等。一般说来，因变量是自变量变化后的结果。自变量和因变量之间的关系可以有多种。如：正相关关系，即自变量增大或减小，因变量也增大或减小。反之就是负相关关系。还有线性关系、不对称关系等。[①] 作为外交的一个方式，经济外交是一个变量，有时是一个自变量，有时是一个因变量，有时作为手段，有时作为目的，与其他的外交变量相互作用，共同完成国家利益的目标。在很多情况下，经济变量既是获取利益的手段，又是对外政策的目标。

科学研究的目的是为了解释世界，并通过解释世界更好地改造世界。为理论而理论或为实践而实践的研究方法都是片面的。只有二者的结合，方能达到理论研究和实践的共同提高。本书在行文和研究过程中将尽力做到这一点。

第五节　本书的框架结构

本书的框架结构基本如下：经济外交的理论和实践的概述；中国经济外交的实践与必要性；评估经济外交作用的理论框架；中国作为经济外交分析个案的意义；中国的外交战略和经济外交等。总的思路是，首先分析近年来经济外交理论研究的成果，在分析的基础上提出经济外交理论研究和经济外交理论的局限性，

① 阎学通、孙学峰：《国际关系研究实用方法》，人民出版社，2001 年 9 月版，第 39—52 页。

并进一步提出经济外交作为一个变量，构建和完善经济外交理论框架的必要性。中国的经济外交具有典型的分析案例，实践和学术的意义丰富。通过对中国经济外交的理论和实践的分析，可以丰富经济外交的理论，并对中国经济外交的进一步完善提出自己的见解和政策建议。最后是对经济外交和中国经济外交的结论性认识。具体是：

序章：以中国经济外交为分析案例，提出所研究的问题和假设，研究目标和研究方法。

第一章：经济外交的概念和理论的发端。全面介绍外交与经济外交的概念，为经济外交的框架的建立提供分析背景。从分析经济外交的基本概念介入，具体分析经济外交的主要研究成果和研究中存在的问题、经济外交理论的局限性和误区以及中国经济外交的实践与必要性。

第二章：经济外交理论内涵的框架分析。通过分析国际经济关系中的经济外交实践和理论研究，评估经济外交作用的理论框架的可能性。分析经济外交在外交中的作用，验证经济外交概念的科学性，并分析经济外交作为变量的可能性。分析国际经济关系中经济外交发挥作用的背景。结合历史实践的经验，结合经济外交的有效性和局限性，对经济外交理论进行理性的分析和判定，丰富经济外交的理论框架。中国作为经济外交分析个案的意义，确立本书的验证主体。

第三章：新时期中国经济外交理论的发端。改革开放前中国经济外交实践的变迁。具体分析中国经济外交的实践。主要内容包括：1978 年以前新中国经济外交的实践、新时期中国的经济外交理论发端、中国的制度变迁对经济外交的影响、新时期中国经济外交的实践变迁。本章是全文论证的主体之一。中心论点是：经济外交自新中国成立以来在中国的外交政策和外交实践中就已经存在，但1978年中国实行改革开放后，经济外交的内容开始调整，在紧紧围绕不断修正的国家利益的基础上，经济外交在外交实践中的比重越来越重。经济外交的实践，依赖这样的改革开放进程：融入世界和国内体制变迁的进程。经济外交因为国内体制的变迁而不断调整，是一个很重要的特点。

第四章：中国经济外交的决策与运行机制。本章也是全书的分析重点之一。中国经济外交的决策是一种政府行为。主要行为包括：中国行政最高当局的经济外交、外交部的经济外交、驻外使领馆的经济外交行为、商务部的经济外交、中国进出口银行的经济外交、财政部的经济外交等。采用实证分析：中国在首脑外交中对经济外交的重视。

第五章：中国外交的总体布局与经济外交。本章试图说明中国经济外交的层次性。主要包括：大国的经济外交、周边国家的经济外交、中国的国际经济机制外交、建立国际经济新秩序的外交。中国经济外交的层次围绕中国对外政策的几个方面：此时，中国经济外交配合和围绕中国外交的战略重点是一个因变量，同时证明经济外交的局限性。本章分析中国外交的三个层次，大国关系制约着中国外交的空间和受益状况。中国与大国的贸易关系构成了中国贸易关系的主流。因此，构建良好的大国关系也是中国经济外交的关键。中国的外交战略和经济外交、中国经济外交行为的敏感性和脆弱性、对中国经济外交的政策建议。

第六章：中国的能源外交。随着中国经济的发展，中国成为能源进口大国，这要求中国必须动用各种外交资源保障能源的获得。能源问题对中国国家利益的构成和中国外交战略的调整产生重大的影响。

第七章：中国的金融外交。金融是国家权力的重要组成部分，金融外交是二战后国家政治舞台的一种常态。作为抬升国家实力的外交手段，金融外交必然在中国的经济外交过程中发挥重要作用。

第八章：中国的发展援助外交。历史的实践与特点、新时期经济援助政策的调整、经济援助政策的特点。个案研究：对非洲国家债务的减免。

第九章：中国外交中的经济制裁。概念与历史的考察、WTO框架中的经济制裁与外交行为、中国在飞机进口方面策略的使用。

第十章：中国积极接受多双边的经济技术援助。中国接受国外的经济技术援助随着中国改革开放的不断深化而加大。双边和多边的援助对中国的经济发展进行了促进作用。

第十一章：中国的贸易市场与贸易争端外交。冷战结束后，各国转向以综合国力为主的竞争，经济合作关系日益成为巩固外交关系的重要因素。对外经济贸易是国家经济实力的综合反映，是联系各国间利益关系的纽带。中国经济实力和与各国、各地区的利害关系是通过对外经济贸易体现出来的。对外经济贸易发展有利于中国加强同世界各国的了解和友好关系，创造建设社会主义现代化的良好外部环境，制约别国对中国采取敌视损害行动，有利于国家的安全。

第十二章：中国的国际经济机制外交。对国际社会的承诺使中国社会更加开放。按照更受市场控制的世界经济的要求，以及全球化所必需的商业惯例模式的要求，中国正在迅速地（尽管不一定是平稳地或直线上升式地）调整自己的经济政策和社会、政治结构。加入世界贸易组织符合中国的根本利益：一是有利于改善中国经济发展的外部环境，拓宽经济发展空间，促进国内经济结构调整，推进国民经济结构的优化升级；二是中国可以在更大的范围、更广的领域、更高的层次上参与国际合作与竞争，实现资源优化配置，更好地“引进来”、“走出去”，把中国对外开放提高到一个新的水平；三是促进中国社会主义市场经济体制改革，清除生产方式中不适应生产力发展和时代要求的体制和机制障碍，为经济发展创造良好的体制环境。中国也积极参与了其他全球性和区域性国际经济机制。

第六节　本书的创新与结论

一、本书的创新

第一，本书首次运用经济外交理论的最新成果来全面解释中国外交的变化，对中国经济外交的规律性进行了深入的探讨，并对中国经济外交的决策系统、主要构成进行了系统的、全景式的扫描。

第二，方法创新。在对中国外交的研究中，本书将采取定性与定量相结合，层次分析、案例分析等多种方法进行研究，仔细解剖这一题目，并力争做到政治性与科学性的统一。

第三，材料创新。本书将利用党和政府的一些官方文件及国内的相关文献，同时参照国外的研究成果，进行对比研究。

第四，结论创新。本书力争就中国的经济外交理论和实践的变迁过程给出一个简洁而有逻辑的解释，并就中国经济外交的变化趋势做一科学预测和政策建议。

二、本书的结论

经济和政治问题的相互转换，自 20 世纪 70 年代就已经开始，并形成一种国际化的趋势，大国之间的博弈也验证了这种特征。

但对某个国家来说，感受的程度就存在较大差异。如：美国入侵伊拉克，对伊拉克政府和人民来说，世界总的和平发展的状况、世界不会发生大的战争的国际局势是没有什么具体意义的。对伊拉克来说，眼前就是实实在在的战争。对中国的经济外交来说，也是这样。尽管国际政治的经济化和国际经济关系的政治化，是早已存在的国际政治特征，但对中国的深切感受来说，在不同的时期因为国家发展程度的不同而表现出很大的差异。新时期中国经济外交随着改革开放的深入和经济的发展，显示了极大的紧迫性和重要性。经济外交作为一个重要的外交概念，已经与中国的大国外交、多边外交、周边外交表现出极大的重合性。冷战结束后，中国对外政策逐渐形成了三个基本侧重点：一是积极与大国搞好关系，努力发展大国间长期稳定的友好合作关系，与各大国建立各种类型的伙伴关系，扩大中国的回旋余地；二是发展与周边国家的睦邻友好关系；三是与发展中国家的关系，从战略高度加强与发展中国家的团结与合作，使中国与发展中国家的传统友谊得到巩固和充实。这三个侧重点是直接而务实的。中国经济外交是中国总体外交的重要组成部分。中国经济外交的战略目标服务和服从于中国外交战略的总体部署。

本书认为，中国经济外交是改革开放实践发展的必然选择，经历了由自发到自觉、由民间到官方、由初级到中高级的发展过程，经历了“以经促政”到“以政促经，政经结合”的嬗变。经济外交成为中国外交的一种常态，标志着中国外交向着务实、自信的多元立体外交转型的完成。

第一章

经济外交的概念和理论发端

经济外交（economic diplomacy）作为外交实践的一部分和一种客观存在，和单纯的政治、安全外交一样，历史悠久。经济外交作为手段和目的的使用，彰显于国际关系史的任何时期。中外国际政治或外交学领域的学者在一些论述和著作中，很早就开始使用“经济外交”的概念。[①] 但关于经济外交概念的合法性，在国际关系和

① 具体可以参见以下有关文献资料：M. S. Daoudiand —S. Dajani，*Economic Diplomacy：Embargo Leverage and World Politics*，Boulder，Colorado：Westview Press，1985. PeterA. G. VanBergeijk，*Economic iplomacy*，*Trade and Commercial Policy*：*Positive and. egativeSanctions in a ew World Order*，England：Published by Edward Elgar Publishing Limited，1994. 金熙德：《战后日本经济外交的作用及其演变》，载《日本学刊》1995 年第 4 期；张学斌：《经济外交与国际经济秩序》，国际文化出版公司，2001 年版。以下日文文献资料来源于张学斌的《经济外交于国际经济秩序》：［日］山本满：《日本的经济外交——轨迹与转折点》（『日本の经济外交——その轨迹と转回点』），东京：日本经济新闻社，1973 年（昭和 48 年）9 月发行；［日］鹿岛和平研究所编：《日本外交史（第 31 卷）·媾和后的外交·经济（下）》，东京：鹿岛平和研究会 1972 年（昭和 47 年）4 月发行。

外交研究领域，却一直存在争议。西方学界较少使用经济外交的概念，但经济外交所确定的实质性议题，一直是西方国际关系和外交领域研究的重点，更是国际政治舞台上博弈的主要区域。如：美国在二战后大规模开展经济外交，构筑了以美国为主导的国际经济体系。随着全球化进程的加快，经济在国际关系中的分量越来越重，经济外交的提法也越来越频繁，经济活动催生了一系列重要的国际组织，如欧盟、西方七国集团、亚太经合组织等，这些组织已成为当前国际外交活动的重要舞台。经济与外交呈现出越来越紧密的互动关系，但经济外交怎样才能开展，其“游戏规则”与政治外交的区别和联系是什么，这些都提出了经济外交所要研究的问题。中国在改革开放后，经济外交作为一种目的或手段正在并将继续大量被使用。本章对经济外交概念展开讨论，希望有助于学术界深化对“经济外交”的研究，有助于推动中国的经济外交工作。

第一节　经济外交的概念与实践

一、外交概念的变迁

外交作为一个非常古老的概念，在国际关系文献中，有多种界定和解释。中国古代《墨子》曾经说“近者不亲，无务来远，亲戚不附，无务外交”。春秋战国时期，“使于四方，不辱君命”是一种重要的外交理念。[①] 英语中的 diplomacy，起源于希腊语，

① 《论语·卷之七·子路第十三》，见朱熹集注：《四书集注》，岳麓书社，1985 年版，第 179 页。

原义是指古希腊君主或元老院派遣使节时所颁发的证明其身份的特许证书或证书的副本。

从古代外交到现代外交，作为国家的对外交往行为，外交的理论和实践日渐丰富。现代意义上的外交，肇始于1618—1648年欧洲“三十年战争”后签订的《威斯特伐利亚和约》。伴随民族国家和现代外交的产生，现代国际关系也开始进入纷繁复杂的时期。现代国际关系理论诞生以后，外交学作为国际政治学科的一个分支，各个时期的学者从不同的角度进行了阐述：美国《韦伯斯特词典》的定义是：“驾驭国际谈判的艺术。”[①]《牛津英文词典》的解释是：“外交就是用谈判的方式来处理国际关系；是大使和使节用来调整和处理国际关系的方法；是外交官的业务或技术。”[②] 英国外交官萨道义（Satow）在其著作《外交实践指南》中认为，“外交是运用智力和机智处理各独立国家的政府之间的官方关系，有时也推广到独立国家和附庸国家之间的关系；或者更简单地说，是指以和平手段处理国与国之间的事务”。[③] 英国外交学家巴斯顿认为，从一个国家的角度来看，外交的作用是提出、制定和执行外交政策。[④] 原苏联外交部长葛罗米柯等主编的《外交词典》（新版）认为：“外交是各国首脑、政府和专门涉外机构所进行的正式活动，旨在通过谈判、文书往来和其他手段来实现由统治阶级利益所决定的国家对外政策方面的目标和任务，以及捍卫该国在国

---

① ［美］《韦伯斯特英语辞典》，大百科全书出版社，1979年版，上卷，第515页。

② ［英］哈罗德·尼科松：《外交学》，世界知识出版社，1957年版，第23—24页。

③ ［英］戈尔·布思主编：《萨道义外交实践指南》，上海译文出版社，1984年版，第3页。

④ ［英］巴斯顿：《现代外交》，赵怀普等译，北京：世界知识出版社，2002年版，第1页。

外的权利和利益。”① 中国《辞海》的解释是：外交是国家为实行对外政策，由国家元首、政府首脑、外交部、外交代表机关等进行的诸如访问、谈判、交涉、缔结条约、参加国际会议和国际组织等对外活动。外交是国家实现对外政策的重要手段。鲁毅等人编著的《外交学概论》中则认为，外交是以主权国家为主体，通过正式代表国家的机构与人员的官方行为，用交涉、谈判等和平方式对外行使主权，以处理国家关系和参与国际事务，是一国维护本国利益及实施其对外政策的重要手段；不同的对外政策形成不同形态和类别的外交。广而言之，外交是以主权国家为主体，通过和平方式，对国家间关系和国际事务的处理。

在丛林一般的现代国际关系体系中，无政府状态（anarchy）成为认识国际政治的基本起点，安全困境（security dilemma）是每一个国家必须面临的现实。② 在这种现实主义的国际政治面前，主权国家理性的外交行为皆从本国的国家利益出发。通常认为，国家的对外政策是为促进国家利益而为政府官员设计的超出国家边界的行为，是国家在特定形势下为实现某种目标而采取行动的指导方针。③ 在国家的对外交往中，外交行为是最常用的手段。以

① ［苏］葛罗米柯等主编：《外交词典》，莫斯科科学出版社，1984 年版，第一卷第 327—329 页。

② Robert Jervis，“Security Regimes，” *International Organization*，Vol. 36，No. 2，Spring 1982；Robert Powell，“Absolute and Relative Gains in International Relations Theory，” in David A. Baldwin（ed.），*Neorealism and Neoliberalism*：*The Contemporary Debate*，New York：Columbia University Press，1993；etc.

③ Mark R. Amstutz，Inernational Conflict and Cooperation：An Introduction to World Politics，Boston：McGraw-Hill College，1999，pp. 174—175；Frederic S. Pearson and J. Martin Rochester，International Relations，4th edition，New York：Mcgraw-Hill，1998，p. 127.

本国的国家利益为参照系，通过国家间或国家与国际组织间的外交行动，构筑了国际政治和国际关系博弈的基础。

不同的定义有不同的维度和视野。理论的功能在于从不同的角度去接近现象和实践的实质。随着全球化趋势的发展，国家之间的关系也变得丰富和多元，外交的重要性在日益加强，影响外交的因素也在不断增加，外交学的研究有了新的内容。多种多样的国际政治现实和多种多样的国家利益的诉求，使得作为实现国家对外政策手段的外交功能变得越来越丰富，由原来的以关注国际间的政治权利为主，到追求国家的综合利益，外交的定义也在不断发展之中，内涵和外延的内容都得到扩展。

二、经济外交概念的辨析

概念作为对规律性现象的总结，本身不是目的。概念的科学性和规范性在于是否有科学的解释力，能否逼近事物的本质，并对实践有操作性的指导作用。从证伪的角度审视，外交行为中发生的大量现象，仅仅用一般的外交概念是无法精确描绘的。使用并倡导经济外交这一概念，积极推行经济外交，拓展外交概念的内涵，既有学术研究的必要，更有实践的指导意义。同对现代外交概念的探索一样，人们对经济外交也进行了积极的研究，这些研究有助于经济外交理论和实践的进一步丰富。

一直以来，经济外交的概念没有形成比较一致的认识。对经济外交概念的界定，多个国家的学者从不同的角度对其进行了探讨。有的学者认为“外交并不直接地管理或处理经济问题”。[①] 这

---

① 张向晨：《发展中国家与 WTO 的政治经济关系》，法律出版社，2000 年版，第 15—16 页。

种观点显然是对外交的本质没有正确的把握，也不是对外交史的正确考察。鲁毅等在《外交学概论》中认为，当代外交的方式可以划分为四大类：多边外交、首脑外交、经济外交和公众外交。[①]这样的定义充分说明了外交的主要方式。在实现和维护国家利益的过程中，外交手段、军事手段、经济手段都是重要的选项。恩格斯说："每一个历史时代的经济生产以及必然由此产生的社会结构，是该时代政治的和精神的历史基础。"[②]

二战结束后日本结合自身实际，率先对经济外交理论和实践进行了探讨。较早提出经济外交概念的是日本的首相吉田茂。1952年，他在组建第四届内阁时的施政演说中提到"政府准备首先进行一系列经济外交工作，如缔结通商航海条约、通商协定等，以促进对外贸易的发展"。[③] 1957年，在第一次发布的外交蓝皮书中，日本政府将经济外交正式作为一项重要政策提出，"对于信奉和平主义的日本来说……适合国民经济要求的，以对外经济发展为目的的经济外交，是我国外交的第二个重要课题"。以后历届政府都致力于运用经济外交，对内谋求国民经济的发展和人民生活的改善，对外谋求国际环境的相对安定和国际社会对日本的好感。战后日本的经济外交不仅被日本当作追求经济利益的手段，而且被用来弥补其政治军事外交之欠缺，即被用于追求政治、安全上的目的。在日美基轴的框架下，战后日本外交整体打上了经济外交的烙印。日本学者根据本国的外交实践，同时对经济外交进行了卓有成效的探讨。涉及经济外交的主要文献有：野口雅昭的《终章 中国经济外交的进

① 鲁毅等：《外交学概论》，世界知识出版社，1997年6月版，第137—165页。

② 恩格斯：《共产党宣言》1883年德文版序言，《马克思恩格斯选集》第1卷，第232页。

③ 吉田茂：《十年回忆录》，北京：世界知识出版社，1965年版。

程》、鹿岛和平研究所编的《日本外交史（第31卷）·媾和后的外交·经济（下）》、山本满的《日本的经济外交》、牛场信彦的《牛场信彦对经济外交的证言》、长尾悟的《战后日本经济外交的展开》、大来佐武郎的《经济外交的生涯》等。日本学者认为，经济外交“一方面可以解释为以经济为目的，将经济作为手段，把谋求扩大经济利益作为目标；相反，也可以采用认为以经济为手段，谋求对外的什么目标，或依托经济力量来实现的含义”。[①] 贺贞认为，经济外交是在对外政策上，为实现某国的经济利益而由该国政府尽可能地动员本国的资源来推行的对外交涉的一种方式。[②] 日本学者草野原认为，经济外交是在贸易、资本、金融、服务等方面的市场开放，伴随着经济摩擦而实施的输出限制措施，以及日本政府有关经济制裁、经济援助等政策。[③]

在欧美国家，经济外交的概念较早出现的文献是1963年美国学者写的一本《经济发展的外交和其他报告》的书中。[④] 此后，美国学术界陆续出版一些关于经济外交的著作。如：恺撒（Kaiser）的《经济外交和第二次世界大战的起源》、多荻（Daoudi）和达伽妮（Dajani）的《经济外交——禁运的杠杆作用和国际政治学》、范·博格科（Van Bergeijk）的《经济外交、贸易和商业政策——制裁在世界新秩序中的正负效应》、昆茨（Kunz）的《大炮和黄

① ［日］山本满：《日本的经济外交》出版社，第29页，转引自周永生著：《经济外交》，中国青年出版社，2004年版，第4页。

② ［日］有贺贞等编：《国际政治讲座第4卷：日本外交》，东京大学出版社，1989年版，第157页。

③ 转引自张健著：《战后日本的经济外交》，天津人民出版社，1998年版，第2—3页。

④ Eugune R. Black：The Diplomacy of Economic Development and Other Papers，(New York：by Harvard University Press，1963).

油——美国冷战时期的经济外交》、俄国学者谢奇宁的《经济外交》等。这些文献对经济外交的实践和概念进行了深入探讨，主要认为：经济外交在国际关系中起着非常重要的作用，认为在日本、美国、西欧等国家的外交政策清单中，像钢铁、汽车、高技术电子设备等的出口商品订单变得日益重要。经济外交作为美国冷战时期的第一道防线，从马歇尔计划到对萨达姆运用经济制裁，总体来看，经济外交使美国在冷战中没有付出巨大代价。经济外交同时作为美国安全政策和美国国内政策之间的联系。

俄国学者认为，经济外交是发生在国际关系中有规律的现象，是国际关系中经济要素的作用和重要性不断增强的结果。"经济外交是当代外交活动中的特殊领域，在经济外交领域，经济问题作为外交斗争和国际合作的客体和手段。经济外交如同一般外交，是一国对外政策和国际行为的有机组成部分；对外政策决定经济外交的目标和任务，而经济外交是实施对外政策所采取的实际措施、形式、手段和方法的总和。"①

1978年中国改革开放尤其是进入20世纪90年代以来，随着改革开放向纵深发展，中国学者也从不同角度对经济外交进行研究。主要的文献有：夏先良的《试论中国的经济外交》（论文）、金熙德的《战后日本经济外交的作用及其演变》（论文）、李恩民的《中日民间经济外交（1945—1972）》（1997）、张健的《战后日本经济外交（1952—1972）》（1998）、张学斌的《经济外交与国际经济秩序》和《经济外交》、周永生的《经济外交》、陆钢等的《金融外交》、张振江的《霸权之路：大萧条至1945年期间的美国对英经济外交》（博士论文）、金熙德的《日美基轴与经济外交：

① ［俄］《简明对外经济词典》（俄文版），国际关系出版社，1984年版，第220—221页。

日本外交的转型》、由碧竹的《经济外交》、王德仁在《外交学概论》中对经济外交的论述等。

中国社会科学院金德熙认为，经济外交有狭义和广义的区别。从狭义上说，经济外交就是指以实现各种经济利益目的，借助经济手段而进行的外交活动；从广义上说，经济外交不仅被政府当作争取经济利益的手段，而且用来弥补政治、军事外交手段的欠缺，即被用来追求政治、安全目的。

王德仁的经济外交定义是：经济外交有两种不同的含义和性质：第一种是利用经济手段达到特定的政治目的或对外战略意图；第二种则意味着在对外关系中着重发展同各国的经济联系，以发展本国的经济并通过外交手段处理经济事务，修正和协调经济政策，维护国家对外经济关系中的权益，增进国家的经济利益。并认为二战后不同的国家之间和不同的国际组织间的经济外交活动非常普遍。①

北京大学国际关系学院张学斌认为，“经济外交是主权国家的国家元首、政府首脑、政府各个部门的官员以及专门的外交机构，围绕国际经济问题开展的访问、谈判、签订条约、参加国际会议和国际经济组织等多边和双边的活动”。②

近几年，外交学院的学者周永生对经济外交进行了卓有成效的研究，并取得一系列令人瞩目的学术成果。在其出版的50多万字的《经济外交》著作中，他主张中国外交也应大力弘扬和使用经济外交的概念，大力开展中国的经济外交活动，并对经济外交的内涵和外延进行了解读。他认为，经济外交包含两个实质性的

① 鲁毅等著：《外交学概论》，北京：世界知识出版社，1997年版，第153—154页。

② 张学斌著：《经济外交》，北京大学出版社，2003年2月版，第6页。

内容：其一，它是由国家（国家间的国际组织）或其代表机构与人员以本国经济利益（本组织的经济宗旨或经济利益）为目的，制定或进行的对外交往政策与行为；其二，它是由国家（国家间的国际组织）或其代表机构与人员以本国（本组织）经济力量为手段或依托，为实现和维护本国（本组织）战略目标、或追求经济以外的利益，制定和进行的对外交往政策与行为。①

张健在《战后日本经济外交（1952—1972）》中也对经济外交的概念进行了界定：所谓经济外交有两种表现形式：其一是指国家为实现其经济目标而进行的外交活动，即以外交为手段，为国家谋求经济上的利益；其二是指国家为实现其外交目标（在政治上或军事上提高本国的国际地位等）而进行的经济活动，即以经济为手段，为国家谋求对外关系上的利益。

这些经济外交的概念林林总总，本质上大同小异，表达了同一个中心思想：经济外交是用政治的、军事的手段来达到经济目标，或用经济手段来达到政治的、军事的目标。这样的解释无疑是正确的。但一些学者在阐释经济外交实践的过程中，将单纯国家间的经济贸易关系或国际经济关系混同于经济外交，或者把对外的经济政策也等同于经济外交，显然不正确。贸易关系发达，不等于双边的经济外交发达。总之，国际经济关系和经济外交是不能混同的。笔者不赞成将经济外交的内涵和外延无限扩大的做法。

此外，学者们在界定经济外交概念的过程中，普遍认为经济外交是纯粹的国家行为或政府行为。如北京大学国际关系学院张学斌教授关于经济外交的定义，以及外交学院周永生对经济外交的阐释。

---

① 周永生著：《经济外交》，北京：中国青年出版社，2004年2月版，第22页。

如同当时国际机制理论的提出，学界曾经有许多学者进行质疑，认为国际机制的概念包括国际组织、国际法和国际惯例等，这样宽泛的定义模糊而没有意义。奥兰·杨（Oran Young）认为，国际机制的整个分析框架建立在脆弱的基础上，机制的概念被随意使用，以致批评家有充足的理由认为该概念是一团乱麻，只能制造混乱而不能澄清什么。苏珊·斯特兰奇说，国际机制的研究注定失败，其中一个原因是国际机制定义的混乱。这种情况如今也出现在对经济外交概念的界定和使用上。学者对是否使用这一概念存在分歧，山本满在《日本的经济外交》中曾经认为经济外交的概念并没有什么特别的含义。中国学者张向晨在《发展中国家与WTO的政治经济关系》一书中认为，“经济外交并不是一个正确的概念”。冷战后美国军事实力的膨胀和凸显，对世界和平造成了实质性的威胁，特别是相对于发展中国家而言，国家的经济安全还远远不能取代国家的政治安全和军事安全而成为外交的首要任务。

总之，不赞成经济外交概念的理由大体如下：一是认为外交的本质属性是政治。外交活动是一种政治行为，没有必要使其中的经济因素特别突出。二是认为经济和政治不可分。搞好本国经济建设、提高人民生活水平、发展生产力、加强以经济为基础的综合国力等，不仅是重要的经济问题，又是最根本的政治问题。所以，即使外交为本国的经济利益服务，实质上也是为本国的政治利益服务，没有必要把与经济相关的外交作为外交中单独的一个课题。三是认为把外交分成经济外交、政治外交、安全外交、文化外交、环境外交等复杂类别，容易混淆视听，误导人们对外交的理解。四是使用“经济外交”概念，容易导致“经济外交”涵盖范围无限扩大。五是使用“经济外交”概念，给人自私自利，只重视利益，甚至要搞经济殖民主义的感觉，功利色彩太强。[1]

笔者认为，目前在学界对经济外交概念的界定方面存在的瑕疵以及对概念本身的置疑，不会导致经济外交概念的“破产”，只是提醒，经济外交概念和理论本身还有待于进一步完善。其实这些置疑也是正常的，学界对全球化、国家经济安全、冷战后的国际局势、国际制度、国家利益等概念也存在不同看法。对政治和经济关系的性质、国际政治关系和国际经济关系性质，学界的争论从来就没有停止过。按照马克思主义的观点，生产力决定生产关系、经济基础决定上层建筑，外交作为国家的一种对外行为，是包括一系列要素的集合体，外交为国家利益服务，把外交的所有的行为都归结为政治，显然是一种形而上学的看法。外交实践的大量经验证明，外交手段的运用是功能性的，经济手段和政治手段的功能是不同的，政治和军事手段又是存在很大差异。结合国际关系的现实，每一个国家在外交工作中所表现的特点更是存在极大的不同，不仅大国和小国的外交行为不一样，就是同一个国家在不同的时期所运用的外交手段也各有千秋。

综合起来，本书认为经济外交作为一种新型的外交模式，包含三个层面的意义：一是指运用政治或安全等手段进行的以经济利益的获得为最终目的的外交政策或行为。二是指把经济作为手段达到政治或安全目标的外交政策或行为。三是指单纯以经济为手段而进行的达到经济目的的外交政策或行为。经济外交可以概括为：由主权国家或国家间的经济组织或代表其政府的国家元首、政府首脑、政府有关部门的官员及专门的外交机构以本国经济利益为目的，为本国经济利益服务而进行的对外交往活动，或者一

① 周永生：《经济外交面临的机遇和挑战——经济外交概念研究》，载《世界经济与政治》，2003年第7期。

国政府或代表其政府的机构或官员以经济力量为手段或依托，为实现和维护本国国家战略目标而进行的对外交往活动。这些活动包括围绕国际经济问题展开的访问、谈判、签订条约、参加国际会议和国际经济组织的双边及多边的活动。经济外交的实质，就是在国家总体外交的框架内，充分运用对外经济手段维护和增进国家利益，做到以政带经、以经促政、政经结合，为国家争取发展所需要的资源、市场、资金、技术及人才，有效防范和应对来自国际经济领域的各种风险。①

三、经济外交实践的历史回顾

在 15 世纪至 18 世纪的欧洲重商主义时代，随着民族国家的进一步发展，英国、西班牙、法国、俄国出现新的中央集权的政治体制，对经济结构产生深刻影响，经济领域成为政治冲突的主要舞台，各国的实力追求主要通过国家经济力量的增长来实现，政治冲突表现为经济冲突和竞争。这些国家里，在外交政策的选择上，实现某种经济目标是理所当然的事情。虽然当时没有明确经济外交概念的提法，但在欧洲的国际政治舞台上，充斥着大量发生在各个国家之间的经济外交行为。早期欧美曾经使用金元外交（dollar diplomacy）或金钱外交来描述某一外交现象，多有贬义。美国总统威廉·塔夫脱以奉行“金元外交”而著名。他认为：“本政府的外交力求适应商业往来的现代概念。这个政策的特征是以金元代替子弹。这个政策要求用理想主义的人道感情、

① 唐家璇：《不断提高应对国际局势和处理国际事务的能力》，载《求是》，2004 年第 23 期。

健全的政策和策略指导和正当的商业目的来作出决定。"[①] 塔夫脱的话表明了美国的外交政策要为美国商业扩张服务的目的。考察国际关系的实践可以发现，经济外交是发达国家外交史上的一种常态。

实际上最能说明经济外交泛滥的当是20世纪第二次世界大战以后，以美国为主导，二战后大量国际机制（international regimes）陆续诞生。次区域的、区域的和国际合作在国际关系的各个领域和层次发生，伴随冷战对峙的是国际交往的日益频繁。在冷和平或者和平的国际环境里，外交手段被大量运用，经济交往开始繁荣。

第二次世界大战后，西欧国家请求美国给予经济援助，美国提出"马歇尔计划（欧洲复兴计划）"，双方为此进行了长时间的外交磋商，美国还为此成立了专门机构——经济合作署负责落实。从1948年—1951年，总共提供了131.5亿美元的援助。"马歇尔计划（欧洲复兴计划）"对一个国家发展的意义远非只是促进它的经济发展，就其本质而言，它能够为国家赢得多方面利益，并辅助国家实现其战略目标：其一，为帮助西欧国家缓解战后困难，恢复经济，从经济上巩固资本主义制度，以便帮助西欧各国资产阶级政府，对内瓦解人民的革命情绪，对外抵制苏联和东欧的"社会主义扩张"；其二，通过这种大规模的援助，消化战后初期美国过剩的生产能力，为美国国内资本开拓新的国际市场，建立与西欧国家紧密、稳定的经济关系；其三，在经济援助基础上，使西欧国家形成对美国经济和政治的多重依赖关系，把西欧纳入美国全球反共战略体系，实现美国控制西欧的全球战略目标。从

① ［美］德特林·杜蒙德：《现代美国（1886—1946年）》，中译本，北京：商务印书馆，1984年版，第243页。

历史发展的结果看，“马歇尔计划”基本实现了美国上述主要政策目标。

1945年布雷顿森林体系建立后，美国通过其压倒优势的经济（尤其是金融）、政治、军事等综合实力建立起美国主导的金融霸权。从本质上来看，金融霸权是军事霸权和政治霸权在经济领域中的延伸，而军事霸权与政治霸权是金融霸权的基础。美国就是主要依靠新金融霸权，获取武力冒险与政治讹诈所无法获得的巨大经济利益，赢得了长达十年的经济繁荣。在关税与贸易总协定的框架下，美国在西方贸易集团中充当领导者角色。“尽管根据关税与贸易总协定的原则，在一个互惠互利的基础上，关税被减少了，但是，美国的贸易对象国获得了更多的利益，而美国获得的利益较少。由于欧洲和日本20世纪50年代的外汇管制，贸易让步对美国出口的影响极为有限，由于美国没有实施外汇管制，欧洲和日本则立即从关税削减中获得利益”。① 可以看出，美国对欧洲盟国和日本让利的背景就是东西方冷战，在冷战的背景下，美国有意识采取经济利益的暂时牺牲而获取政治和安全利益，这也是典型的经济外交行为。

冷战期间，欧共体各国推行有别于政治压服和军事征服等模式的经济外交，来谋求欧洲在世界上的影响力。他们以经济为先导，推动与亚非拉发展中国家的经济关系以带动双边全面外交关系发展的举措，一直贯穿于欧洲对外交往的过程中。例如，1975年开始的《洛美协定》、后来的《科托努协定》都充分体现了经济外交的思维。② 到20世纪70年代后期，欧洲经济外交成为多层次

---

① ［美］斯佩罗，储祥银等译：《国际经济关系学》（中译本），对外贸易教育出版社，1989年版，第99页。

② 王鹤：《1994，经济复苏的欧洲联盟》，载《欧洲》，1995年第1期。

的综合体系，该体系的核心是三类涉外经济政策，即共同的商业政策、联系合作政策以及发展援助政策。

1957 年，日本政府在其《外交蓝皮书》中首次提出“经济外交”的口号，其后便将经济外交作为获取海外原料供应和开拓商品市场的重要工具，为其经济的崛起立下了汗马功劳。20 世纪 70 年代以来，第三世界国家也开始使用经济外交的武器。1973 年，中东产油国通过提高石油价格的做法，沉重打击了西方国家的经济，由此引发了西方世界严重的经济危机。

顺应全球经济竞争的时代潮流，各国纷纷将经济外交作为对外关系的主轴，一些国家专门制定了发展经济外交的战略，调动国内各部门各阶层人士为经济外交服务。经济外交名副其实地成为当代外交的重要方式。

为了促进贸易关系的发展，一个国家通过外交活动促进进出口的政策也属于经济外交。举例来说，1993 年克林顿总统上台后不久即宣称：要把促进美国产品的出口作为自己的一项重要任务。为实现这一政策，他进行了多方面的外交努力，包括在出访中帮助美国波音公司推销飞机，通过与其他国家领导人的交涉为美国大公司争取外国大宗工程合同等。1997 年 5 月，法国总统希拉克对中国进行国事访问，访问前夕，希拉克曾经给中国国家领导人写信，要求中国与法国签定购买大宗空中客车飞机的合同，否则，会影响访问的行程。在这次访问中，中国与法国达成了购买 30 架空中客车飞机的协议，还达成中国采购法国 10 架 ATR 飞机的合同，并签署 100 个座位民用客机项目的合作框架。①

① 中国外交部编：《中国外交 1997》，北京：世界知识出版社，1998 年 6 月版，第 509 页。

大量运用经济制裁手段。例如，1949年11月由美国倡议成立的巴黎统筹委员会、1950—1972年对中国的贸易禁运、1950年以后美国对朝鲜民主共和国的贸易禁运、1960年以后美国对古巴的贸易禁运、1965—1978年美国对罗德西亚（1980年独立后更名为津巴布韦）的贸易禁运等等。1990年8月，伊拉克入侵科威特，英美等国希望通过断绝伊拉克与国际社会的经贸往来，从经济上打击伊拉克，借以削弱和瓦解其军事力量，迫使其服从国际社会的要求。在美英等国的外交推动下，联合国安理会先后通过了若干个包括对伊拉克进行经济制裁的决议，断绝了伊拉克同国际社会的正常经贸往来，这是较为典型的充满对抗色彩的经济制裁外交。

第二节　经济外交产生根源的理论视角

经济外交作为一种保障国家利益和实现对外政策目标的手段，在新的历史条件下，经济外交发端的理论渊源可以从以下几个方面得到验证。

一、世界经济的相互依存为经济外交的强化提供了必要性

相互依赖理论出现于20世纪50年代末和60年代初。所谓相互依赖，有两层含义：一是指别国发生的事情将对本国的经济产生影响；二是指本国要做的事情在一定程度上依赖别国的行动和

政策。不管在什么样的体系中，相互依赖的一个很简单的定义就是一个部分的变化或事件，都会在系统的其他部分引起反应或者产生有影响的后果。[①] 美国经济学家理查德·库帕在《相互依赖经济学：大西洋社会的经济政策》（1968 年）一书中提出：相互依赖的存在是第二次世界大战后国际经济的突出变化，对西方国家来说，要很好地处理国际经济关系，首先就要认识和了解一国的经济发展与国际之间经济往来中存在着一种敏感的关系。因此，西方世界的问题是如何在享受广泛的国际经济合作所带来的好处同时，保持各国在经济上追求合理的最大经济目标。他认为，国家之间应该采取多层次的合作，用建立国与国之间的相互信任等折衷办法来适应国际关系发展所出现的这一新变化。[②] 1977 年，美国国际政治学家罗伯特·基欧汉和约瑟夫·奈合著的《权力与相互依赖》一书中运用了分析性很强的“复合相互依赖”的概念，提出了能够把握相互依赖与权力关系的“敏感性”（一国的经济变化对他国政府和社会给予影响的程度）和“脆弱性”（割断相互依赖时所遭受的损坏程度，如产油国限制石油出口时的损害程度）这一分析手段。[③]

外交学院秦亚青教授认为，基欧汉和奈在《权力与相互依赖》一书中提出了三个与现实主义针锋相对的基本的假定：一是否定现实主义以国家为国际关系唯一行为体的命题，认为国家不是单一的理性行为体，其他超国家和次国家行为体也在国际关系中发

① ［美］拉西特·斯塔尔，王玉珍等译：《世界政治》（第五版），北京：华夏出版社，2002 年版，第 72 页。

② 张健：《战后日本的经济外交》，天津人民出版社，1998 年 4 月版，第 7 页。

③ 罗伯特·基欧汉、约瑟夫·奈，门洪华译：《权力与相互依赖》，北京大学出版社，2002 年 10 月版，参见译者前言。

挥着重大影响；二是军事安全并非总是国家的首要问题，其他问题也会具有极大的政治意义；三是军事力量不是或不完全是国际关系中实现国家对外政策的最有效手段。[①] 在国际政治理论中，对权力内容的理解存在分歧，但都认为国家权力的核心部分是军事和经济力量。[②] 冷战结束后，在可预见的时间内，美国作为霸权国的地位无可取代。世界发生大规模战争的可能性减少。狭义的国家安全的概念在发生变化，内涵进一步扩大，包括军事安全、经济安全、政治安全等。在和平发展的趋势下，国际社会相互依赖的程度加强。人们意识到综合国力决定着国家的兴衰。各个主要国家在高度重视军事和政治安全的同时，将更多的视角转向经济安全领域，把国家的经济安全作为国家安全的主要内容。

20 世纪 90 年代以来，西方大国出台许多措施来保障本国的经济安全。美国的克林顿政府曾经在 1993 年提出，要把美国的经济安全作为对外政策的主要目标。印度也提出本国的国家经济安全思路，提出以科技为先导，以教育为依托，以经济振兴为基础，以提升军事力量为后盾，以外交为保障的国家安全对策。

二、国家干预经济的合法性为经济外交提供了可能性

“合法性”（Legitimacy）是政治学中的一个重要范畴。政治制度的合法性标准是公众对政治制度的认同与忠诚的程度（对政治

① 秦亚青：《现代国际关系理论的沿革》，载《教学与研究》2004 年第 7 期。

② ［美］汉斯·摩根索著，杨岐鸣等译：《国家间政治》，北京：商务印书馆，1993 年版；［美］罗伯特·吉尔平著，武军等译：《世界政治中的战争与变革》，北京：中国人民大学出版社，1994 年版；［美］约翰·米尔斯海默著，王义桅、唐小松译：《大国政治的悲剧》，上海：上海人民出版社，2003 年版；［美］小约瑟夫·奈著，张小明译：《理解国际冲突》，上海世纪出版集团，2002 年版。

领导人及其决策的信任程度），也即是政治权威的大小。经济发展不仅是一个改变人民生活水平、提升国力的问题，而且是一个关系到执政党合法性基础的问题。国家权力主要是指政治和军事力量。市场力量是人类对经济利益的理性需求，本质是对社会资源的利用与配置。市场力量也是一种富有弹性和穿透力的力量，它按照自身运动的法则引导、规范、制约着各类市场主体的行为。市场力量给参与者提供大量的工商业机会，但也无情地按照优胜劣汰原则不断组合市场要素。对于国家权力的刚性和硬性，市场力量是一种较分散的软性力量。[①]

在完全竞争的市场经济条件下，亚当·斯密认为政府职责主要是充当“守夜人”的角色。然而，垄断、外部性、公共产品和信息不完全等方面的原因使市场机制经常出现各种失灵状态，这就需要由政府来填补市场的空白。这时，政府的职能主要是弥补市场缺失和协调市场失灵，在微观方面要反对垄断，恢复竞争、界定产权，克服外部性、[②] 提供公共产品、克服信息不对称等等；在宏观方面则要维护一定的社会公平、保持经济总量的平衡和产业结构的合理化。凯恩斯经济学发端后，纯粹的经济自由主义的经济学为国家干预的经济学所代替。国家干预的经济政策成为西方经济学的一个内生变量。各国政府普遍加大了对国内经济运行的干预力度。同时，对本国的对外贸易政策实行严格的管理，维护本国对外贸易关系的自主权。在全球贸易中最活跃的国家拥有最大规模的政府，这就表明，世界市场上的成功可能需要更多的

① 丁志刚：《论国家权力与市场力量在国际关系中的作用》，载《世界经济与政治》1998 年第 2 期，第 54 页。

② 所谓外部性是指企业或个人向市场之外的其他人所强加的成本或收益。如果强加的是成本，则是负外部性；反之，则为正外部性。

政府干预。如果政府的作用受到过多的限制，经济环境即使不会发生混乱，也可能变得难以预料。新古典主义会发现国家正在走向衰落，而跨国公司急切地想尽量减少政府限制的同时，另一方面，又继续依靠国家来保护它们在国外的投资和受益。[①]

在经济全球化下，国际经济危机爆发频繁，如 1992 年欧洲货币危机、1994 年的墨西哥金融危机、1997 年亚洲金融危机、1998 年俄罗斯金融危机、2000 年土耳其金融危机、2002 年阿根廷金融危机，这些危机不仅破坏力强，而且波及范围广，受到影响的国家很可能几年甚至几十年经济成长的结果灰飞烟灭。可见，经济全球化使一个国家的经济处于更加不稳定的状态，这就要求政府除了解决国内经济的异常波动外，还要应付世界经济危机对本国经济可能带来的冲击或传染，确保国家经济的安全。因此，经济全球化不仅没有弱化政府的宏观调控职能，反而要求政府具备更强的在开放条件下稳定本国宏观经济的能力，以及危机救治、维护国家经济安全的能力，为本国创造一个较平稳的市场环境。

在现代市场经济条件下，强化政府能力主要包括：第一，利用国际市场的能力。对外贸易的迅速发展，对中国实现持续、快速、健康的经济增长具有至关重要的作用。政府要通过强化自身利用经济、政治、外交等手段，以及利用 WTO 的磋商机制解决国际贸易摩擦的能力，为发展本国经济提供更为广阔、稳定的国际市场。第二，利用国际资源的能力。这对于中国这样一个人均占有资源贫乏，而且经济增长还有赖于资源大规模投入的发展中大国来说，要保持国民经济的稳定、持续、健康发展，显得更为重要。虽然中国已经开始走上新型工业化道路，但经济增长方式

---

① ［美］詹姆斯·多尔蒂等著，阎学通等译：《争论中的国际关系理论》（第五版），北京：世界知识出版社，2002 年第 1 版，第 509—510 页。

的转型不可能在短期内迅速完成。这就要求中国政府必须从全球的角度，以战略的眼光安排资源的利用。如汽车产业是拉动中国经济增长的主导产业，而支撑汽车产业的石油资源就不得不依赖国际市场。积极运用贸易手段实现特定的政治目标，国家对经济生活的干预使经济外交成为一种现实必然性。

三、国际贸易干预主义的影响

国际贸易是世界各国或地区间的商品和劳务的交换过程。国际贸易随着资本主义的产生而发展壮大。同时，国际贸易具备国际政治的功能，可以促进国际政治关系的稳定。布鲁诺·弗雷探讨了国际贸易对政治的作用，用多元回归方程论证了贸易与传统的负相关性，即如果两个国家间的贸易额增加 1 倍，则双方间的敌对行为的净额数大约减少 15％—20％，所以，国际贸易是促进国际和平的重要手段，[①] 可以用贸易政策促进政治关系的改善。很多国家通过对不同国家实行不同的贸易待遇，来配合和推进同这些国家之间的政治关系。国际贸易通过改变国际经济实力的对比，改变着国际政治格局的状况。对于任何一项贸易政策和贸易发展状态，国内不同利益集团的得失是不同的，会导致国内利益集团间的冲突。国内利益集团围绕对外贸易政策展开的斗争，对于一国的对外政策有重要影响。[②] 贸易和平论提出，随着信息技术的发展，权力的来源已经发生重要变化，土地和劳动力已经不再是财富增加的决定性因素，贸易和投资成为比领土征服更加有利可图

---

① ［瑞士］布鲁诺·弗雷：《国家政治经济学》，重庆出版社，1987 年版，第 4 页。

② 宋新宁、陈岳：《国际政治经济学概论》，北京：中国人民大学出版社，1999 年 12 月版，第 147—153 页。

的办法。如：战后德国和日本这样以贸易立国的国家，不仅取得了经济的繁荣，而且政治上更加稳定，其对外政策也表现得较为和平。[①]

因此，国家运用经济贸易手段对另一个国家的事务进行强制或专断的干预，目的在于对另一国家强加某种行为，剥夺被干预国家对有关实物的控制权。主要有三种贸易干预主义的方式：一是在与他国贸易问题上附加与贸易无关的限制性要求；二是单方面的贸易制裁或威胁；三是赋予国内立法以域外效力，干预他国之间的贸易。[②] 在国家贸易中，国家仍是市场中的主要行为角色。从表面看，在国际贸易中，无论是大的垄断组织，还是中小企业的贸易行为都具有私人性质，但国家可以通过一定的政策制度把这些私人行为纳入到自己的一定的轨道中，为自己的战略利益服务，从属于国家利益。[③]

在第二次世界大战之前，国际商品市场基本上是卖方市场，厂商不愁商品在国际市场上销售不出去，大多数厂商出口商品采取国际贸易形式即可以解决商品交换问题。随着二战结束以后科技和生产力的迅猛发展，国际市场形势逐渐转变为买方市场，商品和服务的供给者之间争夺贸易机会的竞争愈演愈烈，国际贸易形式逐渐为国际营销所代替。贸易机会是实现贸易利益的前提，

---

① Richard Rosecrance，"Force or Trade：The Costs and Benefits of Two Paths to Global Influence ," in Charles W. Kegley , Jr. and Eugene R. Wittkopf , eds. , *The Global Agenda*：*Issues and Perspectives*（4th ed.），New York：McGraw-Hill , 1995, pp. 24—34.

② 程卫东、雷京：《论贸易干预主义与主权平等》，载《江苏社会科学》1997 年第 3 期。

③ 金应忠、倪世雄：《国际关系理论比较研究》，中国社会科学出版社，1992 年版，第 396—397 页。

争夺贸易机会已成为经济竞争的焦点。必须树立不断改善贸易环境、表现良好的国家及企业形象、广泛开拓国际市场范围、加深市场渗透、消除经贸摩擦和稳定经贸关系的国际大市场营销观念。因而，不仅要求企业加强国际市场调查预测、创造和分析有利的国际市场环境、细分与选择目标市场、寻找市场机会、加强商品创新与设计、生产线组合、销售价格、渠道、促销、服务的策略组合，还要加强营销活动的审计、监督与控制等一系列手段来综合管理经营活动，而且要求企业游说与请求政府代理对外公关，建立良好的国际经济环境，争取更大的贸易机会和更多经济合作合同。借助政府力量，通过各种途径的公关活动，努力改善外部环境，并通过各种促销与公关手段树立企业及产品的良好国际形象，通过各种公关手段获得贸易机会。[①]

四、国家利益内容的调整

美国战略家马汉早在100多年前的《海权论》中就指出："自身利益是国家制裁不仅合理而且根本的缘由所在，对此不用做什么虚伪的掩饰。按自身利益行事作为一个原则，一般不需要任何证明，虽然针对具体事例或许需要如此。"[②] 国家利益是制约、影响国家在国际关系中的行为的根本原因。国家之间的关系反映了不同政治经济实体之间的利益关系。[③] 罗伯特·吉尔平认为，国际政治变革的进程最终反映的是个人或各种群体为谋取更多的利益而改变各种制度或体系的努力。由于群体（或国家）利益以及权

---

① 夏先良：《试论中国的经济外交》，载《中国人民大学学报》1995年第6期。

② ［美］马汉著，萧伟中、梅然译：《海权论》，北京：中国言实出版社，1997年版，第248—249页。

③ 张季良：《国际关系概论》，北京：世界知识出版社，1989年版，第54页。

力的变化，反映这些在利益和权力方面根本变化的政治体系也将相应地发生变革。[①] 即在一个资源稀缺性的国际政治领域，国际政治问题在某种形式上变成了对国际经济剩余的分配与再分配问题。而这种以追求国家利益为核心的国家行为及由此而导致的国家间的合作与冲突构成了国际政治的本质。汉斯·摩根索认为，只要世界在政治上还是由国家所构成的，那么国际政治中实际上最后的语言就只能是国家利益。国家利益关系到“外交政策的本质以及全部政治学说的基本问题”，使国家间的法律、义务从属于国家利益乃是国际政治的铁的规律，或“对所有国家在任何时候都适用的国际政治的普遍法则”。[②]

国家利益包括政治、安全、军事、经济、文化、科技等方方面面的内容，是一个相互联系、相互制约的有机整体。国家利益的多样性决定了可以分为不同的层次。[③] 在不同的历史时期，国家利益的内涵丰富的程度会有一定的差别，而且实现国家利益的手段也不同。在第二次世界大战以前，政治、军事利益关系是国家间关系的主体，决定着双边或多边的经济或文化利益关系。强国通过对外战争、武力威胁等手段谋求政治、军事、经济等利益。二战后，随着核武器的出现和新科技革命的发展，使用传统的实现国家利益的手段越来越变得慎重和受到限制，霸权国家在实现自己国家利益的手段上有了更多的选择，如通过经济贸易关系、国际金融规则的主导、经济技术援助等等。尤其是冷战结束后，随着各国对经济利益关系的侧重，这种趋势和特征得到进一步

① ［美］罗伯特·吉尔平著，武军等译：《世界政治中的战争与变革》，北京：中国人民大学出版社，1994年版，第10页。

② 张历历：《现代国际关系学》，重庆出版社，1989年版，第41页。

③ 张季良：《国际关系概论》，北京：世界知识出版社，1989年版，第57页。

加强。

五、国家经济关系的政治化

在世界政治局势相对稳定和各国经济相互依赖不断加深的情况下，经济利益能否实现以及在多大程度上实现，在一定程度上决定政治利益能否实现以及在多大程度上实现。[①] 美国学者吉尔平进而认为，利用国家来影响经济成果，就意味着经济问题趋向政治化。[②] 王逸舟认为，在国际关系中，构成了越来越明显的世界经济政治化和世界政治经济化的互动融合趋势。[③] 20 世纪 70 年代初开始，在当时的冷战格局下，随着东西方关系的缓和，经济利益在国家利益中的地位开始上升。国际经济关系成为国际关系的重要内容，各国之间的对外经济政策和经济外交活动以及国际经济组织和制度的协调越来越频繁。国际经济关系不仅成为实现国际政治目标的有效手段，而且还明显带有国际政治的功能。[④] 冷战结束后，大量的历史事实表明，国际经济关系作为实现国际政治目标的有效手段的行为明显增加。[⑤] 各主权国家广泛进行国家经济协调活动，努力参与国际经济制度的制定，大力开展经济外交。

---

① 参见以下文献的有关章节：苏珊·斯特兰奇：《国际政治经济学导论——国家与市场》，经济科学出版社，1990 年版；罗伯特·吉尔平：《国际关系政治经济学》，经济科学出版社，1992 年版。

② ［美］罗伯特·吉尔平：《国际关系政治经济学》，北京：经济科学出版社，1989 年版，第 8 页。

③ 王逸舟：《当代国际政治析论》，上海人民出版社，1995 年版，第 12 页。

④ 柳剑平：《国际经济关系政治化问题研究》，北京：人民出版社，2002 年 12 月版，第 71—73 页。

⑤ 柳剑平：《国际经济关系政治化问题研究》，北京：人民出版社，2002 年 12 月版，第 77 页。

冷战结束后，国际社会的基本矛盾更加突出地表现为国家主权与世界市场的矛盾，合作互惠的好处和摩擦冲突的危险都在增长。由于相互依存的世界性市场经济的拓展，经济因素在世界政治中的重要性不断得到加强，经济利益在民族国家利益结构中的地位日趋上升。对此，一些研究国际问题的学者预言："正如战争——两次世界大战和同样重要的冷战——支配 20 世纪的地理政治地图，经济在 21 世纪将占统治地位。这个世界在 21 世纪越来越多地在经济领域进行，而不是出现在入侵或战争之中。"相应地，国家安全概念和侧重点发生了历史性的变化，它已延伸到经济领域的深层次，经济安全战略地位凸显出来。在国际关系中，每个主权国家的目标都是最大限度地维护和扩大本国利益，特别是经济利益。在国家之间的经济交往中，除了以市场关系为体现的纯经济因素之外，还包括以国家干预为体现的政治因素。[①]

---

① 邱芝：《论冷战后国际关系中的经济制裁》，载《社会科学》1999 年第 10 期。

第二章

经济外交的理论分析框架

第一节　经济外交实施的框架约束

决策研究对理解单位层次的行为十分重要。从决策者的角度看，国际结构变量（两极或单极）或者国内政治变量（政党、电子媒体、利益集团、选区）对决策构成重要影响。从更广泛的分析层次上研究决策，包括结构——行为体的关系层次，将有力推动国际关系理论的发展。[①] 在实现外交政策的过程中，经济外交作为手段，是否是一个起到重要作用的变量（does economic diplomacy matter）？在什么情况下是一个独立变量？在什么情况下是一个干扰性变量？在实践中，这是一个复杂的问题。在国际关系中，实施经济外交的主体是多元的，主体地位的重要性会直接影响经

① ［美］詹姆斯·多尔蒂等著，阎学通等译：《争论中的国际关系理论》（第五版），北京：世界知识出版社，2002年版，第646页。

济外交作为变量的性质。当国家作为经济外交的主体时，一般来说，经济外交作为目的或手段，是一种独立的变量。而一些非国际行为体如跨国公司在实施经济外交时，经济外交就是一种干扰性变量。就经济外交实施的约束框架而言，可以选择几个主要的主体进行分析。

一、主权国家总体的外交政策

在相互依存的国际环境下，国际关系的主体已不仅限于国家。但主要承担者基本上依然是国家，国家是外交的中心。[①] 经济外交作为一国经济外交政策和行为的总和，是国家总体外交政策的组成部分，服务于围绕国家利益而进行的总体外交政策。在动用一国各种经济资源而进行的目的为政治安全或军事安全的过程中，经济外交的目标必须包含于总的外交政策的大框架下。如：美国在二战结束后在欧洲实施的“马歇尔计划”，作为一种经济外交政策，该计划密切围绕和服务于美国当时的欧洲安全政策。冷战结束后，日、美两国对安保条约进行调整，尽管两国间的贸易摩擦不断，但日本的经济外交政策始终局限于和服务于总的外交政策目标：要继续加强日、美之间的军事和安全关系的合作。

另一方面，一国的外交政策随着国家利益内容的不断扩容和修正，尤其是自20世纪60年代以来，市场经济在全球大规模扩展，经济一体化程度不断加深，各国间相互依赖的程度不断提高。仅仅从国家的政治与军事安全的角度认识和把握处理当代国际关系和外交关系，已经不能适宜现实的需要，必须重视国际关系中

---

① ［日］浦野起央著，刘甦朝译：《国际关系理论导论》，北京：中国社会科学出版社，2000年11月版，第134页。

经济、社会、文化、科技、环境等非军事内容。① 传统的政治、军事安全这些“高级政治”当然依旧重要，但在国家利益的构成中，经济、社会、文化、科技等“低级政治”已经获得了与“高级政治”不分伯仲的地位。② 因此，随着国家利益的不断调整，在一国外交政策的目标里，经济目的则是题中应有之义。如：20 世纪 90 年代初，美国总统克林顿入主白宫后，把向国际市场推销美国公司的产品作为自己的重要使命。在英国的驻外使节中，有五分之一的外交官从事经济外交工作。③ 意大利国家领导人在世界经济全球化和区域化发展趋势日益加快的形势下，根据本国的国情，把菲亚特和意大利电信公司等大型企业集团作为“拳头”产品，推向海外市场，以便夺取国际市场更大的份额。总之，经济外交工作虽有独立性，但政策边界就是该国的外交政策目标，经济外交必须服务总的外交政策，而不能超越于这个政策边界。

二、制度变迁和外交政策的影响

从现代化的角度讲，制度变迁范畴是指从权力集中、封闭管理型的传统体制向开放的、以市场经济与法律秩序为目标的现代体制转型。一般来说，实行体制变迁的国家主体往往实行对外开放战略，在对外关系方面，不仅仅是原来意义的维护主权、提高威望的问题，而是事关国计民生的问题。制度变迁成功，往往导

---

① ［日］星野昭吉、刘小林主编：《冷战后国际关系理论的变化与发展》，北京师范大学出版社，1999 年 3 月版，第 128 页。

② 同上，第 129 页。

③ 周永生：《经济外交》，北京：中国青年出版社，2004 年 2 月 1 版，第 21 页。

致较为平和与活跃的国际环境。[①] 一国国内的政治和经济制度对外交政策有重要影响，国内政治对外交政策的影响是国际政治发展的现实，也是理论研究的重点。国际政治状况作为各国对外政策综合效应的产物，在更深的层次上，国际政治状况是各国对外政策背后的各国国家利益综合效应的产物。[②] 国家利益制定的依托背景是国内的政治制度和经济制度背景。任何一国外交政策和经济外交政策的制定都离不开这个背景。从制度变迁的角度讲，一国的政治制度对外交包括经济外交具有很大的影响。

制度变迁可简单概括为，随着许多定性指标，如个性、民族特点、社会结构、经济利益、政治组织等要素的变化，国家本身利益也会变化，这导致社会各个阶层、国内利益集团联盟的变动、缓慢的经济人口变化以及其他方面的发展，进而影响外交政策等目标和国家追求这种目标能力的变化。但政治力量强调，国家以生存与安全为宗旨参与国际事务，关注社会制度、意识形态、价值观念与国家安全之间的关系。当政治安全目标与经济利益目标相冲突时，国家首先要满足安全这一基本目标。

外交、经济外交受到制度变迁的影响，中国等社会主义国家在改革开放过程中表现得异常明显。20 世纪 80 年代中期，中国共产党在理论上逐渐放弃了“以计划经济为主，市场调节为辅”的提法。党的决议强调“要突破把计划经济同商品经济对立起来的传统观念”，并提出“加快建立和培育社会主义市场体系，逐步建

① 冯绍雷、安源主编：《制度变迁与国际关系》，北京：国际文化出版公司，1999 年版，《前言》第 2 页。

② ［日］星野昭吉、刘小林主编：《冷战后国际关系理论的变化与发展》，北京师范大学出版社，1999 年 3 月版，第 322 页。

立起有计划的商品经济新体制的基本框架”的任务。[①] 1986 年 4 月，国务院建立了经济体制改革方案设计办公室。在随后的几个月里，这个办公室拟定了在两三年内进行以价格、税收、财政、金融和贸易为重点的配套改革方案。[②] 20 世纪 90 年代初，邓小平多次就市场经济问题发表谈话，反复指出：“社会主义与资本主义的区分不在于是计划还是市场这样的问题。社会主义也有市场经济，资本主义也有计划控制。”[③] 1992 年初，邓小平在著名的南巡讲话中更加尖锐地提出：“改革开放迈不开步子，不敢闯，说来说去就是怕资本主义的东西多了，走了资本主义道路。要害是姓‘资’还是姓‘社’的问题。判断的标准，应该主要看是否有利于发展社会主义社会的生产力，是否有利于增强社会主义国家的综合国力，是否有利于提高人民的生活水平。”他说：“中国要警惕右，但主要是防止‘左’。”[④] 以邓小平的南巡讲话为标志，中国的改革开放进入了新阶段。1992 年 6 月，江泽民在中共中央党校讲话，表示要深刻领会邓小平重要谈话的精神，赞同“社会主义市场经济体制”的提法。[⑤] 1992 年 10 月，党的第十四次全国代表大会正式宣布：中国经济体制改革的目标是建立社会主义市场经济体制。1993 年秋召开的十四届三中全会通过《关于建立社会主义市场经济体制若干问题的决定》，为中国的经济体制改革制定了总体规划和行动纲领。1997 年的中共十五大吹响了“国企改革攻坚

① 《十三大以来重要文献选编》(上)，北京：人民出版社，1991 年版，第 26 页。

② 吴敬琏：《当代中国经济改革战略与实施》，上海远东出版社，1999 年版，第 90 页。

③ 《邓小平文选》第 3 卷，北京：人民出版社，1993 年版，第 364 页。

④ 《邓小平文选》第 3 卷，北京：人民出版社，1993 年版，第 372、375 页。

⑤ 中共中央党史研究室编：《中国共产党新时期历史大事记》，北京：中共党史出版社，1998 年版，第 363 页。

战”的号角。十五大期间《中国经济时报》关于国企改革的通栏文章题是“可以，可以，也可以”，就是这种氛围的概括。自此，中国各中心城市和各省相继表示了告别“国有独资”的决心，这在世界私有化历史上也是罕见的表态。1997 年起，许多省市相继宣布今后不再搞国有独资企业。[①] 中国从 1978 年开始启动制度变迁的过程，至今仍方兴未艾。经济外交政策的制定和实施，无不体现出国内经济和政治体制改革的印记。市场力量要求各国以现实经济利益作为对外政策的最高目标，其他如社会制度、意识形态、价值观念、民族意识等都要服从经济利益的原则。

三、主权国家的国内政治对经济外交的影响

随着时间的推移，尤其是国内政治的民主化和社会分层程度越高，外交受国内政治影响的力度才可能越大。一个国家的经济外交政策或行为是国内不同部门之间或利益集团间博弈的结果。在市场经济的发展过程中，不同的利益集团和阶层通过不同的资源和渠道来影响国家对外各项经济贸易政策的制定。西方学者认为，在西方国家中，影响对外政策制定和执行的利益集团主要有专业官僚集团、企业界集团、新闻界、学术界、人权、宗教、环保等利益集团或组织。[②] 其中企业界是任何社会中的重要利益集团之一，它们以自己的财富和资源影响着政府的对外关系，使之符合并促进企业的商业利益。企业在国内外经营时，追求商业利益，要本国和外国政府确保它们的利益，要本国和外国政府的政策符

---

① 卡悟：《二十世纪末中国的经济转轨和社会转型》，载《二十一世纪》（http：//www. cuhk. edu. hk/ics/21c）2002 年 8 月号。

② 楚树龙：《国际关系基本理论》，清华大学出版社，2003 年 8 月版，第 20 页。

合它们的商业利益和信念。[①]

改革开放前，中国经济上实行高度集中的计划经济体制、单一的所有制模式，并推行事实上的平均主义、大锅饭的分配制度，文化上“极左”意识形态的狂热和控制，同时强调，在社会主义中国，人民的利益高度一致，强调个人利益服从集体利益，局部利益服从全局利益。在这种情况下，代表“局部”、“狭隘”利益的利益集团得不到承认，也不被允许存在和发展。当时人们虽然也承认，事实上存在大量的人民内部矛盾，但主要是指存在于“二元式”社会利益结构中的、政治化了的、特殊利益群体之间的矛盾：中央与地方、城市与农村、工人与农民、干部与群众……由于当时各利益群体之间的利益分配，是由国家公共权力决定的，各群体成员利益不可能通过组团结社得到满足，因此在“以阶级斗争为纲”的“泛政治化”时代和高度集权的计划经济体制下，仅存在自在的利益群体，而不存在自为的利益集团。

经过 20 多年的改革开放，中国社会正从同质的单一性社会向异质的多样性社会转型。在社会转型过程中，原有的社会利益格局被打破，整个社会利益结构发生了分化与重组。社会成员之间的利益将越来越多元化、分殊化、异质化，利益意识会越来越自觉，利益集团会越来越多，组织化程度会越来越高，利益集团之间的关系会越来越复杂，在社会政治生活中的影响力也会越来越大，对政府的自主能力、整合能力和调控能力等提出了全新的挑战。如形成多种以地区、部门为依托，以行业利益为纽带，借助公共权力、行政性垄断等手段来获取特殊利益的经济性利益集团。

例如，不同的汇率安排对不同部门有着不同的影响，因此各个部门对汇率安排形成了不同的偏好。国民经济可被划分为外向

① 楚树龙：《国际关系基本理论》，清华大学出版社，2003 年 8 月版，第 21 页。

部门和内向部门两个组成部分，一般而言，外向部门由于无时不要面对汇率风险，所以它们强烈希望保持汇率稳定，实行盯住汇率制度。2003 年上半年那种美元疲软环境中的盯住美元汇率制度最符合外向部门的期望。不仅如此，1998 年以来事实上的单一盯住美元制度还使得中国外向部门在资金供给方面赢得了相对于内向部门的优势：为了在资本项目、经常项目双顺差局面下避免人民币汇率升值，中国人民银行必须无条件地全盘接收企业卖出的外汇，从而投放货币，这些外汇的原始持有者——外向部门的资金状况便相对充裕。内向部门不仅无从沾光，反而因为人民银行用压缩商业银行再贷款方式进行冲销操作（Sterilization）中和外汇占款膨胀的影响而独力承受信贷紧缩的后果。换言之，在单一盯住美元制度下，内向部门承担了更多的冲销政策成本，外向部门则相对受惠。近年中国外经贸企业、外向型经济发达地区经济表现相对优于内向型企业和地区，与单一盯住美元制度的这一"分配效应"特点未尝没有关系。因此，中国的外向部门、外向型经济发达地区多半更倾向于维持人民币汇率安排的上述特点，内向部门、外向型经济欠发达地区则反之。

又如，随着民营经济的蓬勃发展，越来越多的民企走出国门，参与国际市场竞争。民间力量成为经济外交工作的新动力和新亮点，也给经济外交工作带来了新问题和新挑战。特别是中国加入世贸组织后，中国的对外商品频频被反倾销立案，中国商人在海外遭遇绑架甚至殒命、被焚烧店铺、查扣货物等事件屡屡发生。这些事件的发生，无一不涉及经济外交的大局，积极应对和妥善解决这些问题，需要探索经济外交的新思路和新手段。国内的民营企业家"走出国门做生意"的愿望越来越强烈，必然迫使外交部门积极思考如何在外交工作中强化服务经济，加强前瞻性的实际指导。外交资源是中国企业走出去必须利用的"稀缺资源"，但是现在还没有被充分调动起来。正如时任的全国工商联副主席程路所述："企业有了外贸权不等于就有了外贸能力，国内企业需要了解出口国的政治、经济、文化等多方面的情况，这些都可以从外交部门得到帮助。因此，持续保持外交部门与民营企业间的相互交流非常必要。"

四、国家间的贸易关系与经济外交

莫德尔斯基认为，世界大国首先是世界经济主导国，即经济规模大、富裕程度高，而且在技术革新条件下主导产业部门旺盛，能积极参与世界经济，成为世界经济的增长中心。[①] 国际贸易是国家间或地区间的商品和劳务的交换过程。国际贸易不仅对国家的经济发展，而且对一个国家的政治和社会发展都有重要意义。国家间的贸易规模的大小，对国家间的关系产生重大影响。国际贸易的开展改变着国际政治关系，国际贸易与国际政治之间形成了相互作用、相互交融的状态。当各国在经济上相互依存，共同分享国际分工和贸易利益时，它们之间的政治分歧和矛盾就会软化，促使国际政治关系趋向稳定。[②] 但单纯的贸易关系不等于经济外交。虽然贸易关系具有市场调节的特性，但发展到一定程度，经济外交须跟进，进行政府干预。从一般意义而言，有什么样的贸易关系，就有什么样的经济外交。贸易关系发展到一定程度，国家间的利益交叉点就会增多，重合与摩擦都会增加，经济外交的功能这个时候就会表现出来。同时，贸易关系往往作为外交工具

---

① George Modelski, "The Long Cycle of Global Politics and the Nation State," Comparative Studies in Society and History, 1998, pp. 214—235.

② 宋新宁、陈岳：《国际政治经济学概论》，北京：中国人民大学出版社，1999 年 12 月版，第 147 页。

而使用，例如很多国家通过对不同的国家实行不同的贸易政策，来配合和推动同这些国家政治关系的发展趋势。贸易利益和贸易政策通常是大多数国家考虑的一个中心问题。最理想的状态是贸易政策和外交政策二者的相互支持。但是贸易政策比防务政策距离外交政策更远，除了在某些时候经济问题支配外交政策外，贸易政策经常同外交政策背道而驰。贸易政策和外交政策的分离有时是因为各自拥有独立的外交和贸易使团的实践造成的，这反映了对外政策中把政治和经济区别对待的趋势。[①]

五、政治文化传统对经济外交的影响

西方现代民族国家产生后，资本主义的商业精神一直成为市场经济发展的原动力。体现在对外关系中，信奉实力、追求国家利益成为重要的外交理念。著名学者拉斯基在为托克维尔《论美国的民主》所做的导言中认为，“美国人是一个讲求实际的民族，不大善于思考。他们凡事考虑眼前利益，而不大追求长远的利益。他们所重视的，是够的到、摸的着、切实存在并能用金钱估价的东西”。[②] 纵观美国的对外关系史，美国的对外政策无一不是出于对本国现实利益的追求。在中国传统的政治文化里，重义轻利的价值取向一直是一个重要的特征。孔子说，“君子以义为上”，[③]“饭疏食欲水，曲而枕之，乐亦在其中矣。不义而富且贵，与我如

① ［英］巴斯顿著，赵怀普等译：《现代外交》，北京：世界知识出版社，2002年版，第199页。

② ［美］托克维尔：《论美国的民主》，北京：商务印书馆，1991年版，第954页。

③ 《论语·阳货》。

浮云”。[①] 荀子认为，“先义而后利者荣，先利而后义者辱”。[②] 认为在一个国家里，为了国家的稳定，应该重视道义，只有这样才能取得社会的稳定。重义轻利的传统政治文化对中国历史产生了巨大的影响。同时也对中国的对外交往产生了巨大影响。表现在对外政策上就是“远夷存抚”，在对外交往中重视政治利益，轻视经济利益。例如：中国历史上的一种特殊的外交方式——朝贡，贯彻的就是一种“薄来厚往”的政策，属国在朝贡的时候带上土特产或珍贵物品献给皇帝，皇帝在接受贡品后又必须给予赏赐，往往赏赐的价值大于所朝贡的价值。[③] 于是“万方来朝”、“不绝于途”，利之所在，趋之若骛。[④] 这种以中国为中心的经济体系和国家秩序，通过予多取少的原则来处理周边关系，是一种柔性的霸权秩序。[⑤] 古代各种所建立的区域性国际秩序以朝贡制度为核心，固然有以中国为中心的不平等之嫌，但以文化和经济手段来维持和平互利的秩序则是可以批判继承的。[⑥] 总之，重义轻利的思想，长期以来制约着中国的对外交往，乃至在现当代外交史中往往很容易发现此类现象和案例。

---

① 《论语·述而》。

② 《荀子·荣辱》。

③ 杨公素：《外交理论与实践》，四川大学出版社，1992 年版，第 9 页。

④ 张丽东、潘一禾：《国际组织建设的中国传统思想资源》，载王逸舟主编：《磨合中的建构》，北京：中国发展出版社，2003 年 3 月版，第 280 页。

⑤ 门洪华主编：《中国：大国崛起》，浙江人民出版社，2004 年 12 月版，第 109 页。

⑥ 宋四辈：《古代中国所建立的国际秩序的两重性及其现实意义》，载《郑州大学学报》1998 年第 6 期，第 40—43 页。

第二节　经济外交的功能与特点

一、经济外交的功能

二战结束后，尤其是随着冷战的结束，经济外交在各国外交实践中的作用越来越重要，并表现出不同于传统政治、军事外交的特点，主要有：

1. 补充功能。经济外交是政治、军事外交的重要补充。经济外交活动可以发挥政治、军事传统外交所无法发挥的作用。1993年2月，克林顿总统在美利坚大学的演讲中说："把贸易作为美国安全的首要因素的时机已经到来。"他认为："在世界经济中的竞争力维系着美国未来的安全。"克林顿政府将"经济安全"作为美国对外政策的三大支柱（经济、安全、民主）之一，大力推行经济外交。经济越来越成为左右国家关系的主导因素，因此作为国家经济支柱的大中型企业，是国家的重要经济命脉。冷战后经济外交的一个很重要的特点，就是当各国要员出访时，经常有许多企业家陪同，借助国家领导人的政治威信开展经贸关系。有的实际上就是直接执行政府的经济外交政策，按照政府的意图进行交易、投资、合作或采购等商业活动。总之，经济外交以其独特性，与单纯政治或军事外交相比，发挥着重要的补充作用。

2. 保障功能。经济外交可以促进和保障国家对外经济政策实施的效果。当一国的对外经济政策实施后，比如在吸引外资、帮助本国产品开拓国外市场或原料产地的过程中，主动开展经济外交可以保障对外经济政策效果的落实。很多国家外交政策的根本目标是为了本国的发展创造一个良好的国际环境。这样的政策目标不是空谈，而是包含大量具体的政策内容，包括创造良好的国际贸易环境、国际投资环境、国际金融环境等。以政府身份进行外交活动不仅具有客观必要性，而且比单个企业亲自对外公关具有多方面优越性：第一，政府代表全部企业对外交往比每个企业独立对外公关所费成本小。能够取得集中公关的规模经济效益。第二，政府对外交往争取贸易机会与利益的成功机会大。一般说来，政府外交争取贸易机会与利益信用高、分量重、影响大，外交工具多。一般企业是难以与政府外交资源与能力进行比较的。第三，政府外交容易接近具有决策权力的人物，绕开由企业对外公关可能经历的不必要弯路及阻挠，能够迅速接近权力人物进行公关和商谈。第四，政府外交部门从事专业的外交活动，具有信息灵通，外交人员素质高、渠道多、手段多、技巧灵活等优势。总之，政府外交活动促进外经贸发展既有必要性又有优越性。目前，各国跨国企业对本国政府外交支持的需求都非常强烈。一般而言，一国政府外交部门重视经济外交就会促进本国外经贸更便利地参与国际经济，否则就会抑制外经贸的成长与发展。

3. 拓展功能。重商主义认为，财富是获得权力不可或缺的手段，权力是获得和保有财富的根本和有效途径，财富和权力都是国家政策的正当的和最终的目的。从长远来看，这两个目的是和谐一致的，尽管在一些特定的情况下，不得不牺牲经济利益，以换取军事安全和长期繁荣。[①] 经济外交是夯实国家间正常贸易关系的主要手段。国际间贸易的主体基本上是以贸易公司为主体。但贸易关系从来就不是单纯的贸易关系，贸易机会是外经贸竞争的

① Jacob Viner, “Power Versus Plenty as Objectives of Foreign Policy in the Seventeenth and Eighteenth Centuries,” World Politics , 1 (October 1948) .

焦点。现代外经贸活动越来越需要国家外交部门所提供的争夺贸易机会的公关服务。现实经济环境要求中国外交部门积极改善并保持一个有利于中国经贸发展的国际环境，外交活动要努力发挥在两国经贸领域牵线搭桥，沟通信息和情感，组织双边相互沟通、谈判、寻求和达成经贸关系，消除经贸矛盾和纠纷的作用。在中国传统外交思想上，还没有为外经贸企业提供国际大市场营销服务的意识。近年来，中国外交思想开始转变，但经济外交战略仍旧没有得到足够的重视。中国外交部门要运用各种手段创造对多样化的外交成果以满足外经贸的需要，促进中国外经贸的迅速发展。总之，争夺贸易机会应该成为中国外交工作的中心任务之一。

4. 外溢和润滑功能。国家贸易的发展从 20 世纪初开始得到迅猛发展。自由主义理论家认为，自由贸易是国家间发展和平友好关系的保证，经济相互依存关系的建立，可以排除发生战争的可能；经济繁荣可以分散公众的注意力，使他们不再关注民主主义的相互争夺和军事冒险，因为这些事情会对贸易和经济增长有潜在的不利影响。[①] 国家间运用政府力量开展经济外交可以改善双边之间的政治关系，但经济外交有自己的利益指向，如经济制裁等往往具有暴力性的一面，又往往会引起国家间的政治冲突。

二、经济外交发展的特点和规律

经济外交的实质，是经济与外交的辩证统一。具体说来，就是在国家总体外交的框架内，充分运用对外经济手段维护和增进国家利益，做到以政带经，以经促政，政经结合，为国家争取发

① ［美］詹姆斯·多尔蒂等著，阎学通等译：《争论中的国际关系理论》（第五版），北京：世界知识出版社，2002 年版，第 453 页。

展所需要的资源、市场、资金、技术及人才，有效防范和应对来自国际经济领域的各种风险。经济外交有共性和个性的一面。从共性上看，经济外交可以界定为：在对外政策上，为了实现国家的诸多利益，而由该国中央政府、地方政府、民间组织等多层次的、尽最大可能动员本国资源来推行的对外关系的一种方式，突出经济外交的动因、目的和行为主体。内容是有关贸易、资本、金融、服务等方面的市场开放和由于经济摩擦而导致的进出口限制，以及经济制裁、经济援助等各种政策，体现经济外交的内涵、外延和结构性内容，而个性是不同行为体在经济外交中的具体表现，国家作为对外政策的实施主体表现出一定的多样性，不同的主体有不同的对外政策和对外经济政策。

经济外交作为外交政策和具体的外交行为，在不同的历史时期表现出不同的特征。国家在运用经济外交手段的过程中，随着国际政治和经济关系的变化而表现出不同的特点，各国的外交政策从横向上来看也表现出一定的差异性。作为总体外交的一部分，经济外交政策也因为国际政治经济关系的变化，表现出不同于单纯安全或政治外交的一些特性，表现出自己的规律。经济外交是对刚性的政治、军事外交的补充。经济外交是经济外交政策和行为的统一，也是目的和手段的统一。经济外交的目标和传统外交的目标有时是不一致的。

经济外交和政治外交具有一定条件下的不对称性。经济合作关系好，则政治合作关系不一定顺畅，反之亦然。中日、中美两国间的经济合作发展良好，但政治关系有时存在很多症结。两国间良好的政治关系也并不一定就会促进两国关系的飞跃发展，如中俄之间的贸易关系。两国之间经济合作关系的水平也并不必然影响两国政治合作关系，中俄经济关系的相对滞后也并不必然对两国关系产生影响。

经济关系和政治关系的分离，经济关系的强劲和政治关系的松散。如日本在追求对美贸易利益的最大化行为过程中，尽力维护自己的贸易额和贸易顺差，坚持本国的市场准入制度，形成对美贸易的全方位优势，而在政治关系方面又以不损害日美政治同盟为底线。

在世界政治局势相对稳定和各国经济相存不断加深的情况下，经济利益能否实现以及在多大程度上实现，在一定程度上决定政治利益能否实现以及在多大程度上实现。[①] 如地区经济合作是经济问题，但最终是为各国的国际政治目标服务，因此离不开政治因制约和影响。各国的目标是利用自身的比较优势积极参与地区经济合作，在取得经济上的相对优势后，力争在地区合作中起主导作用。又如在东亚的经济合作中，基本的框架是东盟（ASEA）、东盟地区论坛（ARF）、“10＋1”会议（东盟与单一国会议）和“10＋3”会议（中、日、韩与东盟的对话会议）。1997 年确立的“10＋3”机制是东亚经济合作的主要框架，但近年来发展缓慢，签订的很多协议只停留在纸面上。具有鲜明政治意图的以“10＋3”为主要框架的东亚合作至今发展缓慢的原因在很大程度上主要是东亚主要国家间缺乏政治互信。为了消除东盟的疑虑，带动地区其他大国，中国尽自己所能首先推动建设中国—东盟自由贸易区。就中国方面来讲，该自由贸易区的建设从其实质来讲政治因素起了决定性的作用，即消除东盟疑惧，稳定亚太，为经济迅速发展营造安定的国际环境。从经济方面来看，东盟和中国的经济结构互补性不够而竞争性过强，双方的自由贸易区能为各方带来多大的经济效益还需拭目以待。正如日本学者关志雄所言：“政治

① ［美］罗伯特·吉尔平：《国际关系政治经济学》中译本，经济科学出版社，1992 年版。

上越容易做到的，经济上的好处就越小；相反，经济上的好处越大，产业调整及调整过程中的利益冲突规模也就越大。”从分工利益的经济角度讲，中日间的自由贸易协定最为可取，但在政治上最为难行。中国—东盟间的自由贸易协定经济上不是最优，但在政治上最易达成。

2002年11月，中国东盟领导人会晤期间双方又签署了《全面经济合作框架协议》，促进双方自由贸易区的建设驶入快车道。2003年10月第七次东盟—中国10＋1领导人会议上，双方签署了“面向和平与繁荣的战略伙伴关系”联合宣言，中国正式加入《东南亚友好合作条约》，并签署了《全面经济合作框架协议》补充议定书，表明3个“10＋1”中最具发展前景和动力的中国与东盟经济合作再上新台阶。中国—东盟自由贸易区建设的启动，在东亚经济合作中具有里程碑的意义，它不仅为该地区经济合作起到了很好的带头作用，而且推动了日本、韩国同东盟之间的自由贸易谈判进程。在3个“10＋1”中，东盟和中国突破了东亚经济合作在世界经济一体化浪潮中停滞不前的落后局面，表明该地区经济合作迈出了实质性的一步，给东亚合作带来了新的希望。

综上所述，一国的经济增长与其外交利益实现一般呈现正相关关系，经济增长是外交利益实现的基础，外交利益的实现又往往以经济实力为基础的综合国力为条件。冷战结束以来，中国经济增长迅速，同时采取了正确的外交战略，中国经济增长与外交利益实现呈现出良性的互动关系，大大促进了中国综合国力的增强和国际地位的提高。“中国威胁论”是完全没有依据的，中国是促进世界和平与发展的重要力量。由于经济利益在国家利益中占有重要地位，以及经济发展对国家综合国力提高的影响，国家对外政策的取舍在很大程度上受经济利益的制约，并为实现经济利益服务。国家利益的实现更多是利用经济手段来达到，国家间的关系也更多地表现为经济关系。① 政治外交的基础是共同的战略利益，经济外交的主要基础是共同的经济利益。在不对称的经济关系中，双边经济摩擦对政治关系的影响是有限的。但占有优势地位的一方因双边政治关系紧张而可能约束双边经济合作关系。政治外交和经济外交是可以分离的，在政治关系出现困难的时候，不一定会影响双边的经济关系，经济外交更显得重要。

第三节　经济外交的主要目标和形式

一、经济外交的主要目标

国家利益是一国经济外交的政策基础和追求目标。美国国际政治领域的开拓人物摩根索认为，主权国家行为的动力，是各自的国家利益而不是对公共福利的效忠。②"只要世界政治上还是由国家所构成，那么国际政治中实际上最后的语言就只能是国家利益。""国家利益是相互冲突着的各种政治利益的一个妥协物。它不是抽象化、科学化以后的一种理想概念，而是国内不断的政治竞争的产物。""国家利益基本的一条是本国的生存与安全。一国所追求的利益应与同期实力相称。"国家利益关系到"外交政策的

---

① 宋新宁、陈岳：《国际政治经济学概论》，北京：中国人民大学出版社，1999年12月版，第66页。

② 汉斯·摩根索：《国家间政治——为权力和和平而斗争》（中译本），北京：中国人民公安大学出版社，1990年版，第563页。

本质以及全部政治学说的基本问题”。[①]

美国学者莫德尔斯基指出，世界大国首先是世界经济主导国，即经济规模大、富裕程度高，而且在技术革新条件下主导性产业部门旺盛，并能积极参与世界经济，成为世界经济的增长中心。[②]从亚当·斯密的《国富论》到今日西方的主流经济学思想都认为：只有有了市场法则、自由贸易、资本自由流通和主要国家间的资本与财政政策协调等，一国的财富就会增加，“一个摆脱了经济民族主义和彼此密切合作的世界也许会同时推动发达国家和发展中国家，朝着自由和经济建群大最终目标迈进”。[③] 在全球化的时代，国家实力的增强，不仅源于国内市场的发展和培育，还源于全球化条件下战略资源的获得，必须立足国内，面向世界，在更大范围内获取更多的国际资源、国际资本和国际技术，实现全球范围内的资源优化配置。[④] 中国要积极参与经济全球化，争取成为东亚经济的主导性力量，成为世界经济的主要发动机，以中国经济的持续高速发展推动世界经济，大力拓展经济战略利益，确保经济发展作为中国和平崛起的核心。

经济外交有两个层面的主要目标：一是指国家通过外交活动为国内经济建设创造有利的外部条件，为本国企业在国际市场的活动提供法律、信息等服务，从而促进国家对外经济的发展，拉动国家经济的整体进步；二是指国家要学会以经济为手段去实现国家对外战略的政治目标。因此，经济外交是经济与政治的有机

---

① 汉斯·摩根索：《政治学的困境》，1958 年芝加哥版。转引自黄硕风著：《国家盛衰论》，湖南出版社，1996 年 12 月版，第 223—224 页。

② George Modelski, “The Long Cycle of Global Politics and the Nation-State,” Comparative Studies in Society and History, 1998, pp. 214—235.

③ ［美］萨缪尔森：《经济学》（第十二版）中文版，中国发展出版社，第 1489 页。

④ 胡鞍钢主编：《全球化挑战中国》，北京大学出版社，2002 年版，第 92—93 页。

结合，是国家以外交为手段为经济建设服务，又以经济为手段去达到实现国家对外战略的政治目标的一系列活动。

二、经济外交的主要形式

在战后的不同历史时期，经济外交的形式也有不同的侧重和表现。随着国际交往的日益增多和经济相互依赖的发展，国际交往在内涵和外延上不断拓展。同时，随着各国对经济外交的理解和运用的意识不断增强，经济外交的表现形式有多样性的特点，包括国际经济合作外交、封锁禁运、贸易外交、关税外交、金融外交、能源外交等等。

1. 国际经济合作外交

国际经济合作是不同国家、地区、国际经济组织、区域性经济组织、集团、企业间，基于平等互利的原则，在生产领域和流通领域，通过各种方式在资本、技术和劳务方面共同开展的较长期经济协作活动。本质是国际间各种生产要素的优化组合与合理配置，表现为各国企业之间以各自所占优势的生产要素作为条件而进行的某种形式的协作。[①] 也有的学者认为，国际经济合作是世界各个主权国家、国际经济组织和超越国家界限的自然人与法人，基于平等互利的原则，在生产领域内，通过各种生产要素的相互转移而展开的较长期的经济协作活动，包括资本、技术、劳动力、土地资源等各种要素在国际间转移与重新配置的经济活动。[②]

---

① 徐光智主编：《当代国际经济合作》，北京航空航天大学出版社，1991 年 10 月版，第 1 页。

② 吴声功：《国际经济合作的理论与实践》，北京：人民出版社，2000 年 8 月版，第 3 页。

经济合作外交是为了推动和实行国际经济合作的外交。它涵盖的范围较广，包括促进国际贸易、投资、劳务等经济合作，进行国际间经济协调等广泛内容的外交政策与活动。其实，经济外交不是经济，而是外交，它属于外交内部的一个分支，但这种外交的个性特点在于它的经济性。具体来说，包括对外贸易关系、围绕吸引国际投资而进行的外交行为、围绕具体的国内经济政策而进行的外交行为。

国际经济协调指发达的资本主义国家为了解决在生产、劳务、贸易、金融、科技等方面日益增长的利益，围绕所制定的宏观经济政策，由政府和跨国组织进行的外交活动。二战后，无论是全球性的国际经济组织，还是区域性的国际经济组织，都是通过国际经济制度的安排来实现对国际经济关系的多边协调，同时这种国际经济关系的多边协调在当今仍然以主权国家的对外经济政策和经济外交活动为基础。①

国际经济协调，实际也是国际经济联合与国际经济合作，不过着重是指由各国政府出面，通过协商谈判达成协议或建立组织，采取一致的或互相配合的政策措施对它们之间的经济关系和经济活动实行联合调节，解决共同面临的世界经济准则，避免矛盾和冲突激化，保证国际经济正常运转。概言之，国际经济协调就是国家对国际经济进行调节，并且主要是进行政策协调。首先，为经济联合目的确立一个基本标准；其次，为实现联合目标而规定各国配合行动应采取的政策。据此，各国需相应调整或修改自己

① 柳剑平：《国际经济关系政治化问题研究》，北京：人民出版社，2002 年 12 月版，第 26 页。

原行的政策而不能再各行其事。[①] 经济外交活动和国际经济协调直接影响各国之间的经济利益关系，对外经济政策和国际经济制度是经济外交活动和国际经济协调的起点和终点。作为起点，它是经济外交活动和国际经济协调的原则、方法和程序。作为终点，它是经济外交活动和国际经济协调的一种物化形态。不论作为起点还是作为终点，对外经济政策和国际经济制度都是经济外交活动和国际经济协调的一部分。[②] 对外经济政策包括国家的对外贸易政策、投资政策、经济合作政策、外汇政策、国际收支政策。

2. 经济援助

在国际政治中，发展援助是一种重要的经济外交的手段。一般说来，一个国家提供对外援助的动机主要有四个：经济发展动机、人道主义动机、贸易动机和政治动机。[③] 20 世纪 70 年代，联合国大会曾做出决议，要求经济合作组织成员国把国民生产总值的 0.7%作为其对发展中国家的官方发展援助，其中 0.15%用于对最不发达国家的发展援助。但是到 1989 年，经合组织成员国中只有挪威、瑞典、丹麦、荷兰、法国达到了联合国规定的发展援助指标，美国最低，只有 0.15%，英国为 0.31%，日本为 0.32%，德国为 0.41%。1995 年，经合组织的发展报告再一次指出，美国的发展援助比例最低。而且，在发达国家的援助中优惠性资金（如赠予、无息贷款等）的份额下降，非优惠性资金比重上升。发展中国家一再呼吁发达国家执行联合国决议，实现规

① 郭丁主编：《国际经济关系学》，北京：中国人民大学出版社，1992 年 10 月版，第 306 页。

② 柳剑平：《国际经济关系政治化问题研究》，北京：人民出版社，2002 年 12 月版，第 64 页。

③ 林德昌：《对外经济援助动机之研究》，载台湾《问题与研究》，1993 年 12 月第 32 卷，第 12 期。

定的目标，并要求：（1）增加援助数额；（2）援助不附加任何条件。但这些呼吁并没有得到发达国家的积极响应，而且在苏东剧变、苏联解体后，发达国家的援助条件更加苛刻，援助国用经济援助手段对受援国施加政治影响的意图也更加毫不掩饰。欧共体明确将民主、人权确定为发展援助的必须条件，美国则进一步表示，实行多党制是美国向第三世界国家提供援助的前提。可以预见，今后南北双方在援助数额和援助条件方面的分歧和斗争将会继续下去。

在当今世界的对外经济援助体系中，以经合组织发展援助委员会为中心的西方发达国家的对外援助为主，形成了三种类型的对外援助模式：一是美国式的战略援助型，它从特定的外交战略和意识形态战略出发，直接把援助与军事、政治目的等联系起来，最典型的是马歇尔计划和第十四计划。第二种类型是人道主义援助，在各国的对外援助中占有一定比重，尤其在北欧各国的对外援助中比较明显。它的主要目的是帮助别国改善经济和社会条件，不以特定的对外利益为目的，不在援助上附加政治或经济条件。三是日本式的政府发展援助模式。这种援助通过中长期的优惠贷款、无偿援助和技术合作等与日本的中长期对外经济利益结合起来，带有经济功利性的特征。

3. 能源外交

能源外交通常有两大类：以能源为手段的外交和以能源为目的的外交。前者如阿拉伯国家等，它们曾以石油资源作为武器，通过石油禁运等手段来达到它们的政治目的或是其他的目的。后者，从能源作为目的来看，石油消费国与出口国的能源外交是完全不同的。像美国、日本、欧盟等消费国是为了保证能源供应，保证自身的能源安全，在市场上进行竞争而进行各种外交活动，中国现在所说的“能源外交”属于这一类；而俄罗斯以及阿拉伯国家等出口国则是通过外交手段来推动能源出口，占领市场，提高自身在市场的地位。“能源外交”是经济外交的一个组成部分。中国的能源外交并非像有些人所理解的那样，是为了到国外去争夺或是控制资源。能源外交的面是很广的，它包括能源合作，其中既有资源方面也有技术方面的合作，例如：中美间的核能合作等。

4. 金融外交

金融力量越来越成为影响各个国家社会政治生活的基本因素之一，也是造成某些发展中国家政治危机和社会动荡的直接原因。国际金融的主要职能是最大限度地发挥资本的边际效用，这必然导致国际资本在全球范围内流动，寻求合适的利润增长点，从而成为推动全球化的强大动力。国际金融造就了各国之间的相互关系，成为国家力量盛衰的一个重要源泉。[①] 二战以后，美国将布雷顿森林体系纳入美国全球霸权体系之中，使其成为重要的战略环节。美国着力强化美元在国际货币体系中的作用，使其威慑力量扩大到所有的盟国。由于美元成为国际硬通货，美国就拥有自行印刷外汇的特权，源源不断地为维持全球霸权地位提供资金。金融外交为维护美国的霸权利益发挥了极其重要的作用，这是中国认识当前复杂多变的国际关系现实的一个新的视角。

5. 经济制裁

经济制裁是国际行为体之间一种常见的冲突行为，其目的是通过经济措施迫使目标国改变其政策行为，或者至少是向目标国传达某种不满信息。作为一种以强制性和惩罚性为特点的对外政策手段，经济制裁具有鲜明的政治属性。在20世纪，伴随着国际

① 陆钢：《战后金融外交与美国金融霸权》，载《华东师大学报》（社科版）2001年第2期。

经济关系的普及和全球化进程的加速，经济制裁成为一种维护国家安全和利益的重要手段，对国际关系中的各种行为体都可能产生直接或间接的重要影响。

第四节　实施经济外交的主体——按照体系层次进行分析

美国学者肯尼迪·沃尔兹认为，国家关系中分析的着眼点可以从个人、国家和国际体系入手。[①] 关于经济外交的实施主体，国内的一些学者曾经进行分析。周永生认为，经济外交的主体主要有两种：一种是国家，另一种是国家间的国际组织。国际上认可的争取独立的民族也可作为经济外交的主体。[②] 经济外交的主体由一国的法律规定，可以分为国家元首、政府首脑、外交机构和涉外政府经济机构。[③] 本书在总结和提炼的基础上，将经济外交的主体分为以下几个层次：

一、国家领导人的经济外交

当代外交实践中，国家元首和政府首脑经常参加外交活动，或就某些重大外交行为作出最后决定。在解决双边的或多边的国际问题方面发挥越来越重要的作用。就外交活动的方式

① ［美］肯尼迪·沃尔兹：《国际政治理论》，北京：中国人民公安大学出版社，1992年版，第61页。

② 周永生著：《经济外交》，北京：中国青年出版社，2004年2月版，第22页。

③ 张学斌著：《经济外交》，北京大学出版社，2003年2月版，第13页。

而言，首脑外交主要指正式会议、会晤、非正式会晤；还包括国事访问、友好访问；首脑之间的通信、电报、电话及热线联络；首脑的私人代表、特使在正式外交渠道之外的特殊使命，以及首脑公开的对外政策声明，讲话等。[①] 虽然政府首脑代表的是国家，但领导人在政策范围内个人的性格和施政特点，很多时候让首脑外交表现深深打上领导人个人的痕迹。“因为只有个人才是真实的，而社会只是一个抽象的概念。”“历史学、政治学以及国际关系领域的学者，的确将注意力投向那些在世界舞台上起着突出作用的领导者。”[②] 如中美关于中国加入世界贸易组织的谈判的最后关头，一些重大协议就需要双方的最高领导层进行协调和作出决定。

二、外交部门及其派出机构

“外交部是主管外交的首脑部门，是国家对外关系的神经中枢，是与政府其他部门衔接、协调的枢纽。”[③] 许多国家的外交部门都设有专门的经济事务部门。对经济外交实践的分析，以美国国务院为例，在国务卿和副国务卿之下设有负责各大洲事务的助理国务卿，下设几十个事务科科长，负责对各地区各国的联系及各项专门事务，还设立掌管行政、对外援助、经济、人口、难民联络以及同国会联络等事务的助理国务卿和帮办。德国外交部设七个司，分管人事行政、各洲事务、对外经济、条约法律、文化等事务。近年来，中国外交部也加强了对经济外交的重视，如中

① 鲁毅等著：《外交学概论》，世界知识出版社，1997 年 6 月版，第 147 页。

② ［美］詹姆斯·多尔蒂等著，阎学通等译：《争论中的国际关系理论》（第五版），北京：世界知识出版社，2002 年版，第 31 页。

③ 杨公素：《外交理论与实践》，四川大学出版社，1992 年版，第 166 页。

国外交部的政策研究室就声明自己的研究范围包括国际经济金融关系和经济外交。[①]

三、政府机构的涉外部门

外交政策的议事日程涉及了诸多不同的因素，包括能源、资源、文化、军事、经济等众多领域。涉外经济部门是经济外交的直接推动和实施者。外交政策议题的拓展首先表现在传统上被主要视为“国内部门”的国家部委开始扮演国际化的角色。对外政策不再是外交部的专属区域。在一些大国，外交政策的日益复杂化所伴随的不仅是部委的扩展，而且是责任的分散。各个部委或国家机构产生了外交政策领域的利益、态度和利害关系，这些利益得到促进和捍卫。[②] 一国的政府机构的涉外部门已经成为经济外交的主体。

四、大型跨国公司

跨国公司等经济实体对于国家外交政策的实践行为，是经济外交的最后阶段。[③] 跨国公司的影响是明显的，如左右主权国家的对外政策、助长霸权主义、影响民族国家主权、促进经济外交、导致贫富两极分化等。[④] 跨国公司的发展是第二次世界大战后国际政治经济中引人注目的大事。根据联合国贸发会议的解

---

① 参见中国外交部网站。

② ［英］巴斯顿，赵怀普等译：《现代外交》，北京：世界知识出版社，2002 年版，第 11 页。

③ 冯存万：《欧洲经济外交的规制主义分析》，载《国家论坛》2005 年第 1 期。

④ 吴文武：《跨国公司新论》，北京大学出版社，2000 年版，第 88—89 页。

释，跨国公司是指在两个或更多的国家建立子公司或分公司，由母公司有效控制和统筹决策，从事跨国生产经营活动的经济实体。跨国公司的发展，成为当今经济全球化过程中的主角。跨国公司是世界商品的重要供应者和购买者，又是国际资本的主要拥有者和借贷者，同时也是一体化国际生产的核心组织者。1992年世界跨国公司总数为3.7万家，其子公司数为17万家；2002年分别增至6.38万家和86.6万家。跨国公司海外子公司的销售额早已超过了世界出口额，1990年分别为54670亿美元和43810亿美元，到2000年分别增加到15.7万亿美元和7.04万亿美元，仅世界最大500家跨国公司的销售额就占世界GDP的近1/2，大跨国公司编织的巨大的经营网络，把世界各国、各地区紧紧地联结在一起。①

在经济全球化的过程中，跨国公司起到了直接的推波助澜的作用。作为一个经济体，跨国公司在参与国际分工的同时，也承担了大量的政治功能。美国学者罗伯特·吉尔平认为，至少从美国的情况看，越来越多的国家把本国的跨国公司看作国家外交政策的工具，并且跨国公司对东道国的经济、政治和文化产生了广泛影响。当然他否认跨国公司应该承担更多的对投资国的消极作用。尽管公司合理运行的原则是市场经济的原则，但作为国家外交战略的组成部分，参与经济外交的公司与国家的经济安全、政治安全密切相关，直接参与国家经济外交的实践。此外，政党、传播媒介等利益群体和国内政治和国际政治有着无可置疑的联系，

---

① 李琮：《经济全球化的波动和前景》，载《世界经济与政治论坛》，2004年第5期。

通过游说和制造舆论来影响国家的对外政策。[①]

五、国际组织

长期以来，世界各国都十分重视通过国际组织从事经济外交。伴随着经济全球化的浪潮，各国通过各种经济手段和政策措施，努力促进本国经济的发展，以期提升综合国力。与此相适应的是经济内容在总体外交中占据着日趋重要的地位。目前，尽管很多国家都在积极推进经济外交，但官方往往并不明确使用“经济外交（Economic Diplomacy）”的词汇。罗伯特·基欧汉认为，国际制度是有关国际关系问题领域的政府同意建立的有明确规则的制度。包括三个方面的内容：正式的政府间国际组织（IGO）与非政府组织（INGO）、国际机制和国际惯例。随着世界各国在政治、经济、军事、文化等领域的交流日益频繁，相互依赖程度的加深，国际制度在国际事务中的作用越来越明显，权威性和功能性也越来越强。许多国际制度一旦建立后，逐渐取得一定程度的独立性，成为国际关系中的相对独立变量。总之，形形色色的国际制度作为国际关系的活动主体是二战后很有特点的国际关系现象。

世界银行、国际货币基金组织、世界贸易组织等国际经济组织，也越来越广泛地介入或影响世界、地区或某个国家的经济事务。就国际货币基金组织来看，它原来的使命仅仅是监督国际货币体系，现在施加影响的范围则是全方位的。它鼓励巴西等相关国家的稳定化计划；它监督波兰等东欧国家预算的制定；它研究

① ［美］詹姆斯·多尔蒂等著，阎学通等译：《争论中的国际关系理论》（第五版），北京：世界知识出版社，2002年第1版，第32页。

东亚一些国家市场化进程中的问题，并提供建议。如在1997年亚洲金融危机爆发后，国际货币基金组织与危机受害国家磋商提供资金援助的外交。这一方面是由于一些实力单薄的国家对强大的国际组织存在着资金、技术或管理上的依赖性，从而给国际组织介入国家职能提供了机会。另一方面，一些国际组织已经成为国际政治行为主体，进入到国际政治的运行轨道，并对国家主权和管理职能带来直接或间接的影响。此外，一些区域性组织，如东盟、北美自由贸易区等也都以部分经济管理职能公共化的形式在有限的范围内实现了主权的转移。

第五节　经济外交对中国的政策含义

长期以来，中国习惯了政治外交，一般讲外交，多指政治外交、安全外交。现在随着形势的变化，外交的内涵、功能也都在发生变化，从传统的政治外交、安全外交正在向经济外交、文化外交、民间外交，包括企业外交和总体外交方向发展。经济外交现在越来越热，它在整个对外交往当中、在中国的发展当中、民族振兴中发挥的作用越来越重要。外交要为全面建设小康社会服务，就必须要重视外交的经济内涵。旧有的传统观念往往会落后于现实的需要，比如：至今仍有个别外交人员认为经济活动和外交活动是分离的。可见，要想避免因观念落后产生的障碍，就需要外交部门和其他领域人士来共同推动。中国的外交也要相应的顺应内涵的变化，来扩大它的功能，不仅要维护国家的政治安全，国家的形象，维护国家的主权领土的完整、领土的尊严，同时也要更好地为国内的经济建设服务。

经济外交的实质，就是在国家总体外交的框架内，充分运用对外经济手段维护和增进国家利益，做到以政带经、以经促政、政经结合，为国家争取发展所需要的资源、市场、资金、技术及人才，有效防范和应对来自国际经济领域的各种风险。经济将成中国外交主要手段，中国已成为事实的大市场，也应学会利用经济制裁等外交手段，与友好国家分享市场，对不友好国家考虑采取强硬态度，让外交成为真正维护国家利益的工具。自20世纪50年代至今，中国在处理外交与经济的关系方面经历了不少曲折，安全利益和政治利益的考虑一直占据着外交战略的绝对主导地位。20世纪70年代末中国结束以阶级斗争为纲的"文革"，确立了以经济建设为中心的路线，随着中国从革命外交向和平外交的转变，中国内外工作的关系就实现了由"经济为外交服务"到"外交为经济服务"的转变。外交工作的目的是为国内的经济建设创造良好的国际环境，具体说就是要为促进中国的发展服务。

经济因素在国际关系中的地位日益突出。如何使外交工作更好地为国内现代化建设服务，围绕国家发展进程中最现实、最直接、最紧迫的需要开展工作，是外交工作面临的重大课题。中国正从一个对外开放的亚洲大陆型国家，逐渐转变为一个全方位开放、跨区域发展的世界经济大国。中国外交也因应形势，其内涵和外延都发生着深刻的变化。需要强调的是："经济外交"的提出，与中国决策层对中国影响力的认识，以及为中国争取更大的国际利益这一指导思想有关。中国各驻外使领馆也积极配合"西部大开发"和"振兴东北老工业基地"发展战略，支持中国企业"走出去"。

一、进一步树立和强化经济外交的意识

尽管中国开展经济外交已经多年，但各方面的机制还有待完善，能力还有待提高。经济外交在中国外交中起着越来越重要的地位，但是仍然没有被提高到国家战略的高度来认识，仍然局限于一些具体的经济实务方面。几十年革命外交所形成的惯性仍然影响目前的中国外交，今天“反对各种形式的霸权主义和强权政治”仍然是中国外交的一个重要内容。重义轻利的文化传统和建国50年来社会主义国家的外交实践所形成的惯性使中国羞于将国家利益明确宣示为政策取向。

所以，中国一方面有必要树立广义的经济外交观念，更加积极地参与国际与地区多边经济、金融事务的对话与各项“国际规则”的决策过程，真正把经济外交提高到中国国际战略的高度；另一方面，也要加大政府交涉力度，拓展中国经济发展的国际市场空间。在国际贸易摩擦越来越频繁的情况下，中国应当加强开展反倾销、反补贴方面的经济外交，为中国企业和产品打入国际市场创造一个有利的国际环境。同时，也要加强塑造中国产品完美的国际形象，“推销”中国著名的企业和驰名产品，让其走向世界。这不仅有利于中国的经济安全，而且可借此开创中国对外关系的新局面。[①] 随着国际、国内形势的变化，对外开放水平的提高，企业对外交服务的质量要求也是越来越高。现有的外交资源可能还没有得到充分的、有效的利用，我们要抓住难得的历史性机遇，加强经济外交，为全面建设小康社会服务，使中国在更大

① 苗迎春：《经济全球化凸显经济外交重要性》，载《人民日报》，2002年10月23日。

范围、更广领域、更高层次参与国际经济技术合作和竞争的新形势，按照统筹国内发展和对外开放的要求，推进实施“引进来”和“走出去”相结合的对外开放战略，充分利用两个市场和两种资源，为国家的发展服务。

过去的20多年，中国经济发展的成绩巨大。经过25年的成功实践，中国正在从“以经济促外交”步入“以外交促经济”的新阶段，因此积极利用外交资源显得十分必要。中国政府逐步认识到经济外交的重要性。中国国家主席胡锦涛提出，要加强经济外交，推动实施“引进来”和“走出去”相结合的对外开放战略。2004年8月中国首次召开对发展中国家经济外交工作会议。国务院总理温家宝强调，随着经济全球化的深入发展和中国经济实力的增强，经济外交越来越成为中国总体外交的重要组成部分。要大力发展对外贸易和扩大对外投资，不断拓展海外市场；进一步提高利用外资和引进先进技术的质量和水平；积极为国家重大经济发展战略服务。① 他还提出了开展对发展中国家经济外交的指导原则，即“相互尊重、平等相待，以政促经、政经结合，互利互惠、共同发展，形式多样、注重实效”。中国外交部长李肇星认为：外交工作要从服务国家发展全局出发，大力加强经济外交，推进对外经贸合作，不断提高外交为国内经济社会发展服务的水平。② 经贸合作是中国与外国政治友好的基础。③ 中国外交学院院长吴建民认为：“中国正处在由小外交走向大外交，

① 《第十次驻外使节会议在京举行》，载《人民日报》2004年8月30日。

② 《年终专访：李肇星纵论国际风云 畅谈外交为民》，载《人民日报》，2004年12月15日第七版。

③ 《中国转向“以外交促经济”时代 寻求双赢》，载香港《明报》，2004年11月24日。

由以政治外交为主体转向整体外交的阶段上，几十年前一个大使做经济方面的报告，会被传为笑柄；而现在一个大使不懂经济，也会被传为笑柄。”“中国以往的重点是政治外交，在转为经济外交的过程中要面对一些过去不太熟悉的事情。外交部的一些领导已经意识到这个问题，中国的新大使在出国之前要在外交学院培训，包括经济外交怎么做。”①

发展中国外交的指导思想是改革开放时代的产物，也可以认为是全球主义学派的见解。它的基本要求是：外交工作的中心是尽可能地创造一个有利于中国经济建设的外部环境，对外政策要尽可能服从于国内经济发展的目标，如吸引外资、扩大贸易、增加出口、改善民众生活水平和增强综合国力等等。一般说来，它要求与其他国家建立友好合作的而非紧张敌对的关系。中国经济战略要加强塑造能力、锤炼议程创设和实施能力，以经济战略的成就促进国际战略的整体成熟。要树立经济安全的思想，提高中国商品在国际市场的占有率，拓展中国获得国外技术和资金的渠道，保障从国际市场获得能源和战略资源的途径和能力，加强周边地区的经济一体化，建立经济纵深地带。②

二、贸易市场的开拓和博弈需要外交的大力支持

要做到和平发展，其实需要以实力为后盾，以外交为手段，在许多方面实施变革；而如何通过包括官方外交和民间外交在内

---

① 《吴建民：企业“走出去”要善用外交资源》，载中国能源网，2004 年 10 月 29 日。

② 门洪华：《中国和平崛起的国际战略框架》，载《世界经济与政治》，2004 年第 6 期。

的外交手段，尽可能多地保障本国经济利益，将日益成为外交的首要任务。在此期间，中国的商人和企业家则需认清形势，将其外扩步伐与国际摩擦时代的背景紧密结合起来考虑，与政府尤其是政府外交部门密切合作，同时大力发展各种民间组织（如行业协会），努力拓展民间外交，摒弃单打独斗，也只有这样才能成为既照顾好企业发展的“天花板”，又是确保企业安全的“地板”。从中国对外开放的整体形势看，截止2005年，各项劳务输出已达51万人次，出国旅游达1000多万人次，每年引进外资达550多亿美元，海外投资也已达350多亿美元。这表明中国已经由“资本输入”慢慢开始步入“资本输出”的新阶段。资本输出首先遇到的就是“资金往哪投”这一关键问题。到2006年，人民币存款储蓄已经超过16万亿，外汇储备超过1万亿美元。要为这些资金寻找到出路，就要首先在世界范围内找到哪些是更能赚钱的行业。以往中国商品输出在很大程度上只能赚取成本费，而劳务输出赚的只是苦力钱；如果积极利用外交资源开拓海外市场，就可以获得更大的资本回报。

外交资源与企业“走出去”战略积极对接，并为其提供服务，已成为新时期中国外交工作的一项重要课题，也是当代外交官员的一门“必修课”和“基本功”。在国家宏观政策指引下，企业应利用外交手段面向全球市场配置资源，在经济全球化大浪潮中把握机遇；外交也应为中国企业走向世界创造条件，提供优质服务。外交资源与企业“走出去”实际上是相互依赖、相互促进的。良性的政治外交关系能够推动经贸关系的积极发展；同时，良性的经贸关系也会推动双边、多变政治外交关系的协调发展，并且在推动与非建交国家建立正常外交关系方面具有重要作用。

新时期经济外交的重点，是要牢牢把握中国的国情定位和发展需求，为中国的发展战略，特别是可持续发展战略、西部大开发战略和振兴东北等老工业基地战略服务，为科教兴国服务。针对中国对外经贸摩擦趋于上升的现实，要增强风险意识和危机管理意识，协调好与各方的经济利益关系，妥善解决经济贸易纠纷。要加快熟悉国际规则和国际惯例，积极参与国际规则的制定，善于运用国际规则维护正当权益。外交工作也要按照“两个市场、两种资源”的要求，为多渠道、多方位有效利用境外资源能源，为确保中国资源能源和运输安全服务。[①]

三、资源的需求要求发挥外交的支持作用

目前，中国经济已发展到一个新阶段，资源短缺的矛盾已非常突出。据专家估计，到2020年中国发展所必需的大宗矿产资源约有45种，而中国自己能够满足的仅6种，可见单靠自己的供给已远远不够。发达国家的经验告诉中国，没有一个国家是完全依靠自己的资源发展起来的。

中国是一个能源消耗大国，中国2003年已经成为第二大石油进口国。能源外交已经成为中国外交战略中仅次于大国外交、周边外交的第三环节，能源安全问题已经成为中国外交战略最重要的考虑因素之一。[②] 自1993年中国成为石油净进口国以来，中国石油对外依存度到2002年已经达到33%，根据预测，到2020年这个数字很有可能达到50%—60%，与美国目前的58%相当。[③] 中国如果要确立大国的地位，必须要先做好

① 唐家璇：《不断提高应对国际局势和处理国际事务的能力》，载《求是》杂志2004年第23期。

② http：//www. sina. com. cn 2004年07月25日12：20引自中国新闻网。

③ http：//finance. sina. com. cn 2003年12月02日15：05引自新华网

能源储备。中国在能源供应方面所表现出来的危机，以及在拓展海外能源供应渠道方面的压力，迫使中国领导人重新调整了外交战略，“能源外交”成为中国政府外交路线的主要任务之一。

中国已经进入国内能源需求快速膨胀阶段，但国内资源的匮乏又使得这种趋势更加紧迫。美国通过军事实力来构建自己的石油帝国，伊拉克战争与美国石油帝国的美梦不无关系；俄罗斯手握资源左右逢源，建立了欧佩克以外的另一个石油输出国；资源、市场都在国外的日本，则怀抱金条四处塞钱。从上面的一些鲜活的事例不难看出：世界各国对能源的迫切需求现在还仅仅是被彬彬有礼的外交掩盖着的变相争夺。但若干年后，世界各国对能源的争夺会变得更加残酷。在这种严峻的情势下，中国多元化的能源外交战略就显得极为紧迫。中国经济正在飞速发展，但由于受到资源约束，这种发展速度到了一定阶段必然会降下来。就目前情况看，世界性经济危机发生的可能性还不大，但它所提供的教训却值得中国深思。一旦发生经济危机，市场收缩，产品就无法销售。苏联第一个“五年计划”的完成就得益于资本主义经济危机。当时，虽然美国和英国对苏联的敌视程度很深，但经济危机的爆发导致众多人口失业和产品过剩，这使苏联成了英国和美国过剩产品的重要买主。由此说明，中国企业“走出去”不仅可以解决资源短缺问题，而且也符合国家和企业发展的长远利益。

中国到处找市场和找能源反映了中国经济高速增长中的一些基本问题，也说明中国对外关系将沿着“国际相互依存”路线演变。在找市场和找能源的行动中，中国正在重组自己与亚洲和世界的关系。中国对外政策将越来越受到对全球和地区市场、能源依赖因素的影响。首先，中国即使国内市场巨大（包括潜力），也非常需要保持和扩大外部市场。一方面，中国对世界市场的影响越来越大。在世界贸易组织中，中国是受到重视的谈判方，在世界贸易组织墨西哥坎昆会议上，中国的立场是影响发达国家和发展中国家关系的重要因素。另一方面，中国如果不能获得外部市场的稳定支持，其经济增长、就业将受到越来越大的制约；开拓全球市场是中国经济的迫切需要。其次，中国经济发展仍然采取的是高耗能的发展模式。尽管人们切身感受到环境污染的严重危害，尽管环境保护部门一直呼吁改变发展模式，但像城市化、汽车化那样后发性的传统现代化潮流来势汹涌，可持续发展在可预见的未来仍然不是一种全社会的发展观。这就持续加大了中国面对的能源压力。中国已经无法靠自身解决能源短缺的问题，无论如何都要依赖外部世界的供应。此外，中国在拓展能源供应渠道方面也有很多经验和教训。2002 年以来，在中国与日本有关安大线（安加尔斯克—中国大庆）和安纳线（安加尔斯克—纳霍德卡）的争夺战中，日本积极开展经济外交。2003 年 6 月，日本前首相森喜朗和外务大臣川口顺子分别赴俄游说，并承诺如果俄罗斯同意优先修建“安纳线”，日本将提供 75 亿美元的资金，协助俄罗斯开发东西伯利亚新油田。实质上，在日本政府的意识中，中俄战略石油管线的建成，不仅意味着中国介入了东西伯利亚的资源开发，而且将进一步巩固中国在整个东北亚地区的战略存在。更重要的是，这条输油管线将如同一条巨大的战略纽带，把中俄战略伙伴关系以实质性的内容固定了下来，最终朝鲜半岛也将被纳入其中。日本政府铁了心要把安大线打掉。① 2004 年 12 月 31 日，俄罗斯总理米哈伊尔·弗拉德科夫签署文件，决定由俄罗斯国营石油运输公司修建一条从泰舍特至纳霍德卡的石油

① 《21 世纪经济报道》，2004 年 3 月 14 日。

运输管道。这件事让中国的领导人认识到了中国依靠外交手段获取利益的重要性。

四、经济外交是中国和平发展的重要手段

2003年12月10日，国务院总理温家宝访美时在哈佛大学发表演讲，首次向国际社会郑重阐明中国和平崛起的信心和决心。同年12月26日，胡锦涛主席在纪念毛泽东诞辰110周年座谈会上再次强调，要坚持“和平崛起”的发展道路和独立自主的和平外交政策。2004年9月中共十六届四中全会通过的决议中，则提出了“和平发展”，这标志着和平发展与崛起已成为中国的国家发展战略。

中国的和平发展与崛起不仅仅是概念的问题，更是重要的实践问题。对和平环境的渴望是中国提出和平崛起与和平发展概念的内部动力。从“经济外交”开始来实现和平发展的目标是其他大国所没有走过的道路。经济发展不仅是一个改变人民生活水平、提升国力的问题，而且也是一个关系到执政党合法性基础的问题。经济外交比其他因素更能创造稳定与和平的局面，是中国与国际社会交往中能够创造双赢局面的重要手段。其中的内涵是：中国能够发展与崛起，不被外力所遏止或围堵；中国的崛起不会对现存国际权力格局造成过大的冲击；中国在崛起的同时能够扮演一个大国的角色。

作为一个政治大国，中国要真正实现和平崛起，就必须通过“共享”的发展模式成为世界经济强国。而参与及分享中国的经济成长，是别国对待中国和平崛起的最佳选择。在此背景下，中国外交思维也正在发生着深刻的变化。香港《明报》2004年11月24日有文章认为，中国正在转向“以外交促经

济”的时代，寻求双赢或多赢。胡锦涛主席的拉美之行，中国与有关国家签订的经贸类合作文件多达十几个。这些经济合作项目，不仅缓解了中国日益“饥渴”的能源与原材料需求，也使拉美四国有机会分享中国经济增长的成果，进而强化中国与这些国家的伙伴关系。

例如：2003年以来中国向拉美发起的经济攻势，可谓“既顾眼前又顾长远”的一步好棋。而且这步棋子的时机和次序都十分到位。时机选在美国深陷伊拉克战争之际，使得这步棋的意义更显价值。而从经济上的投资入手，又是在中国不和美国相对抗的情况下做的，可以使拉美国家不用过于担心与中国发展经贸关系的政治风险。投向拉美的这步棋，既可缓解资源的燃眉之急，又可为中国的商品出口寻找新的市场，甚至在一定程度上平衡了美国和欧洲的影响。从长远看，还会增加中国对发展海上军事力量的重视。当然，对把中国当作潜在敌人的国家来说，会有一定的负面效应。但不管怎样说，“以外交促经济”的战略已经成为了新一届政府治国纲领的重要组成部分，对中国的和平崛起意义重大。[①]

总之，20世纪90年代末期以后的中国外交，更加注重以外交工作推动对外经济合作，服务国内各项建设。2004年中国外交部设立了“经济外交与合作办公室”。中国各驻外使领馆也积极配合“西部大开发”和“振兴东北老工业基地”发展战略，支持中国企业“走出去”。中国正从一个对外开放的亚洲大陆型国家，逐渐转变为一个全方位开放、跨区域发展的世界经济大国。中国外交也因应形势，其内涵和外延都发生着深刻的变化。需要强调的是，“经济外交”的提出，与中国决策层对中国影响力的认识，以及为

① 《中国经济运行》每日快报，2004年11月25日。

中国争取更大的国际利益这一指导思想有关。在 2004 年 8 月召开的我国驻外使节会上，胡锦涛主席指出，新时期新阶段，我们要加强经济外交。温家宝总理强调，随着经济全球化的深入发展和我国经济实力的增强，经济外交越来越成为我国总体外交的重要组成部分。随后，国务院又召开了对发展中国家经济外交工作会议。中国共产党十六届四中全会《决定》的第八专题“坚持独立自主的和平外交政策，不断提高应对国际局势和处理国际事务的能力”，是把对外工作列为加强党的执政能力建设的重要内容之一，这在党的历史上尚属首次，是对党的执政能力建设理论的巨大贡献。[①] 因此，对经济外交的践行就成为提高外交能力的必然。2005 年 3 月，温家宝总理在十届人大三次会议的政府工作报告中又提出全面加强经济外交，这在中国历史上还是第一次，也说明了经济外交已经被纳入到国家的整体发展战略中。[②]

① 姜长斌：《论中国和平崛起与美国国际战略》，载《国际经济评论》，2005 年第 1—2 期。

② 《经济外交写进政府工作报告》，载《中国青年报》，2005 年 3 月 7 日。

第三章

新时期中国经济外交的理论发端

1978年12月党的十一届三中全会后，中国经济外交的转型在中国总体外交政策调整的背景下逐渐开始。随着国内各项工作从以阶级斗争为纲转移到以经济建设为中心上来，为服务于这个大局，中国外交政策发生了根本性转变，指导思想、外交政策和实施外交政策的手段等许多方面都从20世纪70年代末开始发生实质性变化。随着总体外交政策的调整，中国的经济外交政策和行为的内涵和外延都得到拓展，经济外交也被赋予更多的内容。随着中国改革开放程度的不断加深，经济外交作为外交的一种形式，学术层面和操作层面对它的重要性认识也不断提高。

第一节　1978年中国改革开放前经济外交的实践

新中国成立以后，中国外交的主要领域和内容不断变迁。建国初期，中国外交以维护国家安全利益为主要内容。50年代后期，受国内外形势的影响，特别是在1958年党的八大二次会议后，中国外交突出了意识形态的斗争。改革开放以后，中国外交主要强调经济领域的交往。考察1978年以前中国经济外交的演变，可以发现经济外交作为一种外交手段，在外交过程中表现出的特点。

一、长期实施对发展中国家的经济援助

二战以后，经济援助作为外交手段被频繁使用。在美国、日本等国家，经济援助多数限定相应的条件，援助的资金受到援助国的监督和检查，官方发展援助尤其如此。1978年以前，中国大量的对外经济援助应该属于官方发展援助的范畴，由外交部门统一支配。因缺少公开的资料，对这个阶段的经济援助难以进行详细的阐释。

中国对外援助始于1950年。为了发展对外经济关系，保证对外经济技术援助的开展，1961年中国政府设立了专门的政府机构——对外经济联络总局，以加强对外援助的归口管理。1971年后，中国的对外关系进一步得到发展，一些新兴国家要求给予援助。为了适应对外援助任务，中央决定发挥中央和地方两个积极性，要求地方建立相应的援外机构。到1971年，中国26个省市的地方援外机构相继建立。[①] 改革开放前的28年（1950—1978年），中国对外援助的主要内容是向受援国提供贷款或无偿援助。那时中国所提供的贷款一般都是无息贷款；对外援助的方式一般为成套项目援助、技术援助、物资援助及现汇援助等。在这一时

① 石林：《当代中国的对外经济合作》，北京：中国社会科学出版社，1989年版，第62页。

期，中国曾全力支持朝鲜与越南抗击外来侵略，帮助这两个国家恢复和发展经济。1955年万隆会议以后，中国对外援助的对象进一步扩大了范围。50年代中期至60年代初，毛泽东认为："因为中国是一个具有九百六十万平方公里土地和六万万人口的国家，中国应当对于人类有较大的贡献。"[①] "已经获得革命胜利的人民，应该援助正在争取解放的人民的斗争，这是我们的国际主义的义务。"[②] 新中国成立后，在外交政策的实施过程中，对发展中国家较大规模的经济援助是中国外交的一个显著特色。1955年6月28日周恩来总理在人大一届三次会议上谈到了中国对经济援助的政策，他说："中国是一个刚刚解放不久的国家。我们的经济还很落后，我们在经济上还没有完全独立。因此，我们的经济力量是有限的，我们主要地还是通过贸易的途径同其他国家进行经济合作。但是，我们认识到，经济上的独立对于巩固政治上的独立具有重要意义，我们在自己进行经济建设的同时，也愿意在可能的范围内贡献我们微薄的力量，帮助其他国家的经济发展。"1957年3月5日，在对政协发表的报告中说："目前，中国在力所能及的范围内，正在向某些亚非国家提供一些经济援助。这些援助就其数量来说是极其微小的，然而是不附带任何条件的，这表示了我们帮助这些国家独立发展的真诚愿望。"中国党和政府认为，新中国是共产党领导的社会主义国家。爱国主义和国际主义相结合，是中国处理对外关系的根本出发点。广大第三世界国家同中国在历史上有相似的遭遇，当今又面临着维护世界和平、发展本国经济的共同任务。中国有责任、有义务支持被压迫民族争取解放和第三世界国家维护民族独立、发展民族经济的正义斗争。

---

① 毛泽东：《纪念孙中山先生》，《人民日报》，1956年11月12日。

② 毛泽东主席接见非洲朋友的讲话，《人民日报》，1963年8月9日。

从 1956 年至 1962 年，中国陆续对柬埔寨、尼泊尔、缅甸等国家开始经济援助。在 50、60、70 年代相当长的时间内，中国曾经长期使用经济援助这个经济外交的重要手段。纵观 1978 年以前中国对外经济技术援助的发展历史，大体分为三个阶段：从 1950 年至 1963 年为初始阶段；从 1964 年宣布对外援助八项原则至 1970 年为发展阶段；从 1971 年中国恢复在联合国的合法席位至 1978 年为急剧增长阶段。

（一）初始阶段（1950 年至 1963 年）

新中国建立之初，尽管国内建设百废待兴，但是根据当时的国际局势，中国政府和人民仍竭尽全力支持朝鲜和越南抗击外来侵略及战后恢复和发展经济。1955 年万隆会议后，随着中国对外关系的发展，对外援助的范围扩大到亚洲、非洲一些民族主义国家。援助的方式和内容，从物资、现汇援助发展到成套项目和技术援助。这一阶段共向朝鲜、越南、蒙古、阿尔巴尼亚、柬埔寨、尼泊尔、缅甸、也门、阿尔及利亚、几内亚、马里等 21 个国家提供了援助，帮助其中 7 个国家共建成了 101 个成套项目。经过这一阶段的实践，中国对外经济技术援助从方针、政策、援助方式到具体做法都积累了不少经验，为进一步做好这项工作奠定了良好的基础。

（二）发展阶段（1964 年至 1970 年）

1964 年周恩来总理在亚非 13 国之行中，在马里提出了中国对外经济援助的 8 项原则。其内容为：1. 中国政府一贯根据平等互利的原则对外提供援助，从来不把这种援助看作是单方面的赐予，而认为援助是相互的。2. 中国政府在对外提供援助的时候，严格尊重受援国的主权，绝不附带任何条件，绝不要求任何特权。

3. 中国政府以无息或低息贷款的方式提供经济援助，在需要的时候延长还款期限，以尽量减少受援国的负担。4. 中国政府对外提供援助的目的，不是造成受援国对中国的依赖，而是帮助受援国逐步走上自力更生、经济上独立发展的道路。5. 中国政府帮助受援国建设的项目，力求投资少、收效快，使受援国政府能够增加收入，积累资金。6. 中国政府提供自己所能生产的、质量最好的设备和物资，并且根据国际市场的价格议价。如果中国政府所提供的设备和物资不合乎商定的规格和质量，中国政府保证退换。7. 中国政府对外提供任何一种技术援助的时候，保证做到使受援国的人员充分掌握这种技术。8. 中国政府派到受援国帮助进行建设的专家，同受授国自己的专家享受同样的物质待遇，不容许有任何特殊要求和享受。

1964 年至 1970 年，在继续向原来老的受援国提供援助的同时，中国又向坦桑尼亚、赞比亚、民主也门、罗马尼亚等 11 个新的受援国提供了援助。援助的规模和内容比前一阶段有了较大的发展。在这一阶段，美国发动侵略越南的战争，战火蔓延到越南北方，中国政府和人民全力支援越南的抗美救国战争和生产建设，除军事援助外，还向越南提供了大量的、多方面的经济技术援助。这一阶段，成套项目援助有了较大发展，共帮助 20 个国家建成了 313 个项目，比初始阶段增加了 210%，并且新承担了一大批项目，包括坦赞铁路、朝鲜平壤地铁、阿尔巴尼亚冶金联合企业等技术复杂的大型项目。60 年代中期，援助非洲国家的第一批项目迅速建成并取得良好的经济效益，以事实证明中国的援助是真诚无私、卓有成效的，挫败了帝国主义和殖民主义者阻挠、破坏中国和非洲国家经济合作的阴谋。这不仅使有关受援国坚定了同中国发展友好合作关系的信心，而且使更多的非洲国家增进了对新中国的了解，促进了中国同非洲国家友好合作关系的发展。“这两年，尽管我们自己有很大的困难，我们还是根据可能的条件和量力而行的原则，积极地援助了某些社会主义兄弟国家和亚洲、非洲民族主义国家。我们认为，这是我们应尽的国际主义义务。1961 年和 1962 年，对外援助支出合计为 137300 万元。连同前 3 年的对外援助支出，5 年总计 236200 万元，其中：援助阿尔巴尼亚、朝鲜、越南、古巴、蒙古等社会主义国家的部分为 186600 万元；援助亚洲、非洲民族主义国家的部分为 49600 万元。“我们的援助是真诚的，不附带任何政治条件的，是真诚帮助他们在经济上实现自力更生的方针的。这种国际援助又是相互的：一方面，我们在资金、物资和技术上支持了他们；另一方面，他们的建设工作做好，反对帝国主义的力量增强了，也是对我们的大力支持。”① “这一期间我们还节衣缩食，拿出了相当大的一部分资金和物资支持社会主义兄弟国家和民族主义国家。预计到一九六四年年底，中国的对外援助共计支出人民币六十六亿七千万元，其中一九六一年到一九六四年支出的为叁十五亿五千万元，占百分之五十叁。”② 1968 年中国对外援助 22.4 亿元，占当年国家财政支出的 6.2％，比上年增长了 12.3％。其中 12 月 26 日给予巴基斯坦政府 1 亿元无偿援助。”③ 具体参见以下数据：

---

① 具体参见李先念《关于 1961 年和 1962 年国家决算的报告》。

② 参见周恩来总理 1964 年《政府工作报告》。

③ 在送出 1 亿元的前 3 天，12 月 23 日，财政部军管会发出《关于做好 1968 年财政决策编审工作通知》：今年中央财政对各省市区财政暂不实行往年的“收支挂钩，总额分成”的办法，而改为收归收，支归支，收支分算账的办法，即收入全部上缴，支出由中央分配。这是在 1967 年财政出现了 22.5 亿元赤字，不少地区生产和财政收入都大幅度下降的情况下的一种暂时办法。22.4 亿和 22.5 亿正好相近，后来经贸部一官员表示：到 1993 年，中国援助穷朋友的金额与富国援助中国的金额打了个平手。参见 2003 年 11 月 5 日《青年参考》。

1950—1964 年中国偿还外债和对外援助支出（亿元）[①]

年份	偿还外债	对外援助
1950～1955	6.80	12.60
1956	5.97	4.04
1957	6.08	4.67
1958	7.23	2.76
1959	7.11	3.50
1960	6.73	3.63
1961	6.58	5.19
1962	6.42	8.54
1963	2.86	9.61
1964	0.96	12.16

（三）急剧增长阶段（1971 年至 1978 年）

1971 年，第 26 届联合国大会以压倒多数通过了阿尔巴尼亚、阿尔及利亚等 23 个第三世界国家提出的关于恢复中华人民共和国在联合国的一切合法权利的提案。中国成为联合国安理会常任理事国，国际地位显著提高，对外关系进入空前大发展时期，同中国建交的国家迅速增加。不少第三世界国家同中国商谈建交时，迫切要求中国提供经济技术援助。1971 年至 1978 年间，中国在继续向原来 30 个老的受援国提供援助的同时，又向 36 个新的受援国提供了援助。援助的范围从亚洲、非洲地区扩大到拉丁美洲和南太平洋地区。这一阶段由于美国进一步扩大侵略，抗美战争在越南、柬埔寨、老挝三国全面展开。中国政府和人民为支持印支

① 偿还外债数摘自《中国财政统计：1950—1991》（财政部综合计划司编，北京：科学出版社，1992），第 135—136 页。对外援助支出摘自历年国家预算决算报告。

三国人民的正义斗争做出了巨大的努力和牺牲。1971年至1975年，对印支三国的经济技术援助占同期对外经援总支出的43%，其中对越南的援助占三国总额的93%。这一阶段还完成了十分繁重的援外成套项目建设任务，共帮助37个国家建成了470个项目，超过前16年（1955—1970年）建成项目数的总和，成套项目和技术援助支出比前16年总和约增加一倍。这些建成项目中，包括一些规模大、投资多、技术复杂的大中型项目，对受援国经济和社会发展具有重要作用，在国际上产生了良好的影响。这一阶段对外援助规模的急剧扩大，是与当时的国际局势和中国对外关系迅速发展密切相关的。1965年印巴战争后，中国给巴基斯坦提供了大量的无偿军事援助。1970年11月13日毛泽东接见巴基斯坦总统叶海亚·汉的时候，为了表示中国对第三世界真心实意的援助，对巴基斯坦总统说，“中国人是小气鬼”，一下就把2亿美元的贷款加到5亿美元。让负责谈判的周恩来总理非常狼狈。[①] 此后，中国给予巴基斯坦的经济、军事援助急剧增加。

8年中，对外签订的援款额、实际对外援助支出额和受援国家均大幅度增加，特别是1971年至1975年对外援助支出增加过猛，占同期国家财政支出的比例达5.88%，其中1973年高达6.92%。更何况当时中国处于“文革”动乱中，财政经济十分困难，如此巨大的援外支出同当时的国力不相适应。显然，这种状况是难以为继的。70年代后期，根据当时国际形势的变化，中国政府开始对援外的规模、布局和结构进行调整。

（四）案例分析：坦赞铁路

坦桑尼亚和赞比亚两国分别于1961年和1964年独立后，为

① 李慎之：《谈谈中华人民共和国的外交》，载《战略与管理》，2002年第4期，第7页。

了发展民族经济，支持南部非洲地区人民反帝反殖、争取民族解放的斗争，并为了摆脱对受制于南非与南罗得西亚白人种族主义政权的南部出海通道的依赖，迫切需要另辟一条新的运输线。坦、赞两国首先寻求西方大国和当时的苏联帮助修建两国间的这条铁路，但均遭拒绝。

1965 年 2 月，坦桑尼亚总统尼雷尔首次访华，在同中方领导人晤谈时，表达了请求中国援建坦桑尼亚至赞比亚间铁路的愿望。中国领导人从支持非洲国家争取和维护民族独立、发展民族经济，以及积极发展中国同第三世界国家的友好合作关系的战略高度出发，表示同意援建这条铁路。1967 年 6 月赞比亚总统卡翁达访华期间，也同样探询了中国政府对修建坦赞铁路的意见。中方明确表示：只要坦赞两国总统下决心，中国愿意承担投资修建，并强调这是对广大非洲人民反帝反殖，争取民族独立斗争的支持，也是帮助非洲国家发展民族经济、巩固民族独立。卡翁达总统访华后不久，坦、赞两国迅即组成政府代表团来华商谈有关事宜。1967 年 9 月，中、坦、赞三国政府代表团在北京举行会谈并正式签署了《中华人民共和国政府和坦桑尼亚联合共和国政府、赞比亚共和国政府关于修建坦桑尼亚—赞比亚铁路的协定》。

坦赞铁路是迄今中国最大的援外成套项目之一。该铁路东起坦桑尼亚首都达累斯萨拉姆，西至赞比亚的新卡比里姆博希，全长 1860 公里，由中国专家和工程技术人员进行勘测、考察、设计并帮助坦、赞两国政府组织施工。该铁路穿越坦赞部分高山、峡谷、湍急的河流、茂密的原始森林，有的路基、桥梁和隧道地基土质为淤泥、流沙，沿线许多地区荒无人烟、野兽群居出没，全线工程浩大，技术复杂，施工条件异常困难。全线建桥梁 320 座，遂道 22 座，兴建车站 93 个。该项目于 1968 年 5 月开始进行勘测设计，1970年10月正式开工，1976年7月全部建成移交。为建设这条铁路，中国政府提供无息贷款9.88亿元人民币，共发运各种设备材料近100万吨，先后派遣工程技术人员近5万人次，高峰时期在现场施工的中国员工队伍多达1.6万人，在工程修建及后来技术合作过程中，中方有64人为之献出宝贵生命。铁路建成后，交由坦、赞两国组成的铁路局共管。其后，为保障铁路的正常运营，中国继续提供无息贷款，予以技术合作援助，并派出专家和技术人员参与管理或提供咨询。截止1999年底，累计派出专家近3000人次。

坦赞铁路建成后，成为坦赞两国的一条主要交通干线，为赞比亚出口铜提供了一条新的、可靠的出海通道，打破了当时南非种族主义政权的封锁，保证了赞比亚的主要收入来源。20多年来，坦赞铁路促进了坦、赞两国经济发展和城乡物资交流。铁路沿线涌现了不少新兴城镇，成为各地区政治、经济、文化中心。同时，这条铁路也为支援南部非洲的民族解放斗争发挥了积极作用。尼雷尔高度评价说：中国援建坦赞铁路是“对非洲人民的伟大贡献”，“历史上外国人在非洲修建铁路，都是为掠夺非洲的财富，而中国人相反，是为了帮助我们发展民族经济。”卡翁达总统赞扬说：“患难知真友，当我们最困难的时刻，是中国援助了我们。”坦、赞两国人民乃至整个非洲把坦赞铁路誉之为“自由之路”、“南南合作的典范”。[①]

（五）经济援助的经验教训

新中国成立以来，中国政府和人民在自身建设任务相当繁重，财力、物力比较紧张的状况下，竭尽可能，动员一部分力

① http：//www.fmprc.gov.cn/chn/ziliao/wjs/2159/t9001.htm。

量，支援被压迫民族争取解放和新独立国家维护民族独立、抗击外来侵略的正义斗争，并帮助发展中国家建设了一大批关乎国计民生所迫切需要的项目。截至1992年底，接受中国经济技术援助的国家共110个。在援款项下，建成各类成套项目1378个。累计派出援外工程技术人员50万人次，还向几十个国家派遣了医疗队。总体来看，大多数项目的效果是好的，受到了受援国政府和人民的欢迎，有不少项目还成为这些国家在发展民族经济中引以为豪的成就。

历史表明，做好对外经济技术援助工作，对于增进中国人民同受援国人民之间的相互了解和友谊，加强中国同广大第三世界国家的团结合作，以及推动中国对外关系的发展，都产生了重要的作用和深远的影响。中国的对外经济援助，促进了中国对外经济贸易的发展，在国际政治经济斗争中使中国得到了广大发展中国家的支持。周恩来总理认为："事实上，并不光我们援助他们，他们也援助了我们。"①

20世纪六七十年代，中苏关系严重恶化，尽管中国自身经济非常困难，但出于整个战略考虑，中国加大了对外援助的力度。这个时期中国对外援助的一个特点是超出了自己的承受能力。很显然，在当时的国际国内环境下，中国对外援助的指导原则是围绕着意识形态与国际主义精神制订的。

1. 外援要量力而行，不能超出自己的经济能力，不能不计成本。中国自己是发展中国家，还有相当多的人生活非常贫困，超出自己的能力会严重影响自身发展，也会导致新的问题。实施对外援助工作要有来有往。1978年以前中国对外经济外交工作一个

① 石志夫主编：《中华人民共和国对外关系史》，北京大学出版社，1994年版，第301页。

很不正常的现象是，中国经常对一些国家实施大规模的经济援助，但却拒绝接受国外和国家组织的援助。中国向联合国和一些国际组织捐款，但不接受这些组织的捐款。这种现象在国际上是极为罕见的。

2. 外援要根据自己的整体国家利益，同自己的全球战略和地区战略联系在一起，同时要注意寻找双方更多的共同利益。[①] 要对经济援助的效果进行科学的评价。中国对最大的援助国越南以及阿尔巴尼亚的经济援助付出了大量的成本，例如：据统计到 1978 年，根据当时的市场价格，中国对越南的援助总额达到了 200 亿美元，包括 450 个成套设备项目、3.46 亿米的棉布、3.5 万辆汽车、500 多万吨粮食、200 多万吨汽油、3000 多公里的油管和 6.35 亿美元的现钞等等。并且这些援助没有附带任何条件，大部分是无偿的。[②] 中国从 1954 年开始向阿尔巴尼亚提供援助，包括无息贷款、技术支援和无偿援助，数额巨大。对阿尔巴尼亚的援助，总数将近 90 亿人民币。阿总人口才 200 万，相当于使阿每人获得一吨粮食、半吨钢、4000 元人民币。[③] 但最终这两个国家仍旧与中国反目，就很说明问题。1972 年随着中美关系的改善，以及中国同南斯拉夫关系的改善，中阿关系开始恶化。阿尔巴尼亚攻击和影射中国的内政和外交政策，并对中国的对外援助进行攻击，诬蔑中国的援助损害了阿国的经济建设，云云。当时中国处理这个问题的精神是不予过分纠缠，但这件事情深深伤害了中国

① 林楚方：《中国的亚洲减债计划》，载《南方周末》，2002 年 11 月 7 日。

② 邓力群、马洪、武衡主编：《当代中国外交》，北京：中国社会科学出版社，1988 年版，第 280 页。

③ 张清敏：《中国外交的“变”与“不变”》，载《世界知识》2004 年第 4 期。

人民的感情。[1]

二、打破经济制裁与建立国际经济政治新秩序的初步努力

（一）发展经济合作，打破经济制裁

1. 运用良好的政治关系，开展中苏间的经济外交

第二次世界大战结束后，世界政治格局发生重大变化，出现了两大对立阵营。帝国主义国家对社会主义阵营各国实行政治军事的包围与遏制，在经济贸易上搞封锁禁运，随之而来的是“两个平行市场”理论的实施。毛泽东“一边倒”的国际战略思想是根据当时的国际格局、中国的历史和现状做出的。俄国十月革命胜利后，世界进入了帝国主义和无产阶级革命的新时代，苏联成为世界无产阶级革命的中心。此时，中国人民反帝反封建的革命，已经是以苏联为中心的世界革命的一部分。早在北伐战争、抗日战争时期，苏联就是第一个援助中国的国家。新中国成立后，苏联又是第一个承认中国并与中国互派大使的国家。建国初期，中国在经济建设方面，也需要苏联的支持和援助。“一边倒”的战略是同中国的国家性质和当时的国际共产主义运动密不可分的，是中国共产党与苏联友好关系发展的结果。毛泽东“一边倒”的战略思想，为新中国的社会主义建设赢得了一个相对有利的国际环境。建国初期，中国在同苏联的合作中，得到了急需的资金、技术、人才、管理知识及

① 谢益显：《当代中国外交思想史》，开封：河南大学出版社，1999 年版，第 332 页。

各种机器设备和原料，这对新中国国民经济的恢复和发展起了重要的作用。[①]

1952年中国对苏联的出口，占全部出口货物总值的54%，从苏联的进口则占到全部进口额的53%。[②] 中国对外贸易中对苏联的依赖程度高达56.9%（1955年）。中苏两国的贸易迅速展开，贸易额从1950年的3.38亿美元，增长到1952年的10.6亿美元，而1959年则达到这一时期的最高峰，近21亿美元。此外，1951—1962年间，中国还向苏联派遣大量留学生、工程技术人员和实习生、工人，包括1.1万名中国大学生和研究生赴苏学习，8000多名中国科技干部和熟练技术工人及1500名中国工程师和学者。1950—1960年间苏联也向中国派遣了8500多名高级专家，近1500名教育、卫生和文化方面的专家。苏联援建中国的新建、改建、扩建企业、车间等项目共达400多项，其中限额以上的有156项，完成的项目共达250多个，包括军工企业、机械制造、电力电站设备制造、汽车、轻纺等部门，对中国的建设发挥了重要作用，有些工厂直到今天仍是中国的重要骨干企业。[③] 对苏联的援助及历史作用，中国人民从来都铭记在心。尤其应指出的是，苏联也刚刚结束反法西斯战争的痛苦煎熬，正处在恢复经济的相当困难的时刻。双方的经济合作取得了成功，各自得到了收益，推动了经济的发展。50年代末60年代初，中苏两国产生分歧并随后开展论战，严重恶化了两国的经济关系。1969年3月中苏两国关系恶化，发生了震惊世界的珍宝岛战争（尽管这次战争规模很小，但影响颇深），使两国的贸易关系降至

① 于岩青：《毛泽东的外交理论与实际》，载《历史教学》，2000年第4期。

② 《新华月报》1953年3月号，第40页。

③ ［苏］鲍里索夫：《苏中关系》（中译本），1982年版，第140—153页。

冰点。如1960年双方贸易降到16.6亿美元，到1967年则为1.11亿美元，1970年为0.472亿美元，为两国贸易额的最低点。此后十年间虽有缓慢回升，但回升幅度不大。到1983年仅回升到6.74亿美元。1984年增至11.83亿美元，也只有1959年的一半多一点。[①]

中苏关系的恶化，严重影响了中苏之间的贸易关系。并对对外贸易的指导思想产生了消极的影响，使中国在后来片面强调“自力更生”，认为利用外资危险，发展对外贸易会受制于人等等。

2. 打破经济制裁，促进双边经济政治关系的改善

新中国成立后，一些西方国家对中国实行封锁政策，外交上不予承认。在美国的带领下，西方国家对中国实施经济制裁。美国发起组织了巴黎统筹委员会，对包括中国在内的社会主义国家进行所谓的战略物资禁运。在巴黎统筹委员会内部，美国又专门组织了“中国委员会”，专门负责对中国的禁运。1952年7月巴统中国委员会的建立使西方对中国大陆的贸易管制制度化，中国的对外经贸关系也随之一边倒。“……中国与西方国家的贸易急剧减少，而与苏联、东欧国家的贸易迅速扩大，换言之，中国对外经济关系结构发生了根本性的转换……这种局面强化了中国政府在政治、外交上与苏联、东欧国家的战略协调关系，同时又不可避免地将苏联社会主义建设模式奉为圭臬”。1957年巴统“中国差别”的废除，使中国与西方市场的联系重新开启，“中国对外贸易关系开始从主要倚赖苏联、东欧向二者并重的趋势转化”。打破经济制裁，推动

① 徐景学：《50年中苏（俄）经贸关系的思考》，载《东欧中亚研究》，2000年第1期（专辑）。

和保持政府或民间的经济合作关系，逐渐改善与西方国家的关系，进而达到外交关系的正式建立，是中国外交在很长一段时间面临的具体任务。在双方政治关系不可能很快改善的情况下，中国政府尝试先从经济关系的交流和改善入手，在交流与了解的基础上，逐渐改善政治关系。中国在50年代中期陆续同一些西方大国开始发展民间关系和建立民间商务代表机构。1952年4月，中国参加了在莫斯科举行的国际经济会议，与日本、西德、法国等国家的企业界建立了联系。1952年10月，中国与锡兰签订了有关橡胶贸易的协定，打破了美国对中国进行的战略物资禁运。50年代中期以后，英、法、日等国家纷纷援引巴黎统筹委员会的例外程序放宽了对华战略物资的禁运。[①] 1963年12月，周恩来总理和陈毅副总理兼外长访问摩洛哥王国。周总理发现，摩洛哥一家由意大利技术建立的炼油厂和中国兰州炼油厂生产能力相同，但是人员投入却反差极大，中方的职工达6000人，而摩方包括技术培训人员在内，仅有300余人。周总理当时就指示，回国后要派石油部技术专家前来考察。访问时周总理还发现，摩洛哥的柑桔品种好于中国，便当即决定派专家考察，如条件允许，把优良品种的树苗运回国内。在周总理的指示下，数月后，不仅石油部派专家前往摩洛哥考察炼油厂，广西、云南西双版纳的柑桔专家也赴摩考察，还聘请当地的法国专家来中国讲学，最终引进300株、30多个品种的树苗。周恩来总理的这一举动，可以说是在那个革命的、一切围绕政治、阶级斗争的年代中，在外交、国际

① 谢益显等编著：《中国当代外交史（1949—2001）》，北京：中国青年出版社，2002年7月第2版，第18—19页。

场合关注具体经济问题，从事经济外交的典范。[①]

1955 年 11 月周恩来同来访的法国客人说："中国政府和人们愿意法国走北欧国家的道路，同中国建立完全的外交关系……如果法国政府、法国议会有困难，现在可多进行人们之间的来往，多进行贸易和文化交流……"[②] 1956 年 1 月，中国和意大利在英国举行贸易谈判。

中国推动中日间的一定限度的经济合作：中日民间从 1952 年起到 1955 年间共签订了三个贸易协定，但日本的岸信界介政府极力阻挠中日民间贸易的开展。1960 年 8 月中国提出改善关系的贸易关系三原则：政府协定、民间合同、个别照顾。1962 年 11 月，中日双方官员签订备忘录，决定发展长期综合的易货贸易。备忘录的签订标志中日关系进入准官方阶段，"备忘录贸易"成为中日建交前贸易关系的主要形式。[③]

1972 年巴统将对华贸易管制与对苏贸易管理置于同一水平，即 Y 组。1980 年将中国从 Y 组提升为 P 组，取消了向中国出口具有双重用途物资和非军事装备的限制，并给予中国最惠国待遇。1984 年将中国从 P 组提升到 V 组。这些变化使得西方对中国经济遏制渐趋松弛，日本、美国和欧盟遂成为中国最重要的贸易伙伴，中国对外经济联系的天平重新倾向西方，这也是中国在 70 年代末实施对外开放政策的重要外因。[④]

---

① 周永生：《经济外交的经验教训》，载《战略与管理》，2003 年第 6 期。

② 周恩来：《希望法国采取同中国完全建交的方式》，1955 年 11 月 1 日，见《周恩来外交文选》，第 157 页。

③ 谢益显等编著：《中国当代外交史（1949—2001）》，北京：中国青年出版社，2002 年 7 月第 2 版，第 123—125 页。

④ 刘方敏等：《解读经济"铁幕"——评〈美国的冷战战略与巴黎统筹委员会、中国委员会（1949—1994）〉》，载《美国研究》，2002 年第 1 期。

（二）建立国际经济政治新秩序主张和初步努力

20 世纪 60、70 年代以后，随着发展中国家的大量独立，政治和经济独立意识开始觉醒。发展中国家开始反对由西方发达国家垄断的、将发展中国家作为原料产地和产品倾销市场的国际经济格局，并作出了许多实质性的尝试。如石油输出国组织的成立、70 年代初原油价格的大幅度提升、多种区域经济发展组织的成立等，逐渐形成一种国家政治经济趋势，就是要用新的国际经济秩序取代旧有的国际经济秩序。1974 年 4 月，联合国召开特别会议，讨论世界原料和发展问题。中国政府派出以邓小平为团长的代表团出席会议，并阐明了中国政府关于国际经济新秩序的政策主张。主要观点如下：

中国政府认为，原料和发展问题的实质就是发展中国家维护国家主权、发展民族经济、反对帝国主义，特别是超级大国的掠夺和控制的问题。发展中国家捍卫自己的自然资源的意义，不仅局限于经济方面，对于反对超级大国扩军备战，制止侵略战争也是必要的。支持发展中国家对自己的自然资源享有和行使永久主权。支持发展中国家对一切外国资本特别是跨国公司进行控制和管理，直到收归国有。支持发展中国家个别或集体地自力更生发展民族经济的主张。国际贸易应当建立在平等互利、互通有无原则的基础上。支持发展中国家改善它们的原材料、初级产品的贸易关系，扩大销售市场，确定公正有利的价格等。支持发展中国家建立各种原料输出国组织，进行反殖、反帝、反霸的联合斗争。

关于发展援助问题，中国认为，应当严格尊重受援国的主权，不附带任何政治、军事条件，不要求任何特权或借机牟取暴利等。显然，中国政府当时对国际经济新秩序的政策主张，反映了在当时条件下中国政府自身对发展问题的认识程度，并没有进一步的配套的具体措施来进行实施，更大程度上是对发展中国家立场和观点的一种声援。在当时的条件下，中国不可能也没有能力去改变国际经济的现存秩序。

第二节　1978年以后中国内政与外交政策的重大调整

一、以经济建设为中心目标的确定

新中国成立后，在中国共产党的领导下，在短短7年时间里，中国顺利完成了农业、手工业、资本主义工商业的社会主义改造，建立了社会主义的基本制度。党的八大确立了加快发展生产力、加快经济建设的正确方针。1958年以后，由于党的领导人对社会主义认识的偏差和对国际国内形势的判断失误，逐渐在国内实施“以阶级斗争为纲的路线”，政治运动接连不断，1966年5月开始发动“文化大革命”，最终使中国经济建设遭到严重破坏。在“文化大革命”结束前，思想领域混乱不堪，“宁要社会主义的草，不要资本主义的苗”，极“左”思潮盛行，各项工作都受到极大干扰，中国的国民经济濒临崩溃。正是在这样的危急关头，重新走上领导岗位的邓小平带领全党拨乱反正，重新认识什么是社会主义、怎样建设社会主义。中国共产党十一届三中全会后，党和政府的工作重心最终实现了从阶级斗争为纲向以经济建设为中心的转移。在这一转变过程中，科学地回答了社会主义现代化建设中的一系列基本问题，创造出了中国特色社会主义的完整理论体系，开辟了中国特色社会主义道路。“中国能不能顶住霸权主义、强权政治的压力，坚持我们的社会主义制度，关键就看能不能争得较快的增长速度，实现我们的发展战略。”① 1986年3月25日，中国政府总理在全国人大六届四次会议的报告中，把中国独立自主和平外交政策的主要内容和基本原则归纳为十点。在谈到关于中国对外政策总目标时，这样认为：“中国从本国人民和世界人民的长远利益和根本利益出发，把反对霸权主义、维护世界和平、发展各国友好合作和促进共同经济繁荣，作为自己对外政策的总目标。”② 其中，“促进共同经济繁荣”在当时是新的提法。

二、中国的制度变迁对经济外交的影响

从现代化的角度讲，制度变迁范畴是指从权力集中、封闭管理型的传统体制向开放的、以市场经济与法律秩序为目标的现代体制转型。一般来说，实行体制变迁的国家主体往往实行对外开放战略。在对外关系方面，不仅仅是原来意义的维护主权、提高威望的问题，而是事关国计民生的问题。制度变迁成功，往往导致较为平和与活跃的国际环境。③ 一国国内的政治和经济制度对外交政策有重要影响，国内政治对外交政策的影响是国际政治发展的现实，也是理论研究的重点。国际政治状况作为各国对外政策综合效应的产物，在更深的层次上，它是各国对外政策背后的各

① 《邓小平文选》第3卷，北京：人民出版社，1993年版，第356页。

② 谢益显主编：《中国当代外交史（1949—2001）》，北京：中国青年出版社，2002年7月第2版，第442页。

③ 冯绍雷、安源主编：《制度变迁与国际关系》，北京：国际文化出版公司，1999年版，《前言》第2页。

国国家利益综合效应的产物。[①] 国家利益制定的依托背景是国内的政治制度和经济制度背景。任何一国外交政策和经济外交政策的制定都离不开这个背景。从制度变迁的角度讲，一国的政治制度对外交，包括经济外交具有很大的影响。

制度变迁可简单概括为随着许多定性指标，如个性、民族特点、社会结构、经济利益、政治组织等要素的变化，国家本身利益也会变化，这导致社会各个阶层、国内利益集团联盟的变动，缓慢的经济人口变化以及其他方面的发展，进而影响外交政策等目标和国家追求这种目标能力的变化。外交、经济外交会受到制度变迁的影响，这在中国等社会主义国家在改革开放过程中表现得异常明显。中国从1978年开始启动制度变迁的过程，至今仍方兴未艾。经济外交政策的制定和实施，无不体现出国内经济和政治体制改革的印记。市场力量要求各国以现实经济利益作为对外政策的目标，其他如社会制度、意识形态、价值观念、民族意识等都要服从经济利益的原则。但政治力量强调国家生存与安全为宗旨参与国际事务，关注社会制度、意识形态、价值观念与国家安全之间的关系。当政治安全目标与经济利益目标相冲突时，国家首先要满足安全这一基本目标。

美国国际问题学者江忆恩认为：中国参与国际组织的过程，反映了中国完全放弃50年代以来的概念，与中国在外交上对国际制度的变化并行的是国内的经济改革进程，这表明了在国内经济改革和参与全球制度之间相对重要的内在关系或相互加强的关

① ［日］星野昭吉、刘小林主编：《冷战后国际关系理论的变化与发展》，北京师范大学出版社，1999年3月版，第322页。

系。[①] 1978 年 12 月中共十一届三中全会通过了《中共中央关于经济体制改革的决定》，拉开了中国经济体制改革的序幕。十四大明确提出建立社会主义市场经济体制的改革目标，从根本上解除了传统计划经济体制的束缚，勾画了新体制的基本框架，为经济体制的根本性变革指明了方向。1993 年 11 月中共十四届三中全会通过了《中共中央关于建立社会主义市场经济体制若干问题的决定》，确定了中国社会从计划经济体制向市场经济体制转轨的基本框架。2002 年中共十六大报告指出：21 世纪头 20 年是中国必须紧紧抓住而且可以大有作为的重要战略机遇期，是实现现代化建设第三步战略目标必经的承上启下的发展阶段，也是完善社会主义市场经济体制和扩大对外开放的关键阶段。2003 年 10 月中共十六届三中全会通过了《中共中央关于完善社会主义市场经济体制若干问题的决定》，为新世纪改革确定了新的任务。这说明在此后的 20 年里，健全社会主义市场经济体制、深化改革、全面建设小康社会将是中国社会的主旋律。

中国建立市场经济体制的努力为政治体制改革提供了新的动力。政治制度包括国家的领导体制、管理体制、决策体制等，尤其是政府机构的调整，其目的是使政府职能从适应计划经济的需要转为适应市场经济的需要。（1）中国的政治体制逐渐从中央高度集权的模式转变为中央集权、地方适度分权的模式。现在地方政府拥有的权限已超过建国以来的任何时期，包括财权、人事权等，立法体制也从一级立法改为国家和省二级立法。（2）中央的决策机制正在发生变化。在对某个方面的问题进行决策时，决策圈和征求意见的范围都比以前有所扩大。现在，不仅各职能部门

① ［美］江忆恩：《中国和国际制度：来自中国之外的视角》，载王逸舟主编：《磨合中的建构》，北京：中国发展出版社，2003 年 3 月版，第 357 页。

可以直接向最高领导层提供信息和建议，来自学者和专家们的意见，甚至普通群众的意见也往往受到高层的重视。（3）改革干部制度，加强对干部的监督，增加选拔干部程序中的民主成分。（4）扩大基层民主，在农村基层的村民委员会实行直接选举。据初步统计，迄今已有6亿农民参加了基层组织的选举，参选率高达80%。对于一个缺少民主传统的国家来说，这种自下而上的民主改革很可能会对社会进步产生重大影响，① 并影响到国家的各项对外政策，包括外交政策的调整。

三、外交政策的重大调整

一个国家的国际战略和外交思想中，对于战争与和平的判断是一个根本性的问题。对世界战争与和平的看法，是影响国际战略和外交思想的决定性因素。中华人民共和国成立后，对这一问题的看法，直接影响着中国的国际战略及其对外政策的确立与调整。二次大战结束后，由于两个阵营的存在而导致的冷战的产生使国际局势一直非常紧张，两种不同社会制度国家之间虽然没有爆发全面武装冲突，但两大阵营在政治、经济、军事、意识形态等方面长期对峙。新中国成立后，西方国家采取经济封锁、军事包围、政治颠覆等手段，使中国的国家安全遭受严重威胁。这种情况明显地反映在中国领导层对时代观及对外战略的判断和把握上。尽管毛泽东晚年在国际战略上有一些新的转变和调整，但他并没有从根本上改变战争不可避免，战争引起革命、革命引起战争的基本战略思想。80年代以前的中国领导人一直认为世界上始

---

① 章百家：《九十年代的中国内政与外交》，载《中共党史研究》，2001年第6期，第29—34页。

终存在战争的危险，用非敌即友的观念判断世界。直到1977年中共十大还坚称："我们一定要坚持无产阶级国际主义原则，坚决执行毛主席的革命外交路线和政策，加强同国际无产阶级、全世界被压迫人民和被压迫民族的团结，加强同第三世界各国的团结，联合一切受帝国主义、社会帝国主义侵略、颠覆、干涉、控制和欺负的国家，反对苏美两个超级大国的霸权主义。"① 在此之前进行过的三次战略抉择，即50年代联苏抗美的"一边倒"、60年代中苏分裂和中美对立并存条件下反对美苏的"两条线"、70年代联美抗苏的"一条线"战略，无疑是国际形势与中国安全环境的现实反映，但也与当时中国领导人的敌友观念密不可分。

十一届三中全会以后，邓小平对战争问题的看法发生了新的变化。他清醒地指出：80年代是个危险的年代，国际形势日益紧张，但不再强调战争的不可避免性和紧张性，而是强调争取和平的斗争，强调经过斗争有可能阻止大战的爆发，努力争取将战争推迟得越久越好。1982年中共十二大报告中指出：如果全世界人民真正团结一致，同霸权主义、扩张主义的一切表现形式进行坚决的斗争，世界和平是有可能维护的。1983年3月，邓小平对推迟战争问题的看法有了新的认识："大战打不起来，不要怕，不存在什么冒险的问题。以前总是担心打仗，每年总要说一次。现在看，担心得过份了。"② 其后，随着国际形势的进一步发展，1984年11月，邓小平在中央军委座谈会上把这个问题提到战略的高度，认为应作出决断。他指出：关于战争危险，从毛主席那个时候起，讲了好多年了，粉碎"四人帮"以后，我们又讲了好久，现在我们应该冷静地

① 参见《中国共产党第十届中央委员会第三次全体会议公报》(1977年7月21日通过)。

② 《邓小平文选》第3卷，北京：人民出版社，1993年版，第25页。

作出新的判断，这个判断对我们是非常重要的。1985 年 6 月，邓小平在军委扩大会议上明确指出：在较长时间内不发生大规模的世界战争是有可能的，维护世界和平是有希望的。

中国根据邓小平的正确判断，面对国际形势的新变化，尤其是面对世界主题由战争与革命转变为和平与发展这一重大变化，对建国以来的对外战略与对外政策进行了科学总结，确立了历史新时期的对外战略，决定争取和利用这一较长的和平时期，一心一意集中精力从事社会主义现代化建设，首先把经济搞上去，实行分三步走的战略目标。1985 年 3 月 4 日邓小平在一次谈话中说："现在世界上真正大的问题，带全球性的战略问题，一个是和平问题，一个是经济问题或者说发展问题。和平问题是东西问题，发展问题是南北问题。"① 邓小平把和平和发展结合起来谈，是十分必要的。和平与发展互为条件，相互促进。中国在国际事务中为实现和平与发展两大主题而奋斗，这符合中国从 70 年代末以来所确定的以经济建设为中心的总体战略。

四、实行全方位的对外开放政策

1978 年 12 月党的十一届三中全会以来，实行全方位的对外开放已成为中国的一项基本国策。实践证明：新中国成立后，由于各种原因形成的闭关锁国政策，使中国在许多方面大大落后于时代。经济发展长期处于停滞状态，人民生活水平长期得不到改善，综合国力长期得不到提高。其实，当今时代，随着世界科技革命的日新月异，科技迅速发展并转化为生产力，各国经济相互依存进一步加深。如若拒绝接受外国的先进科学文化，任何国家、任

① 《邓小平文选》第 3 卷，北京：人民出版社，1993 年版，第 105 页。

何民族要发展进步都是不可能的。因此，对外开放，积极发展世界范围内平等互利的经济技术合作和贸易往来，互通有无，取长补短，就成为发展经济的客观要求。闭关自守，只能停滞落后。①

自中国共产党第十一届三中全会以来，中国逐渐走上改革开放之路。邓小平说："独立自主不是闭关自守，自力更生不是盲目排外"，"三十几年的经验教训告诉我们，关起门来搞建设是不行的，发展不起来"。②"总结历史经验，中国长期处于停滞和落后状态的一个重要原因是闭关自守。经验证明，关起门来搞建设是不能成功的，中国的发展离不开世界"。③ 他又说："不开放不改革没有出路，国家现代化建设没有希望。"④ 总之，对外开放是中国一项具有深远意义的基本国策。中国人民必须下大力量把人类的一切文明成果、把当代世界各国包括资本主义发达国家在内的先进科学技术、反映现代化大生产规律的先进经营方式和管理方式学习过来，以适应社会主义现代化建设。近二十年来，中国已初步形成"全方位、大开放"的对外开放的格局，并逐渐认识到：对外开放是强国之路，是发展社会主义市场经济的必然要求。

在多年的实践中，中国实行对外开放的形式多种多样，主要有：发展对外贸易、积极利用外资、引进技术设备人才和管理经验、加强各个领域和多种形式的国际交往等。为了促进对外开放，中国先后采取了一系列步骤来扩大对外开放，即：由点到面，通过试点逐步扩大，因地制宜多层次发展的战略。

---

① 亓成章、何中顺：《时代特征与对外政策》，北京：经济科学出版社，1998 年版，第 98 页。

② 《邓小平文选》第 3 卷，北京：人民出版社，1993 年版，第 64 页。

③ 《邓小平文选》第 3 卷，北京：人民出版社，1993 年版，第 78 页。

④ 《邓小平文选》第 3 卷，北京：人民出版社，1993 年版，第 219 页。

（1）设置经济特区。1979 年春，邓小平同意了广东提出搞特区的要求。1980 年，中共中央和国务院正式决定在广东的深圳、珠海、汕头三个城市和福建省的厦门市设置经济特区。1988 年，在邓小平的倡议下，海南岛建省并成为第五个经济特区，实行更为开放的政策。

（2）沿海开放城市。1984 年 5 月 4 日，中共中央和国务院发出通知，决定开放 14 个沿海港口城市，即天津、上海、大连、秦皇岛、烟台、青岛、连云港、南通、宁波、温州、福州、广州、湛江和北海。由于沿海港口城市的地理位置有优势，经济基础、经营管理基础和科技教育水平等方面的条件比较好，可以在对外开放方面先行一步。

（3）沿海经济开发区。1985 年 2 月，中共中央、国务院又采取了扩大对外开放的步骤：决定将长江三角洲、珠江三角洲、闽南厦漳泉三角地区、辽东半岛、胶东半岛开辟为经济开发区。这是加速沿海经济发展，带动内地经济开发的重要部署。开辟沿海经济开发区，可以把经济特区、沿海开放港口城市联成一片，形成沿海经济开发带，由外向内、由沿海向内地逐步推进，从而把发展沿海经济同开发内地经济紧密结合起来，有助于解决中国东、中、西部发展的差距，有助于促进中国经济的全面发展和人民的共同富裕。

（4）沿江沿边和内地省区的开放。进入 90 年代后，边疆地区同周边地区国家的经济贸易往来逐步向深层次发展，形成了一个陆疆的对外开放带。同时，国务院又提出要以上海浦东开发为龙头和三峡工程建设为契机，推动长江三角洲及沿江地区的开发开放和经济的发展。在邓小平南巡讲话的推动下，沿江的内地各省也在加快对外开放的步伐。同时，国务院又决定进一步对外开放 5 个长江沿岸城市（重庆、岳阳、武汉、九江、芜湖），4 个边境、沿海地区省会城市（哈尔滨、长春、呼和浩特、石家庄），11 个内陆地区省会城市（太原、合肥、南昌、郑州、长沙、成都、贵阳、西安、兰州、西宁、银川）。这样，在全国形成了经济特区—沿海开放城市—沿海经济开放区—内地开放省市的全方位、有重点的从沿海、边疆到内地的对外开放的新格局。

五、突出经济外交[①]

中华人民共和国成立后，中国对外抵制封锁，搞闭关自守。在国际关系中突出政治，关心安全。在这种情况下，中国的外交就主要变成了政治外交和安全外交，用以打破帝国主义的封锁和霸权主义的威胁。但显然带来的负面作用也是巨大的。十一届三中全会以后，邓小平重新估计了国际形势，得出世界大战可以避免的结论。他提出：和平与发展已成为时代的主题。正是根据对时代和国际环境的新认识，邓小平作出了改革开放的决策，决心把工作的重心转到加快经济建设的轨道上来。于是，维护国家经济利益在中国的国际战略和外交政策中所占的地位就突出出来了。

1982 年 9 月，邓小平在中国共产党第十二次代表大会的开幕词中指出："加紧社会主义现代化建设，争取实现包括台湾在内的祖国统一，反对霸权主义，维护世界和平，是中国人民在 80 年代的三大任务。这三大任务中，核心是经济建设，它是解决国际国内问题的基础。"[②] 冷战以后，国际形势的另一重大变化是各国都把战略重点转向发展经济。经济利益成为各国制定对外政策的基本出发点。美国把经济安全列为其外交的首要目标。美、欧为迎

---

① 亓成章、何中顺：《时代特征与对外政策》，北京：经济科学出版社，1998 年版，第 96—97 页。

② 《邓小平文选》第 3 卷，人民出版社，1993 年版，第 3 页。

接新挑战，相继推出亚洲战略，主要目的是谋求在具有经济活力的亚洲，特别是东亚经济中占据更多的份额，争得发言权。现在各国领导人出访带领大批企业家随行，直接参与、推动经贸关系成为一种时尚。一些重大的国际问题往往既是经济问题又是政治问题。从冷战时期的紧张局面下解脱出来的人民，强烈要求发展经济，提高人民生活水平。任何国家的政府和领导，如果经济搞不好，就得不到人民的支持，也就站不住脚。同样如此，经济外交在中国对外政策中的比重日渐占主导地位。在国际形势发生剧变和中美关系出现曲折的情况下，中国为了经济利益采取谨慎、稳重的对策，以防因政治关系的暂时恶化影响经济关系。或者把经济贸易作为加强双边关系的重要内容，先加强经济关系，后建立政治关系。中国与韩国、南非等国家的外交关系就是在这种情况下建立起来的。中国的改革开放，外交战略中以经济外交优先，当然要重视发展中国家，但更要重视加强同西方发达国家的关系。经济兴邦，以经济发展促和平，这是当代国际关系的一个潮流。在相互平等的基础上，创造条件、加强经济合作和贸易往来、维护世界和平，成为中国同美国和其他西方国家的共同利益。

第三节　邓小平的经济外交思想

国家首脑——总统、首相、或者君主处在政治金字塔的顶端，负责将分散的个人利益和集团利益结合在一起，代表国家的利益。[①] 作为改革开放的总设计师，邓小平带领全党在实践中丰富和

① （美）拉西特·斯塔尔著，王玉珍等译：《世界政治（第五版）》，北京：华夏出版社，2001年版，第20页。

发展了有中国特色社会主义的理论。自改革开放以来，邓小平就强调外交要为现代化建设服务，“中国外交以国内的实力为基础，同时又要服务于国内的经济建设”[1]。在改革开放的过程中，邓小平逐渐形成了自己关于对外经济合作以及经济外交的思想，这些思想丰富和发展了建设有中国特色的社会主义理论和实践。

早在抗日战争时期，邓小平就认为：发展根据地仅仅靠“自力更生，自给自足”还是不够的，还必须重视商人，以他们作中介，组织对敌占区的贸易活动，用来调剂根据地的余缺，以打破封锁，发展自己。[2] 建国以后，邓小平也非常注意利用外部力量来发展国家的经济。1957年4月8日，他在西安说：“我们这几年搞得比较快，原因之一就是有苏联的经验，有苏联的帮助。”[3]“我们要继续学习苏联，还要学会。学习苏联好的东西对我们用处很大，借鉴苏联错误的东西，对我们也有很大的益处。我们要善于接受苏联的经验教训，这样就可以少受损失。”[4] 在当时的国内国际背景下，邓小平的这些思想不可能得到进一步的发挥，在实践中也因经济建设任务的基本指导思想是自力更生为主而无法得到发展。

邓小平关于经济外交方面的思想的极大发展是在1977年正式恢复工作以后。在粉碎“四人帮”后拨乱反正的几年里，面对周边国家日新月异的发展局面和不断变化的国际局势，邓小平和他的领导团队对中国下一步如何建设和发展进行了苦苦探索。邓小平访问新加坡和美国前后，中央也派出多个团组对周边国家进行

① 李宝俊：《当代中国外交概论》，北京：中国人民大学出版社，1999年12月第1版，第159页。

② 陆桂芹、吴弘萍：《试论邓小平经济外交思想》，载《绍兴文理学院学报》2001年4月，第21卷。

③ 《邓小平文选》第1卷，北京：人民出版社，1994年10月，第2版，第263页。

④ 《邓小平文选》第1卷，北京：人民出版社，1994年10月，第2版，第264页。

访问考察。国内现状与周边国家以及西方发达国家的巨大差距，使中国加速了工作重心的转移。十一届三中全会的召开，“一个中心，两个基本点”的确立，标志着国内以经济建设为中心的各项工作的展开。随着各项工作步入发展的轨道，在涉及经济外交政策的问题上，邓小平提出了许多极富创造性的思想，成为指导国家总体外交更是指导经济外交的指导思想。

一、努力汲取人类文明包括资本主义国家的一切文明成果

邓小平认为：中国是维护世界和平的重要力量，但中国的经济发展还比较落后，与大国的地位很不相称，经济建设的成败是关系中国命运的头等大事，不管国际风云如何变幻，一定要抓住经济建设这个中心不放松。学习和引进国外一切有用的东西：首先，吸收资本主义发达国家先进的科学技术是推动中国经济发展和科技发展的重要手段。其次，资本主义发达国家中反映现代社会化生产和商品经济一般规律的先进经营方式和管理方法对社会主义也是有用的。再次，对于资本主义发达国家中反映了现代社会政治、法律、伦理、文艺等文化遗产中一切有价值的养料，也要兼收并蓄，博采众长，为我所用。他强调：“搞社会主义，中心任务是发展生产力。一切有利于发展社会生产力的方法，包括利用外资和引进先进技术，我们都采用。”① “社会主义要赢得与资本主义相比较的优势，就必须大胆吸收和借鉴人类社会创造的一切文明成果，吸收和借鉴当今世界各国包括资本主义发达国家的反

---

① 《邓小平文选》第3卷，北京：人民出版社，1993年版，第130页。

映现代社会化生产规律的先进经营方式、管理方法”。[①]

二、积极吸引和利用外国的资本

1980年，经中国政府批准开业的中外合资企业仅20多家，投资协议总额共1.7亿多美元。邓小平说：“世界各国的经济发展都要搞开放，西方国家在资金和技术上就是相互融合、交流的。”他在1986年8月视察天津时对当地的负责人说：“你们准备向外国借一百亿美元，有没有对象？可以多找一些国家。人家借给我们钱都不怕，我们怕什么？”“只要讲效益，有什么危险？”80年代以来，工业发达资本主义国家的经济继续滞胀，资金、技术、人才过剩，急于寻找新的市场。中国则有着对外开放的优势：一是劳动力优势；二是资源优势；三是市场优势。基于这一分析，邓小平指出：“要抓住西欧国家经济困难的时机，同他们搞技术合作，使我们的技术改造能够快一点搞上去。”如果“我们抓不住机会使经济上一个台阶，别人会跳得比我们更快，我们就落在后面了”。要改变这种状况，邓小平认为：“必须把国内企业推上激烈竞争的国际市场，加速我们经济技术的发展，使我们的经济一定要在国际上有竞争力。”他在1985年发表的题为“和平和发展是当代世界的两大问题”的讲话中说：“欧美国家和日本是发达国家，继续发展下去，面临的是什么问题？你们的资本要找出路，贸易要找出路，市场要找出路，不解决这个问题，你们的发展总是要受到限制的。我过去跟很多日本朋友谈这个问题，跟欧洲朋友、美国朋友也谈这个问题，他们脑子里也是装了这个问题。”

---

① 《邓小平文选》第3卷，北京：人民出版社，1993年版，第373页。

三、中国的发展离不开世界

邓小平说："没有一个国家能够在孤立状态下实现现代化，实现现代化总是要靠各国人民之间的相互激励，做到取长补短，相得益彰。"他又说："中国是一个大的市场，许多国家都想同我们搞点合作，做点买卖，我们要很好利用。这是一个战略问题。"他指出："中国取得了国际特别是发达国家的资金和技术，中国对国际的经济也会做出较多的贡献。""历史终究会证明，帮助了我们的人，得到的利益不会小于他们对我们的帮助。"邓小平强调："现在世界上有人在讲'亚洲太平洋世纪'，亚洲有三十亿人口，中国大陆就占十一亿多。所谓'亚洲太平洋世纪'，没有中国的发展是形不成的。"邓小平在经济外交之中，十分注重平等互利的国际经济交往原则。邓小平经济外交的思想主要是以实现中国社会主义现代化、发展中国经济为目的的思想，兼有以中国的经济力量为依托，为世界和平作出贡献的思想。①

四、根据国情适当调整对外援助政策

1979 年 7 月，邓小平认为：在援助问题上，方针要坚持，基本上援助的原则还是那八条，但"中国现在还很穷"，坚持量入为主、实事求是的原则，中国继续给予许多国家特别是发展中国家力所能及的帮助。②

---

① 梁琼、陈金凤：《邓小平经济外交思想略论》，载《江西广播电视大学学报》，2002 年第 3 期。

② 李云龙：《中美关系中的人权问题》，北京：新华出版社，1998 年版，第 150 页。

五、合作开发有争议的领土

对中国周边地区存在的历史遗留的不稳定因素，如钓鱼岛、南沙群岛、中印边境等国际纠纷，邓小平提出了新途径和新方法。这里提出的新办法的总原则是“不用战争手段而用和平方式”。具体方式则是：“有些国际上的领土争端，可以先不谈主权，先进行共同开发。”这里又体现了邓小平善于以经济利益的结合来换取国际安全环境稳定的灵活性。

六、反对和应对来自国外的经济制裁

1989年政治风波后，美国为首的西方国家对中国实行经济制裁。邓小平说：“世界上最不怕孤立、最不怕封锁、最不怕制裁的就是中国”，“不管国际风云如何变幻，中国都是站得住的”，“我们别的本事没有，但抵制制裁是够格的。”[①] 他又说：“哪怕是拖100年，中国人也不会乞求取消制裁，如果中国不尊重自己，中国就站不住，国格就没有了，关系太大了。”[②] 另一方面，邓小平指出：尽管西方七国制裁中国，但要坚持一个方针，即继续同它们打交道，搞好关系。要坚持改革开放不动摇，保持中国社会稳定和经济的持续发展。

七、主权和安全始终放在一切工作的首位

国家主权始终放在第一位，邓小平多次谈到这一点。1982年

---

① 《邓小平文选》第3卷，北京：人民出版社，1993年版，第359页。

② 《邓小平文选》第3卷，北京：人民出版社，1993年版，第332页。

他会见英国首相撒切尔夫人时，明确地说："主权问题是不能谈判的，中国1997年要收回整个香港。"1982年邓小平就估计到英国人从香港撤出之前会制造混乱。因为历史上英国撤出殖民地时，都要制造些麻烦，以保持其在原殖民地的影响力。邓小平也意识到这一点，但他认为：如果"'带来灾难性的影响'，那我们要勇敢地面对这个灾难，做出决策"①。他认为只要政策得当，香港会继续保持它的繁荣。1982年12月邓小平会见樱内义雄为团长的日本访华团时说："国家的主权、国家的安全要始终放在第一位，对这一点我们比过去更清楚了。西方的一些国家拿什么人权、什么社会主义制度不合理不合法等做幌子，实际上是要损害我们的主权。"② 冷战后，中国在事关主权的问题上采取了坚决的措施。1996年在台湾海峡举行了军事演习以打击台湾分离主义者的气焰；在联合国用否决权反击危地马拉违反联大一个中国决议的行为；抵制了某些非洲国家的双重承认的做法；对德国不当的西藏政策进行了抗议……向全世界表明中国维护民族统一的坚定立场，促使一些采取变相支持台湾和西藏独立搞两个中国的国家调整其对华政策，使中国维护了自己的根本利益。他深知没有一个正常的稳定的政治秩序，现代化建设就无从谈起。1987年他对美国前总统卡特说："中国的主要目标是发展，是摆脱落后，使国家的力量增强起来，人民的生活逐步得到改善。要做这样的事，必须有安定的政治环境。没有安定的政治环境，什么事情都干不成。"③ 后来他又对日本访华贸易代表团说："中国要摆脱贫困，实现四个现

---

① 《邓小平文选》第3卷，北京：人民出版社，1993年版，第14页。

② 《邓小平文选》第3卷，北京：人民出版社，1993年版，第348页。

③ 《邓小平文选》第3卷，北京：人民出版社，1993年版，244页。

代化，最关键的问题是需要稳定。”① 总之，邓小平认为：政局稳定是政治利益的重要内容，是实现国家各方面利益的前提。

八、处理国家间关系的原则是国家利益

邓小平在 1989 年 10 月 31 日与美国前总统尼克松的谈话中指出：“我非常赞赏你的看法，考虑国与国之间的关系主要应该从国家自身的战略利益出发，着眼于自身长远的战略利益，同时也尊重对方的利益，而不去计较历史的恩怨，不去计较社会制度和意识形态的差别，并且国家不分大小强弱都相互尊重，平等相待。这样，什么问题都可以妥善解决。用这样的思想来处理国家关系，没有战略勇气是不行的。我们都是以自己的国家利益为最高准则来谈问题和处理问题的。”② 邓小平在 1978 年后多次指出：现代化建设是中国的主要任务，是中国最大的政治。“它代表着人民的最大的利益、最根本的利益”。中国从 20 世纪 80 年代的第一天起，就必须专心致志地从事现代化建设，决不允许再分散精力。这不仅是指国内不再搞大规模的阶级斗争，而且也是指中国的外交要以现代化建设为中心，不能再像过去那样分散精力，四处出击。邓小平还指出：各项工作，其中当然也包括外交工作，都必须要“有助于建设有中国特色的社会主义，都要以是否有助于人民的富裕幸福，是否有助于国家的兴旺发达，作为衡量做得对或不对的标准”。③

---

① 《邓小平文选》第 3 卷，北京：人民出版社，1993 年版，第 348 页。

② 《邓小平文选》第 3 卷，北京：人民出版社，1993 年版，第 330 页。

③ 《邓小平文选》第 3 卷，北京：人民出版社，1993 年版，第 330 页。

第四节　江泽民经济外交的主要思想

1989年中共十三届四中全会上，江泽民主政中南海，成为第三代中央领导集体的核心。在改革开放和实施对外政策方面，他继续坚持邓小平的改革开放路线。在新的国际国内形势下，以江泽民为核心的第三代中央领导集体又丰富和发展了邓小平理论，形成了“三个代表”的重要思想。在经济外交方面，同样形成了许多新的思想。

一、关于以开放促改革促发展

江泽民认为：“经济全球化，是社会生产力和科学技术发展的客观要求和必然结果，有利于生产要素在全球范围内的优化配置，带来了新的发展机遇。当今世界是开放的世界，任何一个国家都不可能完全脱离世界经济而孤立地发展。”① “适应经济全球化和加入世贸组织的新形势，在更大范围、更广领域和更高层次上参与国际经济技术合作和竞争，充分利用国际和国内两个市场，优化资源配置，拓宽发展空间，以开放促改革促发展。”② “经济全球化是一把双刃剑。现在，经济全球化是西方发达国家主导的。它们经济科技实力雄厚，掌握着国际经贸组织以及国际经济规则的主

---

① 江泽民：《论有中国特色社会主义》，北京：中央文献出版社，2002年版，第519页。

② 江泽民：《全面建设小康社会 开创中国特色社会主义事业新局面》，载《人民日报》2002年11月18日。

导权，在全球化中获益最大，而广大发展中国家总体上处于不利的地位。”①

二、关于经济安全

冷战结束后，江泽民提出了综合安全的新安全观思想。新安全观包括政治、军事、经济、科技、文化等综合安全内容。其中经济安全的地位在冷战后受到各国的重视。江泽民认为，经济是社会发展的基础，经济安全是综合安全的基础和保障。没有经济安全就没有真正意义上的国家安全。“我们还必须看到，世界正经历着深刻的变化。在国际关系中，经济因素的作用不断加强，以科技和经济实力为基础的综合国力的竞争，越来越成为决定一国家国际地位的主导因素。我们要在激烈的国际竞争中占据有利地位，关键是要提高科技水平，增强经济实力。”②

三、关于经济全球化

冷战结束后，经济全球化加速发展。江泽民认为：“要适应经济全球化和中国加入世界贸易组织的新形势，在更大范围、更广领域、更高层次上参与国际经济技术合作和竞争，拓展经济发展空间，全面提高对外开放水平。”充分利用国际和国内两个市场，

---

① 江泽民：《论有中国特色社会主义》，北京：中央文献出版社，2002 年版，第 519 页。

② 《十四大以来重要文献选编（中）》，北京：人民出版社，1997 年版，第 1366—1267 页。

优化资源配置，拓宽发展空间，以开放促改革发展。”[①] 在中共十五届五中全会上，江泽民同志进一步指出：“这是一场全球范围的大竞争，任何国家、任何民族都回避不了；在这场竞争中，就如同逆水行舟、不进则退。”[②] “要顺应世界发展的潮流，抓住机遇，趋利避害，在充分利用自然资源和人力资源优势的基础上，加快调整经济结构，加强科教事业，发展高新技术产业，争取实现跨越式发展。”[③] 江泽民认为，中国的改革开放和现代化建设事业不能置身于全球化之外，要抓住机遇，加快发展，在参与中赢得发展的主动权。中国政府积极加入 WTO，热心参与亚太经合组织、促进东亚的经济合作，在一系列制度上主动与国际接轨，就是这些思想的体现。“经济全球化是世界经济发展的客观趋势，谁也回避不了，都得参与进去。对于中国这样的发展中大国既要敢于又要善于参与这种经济全球化条件下的国际经济合作与竞争，并学会趋利避害。”[④] 这一方针是建立在对经济全球化实质清醒认识基础上的。因为经济全球化是一柄双刃剑，广大发展中国家总体上处于不利境地。要头脑清醒，不能操之过急。

四、关于参与国际经济机制

20 世纪 90 年代以后，中国全面融入现存的国际机制，包括国际经济机制。1997 年 7 月，东亚发生金融危机，同年 11 月在温哥

---

① 江泽民：《全面建设小康社会 开创中国特色社会主义事业新局面》，载《人民日报》，2002 年 11 月 18 日。

② 《全国政协九届四次会议闭幕会上的讲话》，载《人民日报》，2001 年 3 月 13 日第 1 版。

③ 江泽民：《共同开创中拉友好合作的新世纪》，载《人民日报》，2001 年 4 月 7 日。

④ 参见《人民日报》，2002 年 6 月 1 日。

华举行的亚太经合组织领导人非正式会议上，江泽民主席在讲话中强调："加强地区和世界的金融合作，维护正常的国际金融秩序，共同防范国际游资过度投机的冲击，创造良好的金融环境，对所有国家都有利。我们对加强亚洲地区金融合作持积极态度，愿意参与有关合作机制的讨论。"对于加入世界贸易组织，江泽民认为："加入世贸组织是中国政府在经济全球化的形势下所作出的战略决策，是与中国改革开放和建立社会主义市场经济体制的目标一致的。"①

第五节 中国经济外交的实施

1978 年以后，随着中国改革开放的不断深入和对外政策的逐渐调整，中国经济外交的实践变得日益丰富。纵观 1978 年后至今 28 年的改革开放实践，总结经济外交的阶段，大体同总体外交政策的分野一样，可以分为两个阶段：一个阶段是 20 世纪 70 年代末到 80 年代末；第二个阶段是 1991 年至今。中国改革开放的大的国际背景经历两个时期：冷战时期和冷战结束后。中国改革开放政策虽历经曲折，但保持了极大的连续性与稳定性，即总体上始终坚持了融入世界的对外开放和全方位的外交政策。外交政策始终为现代化建设服务，为现代化建设创造一个良好的国际环境。经济外交工作推动中国与世界各国和地区经济技术合作和贸易往来的加速发展。通过扩大对外贸易，增加了外汇储备；通过引进外商直接投资，推进了中国经济结构的调整和优化，扩大了就业

① 《抓住机遇迎挑战 参与经济全球化》，载《人民日报》，2001 年 12 月 19 日第 7 版。

机会。经济外交已成为中国总体外交的重要组成部分，并积累了一些重要经验。

一、经济外交的意识逐步得到提升

1. 中国正从一个对外开放的亚洲大陆型国家，逐渐转变为一个全方位开放、跨区域发展的世界经济大国。中国外交也因应形势，其内涵和外延都发生着深刻的变化。需要强调的是，“经济外交”的提出，与中国决策层对中国影响力的认识，以及为中国争取更大的国际利益这一指导思想有关。在 2004 年 8 月召开的中国驻外使节会上，胡锦涛指出：新时期新阶段，我们要加强经济外交。温家宝总理强调：随着经济全球化的深入发展和中国经济实力的增强，经济外交越来越成为中国总体外交的重要组成部分。

2. 经济外交的创新应该是多方面的。几十年或几年前曾经很合情理的思想教条，已经无法适应当前的形势，应当适当突破和努力创新。应当变保守为开放，变被动为主动。“外事无小事”是应该谨遵的教诲，但不应该成为我们墨守成规、不思进取的借口。强化经济外交意识，树立以政带经、以经促政的观念，切实维护国家经济利益和经济安全，扩大中国在制定国际经济规则中的发言权，积极配合“走出去”和“西部大开发”战略的实施，为国家经济建设创造了有利条件。为了更好地推进开放，实现十六大报告提出的“以开放促改革促发展”，中国的经济外交需要大智能和新思维。

二、开展多边的经济合作外交

国家领导人开展经济外交，主要是确定原则和营造环境，把开展政治外交与经济外交结合起来，使两者相互影响和相互推动。

东欧剧变、苏联解体后，中国及时调整了同各国关系的原则和政策。1994 年 4 月，前总理李鹏访问中亚四国，在塔什干阐述了中国对中亚四国的四项基本政策，在阿拉木图，李鹏总理就发展同中亚国家的经贸关系提出六点主张。1994 年 9 月，江泽民主席访问俄罗斯时提出中俄关系六点原则。1995 年 7 月 10 日，江泽民主席在访问匈牙利时，又全面阐述了中国与东欧国家关系的五项原则。中国国家领导人的这些外交活动不但巩固和发展了与上述国家的政治关系，而且促进了双边经济关系的发展。

中国长期重视同发展中国家的经济技术合作和相互支持。中国关于亚太经济合作的五项主张是：要把亚太经济的持续发展作为开展合作的根本目标；要为发展中成员经济持续增长创造有利的外部条件；要坚持自主自愿原则；要尊重差别，把握贸易投资自由化的合理速度；要实行贸易投资自由化与经济技术合作并重的方针。中国与非洲国家合作的三点主张是：中国和非洲各国扩大相互支持，创造和平与稳定的国际大气候；加强友好磋商，促进国际经贸环境的改善；推动互利合作，谋求共同发展和繁荣。中国与拉美国家关系的五项基本原则是：一是进一步密切和加强中拉之间的政治关系；二是平等互利，互通有无，取长补短，共同发展；三是加强民间往来，广泛开展各种形式的文化、教育、新闻、体育交流与合作；四是在国际事务中密切磋商，加强协调，互相支持，共同维护发展中国家的权益，推动建立和平、稳定、公正、合理的国际政治、经济新秩序；五是对于同中国尚未建交的拉美国家，愿意在和平共处五项原则的基础上，加强人员往来，开展经贸交流与合作，为实现国家关系正常化创造必要条件。

中国积极发展同西方国家的经贸关系。1994 年 9 月，江泽民主席访问法国时提出了中国发展同西欧国家关系的四项原则；1997 年 10 月 26 日至 11 月 3 日江泽民主席访美期间，阐述了发展面向21世纪中美关系的指导方针。同年11月12日，李鹏总理访日时阐述了指导中日关系的五项基本原则。

三、积极参加全球和区域性经济组织和合作

通过参加全球和区域性经济组织和合作，既能参与全球和区域原则与政策的改革和制定，维护中国和广大发展中国家的利益，又能推动多边和双边合作相互协调，有利于实行全方位的经济外交和对外开放。中国加入亚太经济合作组织以来，大大扩大了中国同环太平洋国家和地区的经贸关系。在亚太经合组织成员中，既有少数发达国家，又有更多的发展中国家和地区，中国维护发展中成员的利益，赢得了发展中国家的支持。例如：发达国家成员主要兴趣是加快贸易和投资自由化，旨在扩大市场。中国则坚持贸易投资自由化和经济技术合作两个轮子相辅相成，实现各成员经济协调发展、缩小差距、共同繁荣。1997年7月，东亚发生金融危机，同年11月在温哥华举行的亚太经合组织领导人非正式会议上，江泽民主席在讲话中强调："加强地区和世界的金融合作，维护正常的国际金融秩序，共同防范国际游资过度投机的冲击，创造良好的金融环境，对所有国家都有利。我们对加强亚洲地区金融合作持积极态度，愿意参与有关合作机制的讨论。"中国保持人民币稳定，向有关国家提供了力所能及的援助，并同各国加强合作，对东亚摆脱金融危机和经济复苏做出了贡献，也有利于中国同各国扩大合作。中国经济外交工作已经取得重大成就，总结经验，继续加强经济外交合作，将对扩大中外经济技术合作和贸易交往，从而为中国实现现代化，做出新的贡献。

四、具体（问题）领域的经济外交

中国大力开展经济外交，切实维护国家经济利益和经济安全，

扩大中国在制定国际经济规则中的发言权，积极配合“走出去”和“西部大开发”战略的实施，为国家经济建设创造了有利条件。①

在经济全球化和信息化的时代，情报搜集、经贸调研、对外交涉等各项工作必须努力“抢第一点”、“抢先手”，讲究时效。过去一切经济活动都由国家政府部门包办，企业不太需要经贸信息。现今，企业是市场经济活动的主体，它们更需要各种及时的经贸信息。除确需保密的信息外，其他经贸信息，如驻在国经济贸易政策动态、主要产业和产品发展情况、重大投资项目信息等，尤其是针对中国产品和企业即将采取的相关限制性措施（包括反倾销、反补贴、保障措施、贸易调查、技术壁垒和歧视性待遇等），应该在报送商务部的同时，以最快的速度通过报刊、网站等公共媒体传达给企业，既供决策部门参考，也为企业服务。

加大了对外交涉力度，努力维护国家和中国企业利益，保护在国外的中国公民的人身安全和利益。随着中国对外贸易规模的迅速扩大，贸易摩擦呈多发趋势，并且从发达国家开始向发展中国家蔓延；越来越多的企业到境外开展投资、对外承包工程与劳务合作活动；与此同时，更多的中国公民到境外从事劳务或者其他商务活动。以上种种，势必导致中国、中国企业和在境外的公民与驻在国或其企业和公民间发生经贸纠纷的可能性增大、数量增多。

---

① 唐家璇：“十三年来中国国际地位空前提高”，具体参见 http：//www.cctv.com/special/789/—1/59543.html。

第四章

中国经济外交的决策与运行机制

外交决策是一个国家对于外交政策的酝酿、选择、制定的动态过程。外交决策机制是一个国家有关外交决策的机构设置及其功能、权限和运行程序制度的总和。[①] 探索中国经济外交，离不开经济外交决策和运行机制的研究。中国经济外交的过程和结果，依托于参与经济外交的部门。从方法论的角度讲，任何组织都是功能性的。从经济外交参与部门的功能分布，以及与国外相关部门的横向比较中，可以考察国家对经济外交的重视程度以及经济外交开展过程中可能存在的问题，并通过各部门之间的互动，考察经济外交实施的效果。中国经济外交的过程和决策机制没有在行政程序法中加以明确，也从来没有在公开的官方文件中进行专门说明；经济外交政策的产生只是广泛讨论和协商一致的结果，但是通过分析参与决策的行政机构的职能，还是可以部分地解释

① 赵晓春：《西方国家外交决策机制剖析》，载《世界、美国和中国——新世纪国际关系和国际战略理论探索》，清华大学出版社，2003年10月版，第71页。

中国经济外交的决策过程以及机构偏好。

第一节 中国经济外交的政府机构与过程

一、党和国家领导人的经济外交

首脑外交是国家间交往的一种重要形式。美国学者认为，首脑一般是指行政首长，包括国家元首与政府首脑，在某些特定情况下可以包括某些级别高于部长的其他官员。① 从另一方面来看，在部长级外交形成的僵局，可以通过首脑外交迅速加以解决。在僵局出现时，可以通过更广泛地考虑开辟新途径，或者做出必要的政策转变，以同谈判方相协调。温斯顿·丘吉尔首相在提到第二次世界大战期间他同罗斯福总统的个人外交时声称，那些同美国政府在较低级别上的不可克服的分歧"往往通过顶层直接交涉，几小时内就解决了"。②

近年来，随着中国经济的发展，中国领导层高度重视经济外交工作。不但对经济外交工作作出一系列重大部署，而且还具体利用首脑外交的机会，具体从事经济外交工作。1994 年，中国的企业家也走出这一步，随同时任的李鹏总理出访中亚四国。李鹏在中亚四国访问期间，特地与中国企业家代表团座谈。他说："企

① 埃尔默·普利施科普：《首脑外交》，周启朋等译，北京：世界知识出版社，1990 年版，第 17 页。

② 周启朋、杨闯：《国外外交学》，中国人民公安大学出版社，1990 年 6 月第 1 版，第 131 页。

业家代表团第一次随国家领导人出访。这是一种有益的尝试，效果很好，今后可以继续办下去。”1996年李鹏访问德国，率领24位企业家代表随访。李鹏总理为中国产品做宣传，他在新闻发布会上告诉德国企业家，中国商品质量好，而且价格合理，在世界市场上具有竞争力，希望德国人购买更多的中国货。他说：“我愿为中国商品当一回推销员。”在访问德国西门子公司时，李鹏发表讲话：“在商言商，我们来到西门子公司就是谈经济、谈技术，但从某种意义讲，经济就是最大的政治。”① 在中国加入WTO的过程中，中国领导人的经济外交起到了至关重要的作用。1999年4月，时任总理朱镕基对美国进行访问，就中国入世问题与美国进行交涉。针对美国的不合理要价，朱镕基称：“你要的过多，要的过快，最后可能什么都得不到。”② 在中国的压力下，美国承诺“坚定支持中国在1999年内在商业基础上加入世贸组织”。1999年11月15日，中美就中国加入世界贸易组织问题达成双边协议。江泽民在会见参加中美关于双边谈判的美国政府代表团时认为：“自1993年我在西雅图与克林顿总统首次会晤以来，我们两人经常就中美关于中国加入关贸总协定，即后来的世贸组织问题交换意见。11月7日，我和克林顿总统再次通电话，决定加速完成中美谈判进程，并达成一个互利的好协议。正是由于双方从大局着眼，本着平等互利、互谅互让、求同存异的精神，做出了不懈的努力，才克服了各种困难，妥善处理和解决了彼此的分歧，取得了‘双赢’的结果。由此可见，只要中美双方牢牢把握两国人民的根本利益，相互尊重，以诚相待，我们就一定能够将两国关系不断推

① 《中华英才》，1996年第17期，第6页。

② 《新华月报》，1999年第5期。

向前进。”[①]

从实证的角度讲，国家领导层的工作背景，也会促进形成一定的价值偏好。下面的案例分析可以验证国家领导人的某些偏好对经济外交或能源外交的重要性。

重视能源供应问题的现任美国总统布什就跟他的成长背景密不可分。布什在德州油田区长大，他的家族曾投资石油业。副总统切尼曾任某石油公司行政总裁；布什内阁更有近半高官与能源公司有千丝万缕的关系。无可否认，中国非常重视能源问题和能源外交，与领导人的能源工作经历有一定关系。胡锦涛毕业于清华大学水利系，曾到甘肃参与兴建水电站；温家宝是学地质的，踏遍甘肃的深山寻找矿产资源。国家副主席曾庆红曾任中国石油工业“开山祖师”余秋里的秘书，至调任上海前相继任石油部外事局联络部处长、海洋石油总公司对外联络部副经理、南黄海石油公司党委书记。副总理吴仪是石油学院的毕业生，在石油系统工作了二十多年。[②] 国家主席胡锦涛于 2004 年 11 月访问巴西、阿根廷、古巴和智利，中国三大石油公司数十名高管组成的“能源智囊”代表团随行。

多年来，中国驻外经商机构围绕中国经济建设的中心任务做了大量工作，经济外交取得了一定的成绩。从国家领导人的以上表述可以看出，经济外交在新形势下有更重的分量、更新的内容和更重的责任。

二、中共中央、国务院的经济外交

就政治体制的制度化程度而言，中国共产党的领导长久以来

---

① 《人民日报》，1999 年 11 月 16 日。

② 亚太博宇：《中国经济运行》每日快报，2004 年 12 月 01 日。

是中国政治生活的核心。中央政府的机构组织和决策一般都要经过党内程序，重要决策是由中共中央政治局来完成的。许多与经济发展相关的目标和政策都是以政治局或者中共中央财经领导小组的名义颁布决议或指令，并最终通过法定程序转变为政府行政职能部门（国务院）的政策。①

在中国，中国共产党的最高领导机构是党的全国代表大会和中央委员会。中央政治局和中央政治局常委在中央委员会闭会期间，行使中央委员会的职权。中央政治局和中央政治局常委会是党的日常最高决策和领导机关。因为中国共产党是执政党，所以中央政治局和中央政治局常委会也是国家经济和外交事务的最高决策层，包括对有关经济外交事务的重大决策。

中华人民共和国中央政府的名称是国务院，国务院是国务院系统各部委的行政主管机构，实行总理负责制。国务院秘书长负责主持国务院的日常工作。国务院办公厅是主要的办事机构，内设秘书一、二、三局，以及信访局、人事局等下设机构。《中华人民共和国宪法》规定：国务院有权管理对外事务，并且有权同外国缔结条约和协定。国务院办公厅涉及的有关职能主要是：负责办理有关对外经济合作、海关、工业、财税、国土资源、建设、交通、铁道、民航、信息产业、水利、农业、林业、金融证券、环保、质量技术监督、药品监督管理等经济政策方面的日常事务。

三、全国人大及其常委会的经济外交

1978 年宪法规定，全国人民代表大会和全国人大常委会可以

① 盛斌著：《中国对外贸易政策的政治经济分析》，上海人民出版社，2002 年 11 月第 1 版，第 104 页。

根据需要设立若干专门委员会。这里第一次将委员会称为专门委员会，并赋予全国人大常委会设立专门委员会的权力。据此，第五届全国人民代表大会第一次会议设立了代表资格审查委员会，第五届全国人民代表大会第二次会议设立了民族委员会、法案委员会和预算委员会。在此基础之上，1982 年宪法对全国人大专门委员会的设立作出新的规定：全国人民代表大会设立民族委员会、法律委员会、财政经济委员会、教育科学文化卫生委员会、外事委员会、华侨委员会和其他需要设立的专门委员会。1998 年 3 月第九届全国人民代表大会第一次会议又增设了农业和农村工作委员会。至此，全国人民代表大会共设立了 9 个专门委员会。

2004 年伊始，中国全国人大与美国参议院建立了正式交流机制。根据双方签署的备忘录，双方同意每两年互访一次，并且在美国国会和中国人大之间建立固定的会议机制，每年各派遣 12 名资深议员参加在华盛顿和北京轮流举行的会议。中国外交常常是以美国政府为对象，认为做通白宫的工作就可以缓解问题和矛盾。但是 20 世纪 90 年代以来中美两国贸易纠纷几乎都是由美国国会在背后主导，反而是白宫为中国进行“拉票”。在 20 世纪 80 年代末，日本作为对美国的第一大贸易顺差国，每年以 4 亿美元的游说投入保证了其每年 400 亿美元的贸易顺差。自 2002 年以后，中国已经取代日本成为了对美第一大贸易顺差国，并成为世界第二大外汇储备国。在这样的情况下，借鉴一些国家以往的外交经验，以部分的投入在美国法律所允许的范围内，开展必要的外交活动，除了往常的对美国政府的外交，也加强对美国国会议员的长期工作，以此来增加中美之间长期的稳定因素。

从 1999 年中国全国人大与美国众议院建立交流关系，到 2004 年同美国参议院交流关系的建立，以及固定会议机制的启动，意味着两国国会间外交的全面开展。把握美国政治体制的脉络，实现对美国外交渠道的多元化，从而拓宽中国对美外交的视野和手段，营造一个中美两国经济贸易稳定发展的氛围。

四、外交部的经济外交

外交部指的是：在一个主权国家里执行外交政策、主管外交事务的专门性机构。二次大战以后，外交在形式上开始发生较大的变化。[①] 外交的内容大大扩展。[②] 随着经济外交、文化外交、科技外交、议会外交、环境外交、政党外交、体育外交等多种外交方式的出现，外交的深度和广度都得到了极大扩展。[③] 方式的转变和丰富，影响到主管外交机构的职能变化。一些西方发达国家的外交机构早已体现出这种变化。但是由于各国外交部通常缺乏在贸易、国际经济政策和技术领域的专业技能，尽管他们已经适应了新的国际议程安排，但在这些领域的指导仍然是很难调解和协调的。[④]

中国外交部是国务院主管外交工作的职能部门。主要职责是：1. 对国际形势和各国情况进行调查研究，及时掌握重大动向，为中央制定外交战略、方针、政策、策略提供情况和提出建议。2. 代表国家和政府办理外交事务。3. 代表国务院或根据授权归口管理有关的涉外事宜。4. 进行世界经济形势调研，了解国际重大

---

① 杨公素：《外交理论与实践》，成都：四川大学出版社，1992 年版，第 91 页。

② 肖宪主编：《当代西方国际关系理论与实践》，云南大学出版社，1998 年版，第 125 页。

③ 金正昆：《现代外交学概论》，北京：中国人民大学出版社，1999 年 12 月版，第 19 页。

④ ［英］巴斯顿：《现代外交》，赵怀普等译，北京：世界知识出版社，2002 年版，第 33 页。

经济信息和外国经济体制、法规等，为中国经济建设和改革开放服务。5. 从外交政策和国别关系的角度，就对外贸易、经济合作、经援、军援、军贸、侨务、文教、科技、宣传中的一些重大问题，与有关单位协调，向中央反映情况、提出建议。6. 贯彻执行中央关于多边外交的方针政策，就联合国事务以及人权、军控、世界和地区经济合作等重大问题向中央提出建议，办理多边外交事务。7. 在外交方面贯彻执行中央关于香港、澳门和解决台湾问题的方针政策，促进祖国和平统一。8. 领导我驻外使领馆和有关代表机构的工作。

外交部近年来开始重视和研究经济外交工作其研究室的职能就包含经济外交：研究国际形势和国际关系中全局性和战略性的问题，研究规划外交政策，研究世界和地区经济金融形势和经济外交工作；协调部内各单位和驻外使领馆的调研工作；起草党和国家领导人及部领导的有关外交工作的重要文稿；研究和指导编写中国外交史等。[①] 2004 年 2 月政策研究司专门设立了“经济外交与合作”办公室，主要职能：一是为外交如何服务经济做调研；二是为服务经济做跨部委的协调工作。外交部的官方网站 2004 年专门设立了“经济与外交”栏目，网站认为，该栏目的设立，体现了外交进一步为国内经济建设服务的精神。外交部还对设立栏目的背景作出了解释：“以‘入世’为标志，中国经济开始全面融入经济全球化大潮。这是前所未有的体验，我们更需要全面、准确地把握住外部经济发展动向。基于此，我们在为国内经济建设营造稳定外部环境的同时，也在努力探索如何加大经济外交力度，进一步为国内经济建设服务，满足人民日益扩大的对外经济交流

① http：//www.fmprc.gov.cn/chn/wjb/zzjg/zcyjs/default.htm，参见外交部网站。

需要，从而促进了‘经济与外交’的诞生。”①

现代外交突破了传统政治外交的范畴，出现了经济外交、军事外交、科技外交。这对外交人员的知识结构也提出了更高要求。知识结构单一显然不能适应现代外交的发展和对外工作的需求。为满足新形势下外交工作对复合型人才的需求，除了外语专业外，外交部还从综合性大学招录了大量外交类（包括外交学、外事管理等专业）、国政类（包括国际政治、国际关系等专业）、经济类（包括贸易、金融等专业）、法律类（包括国际法、经济法等专业）以及新闻、历史、中文等文科专业的毕业生和少量行政技术类（包括计算机软件应用、计算机网络安全、建筑学、工程管理、电气工程及自动化等专业）理科专业毕业生。2003 年以来外交部的国家公务员招考过程中，明显加大了对经济类专业毕业生的需求量，这是一个很重要的变化。

1978 年改革开放以来，中国积累了雄厚的外交资源。外交资源包括以下几个主要方面：中国驻外使馆等机构；外国驻中国使馆及官员；各个部委相应的涉外部门；中国政府参加的、面向企业服务的多边国际合作组织；离退休的外交官员；首脑外交活动。这些机构和个人都可以为企业海外经营提供支持。最明显的外交资源，就是中国驻外的 200 多家使领馆。这些资源存储在我各驻外机构、渠道和外交官当中，存储在大批退休外交官的知识、经验和国外关系中，也存储在全国各大专院校、科研机构研究国际问题的专家学者的学术智能中。全国工商联副主席程路认为，外交资源是一个国家非常珍贵的资源，对于正在寻求“走出去”的民营企业来说，更是一种稀缺资源，但这些资源还远远没有被企

① http：//www.fmprc.gov.cn/chn/ziliao/wzzt/jjywj/t10468.htm，参见外交部网站。

业界所认识，还远远没有被调动起来。如果能够很好地利用外交资源，中国的民营企业将会如虎添翼，将会在更广的边界和更大的空间上来配置企业发展所需的各种资源。[①]

近年来，随着中国企业“走出去”力度的加大，国内企业对利用外交资源的需求迫切。2004 年 12 月，外交部组织召开了“外交与经济”研讨会。中国的外交官与企业家、学者进行直接交流。中国的外交官们认为：“这样的会议是外交部建部以来头一遭!”外交部部长助理吕国增认为：“外交在维护国家主权和安全的同时，维护国家经济利益、促进国内发展的任务日益加重。”外交部新闻司司长孔泉表示：“外交部希望为中国企业走向世界提供帮助，服务是目的，沟通是服务的基础。外交部希望了解民营企业家的想法和要求，以提高和改善今后的外交工作。”外交部做出这样的高调表态是为“走出去”战略护航的开始，但关键是要转化为切实有效的行动。北京某著名咨询公司的分析人员认为，中国外交官对帮助企业的陌生感毫不奇怪，因为他们过去一直是“官”，还不习惯为“商”服务。这与国外有很大差别。如果你参加过丹麦商会的活动，就能看到丹麦使馆的商务参赞对于企业家们的服务意识和态度极好，简直就像跑堂的“服务生”。什么时候中国的外交官对中国的商人也有这种态度，中国企业走出去就没问题了。[②]

到目前为止，中国外交确实有中国企业“走出去”所需要的庞大的资源优势，但是除了企业与外交部门之间缺乏有效的沟通外，中国外交自身的经济外交意识和能力还有待提高。除了少数

① 程路：《在“外交与经济研讨会”开幕式上的致辞》，具体参见 2004 年 12 月 21 日的中国外交部网站。http：//www.fmprc.gov.cn/chn/ziliao/wzzt/wjyjg/t175629.htm。

② 2004 年 12 月 21 日《安邦经济信息》。

国有企业外，外交资源从来就没有向商界正式开放。中国外交学院院长吴建民认为："长期以来政治和国家安全是外交的主要目的，不过我们目前的主要任务是建设小康社会，外交应该为经济服务，外交资源应该向企业开放。"[①]

传统的部门观念限制了外交领域和经济领域的合作。长期以来，习惯了政治外交，可现在外交要为全面建设小康社会服务，就必须要重视外交的经济内涵。旧有的传统观念往往会落后于现实的需要，比如：至今仍有个别外交人员认为经济活动和外交活动是分离的。可见，要想避免因观念落后产生的障碍，就需要外交部门和其他领域人士来共同推动。

五、商务部（原外经贸部）的经济外交

在 1981 年，美国经济和商务部的罗伯特·奥尔森认为：过去，国务院的高级职员几乎清一色是政治的；尔后，商务部开始在成为主要国际议题的石油、货币、贸易等问题上，成为美国国务院的强有力竞争者。[②] 同样，中国商务部（原对外经济贸易合作部）是经济外交过程的主要承担者，并对外交议题的形成掌握越来越重要的话语权。美国学者伊莉莎白·埃克诺米、米歇尔·奥克森伯格认为，外经贸部被授权负责加入 GATT 的谈判，部分是为了与中国国内具有保护主义色彩的部门分开，从整体上来说较开放前被赋予更大的职权，并在该部的帮助下，国际经济议题成

---

① 郭海峰：《外交经济中的中国企业 掌握外交工具成为必修课》，载《中国企业家》，2004 年第 12 期。

② Robert K. Olson, *US Foreign Policy and the New International Economic Order* Westview Press, Boulder, Colo., 1981, p. 126.

为中国关注的焦点。[①]

1979年中国成立了进出口管理委员会。同时，负责对外经贸工作的行政部门还有：对外贸易部、对外经济联络部和海关总署。1981年国务院宣布进出口管理委员会是主管全国对外经济和贸易的综合部门，负责管理外贸部、外经部、海关等其他机构。而外贸部则归口管理财政部、中国人民银行、商业部、国际贸易促进委员会、供销合作总社、全国工商联、手工业生产合作社的国际活动。由于复杂的多头管理引起的混乱，在1982年的国务院机构改革中，原对外贸易部、对外经济联络部、进出口委员会和外国投资管理委员会进行合并成立了新的对外经济贸易部。[②] 自从1986年中国提出恢复在关贸总协定的合法席位以来，外经贸部一直是代表中国政府参与多边、区域和双边谈判的主要行政部门。在对外谈判和协商中，外经贸部直接面对外部压力，故而也在坚持国家利益的基础上决定着中国贸易自由化的进程。同时，它还负责协调国内各部门在开放市场上的立场和利害关系。[③] 多年来，随着中国对外开放程度的加深，外经贸部（现商务部）在参与国家经济机制的进程中做了大量工作。

2002年以前，主管对外经济外交事务的部门是外经贸部。此后组改为商务部，是主管国内外贸易和国际经济合作的国务院组成部分，共设办公厅、政策研究室、条约法律司、亚洲司、西亚非洲司、欧洲司、美洲大洋洲司、台港澳司、国际经贸关系司、世界贸

---

① ［美］伊莉莎白·埃克诺米、米歇尔·奥克森伯格：《中国参与世界》，北京：新华出版社，2001年版，第192页。

② 盛斌著：《中国对外贸易政策的政治经济分析》，上海人民出版社，2002年11月版，第254页。

③ 盛斌著：《中国对外贸易政策的政治经济分析》，上海人民出版社，2002年11月版，第255页。

易组织司（中国政府世界贸易组织通报咨询局）、对外贸易司、机电产品进出口司（国家机电产品进出口办公室）、科技发展和技术贸易司、市场体系建设司、商业改革发展司、市场运行调节司（国家茧丝绸协调办公室）、外国投资管理司、对外援助司、对外经济合作司进出口公平贸易局、产业损害调查局、外事司等25个职能机构；另外，全国整顿和规范市场经济秩序领导小组办公室和国际贸易谈判代表办公室也设在商务部。就外经贸政府机构的外交职能来说，它是指由政府管理涉外经贸所引起的对外交往职能的表现，而非指国家对内的经济管理职能。涉及经济外交的主要职责有：

1. 拟订国内外贸易和国际经济合作的发展战略、方针、政策，起草国内外贸易、国际经济合作和外商投资的法律法规，制定实施细则、规章；研究提出中国经济贸易法规之间及其与国际多边、双边经贸条约、协定之间的衔接意见。2. 研究制定进出口商品管理办法和进出口商品目录，组织实施进出口配额计划，确定配额、发放许可证；拟订和执行进出口商品配额招标政策。3. 拟订并执行对外技术贸易、国家进出口管制以及鼓励技术和成套设备出口的政策；推进进出口贸易标准化体系建设；依法监督技术引进、设备进口、国家限制出口的技术和引进技术的出口与再出口工作，依法颁发与防扩散相关的出口许可证。4. 研究提出并执行多边、双边经贸合作政策；负责多边、双边经贸对外谈判，协调对外谈判意见，签署有关文件并监督执行；建立多边、双边政府间经济和贸易联系机制并组织相关工作；处理国别（地区）经贸关系中的重要事务，管理同未建交国家的经贸活动；根据授权，代表中国政府处理与世界贸易组织的关系，承担中国在世界贸易组织框架下的多边、双边谈判和贸易政策审议、争端解决、通报咨询等工作。5. 指导中国驻世界贸易组织代表团、常驻联合国及有关国际组织经贸代表机构的工作和中国驻外经济商务机构的有关工作；联系国际多边经贸组织驻中国机构和外国驻中国官方商务机构。6. 负责组织协调反倾销、反补贴、保障措施及其他与进出口公平贸易相关的工作，建立进出口公平贸易预警机制，组织产业损害调查；指导协调国外对中国出口商品的反倾销、反补贴、保障措施原应诉及相关工作。7. 负责全国对外经济合作工作；拟订并执行对外经济合作政策，指导和监督对外承包工程、劳务合作、设计咨询等业务的管理；拟订境外投资的管理和具体政策，依法核准国内企业对外投资开办企业（金融企业除外）并实施监督管理。8. 负责中国对外援助工作，拟订并执行对外援助政策和方案，签署并执行有关协议；编制并执行对外援助计划，监督检查援外项目执行情况，管理援外资金、援外优惠贷款、援外专项基金等中国政府援外资金；推进援外方式改革。9. 负责中国驻世界贸易组织代表团、驻外经济商务机构以及有关国际组织代表机构的队伍建设、人员选派和管理；指导进出口商会和有关协会、学会的工作等。

六、中国驻外使领馆的经济外交行为

大使馆是指双方建立外交关系的国家互设在对方首都的常驻外交代表机构。根据《维也纳外交关系公约》，大使馆涉及经济外交的基本职权有：在国际法的许可范围内在接受国中保护派遣国及其国民的利益；以一切合法手段调查接受国的状况和发展情况；发展两国间的经济、文化与科学关系。领事馆的主要职能是保护派遣国及其国民的商业与经济上的利益，并负责处理与其有关的各项具体业务。①

① 金正昆：《现代外交学概论》，北京：中国人民大学出版社，1999 年 12 月版，第 82—84 页。

驻外使领馆发挥的主要功能有：第一，驻外使领馆可继续发挥两国间政府的桥梁作用，为海外中资企业争取优惠政策，并进一步发挥组织、协调、领导作用。第二，驻外使领馆可加强对企业境外投资的服务指导，加强信息收集和信息交流，建立和完善使领馆与企业间信息交流的畅通渠道。第三，驻外使领馆可加强对中资企业的法律指导与律师推荐，使其在关键时刻能代表中资企业就一些明显有失公平的判决进行对外交涉。第四，驻外使领馆可密切关注与中资企业有关的突发事件或社会影响较大的事件，在必要时提供有力的政治保护。第五，驻外使领馆可代表中国政府积极与当地政府和客户联络，协助进行公关，在项目投资方面为企业海外发展争取权益。

案例：中国驻美国旧金山总领馆经济商务室①

中华人民共和国驻美利坚合众国旧金山总领馆经济商务室是中华人民共和国商务部派驻美国管理和促进中国同美国的北加州、内华达州、俄勒冈州、华盛顿州及阿拉斯加州开展对外商务合作的代表机构，是中华人民共和国驻旧金山总领馆的重要组成部分。主要职责包括以下几个方面：

1. 根据中国政府对外商务发展的方针政策，加强与美国联邦及领区内各级政府有关部门、经贸机构、民间组织及社会中介机构等社会各界以及区域组织、国际组织等的联系，疏通和拓展我国与美国西部地区商务合作渠道，促进双方经贸合作的发展。

2. 开展调查研究工作。根据国内指示和对外商务合作的需要，跟踪了解、研究和分析美国经济形势、经济体制、经济改革进程、

---

① 具体参见中国外交部官方网站。

对外经济贸易方针政策、有关法律法规、贸易保护技术标准，以及美国与中国和其他国家（地区）经贸合作的发展等与我经济贸易发展相关的信息；研究美国经济形势、经贸政策法规、市场情况，提出扩大中美经贸合作的建议，研究双方经贸合作中存在的问题并提出解决建议。

3. 促进双边商务合作。根据中国不同时期的外经贸发展战略要求，加强对中国与美国开展的各类经贸合作业务、对领区内的中资企业、中介组织的相关工作等活动的指导和协调；协助对在美中资企业的管理、指导和保护；积极为中国企业走进美国、扩大对美出口、拓展双边合作领域出谋划策、牵线搭桥，防止不正当竞争；为中美企业提供经贸咨询服务，宣传中国的外经贸政策，介绍中国和美国投资环境，研究提出吸收外商投资和向海外投资的具体意见和建议，做好重点项目、重点企业的工作，积极为双向投资和合作创造条件；协助处理重大涉外经贸问题、协助双方企业解决贸易、投资纠纷和问题；对在美设立中资海外企业机构的审批提出建议；推动经贸交流，促进在平等互利的基础上发展中美双边经贸合作关系；同时，树立全局观念，为中国政府有关经济部门在美的重大经贸活动提供必要的便利，协助招商、招展、商务考察等活动。

4. 做好对外宣传工作。充分利用广播、电视、报纸、杂志及其他印刷品、网络、光盘等渠道、媒介和方式积极地、适时地宣传中国改革开放政策和经济建设重大成就，扩大我国对外影响。做好重大经贸活动如广交会等推介工作。

5. 充分利用 WTO 规则，积极主动地同各种形式的贸易保护主义进行有理、有利、有节的斗争，发现问题及时向国内报告并提出对策建议，并遵照国内指示，办理对外交涉，疏通关系，认真有效地维护中国在经贸方面的合法利益。

6. 按照中国政府有关部门授权，办理与美国政府有关部门或机构商签经济贸易技术合作协议的有关事宜，配合我有关部门履行我政府与美国政府签订的经济贸易技术合作协议，并就协议的执行情况及时向国内提出报告或建议。

经济外交必须与时俱进，大胆创新。经济外交创新是其工作内容变化的必然要求。无论从量还是质的方面看，驻外经商机构今天的工作与改革开放初期，甚至与十几年前或几年前相比都有很大的变化。但中国目前在对外工作人员中，商务的侧重偏少，从事商务和商务有关的活动不是太多。为了集中精力抓好大事，驻外经商机构应减少一般性国内团组的生活接待工作，把更多的人力放到调研、交涉等更重要的工作上。总之，在新形势下，经济外交要有新思维，不断创新，主动出击，才可能实现服务经济建设的目的。

驻外经商机构应改进工作作风，以积极主动的态度，在外交前沿进行疏通、调查、取证和交涉，与商务部相关司局、协会商会以及企业密切配合，按照有理、有利、有节的原则，遵照有关法律与国际惯例，努力开展对外交涉。驻外经商机构应该加强主动的对外宣传。要宣传中国大政方针、经济发展情况、涉外经贸政策法规、各地发展情况和招商项目、主要产业的企业和产品情况等。对外宣传的方式要大胆创新，要用好互联网和当地媒体等渠道。

2004 年 9 月，商务部首次在京召开驻外经商参赞工作会议，来自驻世界各地的 200 多位驻外经商参赞与会并表示，今后将重点做好“信息、服务、协调、调研、交涉、保护”等工作，更好地为党中央、国务院的经济决策服务，为地方和企业的发展服务，为中国外交和商务工作大局服务。中国商务部部长薄熙来说：驻外经商机构是中国商务工作的一支重要力量，这些机构围绕中国对外经济的中心任务，在开展经济外交，促进中国与驻在国经贸交流与合作，为企业服务，加强信息调研，积极应对贸易摩擦等方面做了大量工作。

七、财政部国际司

财政部国际司的主要职能有：研究分析国际财经问题，提出有关政策建议；负责财政国际多边和双边合作事宜；负责世界银行、亚洲开发银行贷款、担保和联合融资的对外谈判与磋商业务；负责世界银行和亚洲开发银行中国理事的工作；参与国际农业发展基金会贷款的谈判、转贷、偿还工作；提出部机关和直属单位的年度外事经费预算建议，负责财政部香港、澳门特别行政区及台湾事务办公室的工作等。近来年的主要经济外交活动有：参加东盟＋中日韩（10＋3）财政和央行对话机制、亚太经济合作组织（APEC）财长会议及下属会议、（G20）20国集团财长和央行行长会议、亚欧财长会议（ASEM）、中国与西方七国（G7）财政副手非正式对话；参与双边国际财经交流与合作、世界银行和亚洲开发银行对华货款事务。[①]

八、农业部国际司

管理农业涉外工作，负责农业对外经济技术交流与合作，调研国际农业动态，归口管理与联合国粮农组织、世界粮食计划署、世界粮食理事会和国际农业发展基金会及其他有关农业国际机构的业务，推动全国农业对外开放工作。[②]

九、中国人民银行国际司

其主要职能为：承办中国人民银行与国际金融组织、香港

① 具体参见中国财政部网站。

② 具体参见中国农业部网站。

特别行政区、澳门特别行政区、台湾地区金融组织以及各国中央银行、欧洲中央银行的官方联系和业务往来的有关工作；按照规定承办中国加入世界贸易组织后金融业开放的有关工作；承办中国人民银行外事管理工作；联系、指导中国人民银行驻外机构的业务工作。下设外事管理处、港澳台处、国际货币基金处、国际清算银行处、区域金融合作处、多边开发银行处、中央银行合作处等处室。[①]

十、国家发展和改革委员会

其主要职能为：研究分析国内外市场状况，负责重要商品的总量平衡和宏观调控；编制重要农产品、工业品和原材料进出口总量计划，监督计划执行情况，并根据经济运行情况对进出口总量计划进行调整；管理粮食、棉花、食糖、石油和药品等重要物资和商品的国家储备；提出现代物流业发展的战略和规划。

1. 国外资金利用司

研究国际资本的动态，监测分析中国利用外资的状况，提出利用外资战略，研究协调有关重大政策；负责对外债的总量控制、结构优化和监测工作；提出利用外资规划，提出国际金融组织、外国政府贷款规划和限额以上备选项目；协商有关部门拟订外商投资产业指导目录；安排限额以上外商投资重大项目；提出对境外投资的战略、总量、结构、用汇的规划和政策；安排在境外的资源开发类和大额用汇投资项目。

2. 经济贸易司

监测分析国内外市场状况，负责重要商品总量平衡和宏观调控；

① http：//www. pbc. gov. cn/renhangjianjie/jigoushezhi/neishejigou/guojisi. asp。

编制重要农产品、工业品和原材料进出口总量计划，监督计划执行情况并根据经济运行情况对进出口总量计划进行调整；管理国家粮食、棉花等储备，指导监督国家订货、储备、轮换和投放；提出现代物流业发展的战略和规划，协调流通体制改革中的重大问题。

3. 能源局（国家石油储备办公室）

成立于2003年4月。主要职能是：研究国内外能源开发利用情况，提出能源发展战略和重大政策；拟订能源发展规划，提出相关体制改革的建议；实施对石油、天然气、煤炭、电力等能源的管理；管理国家石油储备；提出能源节约和发展新能源的政策措施。[①] 中国政府一直在考虑建立某种机构来代替目前国家发改委下属的能源局。2005年4月28日，发改委发言人曹玉书向媒体证实：管理中国能源问题的新机构"已经批下来了"。这个新机构将在发改委原有的能源局的基础上，升格为副部级机构，但仍属于发改委。规模也将从原有的30人扩充到60人。[②]

第二节 中国经济外交的非政府机构

一、中国国际贸易促进委员会

中国国际贸易促进委员会（China Council for the Promotion of International Trade）是由中国经济贸易界有代表性的人士、企

① http：//www. sdpc. gov. cn/。

② 具体参见《中国经营报》2005年5月8日。

业和团体组成的全国民间对外经贸组织，成立于1952年5月。中国国际贸易促进委员会简称中国贸促会，英文缩写为CCPIT。中国贸促会的宗旨是：遵循中华人民共和国的法律和政府的政策，开展促进对外贸易、利用外资、引进外国先进技术及各种形式的中外经济技术合作等活动，促进中国同世界各国、各地区之间的贸易和经济关系的发展，增进中国同世界各国人民以及经贸界之间的了解与友谊。

二、中国进出口银行

中国进出口银行成立于1994年，是直属国务院领导的、政府全资拥有的国家出口信用机构。其国际信用评级与国家主权评级一致。目前在国内设有7家营业性分支机构和6个代表处，在境外设有两个代表处，与140家银行建立了代理行关系。中国进出口银行的主要职责是贯彻执行国家产业政策、外经贸政策和金融政策，为扩大中国机电产品和高新技术产品出口、推动有比较优势的企业“走出去”、发展对外关系、促进对外经济技术合作与交流，提供政策性金融支持。中国进出口银行是中国外经贸支持体系的重要力量和金融体系的重要组成部分，经过10多年的发展，已成为中国机电产品、高新技术产品出口和对外承包工程及各类境外投资的政策性融资主渠道、外国政府贷款的主要转贷行和中国政府对外优惠贷款的承贷行，为促进中国开放型经济的发展发挥着越来越重要的作用。总之，国家进出口政策性金融对于中国开展经济外交，实施安全战略和国际政治意图具有不可替代的重要作用。为了“一心一意搞建设，聚精会神谋发展”，必须努力营造和平稳定的国际环境和周边环境。进出口银行在新时期中国开展经济外交、实施周边安全战略和对外投资战略等方面具有独特的、不可替代的重要作用。

2004年11月，在国资委研究中心举办的“利用外资实施‘走出去’战略高层研讨会”上，中国进出口银行行长羊子林说：“我们在108个国家有业务，跟外交部、商务部、驻外使馆每天都在打交道，而且每天不只打一次的交道，我们在日常的业务工作当中，得到外交部、商务部、财政部、发改委、人民银行等等政府部门以及驻外使领馆的同志们大力的支持和帮助。”“我们在实际工作当中深深地体会到要想‘走出去’，利用外交资源，这是不可或缺的，离开外交的资源，我们就寸步难行。”①

三、中国出口信用保险公司

中国出口信用保险公司于2001年12月成立，为出口商提供出口信用保险服务。中国信保由中国政府全资拥有，注册资本金为40亿人民币。为了分担中国出口商从事对外贸易的风险，开拓国际市场，在贸易领域中更具竞争力，中国信保提供诸多保险产品，承保买家风险和政治风险。同时提供资信评估，商账追收，保单融资服务。与世界各地众多律师及债务追讨公司经常保持紧密联系，可以协助出口企业解决买家拖欠款项的问题并提供建议措施防止及减轻损失。资信评估，为国内外企业提供中国企业和海外企业资信调查与评估服务，以帮助从事商业贸易的企业规避和防范各种商业风险，提高企业的营销能力，扩大销售范围，全面提升企业的竞争力和赢利能力。②

---

① 羊子林：《企业“走出去”需要提供强有力的政策性金融支持》，参见“中外名家论坛网站”，2004—12—11。

② http://www.sinosure.com.cn/product/output.jsp。

四、企业集团

在西方国家非政府机构的利益集团中，企业界或商界最具有特权和影响力。中国市场化改革造成的经济权力将越来越多地被追求利润最大化的企业获得。在中国，企业进行利益表达的活动经历着一个从非正式到正式、从分散到集中、从隐蔽到公开的过程，这也是中国政治民主化在经济行为方面的表现。在这些企业中，国有企业是一个重要而独特的利益集团。大型外资企业无论是历史上还是当前，在中国始终是一个有特殊地位的利益团体。改革开放以来，中国政府给予了外商投资企业许多优惠待遇。在中国鼓励吸引外资的同时，外商企业也逐步在各地形成了自己特殊的政治经济影响。由于受所在行业的工业部或局的归口管理，企业有固定渠道向上级主管机构传递信息和提出要求，还能够与官员讨价还价，当然不同类型的企业在政府全盘考虑中的地位是不一样的，因此也会产生利益活动的不同结果。[①]

五、中国企业外交官联谊会

中国企业外交官联谊会是一个企业外交官的组织，有会员1600多名。退休外交官是一个重要的资源，它可为中国企业的海外拓展提供咨询服务，他们在职期间，都和当地的企业和政府建立了很好很深的关系，完全可以为企业提供信息和其他服务，中国前外交官联谊会副会长张成礼说：现在中国外交人才资源的浪费很明显，退休外交官根本没有发挥作用。“发达国家的外交官还没离任，就会有很多企业盯

① 盛斌著：《中国对外贸易政策的政治经济分析》，上海人民出版社，2002年11月第1版，第282、283、284、293页。

上他们，请他们去公司任管理者、顾问或独立董事”。外国驻华使馆也是值得注意的外交资源。很多外国驻华大使在退休后，依然住在中国，他们和中国退休的外交官一样值得企业家重视。

由退休外交官组建的咨询公司在国外非常普遍，但在中国，这项工作的开展却非常微妙。目前只有极少数的外交官参与到企业的海外运营中，其更多地是通过个人或中国前外交官联谊会进行。目前，中国有5000多位在职外交官，2600多位退休外交官，其中有1600人参加了中国前外交官联谊会，这些资源还远远没有被企业界所认识，还远远没有被调动起来。如果能够很好的利用外交资源，中国的民营企业将会如虎添翼，将会在更广的边界和更大的空间上来配置企业发展所需的各种资源。

第三节　中国各经济外交机构的运行过程分析

一、关于经济外交决策的一般分析框架

美国哈佛大学教授格雷厄姆·阿里森（Graham T. Allison）在1971年出版的《决定的本质》（Essence of Decision）一书中，提出外交决策过程的三大模式：理性决策模式（Rational Model）、组织机构决策模式（Organizational Model）、政府政治决策模式（Governmental Politics Model）。[①] 理性决策模式符合重大和长期

① Graham T. Allison. *Essence of Decision*. Boston: Little, Brown and Company, 1971.

国家战略决策的实际，各决策经过长期的讨论而做出，是理性的过程。组织机构决策模式说明了一般和具体问题的决策现实。政府的决策是针对具体问题的决定，是一些主管部门职权范围内的事情。政府政治决策模式则符合正常情况下各国政治的现实，因为现代政府是庞大的科层体系，现代政治的决策过程反映了各种利益集团博弈的结果。[①] 对于经济外交的决策机制进行研究，应首先把握参与外交决策的各组织机构及其功能，其次分析它们在决策过程中的相互关系，即各组织机构之间相互作用与协调的方式和原则。

中国政治体制的性质是党的领导在中国的政策决策过程中居于最高和核心的地位，它贯穿于政府行政机构和下属组织的所有日常工作。随着党政分开的政治改革，党与政府之间实质上形成了“委托—代理”的相互关系，即党制定经济发展的路线、战略和方针，然后由专业化程度高的政府部门去具体决策和实施。[②]

但是，在中国的行政决策系统中，形成多个行政职能部门共同参与、分头管理和协调执行的组织结构，即所谓“政出多门”。由于每个部门的职能、责任和面对的压力不同，出于工作业绩考核与职位晋升的激励，以及从有限的资源中获取最大份额的经济动机，它们各自在政策决策过程中的出发点和参照物也是不同的。因此，它们有时会导致目标和手段的冲突。在更高的层次上，这些行政人员和技术官员提供的信息和建议是政治家们进行“利益综合”并最终决策的主要直接来源。“政出多门”的方式既是中国官僚体制历史演化的产物，也是实现“国家各阶层合作主义”所

① 楚树龙：《国际关系基本理论》，清华大学出版社，2003 年 8 月版，第 148 页。

② 盛斌著：《中国对外贸易政策的政治经济分析》，上海人民出版社，2002 年 11 月第 1 版，第 109 页

需要的手段，因而实质上受到了党和中央政府的认可和保护。[①] 奥格森伯格认为：对国际体制的参与最终掌握在中国的官方机构手中。同美国一样，中国的许多对外政策都涉及多个机构，当彼此利益不相吻合时，中国的参与就可能缺乏连贯性，同时，中国的国际行为也反映了相关机构实施对外政策的能力。[②] “外事无小事”，在中国这种相对集中的管理体制下，外交仍然受到严格的政治程序限制，外交部以外的部门仅能起到边缘性的影响。[③]

二、经济外交功能整合的国际经验

二战以后，在国际政治舞台上，与对外政策有关的问题日益庞大和多种多样。基辛格 1975 年就认为：“一个前所未有的崭新的议事日程已经出现在我们面前。能源、资源、环境、人口、空间和海洋利用问题已经与传统上构成外交议程的军事安全、意识形态及领土争夺等问题处于同等重要地位。”[④] 例如：美国的国务院是美国处理对外事务、制定外交政策的核心部门。但自二战结束后，美国国务院从对外政策制定程序的核心地位下降了，变为

---

① 盛斌著：《中国对外贸易政策的政治经济分析》，上海人民出版社，2002 年 11 月第 1 版，第 113 页。

② ［美］伊丽莎白·埃克诺米、米歇尔·奥克森伯格主编：《中国参与世界》，北京：新华出版社，2001 年 1 月版，第 25 页。

③ 王逸舟：《全球政治和中国外交》，北京：世界知识出版社，2003 年 12 月版，第 180 页。

④ 转引自樊勇明：《西方国际政治经济学》，上海人民出版社，2001 年版，第 61 页。具体参见亨利·基辛格：《一个新的国家伙伴关系》，美国国务院《新闻简报》，1975 年 2 月 17 日，第 199 页。

只是涉及对外政策若干重要机构中的一个。[①] 这种情况的出现是因为随着国际关系的发展，外交政策的制定已经超出了单纯的政治和安全层面，而包括国家经济、民族宗教、环境保护、文化科技等大量领域。这导致美国政府内部的相应部门，如国防部、商务部、美国贸易代表办公室等职能部门大量进入外交政策的制定过程和实施过程，并越来越有发言权，蚕食并削弱着美国国务院对外交政策的主导权。[②]

到 20 世纪 80 年代，大多数国家已经在其外交部确立了某种形式的经济分支机构。[③] 不仅仅是西方国家，包括现在的发展中国家外交部都设有专门的经济司或者经济事务局，负责对整个国际经济形势、金融形势的分析、预测，参与本国对外经济合作政策的制定，同时参与对外经济合作事务的处理。各国驻外使领馆为企业服务，维护本国企业的利益都是重要职责之一。在法国政府的外交部，为企业海外投资提供服务是它最主要的部门之一。多数国家保持了外交部和贸易部的分立，也有一些国家作出努力试图将贸易促进功能统一在外交部麾下。1982 年加拿大外交部重组，将外交部与国际贸易部合二为一，开始直接负责加拿大在海外的贸易促进活动，成为与外国政府和影响贸易的国际组织进行政府接触的主要联邦机构，政府甚至将为企业海外投资和贸易服务列为外交活动主要内容，其重要程度不亚于政治目标。1997 年，英国外交部共有 70 个部门，其中 48 个是功能性的，如能源、金融

---

① ［美］杰里尔·A·罗赛蒂：《美国对外政策的政治学》（中译本），北京：世界知识出版社，1997 年版，第 111 页。

② 赵晓春：《西方国家外交决策机制剖析》，载《世界、美国和中国——新世纪国际关系和国际战略理论探索》，清华大学出版社，2003 年 10 月版，第 75 页。

③ ［英］巴斯顿：《现代外交》，赵怀普等译，北京：世界知识出版社，2002 年版，第 15 页。

关系、贸易关系与出口、海事航空及环境等。另外22个是地区性的。[1] 同时，很多国家都是在利用首脑外交、各个层次的外交渠道，为自己的企业在海外拓展市场获得项目做工作。

三、各种机构经济外交运作中存在的问题

20 世纪 90 年代后，中国外经贸部承担了经济外交的主要角色。中国驻外经商机构围绕中国经济建设的中心任务做了大量工作，经济外交取得了一定的成绩。经济外交创新是其工作内容变化的必然要求，无论从量还是质的方面看，驻外经商机构今天的工作与改革开放初期，甚至与十几年前或几年前相比都有很大的变化。总体来说，在经济全球化浪潮一波高过一波的大背景下，中国经济规模不断扩大和实力不断增强，中国经济参与全球经济化进程的程度越来越深、范围越来越广。在外贸方面，1973 年中国进出口总额只不过 100 多亿美元，1988 年突破 1000 亿美元，而 2006 年达到 1.76 万亿美元；在利用外资方面，到 2005 年，实际使用外资金额 8091 亿美元。对外投资、对外承包工程和劳务合作方面近几年也都呈现快速增长的态势。

中国外交部的主要机构包括：办公厅、政策研究司、亚洲司、西亚北非司、非洲司、欧亚司、欧洲司、北美大洋洲司、拉丁美洲司、国际司、军控司、条约法律司、新闻司、礼宾司、领事司、港澳台司、翻译室、外事管理司、涉外安全事务司、干部司、离退休干部局、行政司、财务司、档案馆、机关党委、监察局、国

① 巴斯顿：《现代外交》，赵怀普等译，北京：世界知识出版社，2002 年版，第 21、34 页。

外工作局、服务局。显然，中国外交部的机构设置突出政治外交的传统，截至目前还没有专门的有关经济事务的外交机构。从利益偏好的角度讲，对于大部分中国驻外使节来说，政治任务和目标依然是外交工作的重点，他们对国内企业的支持和服务更多地是处于个人自发。

国外跨国公司进行的大部分高层政府公关，都是通过外交资源或渠道联系的。现在很多国家都是在利用首脑外交渠道为自己的企业在海外拓展市场，对中国政府高层的公关力度，甚至远超过绝大部分中国企业。在欧美等国与中国进行的 WTO 谈判中，在对方提出的每一个关键条款背后，都体现了相关公司的利益。中国企业家却是在谈判结束后，最后知道相关行业协议的。

对利用外交资源的渠道、制度、方式和配套的机构不畅。外交资源是一个国家非常珍贵的资源，对于正在寻求“走出去”的民营企业来说，更是一种稀缺资源。中国驻外使馆本身就有对当地政治、民情、经济、文化做日常研究和分析的工作。不过，外交官掌握的这些投资信息和商业机会，并没有在国内得到及时的反应，国内的投资需求和产品信息等，也没得到外交官的充分利用。国内与国外企业信息的沟通也是驻外大使工作的难题。在 2004 年 11 月由国务院国资委研究中心、外交学院和中国远洋运输（集团）总公司联合举办的“利用外交资源实施‘走出去’战略高层研讨会”上，温州康奈皮鞋公司的周津淼谈到，虽然其产品已经进入了全球数十个国家，但是他们从来没有主动找过当地大使馆。“很多民营企业和我们一样，之前并没有意识说有了麻烦找大使馆。因为外交很神秘，不敢找外交部，这可能是我们理念上的误区。”2004 年 11 月，当法国总统希拉克与 52 位法国企业家，带着数十亿欧元的飞机、火车、发电站订单从中国满载而归的时候，远大中央空调公司总裁张跃在研讨会上感慨万千："我很羡慕他们。为什么不能用我们的中央空调，去换法国的飞机订单？希望我们也能有这样的机会。如果能得到使馆或其他部门推荐的话，我们拿到联合国办公楼改造项目就很有可能。"这家中国最大的中央空调企业虽然拥有世界一流的产品，但在国际市场却始终没能拿到顶级项目的订单，甚至中国驻外使馆建设工程也没能中标。中国政府参加的国际多边合作组织的作用，往往被企业家忽视。以联合国工业发展促进组织为例，通过33年的发展，工发组织已经成为全球多边投资与技术促进体系当中重要的组成部分。这个以促进发展中国家工业发展为使命的组织，在全球170个国家拥有1万多个各类项目案例和企业资源，它们有成熟的技术、专家和海外投资的经验。这个具有联合国地位组织的多边资源和专业性、它的收费等，是区别于国际咨询公司这样的商业机构的。类似的多边区域及全球性组织还有很多，有些是带有公益使命的组织；有些是特定行业的协调；有些是区域性的多边或者双边贸易解决机构；也有多边性的投资争端解决机构，帮助企业解决跨国投资中的纠纷和风险。

经济外交主体间的"结构性浪费"问题。因为中国政府机构内部的决策体制比较强调"垂直领导"，部门间横向协调功能相对较弱，因此中国大多数政府领导人也形成"重控制、轻协调"的领导习惯，外交政策制定方面最突出的特点就是"动员能力强、协调能力差"。这样的体制，造成了外交决策的"制度困境"：一方面，中国国内越来越多的社会组织卷入了国际事务，部门的增多令原有外交机构事务繁重；另一方面，体制问题最终导致了中国涉外资源无法转化为外交资源的"结构性浪费"。中国国际谈判的大部分准备工作是和国内各个部门进行协调。但是，在参与国际谈判的过程中，经常会遇到部门利益导致的部门保护、信息阻隔和误导，各部门之间缺乏协调。政府各部门之间缺乏有效的沟通和协调也是导致中国在参与对外谈判时难以有效维护国家利益的重要原因之一。而进入20世纪90年代，欧盟从指导思想、体制等各个方面将对外经济政策纳入欧盟统一的外交政策框架中，使得经济政策成为欧盟政治外交的一个重要支撑。①

四、进一步整合中国的外交资源

长期以来政治和国家安全是外交的主要目的。除了少数国有企业外，外交资源从来就没有向商界正式开放。国外跨国公司利用外交资源追求自己利益的情况非常普遍。利用的方式分两种：一是高层公关；二是通过政府间谈判。近年来，来自中国的资本输出也开始成为全球投资的重要来源。加入WTO后，中国出口商品在全球市场迅猛增长。这些海外经贸活动的增长带来了很多问题：贸易壁垒、恐怖袭击、反倾销等，孤军奋战的企业在强大的国家贸易政策和法律面前，显得力不从心。要加大对外交涉力度，努力维护国家和中国企业利益，保护在国外公民的人身安全和利益。随着中国对外贸易规模的迅速扩大，贸易摩擦呈多发趋势，并且从发达国家开始向发展中国家蔓延。越来越多的企业到境外开展投资、对外承包工程与劳务合作活动。更多的中国公民到境外从事劳务或者其他商务活动。势必导致中国、中国企业和在境外的公民与驻在国或其企业和公民间发生经贸纠纷的可能性增大、数量增多。1997年，一家中国企业在巴基斯坦一经济纠纷

① 陈志敏、古斯塔夫·盖拉茨：《欧洲联盟对外政策一体化》，北京：时事出版社，2003年版，第173页。

被要求数千万美元的赔偿。时任中国驻当地大使的张成礼约见了当地最高官员，三天后，对方撤回了赔偿要求。随后，还帮助中兴通讯，获得了巴基斯坦 1 亿美元的电信设备采购合同，那是当地第一次购买中国的电信设备。在帮一家中国企业洽谈水电站建设项目时，张大使就巧妙利用 1997 年江泽民主席访问巴基斯坦的时机，一举拿下这个久拖不决的项目。在企业海外经营中，大使的作用绝不止于高层公关和拿下关键订单。一般情况下，大使在当地工作的时间都长达数年甚至数十年，他们手里有丰富的人脉资源和社会经验，更熟悉所在国的经济、文化、生活习惯等各个方面。这种资源可帮企业确认投资的可行性，提供决策信息，避免付出不必要的代价。

过去一切经济活动都由国家政府部门包办，企业不太需要经贸信息；现在企业是市场经济活动的主体，它们更需要各种及时的经贸信息。因此，除确需保密的信息外，其他经贸信息，如驻在国经济贸易政策动态、主要产业和产品发展情况、重大投资项目信息等，尤其是针对中国产品和企业即将采取的相关限制性措施（包括反倾销、反补贴、保障措施、贸易调查、技术壁垒和歧视性待遇等），应该在报送商务部的同时，以最快的速度通过报刊、网站等公共媒体传达给企业，既供决策部门参考，也为企业服务。一些驻外经商机构“闭门调研”的做法应当改变，除了从公开的报刊、网站等获取信息外，应该注重广泛接触当地的政府部门、贸易投资促进组织、行业商会和企业，以获得第一手的信息。驻外经商机构应改进工作作风，以积极主动的态度，在外交前沿进行疏通、调查、取证和交涉，与商务部相关司局、协会商会以及企业密切配合，按照有理、有利、有节的原则，遵照有关法律与国际惯例，努力开展对外交涉。驻外经商机构应该加强主动的对外宣传。要宣传中国大政方针、经济发展情况、涉外经贸政策法规、各地发展情况和招商项目、主要产业的企业和产品情况等。对外宣传的方式要大胆创新，要用好互联网和当地媒体等渠道。个别经商处尝试过的通过电子邮件传送带链接的关于中国经贸新闻和政策信息集萃的办法，经济高效，值得推广。此外，为了集中精力抓好大事，驻外经商机构应减少一般性国内团组的生活接待工作，把更多的人力放到调研、交涉等更重要的工作上。总之，在新形势下，经济外交要有新思维，不断创新，主动出击，才可能实现服务国家经济发展战略和商务中心工作的目标。几十年或几年前曾经很合情理的思想教条，也许不适用于当前的形势，应当适当突破和努力创新；应当变保守为开放，变被动为主动。“外事无小事”是我们应该谨遵的教诲，但不应该成为墨守成规、不思进取的借口。在具体工作方面，应该更讲效率、更上水平、更加务实。在经济全球化和信息化的时代，情报搜集、经贸调研、对外交涉等各项工作必须努力“抢第一点”、“抢先手”，讲究时效。

从深层次讲，这需要对中国的政府各部门之间的职能分工有更明确的定位。应该突出财政部和央行在宏观政策决策中的中枢地位。近年来，西方国家财政部和央行的对外经济决策权大大增强。比如美国财政部在整个对外经济决策中已经占据首要地位，负责国际货币、金融、财政、商业、能源和贸易政策方面的总体协调。从近期来看，建议财政部牵头，定期召开包括财政部、中国人民银行、商务部、外交部等部委的联席会议，共同制定政策。[①] 一些驻外经商机构“闭门调研”的做法应当改变；除了从公开的报刊、网站等获取信息外，应该注重广泛接触当地的政府部门、贸易投资促进组织、行业商会和企业，以获得第一手的信息。

---

① 何帆：《中国是否需要加入G7?》，载《国际经济评论》，2004年第9—10期。

应该在国内和国外使馆之间，建立国内知名企业的信息备案及沟通机制。近年来，中国企业在海外经营利益受到损害的事例越来越多。外交部也开始重视企业在海外的合法利益。2004 年 11 月初，中国启动了保护海外公民及机构部级联席机制，保护中国企业和公民的利益。在欧美国家，为企业服务是外交部门的重要工作。加拿大政府规定，外交部门不得拒绝任何企业提出的帮助请求。在法国，外交部有专门的企业处，专门负责为国内特定的大型企业的海外经营服务，他们定期为企业提供全球区域市场的投资风险和战略性咨询参考报告。很多国内企业国际化面临的问题，是通过行业主管部门反映并解决的。各级政府和各个部委，都有负责国际交往的部门，他们的职能和作用对企业更有针对性。2004 年 11 月，在国资委研究中心举办的“利用外交资源实施‘走出去’战略高层研讨会”上，来自外交部、国资委、商务部及国内商界的数百位官员和企业家聚集一堂，第一次探讨企业如何利用外交资源开拓国际市场。12 月中国外交部也举办了类似的研讨会。长期披着神秘外衣的外交资源，现在已逐步向中国商界敞开大门。

第五章

中国外交的总体布局与经济外交

第一节 中国对外政策的变迁

一、改革开放前中国对外政策的演变

新中国成立后，中国的外交政策很大程度上是“向内看”(inward looking)，总体上被认为是极度谨慎、敏感和防御性的。长期以来，国家利益的概念都被视为是不道德的而被中国的领导层所摒弃。中国支持世界其他地方的革命运动主要在于意识形态的原因，与中国的国家利益无关。[①] 东西方冷战格局形成了以美国为首的资本主义阵营和以苏联为首的社会主义阵营。两大阵营之间的对垒和斗争在多个领域展开，主要体现在：军事和安全因素在

---

① 余永定：《崛起的中国与七国集团、二十国集团》，载《国际经济评论》，2004.年第9—10期。

国际关系中占据主导地位；意识形态始终制约外交决策的各个过程。在国内的建设过程中，中国全面采用苏联国内建设的经验，经济上采取了高度集中的计划经济模式，政治上则采取无产阶级专政的模式，中国共产党在国民生活的各个领域取得领导地位。作为新成立的社会主义国家，政治和安全的目标长期构成中国对外政策和外交的主要内容。

新中国成立后，开始在独立自主的基础上，根据国内外的形势和任务，制定并实行具有中国特色的外交路线和对外政策。1949年9月30日中国人民政治协商会议通过的《共同纲领》对新中国外交政策的原则进行了阐述："中华人民共和国外交政策的原则，为保障本国独立、自由和领土的完整，拥护国际的持久和平和各国人们间的友好合作，反对帝国主义的侵略政策和战争政策。"①

建国初期，中国奉行"一边倒"的对苏联友好的外交政策。"一边倒，是孙中山四十年的经验和共产党的二十八年教给我们的，深知欲达到胜利和巩固胜利，必须一边倒……骑墙是不行的，第三条道路是没有的。"② 采取"一边倒"的外交政策，在当时对刚刚诞生的新中国是一种现实的和历史的选择，使新中国在复杂的国际局势中初步站稳了脚跟。新中国在国际上的平等地位是靠中国革命胜利而取得的，因此革命外交是新中国成立后相当一段时间内外交工作的一个重要主题。表现在具体的政策中，就是始终有一个"反对"目标：反对美帝国主义（20世纪50年代）、反帝反修（60年代）、反对（苏联）霸权主义（70年代）、反对一切形式的霸权主义（80年代）。中国还经历了1966—1968年的外交极度混乱时期，意

---

① 亓成章、张琏瑰主编：《当代国际政治与中国对外关系》，北京：中共中央党校出版社，1998年3月第1版，第18页。

②《毛泽东选集》第4卷，第1472—1473页。

识形态和无条件国际主义一度成为对外交往的轴心，国家利益让位于国际利益，给新中国的建设和发展带来了极大的负面影响。遭到中国反对的对象差不多都是当时世界上最强的国家。[①] 新中国成立的前 30 年，中国对世界形势的基本判断是第三次世界大战不可避免。1949 年 12 月 16 日，毛泽东在苏联与斯大林的第一次会谈中，一开场就提出，中国需要“3—5 年的和平”，并询问斯大林和平能保持多久?[②] 这很能说明当时中国领导人对发生世界大战的忧虑。1969 年公开发表的中共“九大”政治报告明确提出：“决不可忽视美帝、苏修发动大规模侵略战争的危险性。我们要做好充分准备，准备他们大打，准备他们早打，准备他们打常规战争，也准备他们打核大战。”在冷战大背景下，美苏竞相扩军备战，相互争夺，高潮迭起，国际上充斥着战争文化和战争氛围。在战争问题上，20 世纪 60 年代和 70 年代初，毛泽东对战争危险曾估计得过分严重，认为世界战争不可避免，而且迫在眉睫。由于对当时国际形势的恶化程度和世界爆发战争的可能性估计过高，我们当时各方面工作的立足点，都是放在早打、大打、打核战争上，我们的军队和其他各方面工作始终处于一种临战的状态，并且制定了“山、散、洞”的方针，使中国的经济建设受到很大的影响，落后于许多国家的发展，付出了很大的代价。

党的八大二次会议，是新中国社会主义进程中的一个重大转折点，也是中国外交的重大转折点，标志着“左”的思想对中国外交工作影响的开始。此后，随着中苏关系的恶化，中国在抨击

① 张清敏：《中国的国家特性、国家角色和外交政策思考》，载《太平洋学报》2004 年第 2 期。

② Woodrow Wilson International Center for Scholars , *Stalin' s Conversations With Chinese Leaders* [J] . Cold War International History Project, 1995/1996 (6—7) .

苏联奉行与帝国主义“和平共处路线”的过程中，不断突出和加强了外交的革命色彩，意识形态、阶级斗争成为中国外交的主要内容。在此期间，中国外交不仅以世界革命为目标，而且在思想上、道义上和物质上支持和帮助世界人民的革命。随着中国进入“文革”时期，革命外交路线走到了极端，给中国外交带来了严重后果。到20世纪70年代初，中美关系解冻，中国虽然提出“三个世界”和联美反苏的战略思想，但是在支持革命方面与60年代没有质的差别，阶级斗争仍然是分析国际形势的主要工具，意识形态斗争在外交中依然居主导地位。[①] 在近三十年人民共和国的发展和建设历程中，中国国内建设历经曲折。50年代后期人民公社化后，从大跃进开始，一直到文化大革命结束的近20年里，国内建设的重心一直无法转移到经济建设上来。“以阶级斗争为纲”造成的自我封闭使我们落后。新中国成立后，尽管50年代与苏联、东欧有过良好的政治和经济关系，以及同西方的贸易往来与设备引进，但就国际经济关系发展和科技进步而言，中国在总体上长期处于同世界的隔绝状态，使中国的经济发展水平同世界的差距拉大了。特别是从60年代开始，虽然有了同国际上加强交往合作的条件，但“以阶级斗争为纲”，把世界所有发达国家都划人“帝、修、反”之列，并与之进行“不调和”的斗争，因而自己孤立自己。而从60年代到70年代的这段时间里，世界经济发展蓬蓬勃勃，科学技术进步日新月异。中国丧失了发展的大好机遇。错失了积极参与国际社会的分工合作、竞争与自我发展的机会，迫使自己一度陷入了极端封闭和孤立的外交困境，也严重地制约了中国社会主义建设的发展。

---

① 李宝俊：《党的十一届三中全会以来中国外交的特点》，载《中国党政干部论坛》1998年第11期。

外交工作在当时的国际国内环境下，也走过了一段曲折的路。外交资源始终服务于军事和政治安全目标，服务于新中国成立后政治上的独立以及主权的完整。在毛泽东时代，我们对国际形势的一个基本判断就是战争迫在眉睫，“要早打，大打，打核战争”。此时国家的最高利益是安全利益，国内的一切工作都要为明天的战争做准备，甚至搞经济建设的目的在很大程度上也是为了打仗。在这种战略方针的指导下，中国的外交活动政治因素是第一位的，外交为经济建设服务的观念非常淡漠。因此，经济为外交服务而不是相反。经济外交作为运用手段，也只是单纯服务于政治和安全目的，中国经历了“以经济促外交”的时期，有时甚至不计经济成本，并且多依靠经济援助单一的方式。在新中国外交的指导思想里，国家政治和军事安全的压力一直很大，外交理念中根本没有涉及外交为经济服务的思想。在这种情况下，中国开展的经济外交也是非常有限的，经济外交也显得非常不平衡和不对称。经济合作关系的开展、对外的经济援助等经济手段的运用，都服务于政治目的，而很少发生逆向运作的情况。

二、新时期中国外交战略的逐步调整

党的十一届三中全会以后，国内实行的是以经济建设为中心的改革开放的政策。中国对外政策服务于现代化建设这个中心，积极拓展外交工作的新局面。在邓小平的领导下，中国的外交政策被认为是低调的。除了偶尔谴责美国采取遏制中国的“霸权主义”战略外，中国政府一直致力于国内经济发展。① 纵观中国外交

① 余永定：《崛起的中国与七国集团、二十国集团》，载《国际经济评论》，2004.年第9—10期。

近二十年来的不断调整与发展，中国对外政策日渐趋向理性与务实，即为中国社会主义现代化建设开创良好的外部条件，已成为中国对外政策的根本目的之一。

20 世纪 70 年代初到 80 年代末，中国从游离于国际体系之外到开始参与国际体系，主要表现在：经济贸易机制和地区的开放、安全机制的被动应付、以双边为立足的外交活动。随着两极格局的终结，冷战的结束，中国成为唯一的社会主义大国，中国同美国共同防范苏联的战略基础不再存在。1992 年邓小平南巡讲话发表以后，中国秉承韬光养晦、有所作为的外交策略，加大对外开放的力度，经济持续稳定增长，综合国力大大提高。中国积极融入大部分的国际体系，在双边、区域和全球以及国际组织方面的作用不断增强。中国对外活动的方式，已逐渐改变“撞击反射”式的被动反应，而是主动对国际事务发生影响。

20 世纪 90 年代以来，以江泽民为核心的党的第三代中央领导集体坚持以邓小平理论为指导，奉行独立自主的和平外交政策，为中国改革开放事业赢得了良好的机遇和外部环境。以胡锦涛同志为总书记的党中央继承和发展独立自主的和平外交政策，明确指出维护中国发展的重要战略机遇期，争取和平稳定的国际环境、睦邻友好的周边环境、平等互利的合作环境和客观友善的舆论环境，为全面建设小康社会服务，作为当前和今后一个时期中国外交工作的根本任务和基本目标。[①]

在改革开放的条件下，内政和外交的联系更为紧密，两者之间的相互作用更为明显。这种互动表现为三个层次：首先，制定

---

① 唐家璇：《不断提高应对国际局势和处理国际事务的能力》，载《求是》2004年，第 23 期。

国内政策离不开对国际形势的把握。中国能够经受国内风波和苏东剧变的考验，坚持改革开放的方针，重要的原因是对国际形势变化对中国的影响作了准确的判断。其次，国内的经济和政治发展不断给中国外交提出新任务，外交工作处于配合中心工作的地位。从国内经济、政治需要出发来考虑外交问题，对外政策更加务实。最后，中国参与经济全球化的过程，在一定程度上影响中国国内的经济和政治体制改革进程。

首先，经济利益成为中国国家利益的核心内容。党的十一届三中全会以后，中国的安全利益和意识形态斗争逐渐让位于经济利益。这个重大转折是由于中国所处的国际安全环境有了很大的变化，世界战争的可能性减小，发展成为中国和世界面临的紧迫任务。邓小平紧紧把握住形势的这一变化，作出了正确的判断，指出社会主义的根本任务是解放和发展生产力，经济建设是党和国家一切工作的中心。1987 年，党的十二大又提出了社会主义初级阶段的基本路线，确认了经济建设在当前和今后相当长的历史时期内在国家利益中的中心地位。这样，外交工作也就必须从属于这个中心。

其次，改革开放以后的中国外交强调了内外政策的一致性。80 年代以来，中国强调经济建设的核心地位，指出外交要为现代化建设服务。邓小平在党的十二大开幕词中提出了“加强社会主义现代化建设，争取实现包括台湾在内的祖国统一，反对霸权主义、维护世界和平”的三大任务，强调“核心是经济建设，它是解决国际国内问题的基础”和“最重要的条件”。一方面，邓小平特别强调经济建设对于中国外交的作用，认为“中国在国际事务中起的作用的大小，要看中国自己经济建设成就的大小。如果中国国家发展了，更加兴旺发达了，中国在国际事务中的作用就会大。现在中国在国际事务中起的作用并不小，但是，如果中国的物质基础、物质力量强大起来，起的作用就会更大”。[①] 他说：“中国能不能顶住霸权主义、强权政治的压力，坚持中国的社会主义制度，关键就看能不能争得较快的增长速度，实现中国的发展战略。”[②] 另一方面，邓小平也特别强调外交为现代化建设服务是中国对外工作的总方针。邓小平明确指出：中国压倒一切的中心任务就是搞社会主义现代化建设，而搞好建设需要一个好的国际环境，中国的对外政策就是反对霸权主义，维护世界和平；要根据这一任务、这一方针，解决国际上的问题，解决中国与各国间的问题，也解决中国自己的问题，如香港问题和台湾问题。

第三，党的十一届三中全会确立对外开放是中国的一项长期基本国策。邓小平根据对国际形势发展的科学分析和国内中心任务的需要，创造性地提出对外开放的战略决策，即在坚持独立自主、自力更生的基础上，积极开展同世界所有国家的经济合作、技术交流、贸易往来，引进先进科学技术、经营管理方法和其他先进成果以及资金和人才，利用国内和国际两种资源，打开国内和国际两个市场，以加速社会主义现代化建设。20 多年来，中国从兴办经济特区开始，不断推进，现在已形成从沿海到沿江、沿边以及内陆省会的多层次、全方位对外开放格局。改革开放以来，中国坚持同所有国家平等互利地发展经济贸易关系；在多边交往中，中国注重同经济发达国家和国际经济组织发展关系；在双边交往中，中国注重发展双边经济关系。同时，始终把维护国家的独立和主权放在首位，决不以牺牲国家利益为代价。党的十一届三中全会以来，中国在双边和多边外交关系中，与世界各国尤其是西方发达国家的经济关系取得了长足进展。中国吸收外资也逐

---

① 《邓小平文选》，第 2 卷，北京：人民出版社，1994 年第 2 版，第 240 页。

② 《邓小平文选》，第 3 卷，北京：人民出版社，1993 年版，第 356 页。

渐增多，投资的区域分布逐渐延伸，投资项目的规模扩大，中国的对外经济合作正从单一化向多元化、从双边向多边的方向推进。中国提出建立社会主义市场经济体制以后，中国经济与国际市场接轨更成为时代的要求，对外经济关系更趋活跃。

冷战结束后，中国对外政策逐渐形成了三个基本侧重点：一是积极与大国搞好关系，努力发展大国间长期稳定的友好合作关系，与各大国建立各种类型的伙伴关系，扩大中国的回旋余地；二是发展与周边国家的睦邻友好关系；三是与发展中国家的关系。从战略高度加强与发展中国家的团结与合作，使中国与发展中国家的传统友谊得到巩固和充实。这三个侧重点是直接而务实的。中国经济外交是中国总体外交的重要组成部分。中国经济外交的战略目标服务和服从于中国外交战略的总体部署。经济外交作为一个重要的外交概念，已经与中国的大国外交、多边外交、周边外交表现出极大的重合性。

第二节　大国关系与经济外交

大国关系是中国外交最重要的概念和视角之一。事实上，各国对大国的界定没有固定的标准，中国外交所说的大国通常是指中国、美国、俄罗斯、欧洲和日本等。[①] 20 世纪 80 年代上半期，随着中国外交政策的调整，以及美苏在全球的战略争霸，在美苏的视角里，中国虽然贫弱，但却是可以借重的战略力量，中国在大三角关系中处于相对有利的位置，成为拉拢和依靠的发展对象。

---

① 赵华胜：《中俄关系：地位、模式、趋势》，载《世界经济与政治》2004 年第 5 期。

虽然80年代开始中国实行对外开放政策，成绩斐然，但作为落后国家的状况没有发生变化，美苏主导的两极格局没有发生变化，中国作为国际社会次要角色的状况没有发生变化，几乎没有什么战略力量把中国真正看作是主要的竞争对手。[①] 美国兰德公司研究员麦艾文博士在《中国新外交》一书中评论道：大国关系逐渐占据中国外交政策的优先地位，中国越来越把本国利益看作与重要大国利益趋于一致。中国开始强调大国之间需要"共同承担责任"，并意识到在某些问题上中国要"有所作为"。中国崛起首先冲击的必将是现有世界大国的权力和利益分配，对中国的崛起，大国更为敏感。[②]

当今世界，大国在维护世界和平与促进共同发展中负有特殊责任，大国关系有着十分重要的作用。[③] 在同西方国家发展关系的过程中，经济外交是中国同西方国家关系的重要方式。中国外交过去一直以政治角度定位，经济因素也是一个重要的参数。[④] 中国在西方发达国家的经济利益最主要的是出口市场、技术设备、工业材料和资金。改革开放以来，中国出口约80%是面向发达国家的（有的是经香港转口的贸易），技术进口和引进技术人材，基本上是来自工业化国家，主要对华技术出口的国家是法国、德国、日本、美国和意大利。外资中除去港、澳、台资金外，主要来自

① 孟祥青：《论中国的国际角色转换与对外安全战略的基本定位》，载《世界经济与政治》2002年第7期，第12页。

② 门洪华：《中国和平崛起的国际战略框架》，载《世界经济与政治》，2004年第6期，第18页。

③ 刘华秋：《独立自主的和平外交政策具有强大的生命力》，载《求是》2005年第1期。

④ 李宝俊：《冷战后中国外交新战略与中西关系的走向》，载《中国外交》（复印报刊资料）2002年第4期，第7页。

西方国家。在中国对外贸易中，欧盟与美国和日本并列为三大市场。1999 年分别占中国出口额的比重为 21.5%、16.6%和 15.5%，三者共计 53%。从进出口两方面来看，与这三大市场的进出口额超过了中国进出口总额的一半。1999 年中国对这三个市场的依存度分别为：日本 37%，排名第一；美国 33%，排名第二；欧盟 31%，排名第三。（参见表 1）2004 年东扩后的欧盟取代日本成为中国的第一大贸易伙伴，中欧双边贸易额 1772 亿美元，增长 33.6%。美国和日本分列第二位和第三位，中美贸易额 1696 亿美元，增长 34.3%，中日贸易额 1679 亿美元，增长 25.7%。美国仍然是中国最大的出口市场，日本仍然是中国最大的进口来源地。中国与东盟签署了自由贸易区货物贸易协议和争端解决机制协议，贸易额首次突破了 1000 亿美元，达到 1059 亿美元，增长了 35.3%。

表 1：1995—2005 年中欧、中美、中日贸易额比较 单位：亿美元

年份	中日	中美	中国—欧盟
1995	574	408	403
1996	600	428	396
1997	608	490	430
1998	579	548	488
1999	661	614	556
2000	831	744	690
2001	877	804	766
2002	1019	971	867
2003	1335	1263	1252
2004	1679	1696	1772
2005	1844	2116	2173

资料来源：中国海关历年统计资料。

90年代以后，中国注重推动、调整及构筑相对稳定的大国关系框架，坚持用战略眼光和长远观点来审视大国关系，开始更为积极地探讨如何把中美、中日、中国与欧盟、中俄这样重要的双边关系向纵深拓展，从消极稳定状态下“应对危机型”的交往，转向积极合作和建立互信机制。与世界大国建立战略伙伴关系是中国外交在新的历史条件下的一大创举。中国继1996年与俄罗斯建立“战略协作伙伴关系”之后，1997年与法国建立了“全面伙伴关系”，与美国确立了“致力于面向21世纪的建设性战略伙伴关系”，1998年与欧盟确立了“面向21世纪的长期稳定的建设性伙伴关系”。中国通过与大国建立战略伙伴关系，一方面可以有效抑制美国冷战后“遏制”中国的战略，另一方面也是与西方大国尤其与美国关系的新突破。中国在发展经济外交的过程中，必须首先重视大国关系的重要性和关键性。

中国同发达国家在维护世界和平与促进共同发展方面，有共同的利益。西方发达国家从各自的战略利益出发，以及从本国的经济利益考虑，都在不同程度上重视中国的战略地位和市场前景，积极发展对华关系。西方发达国家经济实力雄厚、科技发达，中国为促进现代化建设，必须加强同这些国家的合作。中国同发达国家的经济发展水平不同，技术结构和产业结构不同，双方可以建立一种互为补充、平等互利的合作关系，而不会成为主要的竞争对手。中国的改革开放政策为发展同发达国家的合作创造了良好的条件。

一、中美关系与经济外交

新中国成立以来，中美关系经历了三次大的波动。自1949年到1972年的20多年中，中美两国始终处于极端对立状态。随着国际形势的变化，苏联在全球扩张的加剧，美国开始调整对华政策。1972年2月，美国总统尼克松应周恩来总理的邀请访问中国，标志着中美两国20多年相互隔绝状态的结束。在尼克松结束访华时，中美双方发表了《中美联合公报》，即《上海公报》。美国在公报中声明“只有一个中国，台湾是中国的一部分”的立场。其后，两国关系逐步走向了正常化的轨道。1979年1月，中美正式建立大使级外交关系，同年1月，邓小平副总理访美。在中美建交的当日，美国宣布断绝同台湾的外交关系，之后撤走了驻台美军，废除了美台“共同防御条约”。美国国会于1979年3月通过了违反《中美建交公报》、干涉中国内政的《与台湾关系法》。1982年8月17日，中美发表了《“八·一七”公报》，对美国向台湾出售武器问题作出了分步骤直至最后解决的规定。这一公报连同《上海公报》和《中美建交公报》，即通常所说的中美三个公报，构成了中美关系的基础。80年代的大部分时间里，中美关系稳定发展，双方高层互访不断，经济贸易往来持续发展。1979年中美双方就新中国成立以来双方被冻结的财产达成协议，中国一次性支付美方8050万美元。1980年达成中美贸易协定。1980—1987年，两国贸易额累计达到458亿美元。其中1987年的双边贸易额为78.58亿美元。中美两国进出口商品总额1988年为100.11亿美元。到1989年，940余家中美合资企业在华开业，美国在华协议投资41亿美元，占外国在华投资的12.4%。此外，中美双方还先后签订了纺织品协议、民航协议、海运协议和领事条约。经济、贸易联系的不断增加也推动了中美双方金融关系的发展。①

---

① 唐希中等：《中国与周边国家关系》，北京：中国社会科学出版社，2003年4月版，第142页。

1989 年北京发生政治风波之后，华约和苏联解体，冷战结束。中美关系开始进入了一个起伏不定的时期。这期间中美关系一度陷入谷底，回升后，仍起伏不定，麻烦不断。整个中美关系处于低水平徘徊和不断改善的状态。1997 年以后，中美关系处于良性的互动中。

中美关系是中国对外关系中最重要的双边关系。中国认为：中美之间既有共同利益又有分歧，但合作是主流。进入 90 年代后从中美之间的互动来看，中国对美政策主要表现在：[①] 一是两个判断：判断美国在多极化进程中“一超”的地位在短时期内不会改变，中国综合国力不断提高，但在较长时期内仍将处于发展中国家的位置。这涉及到对美国及对自身的评价，现时期的中国对美政策很大程度上是建立在这两个判断基础上。

二是在双边关系领域坚持求同存异，发展合作，不搞对抗。冷战结束后，邓小平和江泽民根据形势的变化，做出了一系列重要指示，涉及到中美关系，最重要的就是以争取合作为主，不搞对抗。中国在独立自主、坚持原则的基础上，不断向美国阐明，中国不会与美国搞对抗，中国威胁不了美国，美国也不应将中国作为威胁自己的对手。在双边关系领域，中国主张通过谈判解决存在的问题。中国没有威胁美国的安全，也无意干涉美国的内政，当然中国永远不会接受别人干涉中国的内政，做到不卑不亢。中美之间的分歧仍然很大，中美两国的社会制度不同，双方在安全和经济利益方面也有冲突，特别是在人权、台湾、西藏等问题上美国不会放弃干涉中国内政的立场。美国国内还存在大量对华不友好的利益集团，总在寻找机会对中国进行施压。

---

① 具体参见亓成章、何中顺：《时代特征与中国对外政策》，北京：经济科学出版社 1998 年版，第 153—154 页。

三是中国对美政策有自己的底牌，即上限和下限。上限是中美关系顺利的发展，保证政治制度和文化方面不被西化和分化，不拿原则做交易，不能为了顺应中美关系而危害到中国的国家利益。下限是尽量避免中美关系的破裂。在涉及统一和领土安全等问题上，中国坚决捍卫国家主权和领土完整。

基于中国的总体利益考虑，发展和加强同美国的关系，有利于中国外部环境的建设，有利于国内的经济发展。从中美两国的贸易关系看，中国已经成为美国最重要的贸易伙伴之一。经贸关系成为稳定中美关系的“压载舱”，中央党校刘建飞教授认为：冷战结束，美国对华政策虽然发生了重大转变，但中美关系仍旧向前发展的一个重要原因，经贸关系构成了中美关系发展的纽带和基础，越来越密切的经贸关系构成了两国政治关系发展的强大动力。[①] 中美经贸关系越密切，中美关系的基础就越坚实，总体的中美关系就越稳定。[②] 经济领域的互利合作是中美两国得以避免政治对抗的最重要原因。[③] 随着中国适应世界贸易组织的过程的加深，两国之间贸易关系的广度和深度会得到进一步扩展。

但是两国之间的贸易关系仍旧如总体的两国关系一样存在不对称非均衡现象。直到2002年，美国的对华贸易依存度（对华贸易比重）和经济依存度（占GDP的比重），前者低于7%，后者不到1%。中美经贸关系的另一个不对称之处在于，由于中国对美出口的产品只有相对的价格优势，不是不可替代的产品，所以中美

① 刘建飞：《从江泽民访美看中美关系：经贸是稳定中美关系的“压载舱”》，载《了望》2002年第42期。

② 刘建飞：《从江泽民访美看中美关系：经贸是稳定中美关系的“压载舱”》，载《了望》，2002年第42期。

③ 王辑思主编：《高处不胜寒》，北京：世界知识出版社，1999年12月版，第250页。

经贸关系的主动权掌握在美国手里。中美经贸关系是不平衡的，中美经贸显然是中国的核心利益，但是否也是美国的核心利益，在这上点上却没有达成共识。这个问题的提出是认识中美关系的关键，即中美关系是否到了一个不可逆转的点（aupoint of no return)。如果是的话，两国关系就达到了一个自我维持的状态；如果不是，两国关系还是一有矛盾就会发生大的改变。①

鉴于此，在美国国内还不足以形成稳定的占主导地位的对华利益集团。② 当战略利益与经济利益发生冲突时，美国会选择前者，因为美国可以找到代替中国的生产者。特别是，当美国的决策者认识到，美国只有维持它的战略优势，才能不断地享受既保持外贸赤字又可以廉价向外国人借钱的好处时，它绝对不会放手让中国发展成为可以向它提出挑战的“战略敌手”。中国只有充分认识到中美经贸关系中的这种不对称性，才能有针对性地改善中国的地位，像战后西欧与日本那样充分利用美国市场快速、健康地发展起来。

罗伯特·基欧汉和约瑟夫·奈（Robert Keohane & Joseph Nye）在《权力与相互依赖》一书中指出：不应把相互依赖的定义仅限于相互间的均匀依赖，在行为体相互交往中，最有可能为行为者提供影响力的是依赖关系中的不对称状况。依赖性较少的行为体，可能把相互依赖关系作为某一问题上讨价还价的筹码或影响其他问题的手段。在现实中，由于经济发展水平的不平衡，不

① 《透视中美经贸关系：大视野下的追问》，《世界知识》2004 年，第 3 期。

② 陈琪：《经济相互依存与制衡》，载《世界经济与政治》，2002 年第 9 期，第 16 页。

同国家之间在依赖关系上往往是不对等的。[①] 从中国的发展面临的挑战来看，美国无疑是一个很大的变量。所以，中国历来重视中美关系，把它作为对外关系中最主要的方面。由于美国是超级大国，是中国资金、技术与市场的主要提供者，因此中国的大国外交在很大程度上仍是“以美国为中心的”（U.S.-centric）：中国的决策者们一直在努力使中美关系正常运转。[②]

在1990年10月中美关系还处在低潮的时候，中国就向美国派出了大型采购团，购买了7亿美元的美国商品、技术和设备。1992年到1995年，中国在与美国就中国最惠国待遇问题进行交涉时，中国往往派出专门的商品采购团，直接定购美国的商品，达成金额可观的协议和意向，或者在举行双边经济联合委员会解决一些合作框架等问题的同时，达成这类的协议和意向，积极维护中美经贸关系的基础。1997年江泽民主席访问美国前夕，中国经贸代表团在美国签订了金额超过41亿美元的合同，涉及多个重要行业。江泽民主席访问美国后，中美两国关系在经贸、能源等方面交流与合作都取得了长足发展。

中国对美的外交工作使得中美之间的经济关系没有受到双边政治风波的影响，中美之间的双边贸易持续增长。根据中国的统计，1991年中美贸易总额为142亿美元，2000年中美贸易总额上升为744亿美元，中国对美国出口521亿美元，从美国进口223亿美元。到2003年中美双边贸易总额到1263亿美元，2005年双边贸易额为2116亿美元。2006年中美双边贸易总值达2626.8亿美元，增长24.2%。美国成为中国的第二大贸易伙伴，第一大出

① ［美］罗伯特·基欧汉，约瑟夫·奈著，林茂辉译：《权力与相互依赖——转变中的世界政治》，北京，中国人民公安大学出版社，1992年版，第11页。

② 唐世平、张蕴岭：《中国的地区战略》，载《世界经济与政治》，2004年第6期。

口市场和第六大进口来源地，中国成为美国第四大贸易伙伴。中美贸易关系成为中美关系稳定的基石之一。

二、中日关系与经济外交

发展对日关系是中国经济外交的重点，20 世纪 80 年代以来，中日经济关系发展迅速。90 年代初期，双边经济关系虽然受到国际环境变化的影响，中国依然把发展中日关系放在重要的地位。1992 年 4 月，中国国家主席江泽民访问日本，1997 年 11 月，中国总理李鹏访问日本，提出指导中日关系的五项原则，倡导两国互惠互利，发展经济合作，以缓和两国在历史问题上的摩擦，推动中日关系的发展。1998 年 11 月，江泽民主席第二次访问日本，与日本签订了《中日联合宣言》和《中日联合新闻公报》。在《联合宣言》中，双方认为要在平等互利的基础上，建立长期稳定的经贸合作关系，并进一步发展科技、信息等领域的合作。2001 年 10 月，朱镕基总理访问日本，表示希望进一步发展双边的经济合作。中国对日本的经济外交取得了良好的效果。尽管中日关系 90 年代后受到教科书问题、参拜靖国神社、钓鱼岛等问题严重干扰，但双边的经济贸易关系依然保持强劲的增长势头。2006 年 1—12 月，中日贸易总额为 2073.6 亿美元，较上年同期增长 12.5%，全年首次超过 2000 亿美元。日本为中国第三大贸易伙伴。截至 2006 年 11 月底，日本对华投资累计实际到位金额 574.5 亿美元，是中国第二大外资来源地。进入 21 世纪，中日之间的贸易依存程度进一步加深。

冷战结束后，日本加速迈向政治大国的步伐，对华外交政策日趋强硬。近年来，日本首相小泉不顾亚洲国家的反对，多次参拜靖国神社，中日关系因历史问题而走向多事之秋；二是在东海油气田开发、钓鱼岛问题上频生龃龉；三是日本政府的对华援助贷款也基本上停止，两国关系正进入协调竞争的时代。日本首次从中国的第一大贸易伙伴降为第三大贸易伙伴。日本对华 ODA 合作是中日经贸合作、中日两国友好合作的重要内容之一，日本对 ODA 资金的减少，将对中日关系进一步产生不利影响。进入 21 世纪后，随着中国能源进口的大幅度提升，日本在能源领域与中国展开激烈竞争。如日本政府和企业动用各种外交资源将中俄间的石油管道修建计划破坏掉就是明显的一个例证。

中日关系受中美关系稳定与否的制约，也受国际大气候的影响。当前表现出“政冷经热”的状态，正处于战略、政治和经济关系的十字路口。

三、中俄关系与经济外交

中国同俄罗斯是山水相连的邻邦，两国人民有着传统的友谊。1950 年 2 月，中国同苏联签订了《中苏友好同盟互助条约》，建立了友好同盟关系。根据 1953 年 5 月 15 日和 1954 年 10 月双边签订的协定，在中国第一个五年计划期间，苏联帮助中国建立和改建了 156 个大型企业，这些企业在中国的现代化工业发展中起到了重要作用。但 50 年代后期中苏关系开始恶化，1960 年苏联单方面撤走了在中国工作的 1390 名专家，废除了 257 个科技合作项目，[①] 中苏关系长期处于紧张状态。直到 1989 年 5 月戈尔巴乔夫实现访华，中苏两国才结束了 30 年的不正常关系。1991 年 12 月 25 日苏联解体，俄罗斯成为继承国，中苏关系过渡为中俄关系。1991 年

① 戈尔巴乔夫 1986 年 12 月 31 日答美国记者问。

12月27日中俄在莫斯科签署《中俄会谈纪要》、继承中国与原苏联的外交关系以来，中俄两国在政治、经贸、科技、文化和军事等各个领域建立了卓有成效的合作。1992年12月，叶利钦总统首次访华。双方发表了中俄《相互关系基础的联合声明》，确认两国“相互视为友好国家”，并确定了新时期中俄关系的基本原则。1994年9月，江泽民主席对俄罗斯进行正式访问，两国领导人签署了《中俄联合声明》，宣布中俄将建立和发展面向21世纪的建设性伙伴关系。1996年4月叶利钦总统访华时，两国元首签署的第三个《中俄联合声明》宣布，中国和俄罗斯决心发展平等信任的、面向21世纪的战略协作伙伴关系，并建立中俄两国国家元首和政府首脑定期会晤机制。此后，两国元首互访不断，双方在两国边界以及关于世界多极化和建立国际关系新秩序等问题上达成一致，中俄关系不断迈出新的步伐。1996年12月，李鹏总理对俄罗斯进行工作访问，标志着中俄两国总理定期会晤机制正式启动。在加强地区合作方面，1996年4月，江泽民主席同俄罗斯、哈萨克斯坦、吉尔吉斯斯坦、塔吉克斯坦四国总统在上海首次举行会晤，“上海五国”会晤机制正式建立。1997年6月，俄罗斯总理切尔诺梅尔金正式访问中国。双方签订了《中俄两国政府首脑定期会晤机制及其组织原则的协定》。根据这一文件，两国总理的会晤每年不少于一次，在中俄两国轮流举行。2002年6月，中国、俄罗斯、哈萨克斯坦、吉尔吉斯斯坦、塔吉克斯坦和乌兹别克斯坦6国元首在圣彼得堡签署了《上海合作组织宪章》，为该组织未来的发展奠定了稳固的法律基础。进入21世纪后，中俄两国关系进一步发展，政治互信加深。2001年7月，江泽民主席对俄进行国事访问，与普京总统签署了《中俄睦邻友好合作条约》，并发表《中俄元首莫斯科联合声明》，将两国和两国人民“世代友好、永不为敌”的和平思想用法律形式确定了下来。2004年10月，俄罗斯总统普京访华，中俄签署关于边界问题的文件，两国的边界问题终于画上了句号；中俄还签署了涉及在油气、金融和打击毒品贸易等领域的合作协议以及关于结束俄加入世界贸易组织谈判的一揽子文件。普京称这次访问是“历史性的”，并表示此次峰会“具有转折性意义”，将“彻底结束”两国间缺乏信任的状态。双方在《中俄联合声明》中指出：“不管国际形势如何变化，深化中俄战略协作伙伴关系都是两国外交政策的优先方向。”①

简言之，中俄关系已经建立了相对稳定的关系框架，表现在：一是建立政治互信、经济互补、安全互利的新型国家关系；二是建立了两国国家元首和政府首脑间的对话机制，实现了国家元首定期互访；三是确立了睦邻相处的安全机制；四是建立了中俄经济和科技合作混合委员会，启动了经济科技合作机制，为推动中俄经济合作、促进两国经贸关系发展起到了积极作用。

近十多年来，中俄关系一直存在一个明显的特征：高层政治的相对热与经济贸易的相对冷。中俄两国均处于发展振兴的时期，经济结构具有同质性，加之双方的主要工业产品与西方发达国家相比，仍存在一定的差距，所以彼此在相当长的时期内，贸易额的大幅度上升仍存在一定的难度。

两国关系的务实趋势和利益原则的突出，使经济利益在中俄关系中的地位越来越高，成为评估两国关系的重要指标。② 俄罗斯对中国的防范心理仍重，抱怨中俄战略伙伴关系没有给俄罗斯带来相应的经济利益。中国重视俄罗斯市场，对能源合作给予很高的期望，但屡遭挫折。例如：在中俄石油管道问题上，俄罗斯政

① 《人民日报》，2004年10月15日。

② 赵华胜：《中俄关系：地位、模式、趋势》，载《世界经济与政治》2004年第5期。

府出尔反尔，多次违反协议，最终在日本的干扰下，出于多种政治因素的考虑，改变了通向中国的“安大线”，而改为修建通向太平洋的“泰舍线”，给了中国一个不大不小的教训。但中国仍旧从中俄关系的大局出发，积极促进中俄经贸关系向前不断发展，并与俄罗斯达成了支持俄罗斯加入世界贸易组织的协定。

从中国的角度出发，把中俄贸易放在中国对外贸易整体发展水平之中，与中国的主要贸易伙伴相比，中俄贸易水平不高。据中国海关统计，2006 年中俄贸易额达 333.9 亿美元，较 2005 年增长 14.7%，同比增幅回落 22.4 个百分点，低于全国外贸总体增幅 9 个百分点。其中，中国对俄出口 158.3 亿美元，同比增长 19.8%。自俄进口 175.6 亿美元，同比增长 10.5%。目前，俄罗斯仍为中国第八大贸易伙伴。如果从俄罗斯的视角出发，就会发现与俄罗斯的主要贸易伙伴相比，中俄之间贸易发展水平虽然不高，但也决不是严重落后。[①] 中俄间贸易发展的潜力很大，中俄两国政治关系的健康发展，势必会推动经贸合作的不断扩大。在中俄关系从战略协作伙伴关系向中国与其他大国关系特征转换的过程中，中国更应强调对俄经济外交的重要性。

四、中国与欧盟关系中的经济外交

欧洲一体化是在二战后起步的，1950 年 5 月 9 日，法国外长舒曼向西德总理阿登纳提议将两国的煤钢生产置于一个超国家的高级机构管理之下，并将该机构向其他国家开放，这项建议得到了意大利、荷兰、比利时和卢森堡的响应。1951 年 4 月 18 日，6

① 王树春：《俄罗斯推行经济外交与新世纪的中俄关系》，载《俄罗斯研究》2003 年第 4 期。

国在巴黎签订了《欧洲煤钢联营条约》，正式成立欧洲煤钢共同体；1957年3月25日，6国在罗马签订《欧洲经济共同体条约》和《欧洲原子能共同体条约》，统称《罗马条约》，决定建立欧洲经济共同体和欧洲原子能共同体。1967年7月1日，6国正式将欧洲经济共同体、欧洲原子能共同体和欧洲煤钢共同体的部长理事会及委员会等主要机构合并，统称"欧洲共同体"。1991年12月9日，欧共体在荷兰马斯特里赫特召开特别首脑会议，签订了《欧洲经济和货币联盟条约》及《欧洲政治联盟条约》，通称为《马约》，1993年11月1日，该条约在得到所有成员国的批准后正式生效，欧共体正式更名为欧盟。2004年5月1日，欧盟扩大到25国，面积达到400万平方公里，人口增至4.5亿，国内生产总值超过10万亿美元。2002年1月1日，欧元纸币和硬币正式流通，3月1日，欧元区各国原货币停止流通，欧元正式成为欧元区国家的唯一法定货币。欧元区现有12个国家。

1975年5月8日，欧洲经济共同体委员会副主席克里斯托弗·索姆斯访华后，中国与欧共体建立了正式外交关系。索姆斯强调指出：共同体的所有成员国都承认中华人民共和国政府为中国的唯一合法政府，欧共体将不与台湾保持任何官方关系或缔结任何协定。

1989年北京政治风波发生后，欧盟各成员国首脑在当年6月举行的马德里峰会上通过了对华制裁的《对华声明》。决定冻结对华关系，并对中国采取包括暂停双边部长级及高层接触，中断共同体成员国与中国的军事合作，实行对华武器禁售等6项制裁措施。1990年10月22日，欧洲共同体12国外长政治合作会议做出决定，立即取消共同体在1989年6月以后对中国采取的限制措施，恢复同中国在政治、经济和文化领域的正常关系。欧共体与中国的经济合作将"逐步恢复"，但12国仍将维持禁止向中国出售武器的措施。1992 年，中国与欧共体的关系恢复正常，到 1994 年 6 月，中国与欧盟开始了新的双边政治对话。

欧盟是当今世界上最发达的区域经济集团，也是中国三个主要出口贸易对象之一。1975 年至 20 世纪 90 年代中期，双边贸易关系正式建立，1978 年签署了贸易协定，成立了贸易联合委员会，并定期举行年会；1985 年签订了经济与贸易合作协定。1994 年欧盟开始实施亚洲新战略，并相继制定了三个专门针对对华关系的政策性文件，1995 年通过了《中欧关系长期政策》，1996 年通过了《欧盟对华合作新战略》，1998 年欧盟理事会通过决议，把中国从“非市场经济”国家的名单上删除，并通过《与中国建立全面伙伴关系》，把欧盟的对华政策提高到与美国、俄罗斯、日本同等重要的地位，标志着中国与欧盟经贸关系进入了一个成熟稳定的发展阶段。1998 年 3 月，欧盟委员会通过了《与中国建立全面的伙伴关系》的政策性文件，确定了欧盟对华政策的长期战略目标，并再次提出“把中国当作世界伙伴同其全面接触”，主张将中欧关系提升到“与欧美、欧日和欧俄同等重要的地位”。2003 年 9 月 10 日，欧盟委员会出台了欧盟对华关系第四个战略文件《欧中关系的共同利益与挑战——走向成熟的伙伴关系》，欧盟新文件再次确认对华战略要实现的 5 大目标是：通过加强政治对话“使中国进一步融入国际社会”；“支持中国向建立法治国家和尊重人权的开放社会的转变”；通过使其充分参与世界贸易体系；加强中国在世界经济中的融合；更好地使用欧盟拥有的资源，扩大欧盟在中国的视觉形象。2003 年 10 月 13 日，中国政府发表了《中国对欧盟政策文件》，阐述了中国对欧盟的政策目标和今后 5 年的合作措施。这份政性策文件表达了中国政府在政治、经济、军事等五个方面与欧盟进行全面合作的愿望。这既是中国政府首次制定的针对欧盟的对外政策文件，也是对近年来欧盟制定的一系列对华政策文件的积极回应。

正确认识欧盟市场在中国出口贸易发展中的地位是开拓欧盟市场战略的关键。有一种说法：中国的出口市场战略比较注重对美国和日本的贸易，欧盟只是一个打开或制约美日贸易发展的筹码。其实，这种说法不符合中国国际政治经济的总体战略。欧盟是一个极具潜力的市场，正在逐渐扩大，已经形成了一个拥有与美国经济实力大体相当的经济体，要从战略高度上认识并重视对欧盟的贸易。欧盟是中国出口的三个主要市场之一，一方面欧盟在不断深化集团内部的组织化水平，另一方面在不断地扩大其市场容量的规模与潜力，成为当今世界市场中令人瞩目的一个经济体。欧盟已经在战略上认识到亚洲以及中国是世界未来的重要市场，亚欧会议机制充分显示出欧盟各国政府观点的转变。但是，从双边贸易发展的实际情况来看，相互在经贸方面的依赖程度并不高，仍存在大幅提升的空间。

据海关统计，2006 年欧盟继续为我第一大贸易伙伴。中欧双边贸易总额 2723 亿美元，增长 25.3%，占当年我国外贸进出口总值的 15.5%。原因有几方面。一是欧盟和中国在很多国际问题上有共同的看法，欧盟主要的国家法国、德国与中国建立了战略伙伴关系，中欧良好的政治关系促进了经济关系，经济关系又把政治关系不断向前推进。二是欧盟 2004 年 5 月东扩了 10 个成员国，人口有 4.5 亿，市场比过去大多了。三是欧盟对中国的技术转让也是比较积极的，中国要买的设备大都会满足中国的需求。这样中欧贸易就增加了，欧盟成为第一也是很自然的事情。2003 年 10 月，中国政府发表《中国对欧盟政策文件》，全面阐释对欧盟的政策。2004 年 1 月胡锦涛主席访问法国和 5 月温家宝总理访问欧盟和德、比、意、英、爱五国，正式确立中国与欧盟建立全面战略伙伴关系。

第三节　中国与周边国家关系中的经济外交

“中国是地区大国，其实力决定了中国应以周边地区为对外战略的重点区域而非整个亚太地区。”①著名学者、前美国总统安全顾问布热津斯基认为：中国建立国际新秩序的目标促使“北京寻求一种力求避免同它接壤的邻国发生任何严重冲突的地区地缘战略”。②坚持与邻为善、以邻为伴的方针和睦邻、安邻、富邻的政策，把加强双边友好与加强区域合作结合起来，加强和巩固同周边国家的睦邻友好关系，是新时期中国对外政策的基本战略之一。保持良好的周边环境是保证中国经济顺利发展的战略考虑，是保持良好的国际环境的先决条件。中国自冷战结束以来的对外政策反映了这个战略。中国很快承认了中亚新的独立国家，并与沙特阿拉伯、以色列、新加坡、韩国建立了正式外交关系，恢复了与印度尼西亚、越南、老挝等国的外交关系。中国还在稳定朝鲜半岛和印度支那半岛的局势上做出了建设性的努力。在处理与中国存在领土、领海争端的国家关系上，中国本着和平谈判和“主权归我、搁置争议、共同开发”的原则，努力用外交手段解决双边存在的问题，并且尽量不影响双边政治关系的发展。对印巴核试验，中国保持了克制的态度。近年来中国与周边国家也开展了广泛的经济贸易合作，这也有助于中国与周边国家的关系向深

① 阎学通：《中国国家利益分析》，天津人民出版社，1996年5月版，第275页。

② 兹比格纽·布热津斯基：《大棋局——美国的首要地位及其地缘战略》，中国国际问题研究所译，上海人民出版社，1998年2月第1版，第222页。

层次发展。

一、中国与东盟的经济外交

20世纪90年代初，中国与东盟各国的关系得到了全面发展。1991年7月，钱其琛外长出席了第24届东盟外长会议开幕式，这是中国首次同东盟组织进行正式接触。自此，中国外长每年都出席东盟外长会议。1994年7月，中国作为东盟磋商伙伴参加了在曼谷举行的首届东盟地区论坛会议，中国副总理兼外长钱其琛在会上阐述了中国对亚太地区安全问题的观点和立场，提出中国对亚太安全合作问题的五项原则。1995年4月，中国与东盟高级官员（副外长级）首次磋商会在杭州举行；1996年7月，在第29届东盟常设委员会第六次会议上，东盟常委会一致同意将中国由过去的东盟磋商伙伴国升格为东盟全面对话伙伴国。1997年2月，中国—东盟联合合作委员会在北京成立。同年12月，在东盟成立30周年举行的东盟首脑非正式会议上，首次邀请中国、日本和韩国领导人出席。国家主席江泽民出席了东盟与中日韩领导人会议及东盟与中国领导人会议。在首次东盟与中国领导人会议上，江泽民主席发表题为《建立面向二十一世纪的睦邻互信伙伴关系》的重要讲话，会后双方发表了联合声明。2001年11月，在中国—东盟第5次领导人会议上，朱镕基总理与东盟领导人共同决定，在未来10年内建立中国—东盟自由贸易区。2002年11月4日，第6次东盟与中国领导人会议在柬埔寨首都金边举行。中国国务院总理朱镕基出席会议，并提出启动中国与东盟自由贸易区进程的建议。朱镕基总理和东盟10国领导人签署了《中国与东盟全面经济合作框架协议》，决定到2010年建成中国—东盟自由贸易区。中国—东盟自由贸易区建立后，中国与东盟将创造出一个拥有17

亿消费者、近2万亿美元国内生产总值、1.2万亿美元贸易总量的经济区，中国向东盟出口预计将增加106亿美元，增长55%；东盟对华出口将增加130亿美元，增长48%；双向投资也将有较大增长。中国与东盟领导人还发表了《中国—东盟关于非传统安全领域合作联合宣言》。此外，中国和东盟秘书处签署了《农业合作谅解备忘录》。中国与东盟各国外长及外长代表还签署了《南海各方行为宣言》，确认中国与东盟致力于加强睦邻互信伙伴关系，共同维护南海地区的和平与稳定。宣言强调通过友好协商和谈判，以和平方式解决南海有关争议。2003年10月8日于印度尼西亚巴厘岛举行的第七次东盟与中国（10+1）领导人会议上，中国与东盟签署了《中华人民共和国与东盟国家领导人联合宣言》，宣布双方建立战略伙伴关系，中国参加了《东南亚友好合作条约》，标志着中国与东盟的关系进入了一个新的阶段。从2004年起，由中国总理温家宝提议的中国—东盟博览会每年在南宁举办。2004年首届博览会由中国商务部和东盟10国经贸主管部门及东盟秘书处共同主办，共有1500多家来自中国、东盟及其他国家和地区的企业参展，参展商品涉及机械、家电、汽车等多类产品。自1995年以来，中国与东盟的双边贸易额年增长速度均超过15%。2006年1至11月，中国—东盟贸易额达1452亿美元，同比增长二成四，已超过2005年全年贸易总额。其中，中国出口641亿美元，进口810亿美元，同比分别增长二成八和两成。东盟已连续十三年成为中国第五大贸易伙伴。中国与东盟双向投资不断扩大。截至2006年上半年，东盟对华实际投资累计达400亿美元。中国企业对东盟的投资也出现了快速增长态势，越来越多的中国企业把东盟国家作为主要投资目的地。东盟已成为中国对外承包工程和劳务合作的主要市场。中国与东盟的区域和次区域合作日趋紧密。双方已经达成了货物贸易协议和争端解决机制协定，启动了服务贸易和投资协议的谈判。2004 年开始实施“早期收获计划”，2005 年又对 7000 余种商品开始全面降税。目前，环北部湾、大湄公河、东盟东部增长区等次区域经济合作也迈出了实质性步伐。

中国执行“与邻为善、以邻为伴”的方针和“睦邻、安邻、富邻”政策，推动与东盟关系进入了新阶段。发展与东南亚各国的睦邻友好合作关系，对维护中国周边地区的稳定，促进中国在新世纪的发展都具有重要的战略意义，对东亚乃至亚洲和亚太地区国际关系的发展，也正在产生重大而深远的影响。

二、中国对中亚国家的政策与经济外交

中亚 5 国是中国的西部近邻，包括哈萨克斯坦、吉尔吉斯斯坦、塔吉克斯坦、乌兹别克斯坦、土库曼斯坦。其中哈、吉、塔与中国有 3206 公里的共同边界线。中国与中亚有着悠久的交往历史。1991 年底，原苏联解体，中亚 5 国相继独立。

中亚作为中国的近邻，无论是从地理位置、资源来说，还是从文化来说，都对中国有着十分重要的地缘战略意义。中亚国家独立以来，中亚地区成为中国与俄罗斯、北约、伊斯兰世界的战略缓冲地带，对中国的威胁大大减少，中国可以集中资源向海洋的方向发展。中亚地区对中国来说战略地位极其重要。冷战后大国和地区势力对中亚地区的争夺，不仅关系到中亚地区各国的经济发展，而且会影响到地区关系和大国战略关系，进而影响到欧亚大陆地缘战略力量的对比和地缘政治格局的变化。因此，中国必须从战略的高度重视中亚的地缘战略地位，发展同中亚各国的友好合作关系，这也是中国 21 世纪崛起必须借助的外部力量之一。

伊朗、哈萨克斯坦、阿塞拜疆、土库曼斯坦和俄罗斯等沿里

海国家的油田储量达到170亿桶，相当于欧洲北海油田的规模，接近委内瑞拉石油储量的1/3。由于该地区有许多地块未经勘探，因此专家们估计：里海盆地的石油最终可能达到2000亿桶，占世界总储量的近15％。此外，该地区的天然气储量占到世界总量的15％。虽然这些储量无法与波斯湾相比，但却远远大于整个欧洲已经探明的500亿桶储量，成为继西伯利亚和波斯湾之后的世界第三大储藏区，在今后15—20年内的出油量与波斯湾的出油量相当。该地区的油气资源不仅限于里海地区，在其他中亚国家也有广泛分布。土库曼斯坦的卡拉库姆沙漠蕴藏着约60亿桶石油和3万亿立方米天然气，为世界第三大油田。该地区油气的出口潜力非常大。里海地区人口稀少，工业基础薄弱，本地区能源需求有限，能源绝大部分用于出口，如哈萨克斯坦、土库曼斯坦石油产量的90％用于出口。这些石油资源及潜在的出口能力使得该地区成为石油消费大国新的战略利益区，国际石油资本在此展开激烈的争夺。由于中国目前的石油进口主要来自中东，并且与美国在中东竞争石油，使得中国的能源进口十分脆弱。中国必须实施能源供应和运输渠道的多元化，中亚地区是另外一个战略选择。

“上海合作组织”是冷战结束后欧亚大陆上出现的一个新的合作机制。这一机制的诞生主要有三个方面的意义：一是掀开了中国同俄、哈、吉、塔等邻国关系史上崭新的一页，大大增进了五国相互之间的睦邻互信，有力推动了五国在广泛领域的合作关系；二是五国加强在打击国际恐怖主义、民族分裂主义和宗教极端主义三股势力方面的合作，有力维护了地区和世界的和平、安全与稳定；三是“上海五国”倡导的睦邻互信、平等互利、团结协作、共同发展的时代精神，为国际社会摒弃冷战思维，探索新型国家关系、新型安全观和新型区域合作模式提供了宝贵的经验和启示。西方资本进入中亚，使得中亚地区与西方国家的经济关系日益密切，难以保障中国与中亚国家的经贸合作。由此造成中国与中亚国家的经济合作关系进展不快，水平不高，甚至严重滞后。

中国应以“上海合作组织”为框架，在加强政治合作的同时，努力加强经贸合作，积极构建“中亚自由贸易区”的设想，提升双边的经贸水平，以稳定良好的双边贸易关系促进政治关系的稳定发展。

第四节 中国与发展中国家的经济外交

冷战时期，中国出于意识形态及反帝反霸战略的考虑，把发展同第三世界国家的关系作为外交重点或者说中国对外政策的“立足点”，对发展中国家的外交始终是中国总体外交的重要组成部分。中国党和政府历来高度重视同发展中国家的关系与经贸合作，冷战结束以后，中国继续与第三世界国家保持了传统的友谊，并继续把发展同第三世界的团结与合作放在很重要的位置。中国共产党十四大的政治报告中这样说：“中国是发展中国家，加强同第三世界国家的团结与合作是中国对外政策的基本立足点，中国将一如既往地同发展中国家在维护各自国家的独立主权上相互支持，在经济、文化方面加强交流。”[1] 中共十五大政治报告中写道：“要进一步加强同第三世界国家的团结与合作。发展中国家维护国家独立、实现经济发展的根本目标是一致的。中国将一如既往，同发展中国家在各个方面相互支持，密切配合，共同维护正当权

① 参见中国共产党十四大政治报告对外政策部分。

益。”[①] 中共十六大报告认为：“中国将继续增强同第三世界的团结和合作，增进相互理解和信任，加强相互帮助和支持，拓宽合作领域，提高合作效果。”[②] 可以看出，第三世界发展中国家在中国的对外政策中依然处于相当重要的位置。鉴于中国在冷战后与大国关系调整的现实，以及中国所处的安全和经济环境，中国对发展中国家的政策应从长远着手，从大处着眼。

近年来，随着中国经济实力增强、政治影响力扩大和对外开放水平提高，与外部世界的经济联系和互动明显加强，与发展中国家关系也步入一个新阶段。当前，经济全球化加速推进，国际政治经济格局发生深刻变化，注重经济外交成为各国的共同选择。发展中国家人口众多，发展潜力巨大，与中国的经济互补性很强。作为发展中大国，中国与发展中国家没有根本利害冲突，相互需求广泛，合作机会广阔，无论是在国际事务还是在多边体制中，要与发展中国家加强经贸合作，维护共同利益，谋求共同发展。中国的发展代表了广大发展中国家的根本利益。中国实行的是一种“共享”的发展模式，中国经济的快速增长，对世界来说更多的是机遇。向广大发展中国家进一步开放，中国才能维护好自己及发展中国家的权益，也才能迈着更加坚实的步伐向全球性大国迈进。[③]

一、中国对发展中国家政策的考虑

冷战结束后，与发展中国家的合作已成为中国全方位对外开

---

① 参见中国共产党十五大政治报告对外政策部分。

② 参见中国共产党十六大报告“国际形势和对外工作”部分。

③ 王义桅：《经济外交展现魅力　中国声音越来越响亮》，载《环球时报》，2004年12月3日。

放战略的一部分，合作内容不断丰富，规模迅速扩大，形成经济上合作共赢局面。

从安全和政治利益考虑。冷战结束后，近年来台湾当局一直没有放弃"一中一台"或"两个中国"的顽固立场。并且台湾民进党支持的"台独"势力日渐猖獗。美国调整了对台政策，提升了美台关系，严重干涉了中国的内政。近年来在西方国家的对华政策中人权也成为一个焦点问题。大多数第三世界国家作为中国的传统朋友，对中国政府的立场表示充分理解和支持。在联合国这个多边场合，第三世界国家与中国紧密配合，多次成功打掉对中国不利的提案和辩论，从而维护了中国的国家利益。美国在国际事务中不得不谋求与中国的合作，除了中国在联合国的常任理事国席位外，中国在第三世界的传统影响力也是一个重要因素。因此，中国应从战略眼光处理同第三世界国家的关系，继续坚持向这些国家提供力所能及的经济援助，在国际政治中维护第三世界国家的正当权益。

在国际事务中中国维护发展中国家的总体利益。这个主张是邓小平同志在苏东发生巨变、冷战结束后根据国际局势的变化提出来的。1990 年 12 月，邓小平在同几位中央负责同志谈话时指出："第三世界有一些国家希望中国当头。但是中国千万不要当头，这是一个根本国策。这个头中国当不起，自己力量也不够。当了决无好处，许多主动都失掉了。"[①] 中国不当第三世界的头，原因有两个：一是国际共运史上有教训，当年苏联作为社会主义国家的"头"，大搞大党主义和大国沙文主义，曾带来恶劣的影响。二是中国也没有实力当这个头。中国仍是一个发展中国家，人均国民生产总值还很低，科学技术与西方发达国家存在相当差

---

① 《邓小平文选》第 3 卷，第 363 页。

距。中国需要的是埋头发展自己。一旦当头，势必会与发达国发生冲突，这将严重影响中国发展的国际环境。

中国不做第三世界的头，但中国将与第三世界密切合作，继续发展传统友谊，中国高度重视同第三世界国家发展关系。这是因为，中国不仅与其他发展中国家有着相似的经历，都面临着发展的艰巨任务，而且在反对霸权主义和强权政治方面立场一致。中国作为第三世界的一员，将坚持不懈地在和平共处五项原则的基础上发展同第三世界国家的友好合作关系，也将一如既往地支持第三世界国家的正义斗争，推动南北对话，促进南南合作，在平等互利的基础上，发展同各国的民族经济。

第三世界发展中国家仍将是反对霸权主义、维护世界和平的重要力量。在世界向多极化发展的过程中，各国强烈要求建立公正、合理、平等的国际经济新秩序。中国的对外政策在服务于国内的经济建设而有侧重点的同时，坚持全方位外交的原则，积极支持所有发展中国家争取民族独立、发展民族经济的斗争。在政治上，不断加强同发展中国家的合作。经济方面，按照平等互利、讲求实效、形式多样、共同发展的原则，继续向一些发展中国家提供援助的同时，积极探索和发展对外经济援助的方式，扩大同它们的互利合作，开辟南南合作的新途径，促进各国共同发展。

作为世界上最大的发展中国家，中国要把政治上与广大发展中国家的友好、互信，同经济上的合作、交流结合起来，以政促经，政经结合。这无论是从国际政治经济的总趋势（经济全球化的深入发展），国内经济社会发展的大局（2004 年中国的外贸规模突破 1 万亿美元，取代日本成为继美国和德国之后的第三大世界贸易国），还是从外交工作的总方针上看，都具有十分重大的意义。

二、建立中国的海外资源地和出口产品市场

中国的自然资源应当说比较丰富，但中国人均土地面积为12.6亩，仅为世界平均数的28.5%，人均拥有的矿产资源仅居世界第80位，重要矿产资源的人均占有水平除了钨、稀土较高外，其他均低于世界平均水平，有些还不及世界平均水平的1/3。铁矿、能源等一些对经济发展有重要制约作用的矿产资源，其人均占有量不及世界平均水平的1/2。① 在中国45种重要矿产资源中，到2020年以后，绝大多数探明储量不能满足要求。就石油而言，近年来中国已经成为纯石油进口国，未来的需求量将更大。从21世纪初开始，自然资源成为制约中国经济发展的重要因素。既然中国的对外政策定位为服务于经济建设这个中心，建立中国的海外资源来源，就成为中国外交中的题中应有之义。

非洲不仅热带经济作物和海洋产品丰富，而且蕴含丰富的矿产资源。统计显示：世界上已经探明的地下综合性矿产资源共有150种，这些矿产资源在非洲均有分布。与科技发展和能源有关的50多种贵重稀有产品，在非洲的储藏量巨大，有至少17种的储量占世界第一位。例如：非洲的铂、锰、铱等储量占世界总储量的80%以上。磷酸盐、铅、黄金、钻石、钒等储量占世界总储量的50%以上。铀、石墨、氟石的储量占世界总储量的30%以上。非洲每年还向世界贸易市场提供20%的石油、70%的可可、34%的咖啡和50%的棕榈制品。非洲是名副其实的资源大国。② 中国政

---

① 《中国国情国力》1992年第1期，第71—72页。

② 黄泽金：《优势互补，互利共赢——合理利用和开放非洲资源》，载《国际经济合作》，2003年第12期，第17页。

府一贯主张在“平等互利、讲求实效、形式多样、共同发展”的基础上发展同非洲国家的经贸关系。进入新世纪，以中非合作论坛创立为标志，中非经贸关系进入了全面快速稳定发展的新阶段。在1956年中国与埃及建立外交关系时，中国与整个非洲贸易只有1200万美元。近年来，尤其是中非合作论坛成立以来，中非贸易得到快速发展。继2000年首次突破100亿美元之后，中非贸易额连续五年实现高速增长。2005年中非贸易额达到397亿美元，同比增长35%，比1950年增长了近800倍。

西亚地区特别是海湾国家石油资源丰富，海湾国家的石油储量占世界石油储量的56%。随着中国经济建设的快速发展，中国的石油生产已不能满足国内的需要，所以海湾国家将是21世纪中国石油进口的重要来源地之一。另外还有中亚地区，“中亚地区和里海盆地被认为蕴藏着大大超过科威特、墨西哥湾或北海的天然气和石油储量”。[①] 中亚地区丰富的资源已引起许多国家的兴趣。中国应积极发展同这些国家的关系，使之在海外自然资源分配中争取主动，占据较为有利的位置。

拉美由33个国家组成，从北到南全长1.1万公里，总面积超过2000万平方公里，约占全球陆地面积的13.8%，相当于欧洲大陆的3倍。除了森林资源外，该地区还有丰富的矿产资源，有些矿物的储量居世界前列。此外，拉美还有良好的农业生产条件。据世界银行统计，2002年，拉美国家的国民生产总值总量为1.7万亿美元，在低收入和中等收入国家这一组地区中名列首位。在中国企业不断走向世界的今天，拉美市场的重要性不容忽视。中国和拉美国家都是第三世界的重要组成部分，在建立国际政治新

① 兹比格纽·布热津斯基：《大棋局》，上海人民出版社1998年2月第1版，第163页。

秩序和反对霸权主义的斗争中有较多共同语言和许多相同立场。此外，台湾与世界上 25 个国家有所谓“邦交国”关系，其中 13 个在拉美。可见，为了反击台湾的“金元外交”，中国发展与这些国家的关系的重要意义就凸显出来了。

近年来，中、拉在贸易和投资方面关系稳定发展：中国投资智利港口建设和巴西大豆种植业，出资修建从阿根廷到智利港口的道路以降低运输成本。中国企业开采秘鲁铁矿、厄瓜多尔油田和委内瑞拉金矿等。2004 年，上海宝钢集团和巴西多西河谷公司共同投资 15 亿美元在巴西建立一家轧钢厂。巴西多西河谷公司还将同中国铝业公司合作，融资 10 亿美元在巴西建立一家炼铝厂……拉美国家认识到，中国生产的钢铁几乎超过美国和日本的总和，中国消耗的水泥是美国的 5 倍。中国着眼于长期需要，正在同拉美国家建立双行道关系：既进口它们的原料，又向它们输入直接投资。2004 年 11 月中国国家主席胡锦涛的拉美之行承诺，未来十年向拉美地区投资 1000 亿美元；2010 年中国和拉美国家贸易达到 1000 亿美元，这是中国力求通过投资纽带实现能源、原材料的多元化、稳定供给的重大战略举措，是中国对外贸易思想的战略性突破。虽然拉美将会是中国在未来相当长一个时期内战略进攻方向之一，而目前以经贸促外交的排头兵还主要是一些大型国有企业。民营经济在拉美战略当中也应当起到相当的作用，定会在市场引导方面做一些文章出来。所以拉美战略将会给中国的商界带来非常重要的市场机会。

三、中国对发展中国家经济外交的新策略

（一）召开全国对发展中国家经济外交工作会议

2004 年 8 月 31 日至 9 月 1 日，国务院在京召开全国对发展中

国家经济外交工作会议。中共中央政治局常委、国务院总理温家宝强调，必须从国际政治经济的大势、从国内经济社会发展的大局、从外交工作的大战略和总方针，充分认识对发展中国家经济外交工作的重要性，坚持“相互尊重、平等相待，以政促经、政经结合，互利互惠、共同发展，形式多样、注重实效”的指导原则，推动对发展中国家的经济外交工作上一个新水平。中共中央政治局委员、国务院副总理吴仪作了《继往开来，与时俱进，努力开创对发展中国家经济外交工作新局面》的工作报告，国务委员唐家璇作了会议总结。温家宝指出：加强同发展中国家的合作，是中国外交工作的一个重要立足点，广大发展中国家是中国靠得住的朋友，中国是最大的发展中国家，在同发展中国家交往中，一定要贯彻大小国家一律平等的思想，相互尊重，平等相待。中国同发展中国家有良好的政治关系，要善于把政治上的友好、互信同经济上的合作、交流结合起来，以政促经，政经结合。在开展经济交流与合作时，要坚持互利互惠，共同发展，照顾彼此的利益，通过交流与合作，既支持发展中国家的发展，又促进中国自身的发展。经济合作的形式要多种多样，注重实效，把贸易与投资、援外资金与信贷资金、“走出去”与“请进来”结合起来。要改革合作机制，提高合作水平和效益。确定的新时期对发展中国家经济外交工作的总体要求是：以邓小平理论和“三个代表”重要思想为指导，按照国家外交战略的整体部署，充分发挥中国的比较优势和竞争优势，综合运用各种方式，全方位、多层次、宽领域推动中国同发展中国家的经贸交流与合作，为推进中国现代化建设、完成祖国统一大业、维护世界和平和促进共同发展做出贡献。今后一个时期，一要更好地发挥对外援助的政治效应和经济效应，重点是择优援建与发展中国家人民生活密切相关的标志性项目，提供紧急救灾援助，派遣医疗队，扩大人才培训规模。

二要推动更多企业到发展中国家投资合作，利用境外资源，扩大工程承包，拓展国际市场。三要扩大与发展中国家的进出口贸易规模，提升出口产品的档次，积极开展服务贸易，努力解决贸易不平衡问题。四要深化与发展中国家的多边和区域合作，在国际经贸组织和多边机制中努力维护发展中国家的利益。五要充分发挥高层互访和多边会晤的作用。中国国务院召开全国对发展中国家经济外交工作会议，在新中国历史上是第一次。这是中国进入新世纪新阶段的一次重要会议，对于在新形势下全面落实科学发展观，加强经济与外交相互配合，进一步做好对发展中国家工作，促进中国与广大发展中国家共同发展，意义重大而深远。

（二）召开中非合作论坛峰会

2006年11月4日至5日，中国和48个非洲国家的国家元首、政府首脑和代表团团长在北京举行中非合作论坛峰会。这是一次史无前例的盛会，这次大会必将把中非友好关系提升到一个新的阶段。会议通过《中非合作论坛北京峰会宣言》，明确中非建立政治上平等互信、经济上合作共赢、文化上交流互鉴的新型战略伙伴关系。中国承诺2006年后的3年内向非洲国家提供30亿美元的优惠贷款和20亿美元的优惠出口买方信贷。设立中非发展基金，基金总额逐步达到50亿美元。免除同中国有外交关系的所有非洲重债穷国和最不发达国家截至2005年底到期的政府无息贷款债务。进一步向非洲开放市场，把同中国有外交关系的非洲最不发达国家输华商品零关税待遇受惠商品由190个税目扩大到440多个。3年内在非洲国家建立3—5个境外经济贸易合作区。

总之，本世纪头20年是中国的重要战略机遇期。维护世界和平与促进共同发展，是中国的三大历史任务之一。中国的发展是开放条件下的发展，是在同外部世界相互作用下的发展，是以科学发展观为指南的发展。加强对发展中国家的经济外交工作，深化与这些国家的经贸合作是十分必要，大有可为的。中国应当充分认识加强这项工作的重要性，紧紧抓住和用好战略机遇期，采取有效措施，加快实施“走出去”战略，强化政经结合、政经互动、政经互促，切实提高对外经贸水平，统筹运用各种支持手段和各种国际经济合作方式，积极推进对发展中国家经济外交工作。

第六章

中国的能源外交①

从经济学的角度来讲，资源总是稀缺的。随着经济的快速增长，中国的能源和资源需求势必大幅上升。近年来，资源的缺乏成为经济迅猛发展的瓶颈。中国的发展和崛起对资源的需求自然无法完全自我供给，必须依靠外部资源的补给。如何维护中国的能源和资源安全是关系到中国现代化建设成败的战略性问题。能源外交已经成为中国外交战略中仅次于大国外交、周边外交的重要外交部署。能源安全——主要是石油和天然气——问题已经成为中国外交战略的重要的考虑因素。石油作为一种特殊的战略意义的商品，容易受到政治、军事等因素的影响，受到国际政治、经济和金融集团的操纵。由于世界大国都将石油作为战略资源作为保障自己、抑制别国的重要武器，造成国际石油生产与供应并不完全由市场原则支配，而是与国际政治紧密相关。石油作为战略物资，事关国家经济军事安全，必须用各种政治手段为石油服务，在全球寻找石油。

① 本书所说的能源主要是指石油和天然气等资源。

第一节 世界能源外交的格局与中国能源的困境

一、世界能源外交的现状

中国石油专家葛家理等认为：国际经济发展和石油资源地理分布的不均衡造成了石油经济要素的分离，尤其是资源与消费分离。石油富藏地区消费少，而石油资源少的地区需求大。[①] 世界常规石油可采资源量为3113亿吨，常规天然气资源量为328.3万亿立方米。油气资源主要分布在中东、北美和原苏联三个地区。其中，中东拥有世界油、气资源的39.6%和22.4%，北美拥有17.7%和18.6%，原苏联拥有15.1%和32.7%。截至2004年1月，世界估算探明储量为1734亿吨。[②] 中东北非、中亚俄罗斯和北美三个地区占82.2%。1999年底剩余石油可采储量大于100亿吨的5个国家都在中东，依次为沙特阿拉伯（356亿吨）、伊拉克（153亿吨）、科威特（128亿吨）、阿联酋（126亿吨）和伊朗（122亿吨），占世界剩余石油可采储量的63.9%。占世界石油剩余可采储量72%的中东和原苏联地区，1999年石油消费量仅占世界同期石油消费总量的12%；而占世界石油消费量78%的北美、亚太和欧洲石油剩余可采储量仅占世界的12%。世界油气资源与

① 葛家理、刘立力等著：《现代石油战略学》，北京：石油工业出版社，1998年5月版，第45—48页。

② 《世界能源地缘政治格局的新态势》，载《亚洲纵横》，2004年第3期。

石油消费地区的这种不均衡性有利于中国走向世界油气资源市场。[①] 参见表1：

表1：世界石油产储量地区分布

国　别	占世界石油产量的比重%	占世界石油储量比重%
北美洲	18.5	17.7
美国	10.4	1.8
加拿大	3.3	14.8
墨西哥	4.9	1.0
中东	29.2	56.5
沙特	11.6	21.5
伊朗	4.8	7.4
伊拉克	2.9	9.3
科威特	2.7	8.0
阿联酋	3.2	8.0
非洲	11.1	7.6
亚太地区	10.6	3.2
拉丁美洲	8.8	8.1
欧洲	9.1	1.6
欧亚大陆	12.5	6.4
俄罗斯	6.8	
其他	4.0	

资料来源：Cambridge Energy Research Associates，Accenture，and Sun Microsystems，Global oil Trends 2003.

① http：//www.setc.gov.cn/gjjmwznzn/gyswgh/200207310027.htm 具体参见中国《石油工业“十五”规划》。

二战后，发达国家围绕能源——以石油和天然气为主——进行的外交活动一直没有间断。能源成为大国之间博弈的重要手段。《资源战争》一书的作者迈克尔·克拉雷认为：在21世纪的头几十年中，战争将不是围绕着意识形态，而是围绕着资源而进行，各国将为争夺对日渐减少的重要资源的控制权而战斗，而能源也将成为各国在制定对外政策和处理外交关系所必须认真考虑的因素。[①] 各发达国家高度重视能源外交。不仅把本国石油公司在海外争取项目、建设和经营油气田、建设输送管道、修建炼油厂视作公司行为，而且看作是国家行为。当今世界上，石油外交在国际石油角逐中具有不可替代的作用。如美国国务院和能源部设立了专门机构，负责协调各石油公司在海外的投标、勘探、开放等业务。

以美国为例，美国经济在上个世纪的90年代以来连续12年高速增长，靠的是廉价石油。2002年美国消费石油约8.9亿吨，占世界石油消费总量的1/3左右。美自己的产量只有2.8亿吨，其余要靠进口。美国石油产量和消费总量近十年来出现较大缺口，并且储量也大幅下降：如1989～1999年美国石油产量从4.29亿吨下降到3.54亿吨，下降了17.4%，而同期石油消费则从7.95亿吨上升到8.83亿吨，上升了11%，占1999年全球消费总量的25.9%；同期美国已探明石油储量从336亿桶降为286亿桶。[②] 中东海湾产油国占世界石油储量的68%，沙特占世界储量的25%，而伊拉克紧随其后，占第二位。20世纪90年代初的伊拉克入侵科

---

① http：//www.pmtayx.com/readnews.asp？NewsID＝124&BigClassName 参见2003年8月8日《中国日报》网站。

② 国务院发展研究中心世界发展研究所：《世界发展状况（2001）》，北京：时事出版社，2001年版，第234页。

威特；80年代的两伊战争；70年代的阿以十月战争；60年代的中东战争等，都同石油密切相关，要么以石油作为武器来抗衡以色列和美国，要么争夺石油产地。

2003年美国发动的伊拉克战争，尽管有“建立民主新秩序”、“反恐”和“清查并销毁大规模杀伤性武器”等为幌子，但美国的本意是：进驻世界石油产地战略制高点和中东的心脏地带——伊拉克，通过“改造中东”、“更迭政权”，既可铲除“邪恶轴心”，消灭“无赖国家”，重创不听话的“石油输出国组织”（OPEC）的大本营——中东海湾产油国，进而对该组织进行控制、重组或干脆取消它。美国对伊拉克的这场战争在很大程度上改变了自从上个世纪70年代以来长达30多年国际石油供应格局。伊拉克战争以前，尽管OPEC在全球石油供应中的实力有所削弱，但它依然在全球石油供给中处于主导地位。伊拉克战争后，由于美英大量石油资本重返伊拉克，伊逐步恢复国际石油供应后，国际石油供应市场将受多种力量支配。OPEC在国际原油供应中地位下降明显。以往，当国际石油供应发生重大变化时，OPEC可以采取提高油价、减产等多项政策措施，但现在OPEC与非OPEC产油国实力对比已发生变化，左右国际原油供应和操纵油价的能力已明显减弱。由于新储量的探明，OPEC在全球原油储量中所占比重由过去的80％—90％下降到50％—60％，在全球的原油总出口比例由以往的50％以上下降到35％左右。①

“9·11”事件后，美国进入中亚地区，除了加快组建军事基地，还插手各油气生产企业事务，实行参股和控股。这样既可控

① 中华人民共和国商务部2004年4月16日统计资料：《进口主要商品数量及价格》，第9项、第10项。

制中亚战略要地，牵制中国、伊朗和俄罗斯，又可操纵以里海为中心沿边油气资源。

作为世界上石油、天然气储量和生产大国，俄罗斯长期以来受困于资金严重短缺，长期投资不足，欠账较多，设备陈旧，采油技术落后。为了把现有的地质储量变为探明储量，再变为可采储量，俄罗斯近年来正努力通过同欧洲、美国、日本、中国等开展能源合作，吸取资金，为使自己的能源位居世界前列创造条件。俄罗斯总的石油战略是：以“突破北美，稳定西欧，争夺里海，开拓东方，挑战欧佩克”为指导方针，逐步确立能源大国的地位。① 但是俄罗斯的预期合作伙伴不是等闲之辈，都是当前构成世界多极结构的主要成员，而不是一般的能源消费国。因此，俄罗斯只好巧妙地进行资源外交。2000 年以后，美国的资本涉足秋明油田、西伯利亚油田等，以及俄美联手插足哈萨克斯坦、土库曼斯坦、里海等地的油气田。俄罗斯的石油外交和经济安全政策中还有许多问题正在详细分析和研究之中，但是他们已经充分认识到，组织好包括有国家安全委员会、外交部、经济部、燃料能源部、国际银行，及其他对外能源保障部门专家在内的相互协调的机构非常必要。各部门也只有在国家统一的石油（能源）外交和经济安全政策指导下，才能在当前错综复杂的国际形势下立于不败之地。②

日本的能源资源十分贫乏，因此更把石油外交和经济安全当作国家命脉来珍惜和重视。因为日本每年自产的石油仅为 70×10^4t 左右，而国家经济发展每年所需石油约 2×10^8t，都要从世界各地大约 20 个国家进口（其中主要来自中东）。为此，保证外部石油的稳定供应和运输通道畅通是日本石油外交和经济安全最主

① 《世界能源地缘政治格局的新态势》，载《亚洲纵横》，2004 年第 3 期。

② 孙永祥：《浅析石油外交与经济安全》，载《石油化工动态》2000 年第 2 期。

要的任务。[①] 日本在1976年成立了“日本石油公团”，代表300多个日本石油公司利益，与资源国谈判油气项目，并由政府官员直接谈判解决与有关国家的油气资源问题。在美国，石油外交的特点是：确保既得油气利益，鼓励大公司抢占战略地区，最终以军事行动为后盾。日本石油外交的特点是官商结合，灵活渗透，以占有资源为最终目的。[②]

近年来，印度经济快速增长，需要大量能源。2005年至2007年间，印度对石油的需求将以每年至少3.6%的速度增长。印度原油需求的70%依靠进口。2004年底，印度与伊朗国家石油公司在新德里签署了初步协议，协议价值将达400亿美元，规定印度将从伊朗进口液化天然气并开发两处伊朗油气田。

二、中国能源的困境

中国地质科学研究院发布的《矿产资源与中国经济发展》（社会版）认为：中国除煤炭以外，主要矿产资源都已告急。有关专家利用各种系数粗略地估算出，中国石油最终可采资源量仅为130亿吨到160亿吨，即中国所有的“家底”，充其量只相当于伊朗一个中等油田。中国油气资源的现有储量将不足10年消费，最终可采储量勉强可维持30年消费。到2020年，中国石油的进口量将超过5亿吨，天然气进口量将超过1000亿立方米，两者的对外依存度分别将达70%和50%。2012—2014年，中国将迎来2.4亿—2.6亿吨铁的消费高峰期，未来20年缺口将达30亿吨；2019—

① 中国石油天然气总公司信息研究所：《国外石油工业统计》，1994年12月第五版。

② 徐小杰：《新世纪的油气地缘政治——中国面临的机遇与挑战》，北京：社会科学文献出版社，1998年4月第1版，第176页。

2023年，将迎来530万—680万吨铜的消费高峰期，未来20年缺口将达5000万—6000万吨；2022—2028年将迎来1300万吨铝的消费高峰期，未来20年的缺口将达1亿吨。最终，该报告认定“未来20—30年内中国现有资源的供应将不可持续”。

国土资源部完成的中国主要矿产资源的可供性论证，同样显示了中国资源，特别是油气资源形势十分严峻。目前中国对外部资源供给的依赖性已相当突出。据有关部门初步测算，2003年，中国生产电解铝所需氧化铝50％需要进口；铜消费量的60％需要依靠进口铜精矿、废铜加工；铁矿石36％依赖进口，如果考虑品位差异，则该比重更是超过40％。随着中国经济的持续发展，对能源的市场需求日益增长，并已经对外形成高度的依赖。中国石油市场需求增势强劲，自1990年开始以每年7％的平均速度攀升，2003年石油产品需求总量增长幅度达到11.4％，从而使中国的石油贸易量超过日本，成为居美国之后的世界第二大石油进口国。[①] 根据中国商务部的统计数字，2004年中国原油进口突破亿吨大关，达到1.1亿吨，比去年增加21％，成品油进口将达到4000万吨，比2003年增长40％。普遍预计在今后20年里，中国经济仍将保持较快的增长，然而中国石油安全的形势却无法为经济的快速增长提供令人乐观的支持。按国际通常标准，当一国的石油进口超过5000万吨时，国际市场的行情变化就会影响该国的国民经济运行。当进口量超过1亿吨以后，就要考虑采取外交、经济、军事措施以保证石油供应安全。[②] 预计到2020年，中国石油消费量最

---

① 中国商务部：《2003年生产资料市场发展状况及2004年展望报告》，新华网2004年3月29日。

② 《胡锦涛携能源智囊访南美　中国石油大鳄频顾拉美》，载《第一财经日报》2004年11月16日。

少也要4.5亿吨，对外依存度将接近60%。[①] 参见表2

表2：中国石油消费量、产量、进口量、进口依存度的统计与预测

年份	年消费量（万吨）	产量（万吨）	进口量（万吨）	进口依存度（%）
1994	14964.72	14674.72	290	1.9
1995	15749.96	14901.96	848	5.4
1996	17239.81	15851.81	1388	8.1
1997	19604.85	16219.85	3385	17
1998	18937.00	16016.00	2920	15.4
1999	20400.00	16000.00	4400	21.5
2000	23300.	16300.00	7000	30.0
2005	28000.00	18000.00	10000	35.7
2010	34000.00	19500.00	14500	42.6
2015	39800.00	19000. 00	20800	52.3
2020	48400.00	18500.00	3000	62.0

第二节　中国能源外交的现状——以中俄石油管线的博弈为例

一、中国石油进口的现状

中东目前为中国最大的石油供应地。沙特是中国在中东地区最大的石油供应国。1999年10月江泽民主席访问沙特期间签署了

① 陈清泰：《国家能源战略的基本构想》，人民网2003年11月16日。

向中国出口石油的协定后，中国从沙特进口的原油大幅度增加。2002 年增加到 1139 万吨，占该年中国石油进口的 16.4％。中国石油进口的另一个大国是伊朗，中国从伊朗进口原油从 1997 年的 275 万吨，增加到 2002 年的 1063 万吨，占该年进口总量的 15.3％。中国从苏丹进口的石油从 1997 年开始到 2002 年增加到 642.56 万吨，2002 年中国从苏丹进口的石油占进口量的 9.3％，成为中国石油进口的第四大来源国。1997 年中国从俄罗斯进口 47.53 万吨，到 2002 年增加到 302.96 万吨，增长率为 71.6％。中国从俄罗斯进口的石油占其进口数量的 4.4％。中国从哈萨克斯坦进口的石油也在以 54.5％的速度增长，2002 年中国从这一地区进口的石油有 100.36 万吨。中国从哈萨克斯坦进口的石油占其总量的 4.4％。参见分布图：

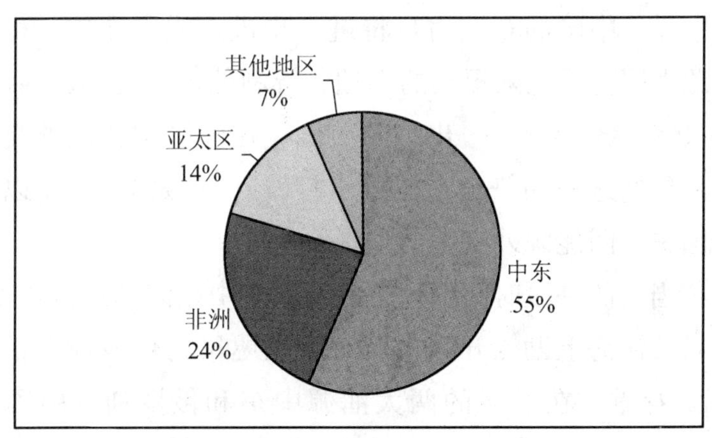

2005 年中国石油进口来源地结构图

资料来源：商务部 2004 年、2005 年对外贸易年鉴。

2004 年我国原油进口来源于 20 多个国家。其中从 5 个国家进口的原油量超过 1000 万吨，合计 7372 万吨，占当年我国原油进口总量的60%。中东的沙特阿拉伯和阿曼位居前两位，分别进口1724万吨和1635万吨，分别增长14.3%和76.3%，安哥拉、伊朗位居3、4位，自俄罗斯进口原油增长最快，进口1077万吨，位居第5位，增长1倍。从苏丹等16个国家进口量介于100万吨至1000万吨之间，合计进口4252万吨，占34.7%，其中自越南、刚果进口增长较快，分别进口535.1万吨和477.3万吨，分别比上年增长52.6%和40.8%。同期，我国进口成品油3788万吨，增长34.1%，价值92.5亿美元，增长57.7%。原油和成品油进口总额共计431.6亿美元，成为我国进口金额最大的单一产品。[①]

从南美运送资源路途遥远，但资源丰富的南美应当成为不可忽略的一个地区。中国与南美国家之间能源合作起点较低，意味着未来合作的空间很大，南美国家普遍较为落后，原油工业的基础较差。他们急于想摆脱贫困，原油合同条款普遍也就较为优惠。借道太平洋，中国的石油力量将进一步进入委内瑞拉、秘鲁等南美洲能源大国。无论阿根廷的石油、智利的铜，还是巴西的铁矿，过去都只有一条出路——出口到美国。在中国的能源外交战略的攻势下，显然这一局势正在被逐步打破。[②] 这是2004年以来中国与南美国家之间能源外交走向纵深的表现。

在相当长的一段时间里，中国只注重中东海湾地区以及南美、非洲，或关注海上勘探开采，而对近在咫尺的俄罗斯石油、中亚油气不太看重。在公认的两大油源中东和俄罗斯，中国的公司“走出去”的成果寥寥。除去在俄罗斯屡屡遭挫不论，在中东这个中国最大的原油来源地，最好的原油资产要么已经被西方国家牢牢掌握，要么根本就不容许外资插手。中国石油巨头虽然在哈萨

① 2004年2月3日安邦经济信息。

② 亚太博宇：“中国经济运行”，《每日快报》，2005年2月3日。

克斯坦、苏丹、委内瑞拉、伊朗等油气“次区域”小有斩获，在原油开采领域所获甚少。实际上中国石油企业海外投资项目的产量只占中国进口需求总量的5%～10%，而且这个比例很难增长。2003年，中国的石油进口量为9112万吨，进口依存度已达到35%，由于尚没有完善的战略性储备库存，中国石油系统内部原油的综合储备天数仅为21.6天。许多已探明储备都过于昂贵，而且在不熟悉的地区进行开采生产也要冒很大风险。日本几十年来大量投资勘探项目旨在增加储备，但多数项目都以失败告终，只留下了大笔沉重的债务。要以政治甚至军事眼光审视经济问题，不能光是希望通过睦邻与协商的方式解决矛盾。外交政策要大幅调整，全面推动石油外交。中国政府必须像日本政府那样展开游说和公关，这样才能确保中国的能源安全。

二、中俄石油管道博弈：安大线的失败

远东石油管道，从安大线到安纳线、泰纳线，再到中国现在力争的泰纳线通往中国的支线，反复曲折多年（中国和俄罗斯自1994年起，便开始探讨安大线），成为了中国能源外交困局的典型缩影。

1994年，俄最早提出修建从蒙古直接进入中国的中俄石油管道项目的设想，但当时中方考虑到要保住大庆这个因石油枯竭而逐渐衰落的资源型城市，以及过高估计了管道经过蒙古对中国造成的影响，担心中国将难以参与蒙古的油气资源开发，提出从满洲里绕道贝加尔湖的安大线方案以使大庆受益，丧失了修建的最佳战略机遇期[①]。此后，负责该项目的中国石油天然气集团公司和俄罗斯管道

① 庞昌伟：《俄罗斯能源战略框架中的对外能源合作》，载《国际经济评论》2004年第6期，第26页。

运输公司、俄罗斯尤科斯石油公司，通过多次讨论、协商与谈判，签订了一系列推动项目进展的政府间与公司间协议。中俄双方要合作的这条石油管道起点为俄罗斯的安加尔斯克，终点至中国大庆，简称“安大线”。总长度为2260公里，800公里在中国境内。按照协议，中俄双方各自负责本国境内的管道建设，预计耗资25亿美元。这条管道建成后的初始阶段，俄每年将向中国出口原油2000万吨，2010年后每年将输出3000万吨。随着俄罗斯经济的好转，以及其他国家出于能源多元化的安全战略考虑，俄罗斯的石油坐地起价，而万无一失的中俄石油管道项目中突然出现了日本人的身影，让事情变得错综复杂。日本曾提出，愿意承担修建从西伯利亚安加尔斯克到太平洋港口城市纳霍德卡之间长达4000公里的输油管道的全部50亿美元成本。日本所提出来的安纳线从安加尔斯克至纳霍德卡，整条线路都在俄罗斯的境内。很明显，日本的安纳线方案不是从经济的角度考虑，虽然受到日本企业界的反对，从国家长远的能源安全利益出发，日本仍然有计划、有目的地展开工作。2003年以来，日本政府为了加强同中国竞争俄罗斯的石油资源，首相小泉纯一郎、经济产业省资源能源厅长官冈本严、外务大臣川口顺子等重量级人物频频出访俄罗斯，并利用进行大规模经济技术合作、提供75亿美元的资金协助俄罗斯开发东西伯利亚新油田等十分优惠的条件，俄罗斯最终以安大线太接近贝加尔湖，威胁生态的安全为理由，否定了安大线。中俄双方支持扩大以铁路运输方式自俄罗斯向中国出口石油，逐步达到年供应量1500万吨。

日本之所以反对安大线，是担心中国控制东亚能源供给权。随着中国的快速发展，对能源的需求急速增加。据国际能源组织的报告，2003年中国的石油消费日均549万桶，超过日本的540万桶，成为世界上仅次于美国的第二大石油消费国。对此，日本方面从上到下都给予了高度的关注和警惕，担心这将直接影响到日本的能源传统供应基地。目前，日本90%的石油进口来自中东，中东的任何波动都会对日本的能源进口产生负面影响。日本尤其担心随时可能爆发的台海冲突，一旦中国解决台湾问题，其石油补给线将全部被中国控制。如果每年能够从俄罗斯获得5000万吨石油的话，中东石油所占比例将下降至60%，这对加强日本的能源安全无疑具有重要作用。

三、中哈石油管道的实施

里海沿岸及其大陆架是世界第三大油气资源富集区。哈萨克斯坦已在这一地区探明石油储量46亿吨。1997年中国和哈萨克斯坦共同提出修建中哈石油管道计划。整条中哈石油管道全长3000多公里，西起哈萨克斯坦西部的里海港口城市阿特劳，横穿哈全境至中哈边境阿拉山口，再从阿拉山口至新疆的独山子。整个石油管道分三段：第一段从阿特劳到肯基亚克；第二段从肯基亚克到阿塔苏；第三段从哈境内的阿塔苏到中国新疆的阿拉山口。目前，从阿特劳至肯基亚克之间的这段管道已于2003年3月由中哈双方合资建成。2003年6月，中国国家主席胡锦涛访问哈萨克斯坦，哈国家石油天然气公司和中国石油天然气集团公司又签署了关于共同就分阶段建设哈中管道问题进行投资论证的协议。2004年5月，哈萨克斯坦总统纳扎尔巴耶夫访华期间，中国石油天然气集团公司与哈萨克斯坦国家石油天然气股份公司签订了关于建设“阿塔苏—阿拉山口”石油管道的协议。中哈石油管道“阿塔苏—阿拉山口”段全长约970公里，总投资7亿美元，预计2005年年底建成。一期工程设计输油能力为每年1000万吨。这一项目是中国政府营造“多元化”能源外交格局的一个突破。

中哈石油管道将与中国西部建设的原油成品油管道共同组成西油东送战略通道，把新疆、甘肃和东部、西南地区的输油管道以及石化企业连接起来，形成西部输油管网，实现资源和市场的有效对接，推进西部石油资源开发利用和优化配置，保障东部地区的能源供应。

四、国家领导人的能源外交

由于石油形势的紧迫，2003 年以后中国政府着手大力开展能源外交。2003 年 5 月 26 日，新任国务院总理温家宝，亲自听取了中国工程院“中国石油可持续发展战略研究小组”所作的工作汇报。同一天，国家主席胡锦涛出访俄罗斯和中亚。随同出访的中石油集团公司总经理马富才在莫斯科，与俄罗斯尤科斯公司前总裁霍多尔科夫斯基签署了《关于“中俄原油管道原油长期购销合同”基本原则和共识的总协议》，这也是中俄有史以来最大的一笔石油供应协议。2003 年 6 月 3 日，在胡锦涛访问哈萨克期间，中石油集团公司又在其首都阿斯塔纳，与哈萨克斯坦国家油气公司签署了《关于共同开展哈萨克斯坦—中国原油管道分段建设投资论证研究的协议》，及与哈萨克斯坦共和国财政部国有资产与私有化委员会签订了《关于中国石油天然气集团公司在哈萨克斯坦共和国油气领域进一步扩大投资的协议》，这使得从 1996 年以来一度陷入僵局的中哈管线重现曙光。2004 年 5 月哈总统访华期间与中国签署协议最终解决了该问题。“因为（中哈输油管道）虽然是商业行为，但却与政治关系密切，”中石油集团公司原总经理马富才对《财经》表示，“项目的进展，往往要取决于双边的谈判情况。”[①] 2003 年 8 月，全国人大常委会委员长吴邦国在菲律宾首都

---

① http://business.sohu.com/2003/12/08/49/article216604934.shtml，参见搜狐财经。

马尼拉参加亚洲议会和平协会会议时，提议联合开发有争议的南中国海的油气资源，并特别向东道主伸出了橄榄枝，从而打破了中国在东南亚地区能源合作持续多年的僵局。菲律宾也很快以实际行动作出了回应，11 月 11 日，中国海洋石油总公司和菲律宾国家石油勘探公司共同签署了联合开发南海油气资源的意向。2003 年 10 月 8 日，温家宝和东盟十国领导人出席了在巴厘岛举行的签字仪式，中国成为除东南亚地区之外，第一个正式加入《东南亚友好合作条约》大国。中国进一步加强与东南亚国家的经贸合作，尤其是能源领域的合作，包括确保中国原油进口海上通道的运输安全方面，将起到至关重要的作用。2003 年 10 月下旬，国家主席胡锦涛对澳大利亚和新西兰进行了正式访问，而随同出访的有当时刚出任中海油集团公司总经理的傅成玉。10 月 24 日，他与澳大利亚 GORGON 项目合作方，在堪培拉签署了为期 25 年、购买总计 8000 万吨到 1 亿吨的液化天然气的协议，合同金额高达 210 亿美元。此外，中海油股份公司还将获得该项目 1/8 的权益。这种令人耳目一新、积极进取的高层外交态势，显然为中国更好地利用国际市场，确保能源安全创造了良好的外部环境。2004 年 2 月，中国国家主席胡锦涛出访非洲的阿尔及利亚和加蓬等国，围绕中国石油进口与有关国家签署了石油开发能源协议。截至 2004 年 11 月，在国家主席胡锦涛上任以来 4 次访问的 14 个国家中，与中国有石油合作关系的就有 6 个，分别是俄罗斯、哈萨克斯坦、埃及、加蓬、阿尔及利亚和乌兹别克斯坦。中国与这些产油国都签订了石油供需协议。

2004 年中国政府高层持续展开能源外交、资源外交，外交行动全面出击，通过各种活动扭转以往的被动局面，显示外交的策略方向逐渐改变。具体而言，是从下意识的以经济促外交，转向有意识、主动的以外交促经济，是一个量变到质变的过程。11 月，在胡锦涛主席出访拉美之前，中国境内的三大石油公司中石化、中石油、中海油的高管人员陆续抵达拉美，有数十人之多。这么一个阵容庞大的“能源智囊”代表团随访，这在中国外交史上极为少见。12月，中国国家副主席曾庆红出访秘鲁，双方签署了中国石油天然气集团公司与秘鲁能源矿产部进一步扩大油气勘探开发、炼油化工等能源石化领域八个合作协议，出访委内瑞拉，又与委内瑞拉签署了5份能源合作协议。与拉美国家的能源合作可谓势如破竹。其实，这在相当程度上也是中国自从2004年底对拉美众多国家展开能源外交的成果。

中国石油天然气集团公司（简称“中国石油集团”，英文缩写：CNPC）是根据国务院机构改革方案，于1998年7月在原中国石油天然气总公司的基础上组建的特大型石油石化企业集团，系国家授权投资的机构和国家控股公司，是实行上下游、内外贸、产销一体化、按照现代企业制度运作，跨地区、跨行业、跨国经营的综合性石油公司。中海洋石油总公司是中国三大国家石油公司之一，于1982年2月成立，是国务院直属特大型企业，注册资本500亿元人民币，现有职工2.4万人。中国石油化工集团公司是国家在原中国石化总公司的基础上于1998年成立的特大型石油石化企业集团。

五、大型国有企业“走出去”的行为

中国发展过程中对能源的需求，使得“走出去”战略成为必然的选择。这是企业发展的需要，也是保证中国能源安全的需要。中国石油天然气总公司、中国石油化学工业公司、中国海洋石油天然气总公司等中国的大型石油企业在全球各地四处出击。

这些努力取得了一些进展。比如中海油2002年斥资5.85亿美元从西班牙石油公司 RepsolSA 手中收购了印尼 5 个石油和天然气田的股份；中石油以 2.16 亿美元的价格从美国戴文能源公司手中收购了部分印尼油气资产；2004 年中石化集团中标开发沙特的一个天然气项目，这是沙特 25 年来第一次对外开放的 3 份天然气合同中的一份。2005 年 10 月，加拿大一家地方法院批准了中石油公司对总部设在加拿大的哈萨克斯坦石油公司涉及 41.8 亿美元的收购。此外，在委内瑞拉、泰国、阿塞拜疆、阿曼和苏丹，也都有中国石油公司投资的勘探和开采项目。

从目前看，中石油在海外有三个战略选取区：以苏丹项目为基础的北非战略区；以哈萨克斯坦项目为基础的中亚和俄罗斯战略区；以委内瑞拉项目为基础的南美战略区。中石化的战略区更多在中东。中东也是中国原油的主要供应国，约占 50%，其中，最多的是沙特和伊朗。而中石化作为进口大户，占中东原油总进口量的 80%左右。[①] 但总的来说，中国在海外开发新油源任重道远。从历史来看，中国只能算是世界石油市场争夺的一个后来者，进入这个市场已经晚了，现在世界上最好的原油资产要么已被西方国家牢牢掌握，要么根本就不容许外资插手。从中国石油企业目前的对外战略看，主要有三种类型：一是参与开发一些油藏相对复杂、总体规模较小，以及历史相对古老的油田。二是利用国外一些石油公司经营上的困难，收购拥有的油气资源。三是借助地缘政治，获得市场竞争的优势或者是局部优势。如：中石油在被美国经济制裁的苏丹建设了年产 1250 万吨原油的油田和配套的输油管道，建成了年加工能力 250 万吨的苏丹喀土穆炼油厂，形

① 《中国石油的"海外路线图"，"饥渴"才要走出去》，载《三联生活周刊》2004 年 9 月 2 日。

成了集生产、管道运输以及炼油于一身的综合性海外石油基地。[①]四是加强对周边国家的石油外交。如：中国加强与哈萨克斯坦石油合作等。

六、中国能源外交尚存的问题

中国在远东石油管道问题上受挫，反映出中国在能源外交这一领域能力的缺失，以及运用外交资源协助本国企业获取经济利益方面的经验不足。

业内专家指出：中俄双方进行了长达10年的调查论证、谈判，耽搁的时间太久，在俄国内引起普遍质疑，中方未能在俄罗斯最困难的时期抓住机遇。总结中俄能源合作的教训，国务院宏观经济专家组成员秦宣仁认为："我感到我们的调研不够，动作慢，缺少通盘运筹，各自为政，谋略和手段不到位，错失了许多机遇。""我们落在了西方大石油公司的后面。当它们纷纷向俄罗斯、中亚油气资源注入巨额资金时，中国各家公司仍在世界各地找油。"[②] 中国过去的能源外交曾趋于单一，并为此付出代价——对于俄罗斯早前提出的铺设油管的设想，中方认为修油管成本太高，那时把"筹码"压在中东地区，使中国错失了进入俄罗斯石油市场的最好机遇。新疆石油管理局局长说："我举一个最显著的例子，中石油跟哈萨克斯坦在石油管理建设这个项目成功，应该是我们高层领导人去推广的结果，胡总书记去了以后，我们的项目进展很快，很快就可以实施了。""有了国家外交的支持，我们

① 许娜：《加快"走出去"步伐，实施多元化战略》，载《国际经济合作》2003年第3期，第41—42页。

② 《突破俄、美、日、印包围中国能源"五极"外交》，载《21世纪经济报道》，2004年3月17日。

今年将加大走出去速度，力争海外石油开采比去年增长一半以上”，目前中国在海外开采的原油达到了2000多万吨，仅新疆就已经在海外油田项目上与9个国家建立了合作关系，这些海外石油项目的拓展都与中国的外交支持分不开。[①] 按照《能源中长期发展规划纲要》，中国解决能源问题要充分利用国内外两种资源、两个市场。中国已经在中东、中亚、俄罗斯、东南亚四处出击寻找能源。但是因为“前期调研的不够、缺少通盘运筹”，中国错失了许多机遇，甚至出现兄弟企业为争夺资源互相争斗的局面。美国东西方研究中心研究员凡瑞顿·费舍瑞克就指出：“中国政府需要主动游说和公关。”[②]

第三节　中国能源外交战略的几点思路

虽然发达国家石油需求仍然主导世界石油需求市场，但是发展中国家的石油消费量将追超发达国家。经济发展较快、人口较多的中国、印度、印度尼西亚、巴西、墨西哥、越南、菲律宾、土耳其、埃及、伊朗、泰国和南非等发展中地区大国都已经进入或即将进入人均能源消费量增长较快的阶段。石油供应多元化。欧佩克在世界石油市场仍然发挥着举足轻重的作用，但非欧佩克产油国发展势头强劲，俄罗斯的能源大国地位得以确立，里海和中亚国家、非洲几内亚湾国家等新兴产油国的地位迅速上升，挪

① 《突破俄、美、日、印包围中国能源“五极”外交》，载《21世纪经济报道》，2004年3月17日。

② 具体参见《中国经营报》2005年5月8日。

威、加拿大和英国等国的传统地位仍然保持，伊拉克的特殊地位将逐渐突出，石油供应国将“群雄并立”。世界石油产业被发达国家的几大石油公司所垄断的局面将被打破，中国、印度和巴西等发展中地区大国全力支持本国石油公司在全球寻求稳定的油源并且争取石油开发和生产的份额，沙特阿拉伯、俄罗斯等新老产油国全力支持本国石油公司迅速提高石油效益并且寻求稳定的买家，发展中地区大国和新产油国的石油公司将在世界石油市场上同发达国家的几大石油公司分庭抗礼。①

中国政府需要提升石油安全在国家战略中的地位，并在全球加强对中国石油进口的战略干预，以国家力量的介入来确保能源安全，要重点加强与产油国在政治经济等各方面的关系。提高各级领导和国民对石油和天然气战略作用的认识，并在此基础上，制定出中国的石油外交和经济安全战略。制定这一战略的主要目的就是要保障国家今后经济长期持续稳定发展的安全，同时安排好中国同周边国家以及世界其他国家之间的政治和经济关系。② 国务院总理温家宝 2004 年 6 月 30 日主持召开国务院常务会议，讨论并原则通过《能源中长期发展规划纲要（2004——2020 年）》(草案)。其中要求要充分利用国内外两种资源、两个市场，立足于国内能源的勘探、开发与建设，同时积极参与世界能源资源的合作与开发。③

西方大国都把能源安全放在对外贸易和对外交往的首位，高度重视海外石油的勘探与开发。相比之下，我国的石油企业目前

---

① 中国社会科学院世界经济与政治研究所国际战略研究室：《世界能源战略格局大走势》，载《世界知识》，2004 年第 17 期。

② 孙永祥：《浅析石油外交与经济安全》，载《石油化工动态》，2000 年第 2 期。

③ http：//www.gog.com.cn/gzrb/g0403/ca637865.htm.

在海外大多孤军作战，没有形成一致对外的整体行动。我国政府应当进一步加强对这一领域的参与和介入，从石油安全战略的高度，制定具体的长期发展计划，并付诸实施。而且要促成企业在海外相互合作，相互扶持，提高整体竞争能力。

一、整合国家能源的主管机关

美国有一个极为庞大的能源部门，有3000名专家和官员在研究能源战略和政策，中国的能源研究与管理机构与之相比，显得十分可怜。能源外交已经成为中国政府外交战略中仅次于大国外交、周边外交的第三外交。这对于能源强调的还不够，不能把能源外交和大国外交、周边外交割裂开来。

当前，中国发展与改革委员会能源局（国家石油储备办公室）具体主管国内能源发展的具体问题。具体职能是：研究国内外能源开发利用情况，提出能源发展战略和重大政策；拟订能源发展规划，提出相关体制改革的建议；实施对石油、天然气、煤炭、电力等能源的管理；管理国家石油储备；提出能源节约和发展新能源的政策措施。[①] 发改委能源局成立于2003年4月。当时的背景是：自1993年中国对能源性企业进行市场化运作后，中国的能源市场“只见公司不见国家”。经济的发展加深了中国对能源的依赖，而这种依赖和制约又使得能源产业的发展受到更多的约束。在当前情况下，作为国家发展和改革委员会下属的一个职能部门，能源局的综合协调能力受到很大的限制，已经不能适应中国能源战略和能源外交形势的发展。应进一步整合国家能源的主管机构，协调各个能源机构的职能，以便形成合力，开展能源外交。可以

① http：//www.sdpc.gov.cn/具体参见国家发展和改革委员会网站。

考虑由国务院副总理挂帅，成立能源对外协调机构，协调三大石油公司海外战略，避免单兵作战，降低成本，提高效率。① 同时考虑在个别国家设立半官半商的专门能源外交机构，同海湾国家海湾合作组织与中国联合组成专门的能源政府间协调机构，为中国石油公司成功进入中东石油市场打好外交基础，提供及时和必要的信息指导，极力促进油气合作项目。

二、运用外交资源，加速实施能源进口地域多元化战略

中国处于连接“石油心脏地带”（从北非—海湾—中亚—西伯利亚的巨大“油库”）和“需求月形地带”（即环太平洋西岸边缘的巨大需求地区）之间。北接俄罗斯，西连中亚，南有东南亚。从安全角度看，今后中国的外部供应线必须是多元的，而决不是单一的和绝对的。② 自 1993 年中国成为纯石油进口国家以来，对能源短缺的担心一直是中国经济安全的最大隐患。中东石油供应的扑朔迷离的形势，海上石油通道的马六甲海峡海盗猖獗，甚至不确定的中美关系（美国海军控制着世界能源供应航线），都让中国不得不实行能源多样化战略。

加强石油进口渠道的多元化，多条腿走路，每条腿都要踩实。除了传统的中东国家之外，还要加强向非洲、南美洲、东南亚、中亚、俄罗斯等国家和地区的战略调整。需要强调的是：非洲和中亚是中国应该高度重视的地方，非洲的石油储藏量巨大，非洲

---

① 《中石化海外战略解密——咄咄逼人的油田争夺战》，载《21 世纪经济报道》2004 年 4 月 24 日。

② 徐小杰：《新世纪的油气地缘政治——中国面临的机遇与挑战》，北京：社会科学文献出版社，1998 年 4 月第 1 版，第 175 页。

产油国的经济落后，都为中国的介入提供了条件。而中亚地区的石油资源以及与中国的地缘政治关系，都决定了中国要加强开发和利用中亚国家的资源。中国还需要大力发展陆路运输，其重点是中哈管道以及不确定的中俄管道。鉴于战略和经济上的重要性，中国需要加大对中亚石油开发的投资；同时由于新疆在中国石油行业和其他问题上越来越重要，需要提升新疆在国家战略上的地位。未来中亚能源合作的进行，可能会使得国内石油生产的重心，慢慢向西部转移。

政治为石油服务，首要一点就是中国要和所有产油国搞好关系。从中亚到东南亚到非洲，中国都要和这些产油国建立良好政治关系，保障自己的石油生命线。阿拉伯国家手中有油，而且在人权方面支持过中国，中国在中东问题上就“一定要有自己的立场，有独立自主的外交政策”。再比如，在苏丹达尔富尔问题上，因为苏丹是产油国，中国的态度应该更加坚决。在伊朗问题上，中国也应该保持和平解决伊朗核问题的强硬态度。向俄罗斯寻求石油供应，由于有地缘政治问题，中国买了那么多年油都没有买来，这里并不只是钱的问题。海上油田有其特殊性，石油会在海床下流动，早开发者会得益更多。所以，中国应该尽量多开发海上油田而非陆上油田，中国应该抓紧时间勘探更多的海上石油。另外，中国还必须运用政治手段保障油路畅通。马六甲海峡运输着中国进口石油的82%，必须利用外交手段保持马六甲航道的畅通。

（一）加大中东外交工作力度

布什政府在2001年5月17日公布的《国家能源政策报告》中，强调“美国目前正面临70年代石油禁运以来最严重的能源短缺”，提出的应对政策虽然包括鼓励革新和采取新技术，寻找可替代能源，开发阿拉斯加石油以减少对进口石油的依赖程度等内容，但重点仍然是设法从国外获得更多的石油来源，“把能源安全当做美国对外政策的当务之急”，而波斯湾“将继续成为美国利益的关键”。[①] 从长期世界地缘油气格局看，中东是中国的主要进口源区，这一趋势很难在2020年前有根本性改变。这就使对中东的研究成为海外开拓的重点。我国进口原油一半以上来自中东，主要是阿曼、伊朗和沙特，且近年呈不断上升的趋势。

伊拉克战争后，中东处于更加剧烈的动荡中，对待伊拉克的外交政策应有相应的弹性。中国在伊拉克问题上态度的灵活性，在于国家利益高于一切，中国外交的主要任务将会是争取更多国家利益——特别是中国非常缺乏的能源。如中国国家主席胡锦涛与美国总统布什2003年12月20日通电话时谈到了参与重建伊拉克的问题，双方将派官员共同讨论中国参与减少伊拉克官方债务。此前，中国一直反对美国出兵伊拉克，但面对重大的国家利益——伊拉克的原油，中国最终选择了对该国战前债务的减免。

中国是全球增长速度最快的经济大国，需要足够的石油支持。这种情况下，中美之间就石油问题的争执已不仅限于经济领域，更涉及国际制裁、人权、反恐等多个政治层面。

（二）中国应积极参与中亚和里海地区事务

从资源禀赋看，中亚五国能源贮量丰富，哈萨克斯坦化石能源贮量达269亿吨油当量；土库曼斯坦和乌兹别克斯坦化石能源贮量分别达23.3亿吨油当量和44.1亿吨油当量；吉尔吉斯斯坦和塔吉克斯坦化石能源贮量分别为5.9亿和5.1亿吨油当量，其

① 《美国国家能源政策报告》，美国国务院国际信息局网 http：//usinfo. state. gov。

水电潜力十分巨大，年发电量相当于 1400 万吨和 2730 万吨油当量。中国煤炭贮量丰富，高达 4500 亿吨油当量，但石油贮量极为有限，只有 17.2 亿吨。[①]

鉴于中亚石油在中国石油安全中的重要性，在外交策略上中国应积极参与中亚和里海地区事务，在和平共处五项原则的基础上，努力构筑与中亚国家新型的、长期稳定与友好的合作关系。第一，要明确加强与中亚国家的外交关系，对于促进中国西北边疆和中亚国家的稳定与发展和长久稳定地获得该地区的能源具有重要意义。中国应理解和支持中亚国家自苏联解体后对政治和经济独立的基本要求。第二，在围绕中亚石油地缘政治的角逐中，中国应鼓励中亚国家与美、俄等大国的关系平衡。与此同时，考虑到中俄在中亚举足轻重的地位，以及俄在中亚石油竞争中的被动局面，中国应主动出击，合纵联横，联俄共同参与中亚石油竞争。第三，强化“上海合作组织”在该地区的地位和作用，以“上海合作组织”为依托，与其他国家一道加强打击该地的宗教极端势力，民族分裂势力和国际恐怖势力，确保中国中亚石油供应的畅通。[②]

（三）发挥中俄两国政治关系优势，加强做俄罗斯工作的力度

俄罗斯是世界油气大国，天然气蕴藏量 48 万亿立方米，占世界探明储量的 1/3，居世界之首；石油探明储量 65 亿吨，占世界探明储量的 12%—13%。能源产业是俄罗斯国民经济的支柱产业，

---

① ADB（Asia Development Bank）：Regional Economic Cooperation in Central Asia. July 1998。

② 明庭权、韩学峰：《21 世纪中国石油安全与中国中亚石油战略》，载《兰州学刊》2004 年，第 5 期。

近年来，能源出口一直占俄罗斯GDP的20%以上和外汇收入的50%—60%。1999—2001年，俄罗斯约90%的GDP增长都得益于能源出口的拉动。俄罗斯总统普京把发展能源出口视为带动经济增长的“龙头”。2000年11月，俄罗斯政府批准《2020年前俄能源发展战略》，强调要借能源产业促进经济复苏、维护地缘利益。俄紧邻中、日、韩3个发展最快的油气消费市场，向外可辐射到东南亚甚至亚太地区，与俄的合作，必须不计一时一事的得失，着眼于中长期与俄的战略合作，从中国的油气长远规划和中国经济的全局去稳步推动合作，同时与其他有关国家形成互补多赢的局面。

需要特别指出的是，中国不能一厢情愿地把石油安全的“宝”押在俄罗斯身上。俄罗斯传统上是一个欧洲国家，在历史上除了原苏联时期与中国的短暂友谊之外，两国不信任的时候还是居多。对于在远东地区的这样一个迅速发展的邻居，俄罗斯始终是抱有难以消除的戒心。中国和俄罗斯之间长达15年的输油管道博弈事件证明了这一点：只要有其他的战略选择，俄罗斯是很容易“抛弃”与中国的合作的。当然，中国经济实力的增强，这本身就是最大的战略筹码，俄罗斯不能不考虑未来的合作。对中国来说，要尽量争取与俄罗斯达成能源合作，但不能产生依赖。

（四）还应加大对西非、北非、南美洲产油国的工作力度

非洲是世界上八大产油区之一，近年来由于深海勘探技术的运用，几内亚湾新油田不断被发现，石油储量不断增加，引起世界广泛关注。非洲已经探明的石油储量从1997年的92亿吨上升到2000年的102.59亿吨，占世界总储量的7.3%。根据预测，未来20年，非洲石油产量可能增至日产石油1100万桶，比现在的

780万桶增加40%[①]非洲石油储量还在不断增加，尤其是西非几内亚湾地区。2001年新发现的80亿桶石油中有70亿桶在几内亚湾。与此同时，非洲石油产量、出口量较前10年也有了大幅度上升。非洲共有20多个产油国，所产石油的75%供出口其中阿尔及利亚、利比亚、尼日利亚、安哥拉等产油国出口的石油分别占其总产量的60%、77%、86%和95%。[②]

总体上看，除东非地区（如苏丹）以外，直接将该区所产的油气运往中国在运输成本上较高，难以作为中国进口油气的主体，适合作为进口来源多元化的补充。2004年9月，中国否决美国在安理会提出的针对苏丹的动议。苏丹占中国石油进口的7%，中国则是苏丹最大输油管的投资者，该条输油管每天运送大量石油，占苏丹日产量（34.5万桶）的75%。总之，如同国务院宏观经济专家组成员教授秦宣仁所言，要继续与俄罗斯谈判，同时稳住中东地区，扩大与哈萨克斯坦、土库曼斯坦、苏丹、利比亚、印度尼西亚、缅甸和委内瑞拉等国家能源外交力度。"这是未来可行的能源外交方案之一"。国家发改委能源所杨玉峰认为："在我们所制订的能源战略里，我们建议就是能源外交多元化，不为某一方牵制，同时也不轻言放弃。"[③]

（五）采取现实主义，加强同美国的合作

为解决石油"饥渴"，中国目前正在全球各地展开一场"抢

① 以上数据均引自孙巧成：《析石油开发与非洲经济》，载《国际问题研究》2000年第1期。

② 姚桂梅：《关于开发利用非洲矿产资源的战略思考》，载《西亚非洲》2003年第2期。

③ 唐卫斌：《中国石油安全与能源外交》，载《外交学院学报》，2004年6月。

油”大战，从俄罗斯到加拿大，从沙特阿拉伯到委内瑞拉。值得注意的是，过去中国到海外寻找油源时，总是尽量回避以美国为主要市场的产油国，其合作对象也不乏叙利亚和苏丹这些因政治或人权问题而遭欧美国家孤立的产油国。但也许是这些地区的供油仍无法满足需求，近来中国的石油公司的海外“抢油”行动已悄悄扩散到沙特阿拉伯、委内瑞拉，甚至加拿大等昔日被视为美国“地盘”的产油地。拓展海外能源与其他战略性资源，已被中国高层视为实现国家利益的重要举措，中国未来的“资源扩张”步伐将十分坚定。因此，未来中国在海外能源扩张中与美国的正面撞车将不可避免。

目前的世界格局仍是美国独大的“单极世界”格局。过去中国海外能源合作似乎有这样的思路：避开美国强势的地方，加强与美国力量相对较“弱”的国家的合作，比如与苏丹、战前的伊拉克、伊朗等国的合作。但是，这种策略实际上还是站在了美国的对立面。中国必须调整方向，在未来要十分注重同美国的合作。中国调整石油进口多元化的战略，意味着更多的进行国际合作，参与海外石油市场，如果继续与美国对立，恐怕会处处碰壁。在现阶段，中国与美国有着很多可进行战略合作的地方，比如说反恐问题、朝鲜问题、国际贸易问题、市场开放问题等，都可以变成与美国交换战略利益的筹码。

（六）重视与周边能源需求大国关系的协调

近年来中国能源需求日益膨胀，促使国内企业不得不实施“走出去”战略。在此过程中，国内企业难以避免地与其他能源需求大国产生竞争。日本就是其中之一。需要注意的是，根据国际机构预测，2005 年至 2007 年间，印度对石油的需求将以每年至少 3.6％的速度增长。印度原油需求的 70％依靠进口。印度正成为继中国之后，带动国际社会石油消费新增长点。从近期印度能源海外扩张步伐来看，其分别与伊朗、俄罗斯达成了数十亿美元的能源交易。而俄罗斯与伊朗均是中国能源外交的重点之一。因此，随着印度的加入，中国对俄罗斯和伊朗的能源外交增添了新的变数。印度属于能源消费新星，难以避免地将与中国存在一定程度上的能源竞争，因此政府及国内石油巨头应加以重视，及早制定合理的能源外交策略，避免竞争恶化的不利局面产生。[①]

三、动用国家外交资源支持石油企业“走出去”和“请进来”

充分利用市场优势和当前的良好时机，积极实施“走出去”战略。研究采取积极的财政、税收和放宽境外油气项目投资限额，简化审批程序，建立国家专项基金等政策措施，鼓励并协调石油公司联合起来参与国际竞争，开展国际化经营，从事境外油气勘探开发，形成一定规模的境外油气生产基地，同时带动国内技术、装备、物资出口和劳务输出。鼓励境外份额油进入国内市场。在鼓励石油企业“走出去”开展国际经营的同时，研究制定有关条例或规定，对于“走出去”合作开发资源，合作建厂、加工企业、技术服务、劳务输出等一律实行登记备案。加强对各石油公司在境外的活动的协调。

四、统筹安排，加快建立国家石油储备体系

美国是目前世界上拥有石油储备最多的国家，现有战略石油

① 亚太博宇：“中国经济运行”，《每日快报》，2005 年 1 月 11 日。

储备总量为7亿桶（接近1亿吨），相当于53天的进口量，美国民间企业的义务储备量约为11亿～12亿桶，国家与民间石油储备合计可达到150天左右的进口量。1996年全国人大通过的《国民经济第九个五年计划和2010年远景目标纲要》中就曾明确提出，“十五”规划纲要所确定的新世纪中国能源发展战略中也再次提出：“建立国家战略石油储备，维护国家能源安全”，并确定首先“建立政府储备，以填补这方面的空白”。日本已经在沿海地区建立了10个永久性国家石油储备基地，并租用了临时性的民间油库或油轮。1989年日本政府修订的《石油储备法》明确了石油储备以国家储备为主，国家石油储备规模为5000万立方米，储备的是原油，相当于全国85～90天的石油消费量。这一储备目标已于1998年实现。与此同时，日本民间石油储备量减少为相当于70天的石油消费量，包括原油、中间产品和成品油。[①] 中国能源安全的薄弱点又在于对进口石油的依赖度高，进口石油主要来自局势动荡的中东地区并且要通过漫长的海上运输线，这些都要求把建立战略石油储备、保障国家能源安全提到重要的议事日程上来。

根据中国国情并借鉴国外经验，建立中国的国家石油储备体系必须遵照国家储备与企业储备相结合、以国家储备为主的方针。国家储备由中央政府直接掌握，主要功能是防止和减少因石油供应中断、油价大幅度异常波动等事件造成的影响，保证稳定供给。建立国家石油储备，要坚持统一规划、合理布局、规范管理、循序渐进的原则，充分利用现有设施进行改建、扩建。储备的石油可在国家的调控下，按一定比例进行商业运作，通过低收高出，

① 许晓光、李维英：《建立战略石油储备 保障国家能源安全》，载《国际石油经济》2003年第4期。

筹集运行和维护资金。起步阶段宜加大商业运行比例，以减轻国家负担。储备设施的建设资金应以国家投资为主，广开融资渠道，利用政策性贷款、发行债券等多种方式予以解决。企业储备是在与其生产规模相匹配、正常周转库存的基础上，按有关法规承担社会义务和责任必须具有的储存量，主要功能是稳定市场价格，平抑市场波动。要通过制定相关法规，国家给予财税等政策支持，加快建立企业储备。

五、进一步加强与国际能源体制的合作

在传统油源——中东，中国一方面要与中东阿拉伯国家维持传统的友好关系，在美国与阿拉伯国家之间的纷争中保持中立立场，但另一方面又有迫切需要参加“石油消费国俱乐部”，就价格问题向出售石油的阿拉伯国家施压。目前，在国际资源市场上，中国既是许多大宗商品的主要生产者，又是重要的买家。国际石油价格的确定，主要依据的是纽约商业交易所的低硫轻质原油期货和伦敦国际石油交易所的布伦特原油期货。由于许多重要资源商品的价格决定权掌握在国外，中国企业等于把至关重要的利润决定权交给了外人。因为，在高度竞争的国际市场上，原材料价格的些微上涨，便可能让原本就处于微利状态的国内制造企，一下子就沦入亏损境地。

中国要解决过度依赖外部资源的问题，一方面要通过海外直接投资和订立长期合同等方式拓宽海外资源供应渠道，另一方面，要积极参与多种形式的国际能源体制，同时利用相关体制下的衍生工具，利用期货市场规避价格风险和套期保值的功能，通过在中国发展自己的国际定价中心，把越来越多的商品的“话语权”，握到中国企业自己的手中。

六、做好能源技术的提高工作

目前中国面临着常规能源资源约束、过分依赖煤炭污染严重、能源利用效率低等问题。1997 年，我国由燃煤排放的二氧化硫和二氧化碳分别为 10^4t 和 10^8t（碳），约占全国总排放量的 85%。由此使全国 600 多个城市，符合生态一级标准的还不到 1%。农村大面积植被和森林被破坏，水土流失加剧。生态环境的恶化，已受到国际社会的广泛关注。目前中国能源使用效率仍远远落后于西方发达国家。中国万元 GDP 的能耗量为西方发达国家的 4.2～14.4 倍，而高能产品的单位能耗一般比发达国家高 12%～80%。能源综合使用效率和终端能源利用率仅为 30%及 41%，均比西方发达国家平均低 10 个百分点以上。能源系统总使用效率却只有 9.3%。2003 年，中国能源消费总量为 16.8 亿吨标准煤。其中煤炭占 67.1%，原油占 22.7%，天然气占 2.8%，可再生能源占 7.3%。中国人均煤炭、石油、天然气资源量仅为世界平均水平的 60%、10%和 5%。全国 90%的二氧化硫排放，大气中 70%的烟尘是燃煤造成的。中国每吨标准煤的产出效率仅相当于日本的 10.3%、欧盟的 16.8%。中国未来能源结构政策的基本方略是"煤为基础、多元发展"。维持以煤炭为主体、电力为中心，油气、新能源全面发展的一次能源结构；优化二次能源结构，特别是提高煤炭利用效率和清洁性。"立足国内、开拓国外"是中国能源开发战略的重要内容。

第七章

中国的金融外交

金融是一国经济的中枢神经，是经济运行的晴雨表。霸权国家通常都会利用国际金融货币体系发展和巩固自己的霸主地位。英国学者斯特兰奇认为，19 世纪之所以出现长达近百年的和平是与不列颠帝国的强盛有关，而不列颠帝国之所以强盛，是与稳定的以英镑为支撑的金本位制有关。20 世纪第二次世界大战后，随着国家经济关系的深入发展，国际金融关系也构成了国家经济关系的主要内容之一。西方主要发达国家将金融货币关系作为重要的国家资源而予以控制。美国之所以位居西方的霸主地位，与强势美元为基础的布雷顿森林体系相关联。总之，国际格局的稳定有赖于国际金融体系的稳定，而国际金融体系的稳定有赖于主导国家的国际货币的稳定。[①] 美国哈佛大学教授塞缪尔·亨廷顿在《文明冲突和世界秩序》一文中，列举了西方文明控制世界的 14 个战略要点。其中 3 条与金融有关：第一条“控制国际银行”、第二条“控制全球硬通货”、第五条“掌握国际资本市场”。显然，

① ［英］苏珊·斯特兰奇：《国际政治经济学导论——国家与市场》，杨宇光等译，北京：经济科学出版社，1990 年版，第 113—129 页。

金融外交是美国强有力的外交手段。[①] 在现行国际金融体系下，主要的金融强国越来越多地利用在国际金融关系中的优势地位来实现本国的国际政治目标，金融外交大行其道。20 世纪 90 年代以来，以货币手段为核心的金融外交成为各大国角逐国际舞台的重要外交手段。中国要力争在 21 世纪中叶成为中等发达国家，就要力争成为中等金融大国。

第一节　国家金融安全与金融外交

一、二战后国际金融外交的基本实践

在某种程度上，美国霸权的基础正是美元在国际货币体系中的作用使美国能够控制欧洲并成为权力资源。[②] 苏联在冷战时期与美国的争霸过程中，最终的落败原因复杂，但也与苏联缺乏国际金融战略有直接关系。社会主义的苏联实行的是计划经济体制，以实物经济为运行核心，贸易和金融单调而机械，局限于体制内循环，国际范围内的力量仅局限于东欧的势力范围内部。在经济力量上，实物经济体系深刻限制了苏联力量的增长，约束了经济的竞争能力。[③]

美国在二战结束时，制造业已经占世界水平的 50%，对外贸

---

① 转引自《防范金融霸权》，载《现代国际关系》1999 年第 5 期。

② ［美］罗伯特·吉尔平著，杨光宇等译：《国际关系政治经济学》，北京：经济科学出版社，1994 年版，第 156 页。

③ 周虎：《大国关系中的金融战略》，载《战略与管理》，2002 年第 3 期，第 84 页。

易占世界贸易总额的1/3，黄金储备达到200.8亿美元。[①] 鉴于金本位制崩溃后国际金融领域极端混乱的情况和它对于世界经济发展的影响，英美等发达资本主义国家开始酝酿战后的国际货币体系的建立。1943年美国的“联合国家与联盟国家稳定基金计划”（怀特计划）和英国凯恩斯的“国际清算同盟计划”（凯恩斯计划）同时问世，两个计划的宗旨都是稳定未来的国际货币体系。由于战争对英国经济的严重损害，其经济实力急剧下降，美国经济却因战争而迅速膨胀，英国为在战后重建经济，在资金方面有求于美国，结果1944年7月有44国参加的联合国家国际金融会议，通过了以怀特计划为基础“国际货币基金协定”和“国际复兴开发银行协定”（合称“布雷顿森林协定”Bretton Woods Agreement），1945年12月在美国首都华盛顿成立了国际货币基金组织和世界复兴开发银行（世界银行），作为布雷顿森林体系的协调、执行、信贷机构。这样，以美元兑换黄金与各国实行固定汇率为两大支柱的国际货币体系便建立起来。

在这种货币体系中，实行黄金—美元本位制，美元成为国际储备货币和国际贸易结算的支付手段，各国政府按照35美元等于1盎司黄金的固定比价，随时用美元向美国兑换黄金。各国货币的汇率严格与美元挂钩，上下浮动不超过1%，各国中央银行有义务在外汇市场上进行干预以保持汇率的稳定。由于美元成为国际硬通货，美国就拥有自己印刷外汇的特权，增加美元供应量来解决本国外贸逆差，并直接控制国际资本的流动，源源不断地为维持

---

① 孙杰：《货币与金融：金融制度的国际比较》，北京：社会科学文献出版社，1998年版，第33页。

全球霸权地位提供资金。在特里芬难题[①]的困境下，美国于1971年8月15日停止了美元兑换黄金的规定，同时对进口货物征收15%的附加税，各国被迫调整汇率，1972年美国贸易赤字进一步扩大，1973年3月西方主要工业国家被迫实行汇率浮动，布雷顿森林体系彻底结束。布雷顿森林体系崩溃后，1976年国际货币基金组织的国际货币制度临时委员会在牙买加召开会议，达成“牙买加协议”。该协议主要内容包括浮动汇率合法化、黄金非货币化、储备货币多元化等。在这种体系下，尽管美国不再充当货币领袖国的地位，但美元仍旧是国际储备货币的主导货币，20世纪70年代以后美元在国际金融体系中的表现证明了当代国际金融体系，实际上是以美元为中心的多元化国际储备和浮动汇率的体系。[②] 布雷顿森林体系的崩溃是美国金融霸权的转折点，即美国由独霸到寻求协作才能实施有限的金融霸权。20世纪80年代中后期，美国一方面通过一系列的金融改革，减少了金融业的经营风险，增强了金融业的竞争能力，尤其重要的是激活了资本市场，使其恢复了国际金融中心地位，并恢复了金融霸权的实力；另一方面，竭力推进金融自由化，为其实现新金融霸权营造合适的外在条件。这样，美国安全度过了有可能丧失金融霸权的“危险期”，并于90年代确立了它在世界的新金融霸权地位。主要表现：

---

① 特里芬难题是由美国耶鲁大学教授罗伯特·特里芬在《美元与黄金危机》一书中提出的观点，他认为任何一个国家的货币如果充当国际货币，则必然在货币的币值稳定方面处于两难境地。一方面，随着世界经济的发展，各国持有的国际货币增加，这就要求该国通过国际收支逆差来实现，这就必然会带来该货币的贬值；另一方面，作为国际货币又必须要求货币币值比较稳定，而不能持续逆差。这就使充当国际货币的国家处于左右为难的困境，这就是特里芬难题。

② 王益：《市场变革与体制选择：关于国际货币金融新秩序的思考》，北京：中国财政经济出版社，1999年版，第64页。

一是美国不断巩固和强化美元的特权地位；二是培育出极具危险的金融霸权的新工具——对冲基金，一个坐收渔利，一个明火执仗，巧取豪夺成为美国新金融霸权最显著的特征。在金融霸权的充分施展之下，美国终于汇集世界的巨额资本，孕育出本国的经济繁荣。[①] 美元在国际结算和储备货币中仍然占有 60%～70%的比重。1999 年 1 月 1 日欧元正式启动，欧洲货币一体化成为现实。欧元的问世，不仅造成了国际金融体系多极的格局，而且促进了国际政治经济格局的演变。欧元问世后，各国中央银行在资产储备中增加欧元的比重而减少美元的储备，对美元的强势地位构成挑战。根据美国国际经济研究所的估计，欧元启动后，全球有 5000—10000 亿美元的金融资产转换为欧元。[②]

1970 年在国际货币基金组织范围内通过的《牙买加协定》，对国际货币关系中最重要的汇率问题做出了结论，即肯定了浮动汇率制合法化。协议虽说各国汇率政策应受基金组织管理，实行所谓“管理浮动”，各国金融当局必要时应采取措施干预外汇市场，但“浮动汇率”毕竟以“浮动”为特点，在实践中产生许多问题。20 世纪 70 年代以后，以货物、服务、人员、资金、技术、信息、概念、文化、犯罪和武器的快速增长和不平衡的跨国界流动为特征的全球化速度明显加快。因全球化的缘故，国际和跨国的活动呈指数级增长。[③] 20 世纪 80 年代中期以后，伴随着经济全球化的发展，金融全球化也加速发展，全球金融活动和风险发生机制彼

---

① 江涌：《论美国的新金融霸权与经济繁荣》，载《经济评论》2002 年第 3 期。

② C. F. Bergsten，“Dollar and Euro”，Foreign Affairs. July/August，1997.

③ Stephen J. Flanagan，Ellen L. Frost，Richard L. Kuglar，*Challenge of the Global Century：Report of the Project on Globalization and National Security*，Washington DC：National Defense University Press，2001，p. 8

此之间的联系日益紧密，主要表现为国际资本在全球范围内的广泛流动。在经济全球化下，国际经济危机爆发频繁，如：1992年欧洲货币危机、1994年底墨西哥金融危机、1997年亚洲金融危机、1998年俄罗斯金融危机、2000年土耳其金融危机、2002年阿根廷金融危机，这些危机不仅破坏力强，而且波及范围广，受到影响的国家经济元气大伤。短期资本流动的增长速度大大高于长期资本流动的增长速度，国际金融市场上的投机资本日益庞大。在金融全球化的时代背景下，汇率制度的安排与选择成为十分关键和敏感的问题。在整个过程中，美元的强势地位受到日元和欧元的挑战。面对汇率波动频繁、各国干预不力、通货膨胀高、国际收支失调的状况，各国政府代表不得不经常开会讨论寻求解决问题与缓和矛盾的办法。这样，在70年代中期以后，主要资本主义国家高级经济官员和政府首脑的不断会晤逐渐形成一项带有经常性的国际经济协调活动。① 二战后日本依托日美基轴的同盟关系，大力实施出口导向的经济增长模式，日本的大量贸易盈余使日本成为贸易和金融大国。日元在国际金融体系中的地位逐渐增强。随着1985年9月纽约《广场协议》的签订，日元开始不断升值，日本的对外投资大幅度增加。1985年的“广场协议”被认为是美国以“政策协调”手段解决对外贸易不均衡的经典。日本在美国的压力下，一年半内使日元升值近40%强，导致日本经济陷入“日元升值性衰退”，迫使日本政府至今仍将避免日元升值作为大政，结果使金融政策手段极度僵化。僵化的金融政策不仅是日本经济沉浮于泡沫的政策温床，也成为日本经济10年衰退的历史

① 郭丁主编：《国际经济关系学》，北京：中国人民大学出版社，1992年10月版，第318—319页。

伤痕。[①] 在国际金融体系中，日本利用积极呼吁推动国际金融体系的改革，公开提出日元国际化的目标，强调多极货币体制有利于分散外汇风险。1999 年，日本首相对法德意进行“货币外交”访问，就加强日元和欧元进行协调，并达成建立“汇率稳定机制”的意见。

二、国际金融外交的经验

战后几十年来，在一个较长的时期内，国际经济协调的内容主要集中于货币汇率和贸易政策问题上，范围限于流通领域，均属各国外部经济问题和对外经济政策的协调。从 20 世纪 70 年代末以来协调的内容与范围深化、扩展，包含了贸易政策、汇率、国际收支等资本主义国家之间的经济关系问题。

施加货币压力，即美国为影响他国的选择和行为对货币关系进行控制。国际货币基金组织是美国金融扩张的大本营。尽管国际货币基金组织本身希望在其日常的业务活动中保持成员国之间的平等对话，但是国际货币基金组织的政策决策是以简单多数票来决定。基金组织规定，每个成员国的投票数以 250 票为基本投票再加上成员国份额中每 10 万特别提款权折合 1 票后得到的总和。这样，国际货币基金组织的决策机制就是：谁的份额多，谁的投票权就多，就能起决定作用。美国及其西方盟国凭借经济实力，拥有较大的份额，投票权也就多。截至 1998 年底，各主要国家在国际货币基金组织的投票权比重如下：美国 17.78%，德国 5.53%，日本 5.53%，英国 4.98%，法国 4.98%，意大利

① 刘军红：《中日贸易超过日美贸易：真实的谎言?》，载《中国经营报》2005 年 2 月 5 日。

3.10%，加拿大2.92%，俄罗斯2.89%，中国2.28%。美国授意国际货币基金组织在提供援助时向受援国附加严格的经济政治条件，如经济紧缩，增加西方资本在当地的投资自由度，大幅度开放金融和经济领域，以及加强经济和金融信息的透明度等等。

培育和利用货币依赖，以此形成影响范围。美元在战后一直是世界上最大的储备资产、清偿手段。据1996—1997年《国际货币基金组织年报》统计，1996年美元在世界各地外汇储备中占58.9%，在发展中国家外汇储备中占62.5%。在东亚，许多国家或地区实行盯住美元的汇率政策，该地区的大部分贸易也是以美元为结算手段。可以说，东亚存在一个没有正式制度安排的“美元圈”。东亚金融危机发生后，尽管受灾国或地区的货币汇率受到极大冲击，但尚未一国敢退出“美元圈”。

对国际资金调动能力和娴熟的操控。东亚金融危机爆发后的一年内，美国主导的国际货币基金组织以40亿美元支撑泰铢，以570亿美元援助韩国，向印尼提供了30亿美元的紧急援助。继后美国国会又通过了法案，同意向国际货币基金组织注资180亿美元，以解决在提供大量援助之后的资金紧张问题。在如此短的时间内如此密集地调动资金，可见其能量的非同小可。

实践证明，金融资源已成为一国基本的战略性资源。金融作为行业本身已经对经济的发展起到了直接的推动作用。据估计，在当代经济增长率中，金融的贡献达到了1/5左右。[①] 随着金融产品触角的深入、跨国性金融机构的发展以及国际游资的大量游走，金融安全成为一国经济和安全利益的重要组成部分。国际货币问题以及汇率问题，成为大国对外关系中一个主要的问题领域，成

① 王广谦：《经济发展中金融的贡献与效率》，北京：中国人民大学出版社，1991年版，第136页。

为经济外交的重要组成部分。中国经历20多年的发展，已经成为一个贸易大国，2004年的对外贸易额超过1万亿美元，跃居世界第三大贸易国的地位。2006年的对外贸易额达到17606亿美元，但中国的金融实力却仍旧非常脆弱，贸易的快速发展，仍旧缺乏强有力的本国货币体系的支持，并且因人民币在国际金融市场的脆弱和不稳定局面而时刻面临威胁。简言之，从生产大国跃升为国际贸易大国后，必须有相应的国际货币的支持。

第二节 中国对国际金融体制的外交

一、中国与国际金融体制的合作

早在新中国建立前的30年代，当时的国民党政府就曾经有过金融外交方面的成功案例。当时中国白银的大量外流，造成了中国财政的危机。中国国民政府与美方积极交涉，利用美英日等大国在东亚微妙的均势关系，积极开展货币外交，最终说服美国同中国进行积极的金融合作。1934—1936年间，中国通过中央银行向美国出售了三次白银：1934年11月数量为1900万盎司；1935年11月数量是5000万盎司；第三次是1936年5月的《白银协定》，数量为7500万盎司。中国通过出售白银与美国建立起来了合作关系，为以后从美国争取外援抗日贷款打下了基础。[①]

① 任东来：《白银外交和币制改革：绝处逢生的“双赢“游戏》，载《开放时代》2003年第3期。

中国改革开放 20 多年中，在金融领域，也不断融入国际体制，已成为国际经济体系的重要参与者。对任何决心融入全球经济的国家而言，金融的国际化既是一个必不可少的过程，又是一个敏感的“陷阱”。为了说明中国领导层的行为所体现的价值取向和思维方式，美国学者伊丽莎白·埃克诺米、米歇尔·奥克森伯格将中国参与世界经济的条件和深度提出两种假想模式。第一个模式为完全一体化模式，第二种即部分一体化模式。1979—1994 年为中国改革开放、参与全球一体化的第一个阶段。进入 20 世纪 90 年代中期后，中国采取了部分一体化的模式，在这个模式下，中国认为，参与世界经济是可行的、有益的，但又必须谨慎对待。中国金融开放、金融深化的渐进过程，被国际经济界视为上述观点的证明。①

在金融方面，中国通过参与国际货币体系和世界金融市场，与国际金融法律、规则、惯例更加靠近，必然对中国国内经济，不仅是产业调整，尤其是法律建设、政府政策产生深远的影响。了解国际金融体制中世界金融市场的导向作用，了解它的约束力，有利于选择进入金融国际化的重点方向，认识货币、资本、信贷在金融市场中的力量，防止国际国内经济的冲突，防范金融风险，既有利于突破瓶颈，又能保持开放、发展、改革、稳定的统一。例如，在一国经济崛起的过程中，要防止某些大国经常性地指手画脚，就必须给予外界坚决维护国内货币政策自主性的明确信号，同时通过加强国际间的政策协调（如果在非常严重的时期也可以

① ［美］伊丽莎白·埃克诺米、米歇尔·奥克森伯格：《中国参与世界》，北京：新华出版社 2001 年版，第 163～164 页。

诉求于突然的资本管制）缓解国际压力。[①]

中国是国际货币基金组织的创始成员国。1971年中国恢复在联合国的合法席位后，在联合国各个专门机构中的合法席位相继恢复。1980年4月17日，国际货币基金组织通过决议，恢复了中国的合法席位。国际货币基金组织成立后，中国的认缴额为5.5亿特别提款权，1980年恢复中国的席位时，提高到18亿特别提款权，1992年陆续增加到33.852亿，占基金份额的2.29%，占总投票权的2.35%。1980年以后，中国先后从国际货币基金组织获得三笔共约16.5亿美元的贷款。

1984年1月中国开始放弃了1981年1月起实行的旨在扩大出口的内部结算汇率，国际货币基金组织在规劝中国政府的过程中起到了关键的作用。1986年，国际货币基金组织建议人民币一次性大幅度贬值，中国最终接受建议，从1986年7月5日作出贬值15.8%的决定。中国于1996年底开始逐步实现经常项目下的可兑换，与国际货币基金组织的努力密不可分。[②] 在使用世界银行贷款的过程中，世界银行坚持要求中国遵守国际招标程序，许多外国公司在招标中中标。同时，中国的许多大型公司也走出国门，在许多世界银行出资的项目中中标。二十年来，中国成为国际金融组织最大的项目贷款受援国之一，全部贷款累计达4176亿人民币，项目总金额达1万亿人民币。国际金融组织向中国许多关键领域提供了卓有成效的发展援助。这些贷款援助是以促进中国改革开放为目的，以积极的国际合作为手段，实现双方和多方的互

---

① 《国际经验：经济崛起过程中的汇率政策选择》，载《中国外汇管理》，2004年第10期。

② ［美］伊丽莎白·埃克诺米、米歇尔·奥克森伯格主编：《中国参与世界》，华宏勋等译，北京：新华出版社，2001年月版，第212页。

利，共同开创共赢的格局。

20 世纪 70 年代以来，国际金融体制包含两个方面：国际货币制度与世界金融市场。前者是国际金融机构中具有法律约束力的货币关系与规则，还包括在国际货币关系中起协调、监督作用的国际组织，具有代表性的就是国际货币基金组织（IMF）、世界银行（WB）及其他一些地区性或区域性组织。后者是一个庞大的、全球网络状规则分布，联系紧密，反应快速的资金流动场所，是全球资金要素的国际借贷、买卖活动。世界金融市场随着国际贸易、资本输出和生产国际化而发展起来。国家、地区、集团的政策法令和通讯技术手段的日益高科技化是世界金融市场得以发展的重要原因。在整个国际金融体制中，行为规范的主要约束力并不首先来自于国际货币体系，而是来自于世界金融市场，这是由货币、资本这类要素特别活跃、特别灵敏的特点所决定的。这是国际金融体制的一个区别于其他体制如贸易投资体制、能源开发和环境保护体制等的重要之处。在国际金融体制中，更大的变量来自于世界金融市场，这是检验一国金融国际化最直接的晴雨表。中国与国际货币体系、国际金融组织有很好的合作基础，但在进入世界金融市场方面，则做得不够，存在一些不足。[①]

二、中国围绕亚洲金融危机的外交与援助

1997 年，国际投机者大量抛空泰铢，引起泰国金融体系波动。7 月 2 日，泰国将固定汇率改为浮动汇率，引起货币大幅度贬值，东南亚其他国家相继受到冲击，货币相继贬值。10 月以后，金融危机蔓延到韩国和日本，导致货币贬值、股市暴跌和大公司纷纷

① 顾卫平：《从三个层次分析中国金融国际化》，载《上海金融》2001 年第 5 期。

破产。1998年，亚洲金融危机继续蔓延和深化，并波及俄罗斯和拉美等国家和地区，引发全球汇市和股市大波动和一些国家的政局动荡。亚洲金融危机爆发的原因是多方面的。主要有：金融机构呆账、坏账居高不下；外汇储备偏低，如泰国长期保持偏低的外汇储备规模，在1997年7月金融危机爆发时，外汇储备约为330亿美元，只相当于4个月的进口用汇量，中央银行外汇干预能力不强，韩国也一直执行偏低的外汇政策；中央银行缺乏独立性，金融监管乏力；经济结构不合理；资本项目开放过早；外国投机商恶意攻击泰铢。1997年5月，以索罗斯为首的国际投机商筹集60亿美元，在泰国金融市场进行美元与泰铢的转手倒卖套利活动，泰国却过分依赖外资及国际市场，缺乏对外资的引导和管理。亚洲金融危机暴露了东亚一些国家经济高速增长中隐含的结构性问题、宏观政策的失误和金融体制的缺陷，同时也表明，改革和完善国际金融体制，确保国际金融市场安全有序运行已成为国际社会必须关注的紧迫课题。中国由于实行比较谨慎的金融政策和前几年采取了的一系列防范金融风险的措施，在危机中未受到直接冲击，金融和经济继续保持稳定。为缓解亚洲金融危机，中国政府采取了一系列的积极政策：

一是积极参与国际货币基金组织对亚洲的援助，承诺人民币不贬值。1997年金融危机爆发后，中国政府在国际货币基金组织安排的框架内并通过双边渠道，向泰国等国提供了总额超过40亿美元的援助，向印尼等国提供了出口信贷和紧急无偿药品援助。面对亚洲国家货币大幅度贬值给中国经济带来的巨大经济压力，中国政府本着高度负责的态度，从维护本地区稳定和发展的大局出发，承诺始终保持人民币汇率的稳定，以树立起中国负责任的大国的形象。人民币汇率的稳定，为保持世界经济的稳定和帮助亚洲各国尽快走出金融危机的阴影，做出了巨大贡献。作出人民币不贬值的决定，承受了巨大压力，付出了很大代价。在坚持人民币不贬值的同时，中国政府采取努力扩大内需，刺激经济增长的政策，保持了国内经济的健康和稳定增长，对缓解亚洲经济紧张形势、带动亚洲经济复苏发挥了重要作用。亚洲金融危机后，在 1998 年召开的九届人大一次会议上将这一承诺作为政府的施政纲领。日本采取日元贬值的“以邻为壑”的外汇倾销政策，目标在于把日本经济不景气的代价转嫁给包括中国在内的亚洲国家，从而降低亚洲国家的经济增长率。日元贬值拉低亚洲国家的经济增长率，主要是通过减少日元对亚洲国家的直接投资和降低亚洲国家出口商品的价格竞争力来实现的。对中国而言，日元的贬值可以让人民币高估，削弱中国出口商品的竞争力。根据模型计算，日元汇率每贬值 1％，中国对日出口增速可下降 0.7 个百分点。①

二是中国积极参与和推动地区和国际金融合作。中国国家主席江泽民在亚太经济合作组织第六次领导人非正式会议上提出了加强国际合作以制止危机蔓延、改革和完善国际金融体制、尊重有关国家和地区为克服金融危机的自主选择三项主张。中国领导人在 1998 年 12 月举行的第二次东盟—中、日、韩领导人非正式会晤和东盟—中国领导人非正式会晤中，进一步强调东亚国家要积极参与国际金融体制改革与调整，加强对短期流动资本的调控和监管，主张东亚国家就金融改革等宏观问题进行交流，建议在 10＋3 框架内开展副财长和央行副行长级对话，并根据需要适时成立专家小组，深入研究对短期流动资本进行调控的具体途径等。

---

① 张长安、孟庆丽等：《日元贬值：人民币不会跟着贬》，载《经济参考报》2002 年 2 月 4 日。

第三节　中国的汇率外交

国际经济组织往往因为重大的国际经济变化而采取成员国间的协调行为。1985 年五国财长及行长会议在纽约广场饭店举行，达成“广场协议”。这次会议着重讨论的是汇率和美元汇价过高的问题，各国认识到，要达到某一政策目标，如有规律地使美元贬值，不仅要依靠一国政策的配套，而且需有他国相应政策的支持。像贸易和国际收支不平衡的问题，也不仅是一国外部的经济问题，而应是各国经济政策共同的目标，因此应对各国宏观经济政策进行协调。这次会议达成原则协议，即原联邦德国和日本要实行扩张性财政政策，分别有计划地减税和增加开支，美国要努力减少财政赤字。[①] 20 世纪 70 年代初开始实行浮动汇率制时普遍实行完全市场条件下的自由浮动，到 1985 年广场饭店会议召开后，官方干预又被认可，外汇市场上干预频频。

过去主要在西方发达国家之间进行的国际汇率争执，向针对新兴市场国家的方向转移。新兴市场国家的崛起必然会动摇国际经济金融格局和政治格局，冲击发达国家的政治、经济利益等。美、日等联手实施干预手段，进行汇率外交。由于欧元的崛起，美国的主导国际货币地位受到挑战和动摇，人民币国际地位的提高，使得美元、日元的地位进一步受到挑战。中国经济的振兴和金融地位的提高预示未来各金融力量的分化和重组，彼此之间的金融外交和汇率博弈成为必然的外交现象，汇率常常可以用来作

① 郭丁主编：《国际经济关系学》，北京：中国人民大学出版社，1992 年 10 月版，第 315 页。

为各国首脑们谈判的筹码。中国的人民币升值问题，逐步也成为国际政治谈判中的一个重要议题。

一、汇率外交：对人民币升值的外交博弈

随着中国经济实力持续增强和外贸总额不断增大，人民币汇率问题成为国际社会很关心的一个问题，中国很多重要的贸易伙伴要求，中国应采取更为灵活的人民币汇率机制。美国迫使人民币汇率升值和浮动的目的，是在企图控制中国金融货币体系，旨在遏制中国快速持续稳定的经济增长，遏制人民币成为区域性国际货币。① 2001 年 8 月 7 日英国《金融时报》发表《中国的廉价货币》（China's Cheap Money），2001 年 9 月 6 日《日本经济新闻》发表《对人民币升值的期望——中国威胁论的升级》。其后，日本的政府官员开始在不同场合力促人民币升值。2003 年 6 月和 7 月，美国财政部长斯诺和美联储主席格林斯潘先后正式表态，希望人民币更具弹性。2003 年 7 月，ASEM 会议的亚欧财长会议上，欧洲中央银行总裁德伊森贝赫和欧盟委员会主席普罗迪也加入了人民币升值论的合唱中。美欧官方的正式介入使得对人民币汇率问题的争论进一步升温，《经济学家》、《华尔街日报》、《纽约时报》、《金融时报》等西方主流媒体开始展开争执。国际货币基金组织（IMF）、世界银行（WB）、以及国际清算银行（BIS）也纷纷发表意见。2002 年 10 月以来，以美、日、欧为首的发达国家对人民币汇率施加压力，类似 1985 年广场协议前对日元升值的压力。美国总统、财政部长、商务部长等高官对中国人民币汇率及有关的贸易政策公开指责。一些国际游资基于本身技术性操作的考虑，认

① 向松祚：《美国为什么压迫人民币升值》，载《中国证券报》2007 年 2 月 1 日。

为亚洲货币“中流砥柱”的人民币应作为“第一块骨牌”。若能扳倒人民币，该地区其他国家自然无法抵御来自国际政治与市场压力，必将纷纷被迫将本币升值。一些相关基金也不断进行政治游说，以多方施压人民币升值，好从中渔利。[①] 2004 年 9 月 9 日一个名叫中国货币联盟的组织向布什政府提出申请，要求动用 301 条款，正式调查中国在过去 10 年来将人民币汇率固定在 1 美元兑换 8.28 元人民币的做法构成非法出口补贴，从而违反公平贸易原则。

2003 年以来，中美两国围绕人民币汇率升值问题展开博弈。中国政府通过开展一系列的经济外交活动，包括发表外交声明、接见美方来访和国家领导人出访等成功地化解摩擦，推动了中美经贸关系正常发展。中国外交部长李肇星 2003 年 8 月 11 日下午在日本记者俱乐部举行记者招待会，就人民币升值等问题回答了提问。他说，一个国家的汇率政策应当根据其经济发展阶段、金融监管水平和企业承受能力等因素决定。中国现行的汇率制度符合中国的实际国情。中国的外贸出口与日本和美国的经济总量相比是微不足道的，不到日本国内生产总值的 2%，不足美国国内生产总值的 1%，不可能影响日本和美国的经济。2003 年 9 月 2 日，人民币汇率之争随着美国财政部长斯诺与中方高层会晤而到达关键时刻。中国方面没有在人民币汇率问题上作出大的让步，只是同意在时机成熟时将放宽人民币交易区间。国务院总理温家宝强调中国实行的浮动汇率制度是考虑中国实际情况，又体现对国际社会的高度负责。中国将根据经济发展水平、经济运行状况和国际收支状况，在深化金融改革中进一步探索和完善人民币汇率形成机制。保持人民币汇率在合理均衡水平上的基本稳定，符合中

① 江涌：《国际游资意在攻击亚洲货币体系》，载《中国经营报》2004 年 12 月 30 日。

美两国的共同利益。

2005年7月21日19时，中国人民银行发布公告：经国务院批准，我国开始实行以市场供求为基础、参考一篮子货币进行调节、有管理的浮动汇率制度。美国、英国、日本、韩国、马来西亚、德国等许多国家都在第一时间里对中国汇率改革作出积极评价，认为这将有助于全球经济稳定。美国联邦储备委员会主席格林斯潘和白宫发言人均表示，欢迎中国的汇率机制改革举措。西方七国集团财政部长和央行行长发表声明说，中国政府采取更加灵活的汇率机制将有助于世界经济增长和稳定。欧洲央行行长特里谢说，中国决定人民币汇率不再钉住单一美元有利于世界经济更好地运转。

2006年12月14日至15日，首次中美战略经济对话在北京举行，人民币汇率问题是此次对话的焦点话题之一。12月20日美国财政部发表的《国际经济和汇率政策报告》，重心还是压迫中国大幅度提高人民币汇率灵活性。

中国国内金融市场很不发达，汇率尚不具备实施自由浮动制的条件。在国内金融市场实行自由化之后，才能实行浮动汇率制。中国正努力实现利率市场化，但在短期内还难以实现。至于有效的金融市场，也因人们投资理念的培育、熟练专业人才的培养、金融法规的健全、金融商品的丰富等都须进一步完善。与发达国家相比，中国的汇率更易于波动。无论是在影响汇率波动的预期方面，还是在汇率的调节机制方面，都存在诱发汇率不稳定的因素。一是中国还处于转轨阶段，各项市场制度尚未完全建立，具有极大的不稳定性。二是由于金融市场和商品市场改革的不均衡性，容易产生汇率的波动。总之，无论是实行浮动制的国际经验还是中国的国情都表明中国在较长时间内不宜采取完全浮动制。

中国必须高度重视金融外交。首先要组织高水平的学者、严肃认真研究美国如何利用金融手段掌控全球经济，研究国际热钱或投机资本如何能够摧毁一国金融体系，研究华尔街和华盛顿之间的密切合作关系，探索美元本位制下的生存空间和生存技巧。其次，中国要培养和选派一流金融人才到国际金融组织（比如世界银行和IMF），代表中国利益，阐释中国观点，密切关注美国政策取向，与美国经济金融决策层官员交朋友。[①]

二、人民币的国际化问题

中国国民经济自20世纪90年代以来保持的增长速度使得中国在世界经济体系中的地位越来越高，中国成功避免了1997年亚洲金融危机冲击，表明中国政府有促进经济健康、持续、稳定发展的实力，也使得人民币在国际清算体系中逐渐得到了市场的认同和肯定。另外，中国加入世贸组织是中国经济融入世界经济一体化的必然趋势，同时意味着中国的经济发展要求中国要在世界经济体系中争取自己的一席之地。世界上许多国家习惯以发达国家的货币作为国际清算的基本货币，比如美元、欧元，随着中国经济的进一步发展壮大，在实行“走出去”的背景下，先在小区域内的国际市场上“小试牛刀”，积累货币管理经验，将来把人民币变为世界上经济往来中的国际结算货币之一。经中国人民银行批准，中国银联将于2005年1月10日正式开通人民币银联卡在韩国、泰国和新加坡的受理业务，这是人民币银联卡继2004年1月18日和9月8日分别在中国香港和澳门地区实现受理后，首次真正意义上走出国门。届时，内地银行发行的带有“银联”标识的人民币银行卡可在上述三国贴有“银联”标识的自动柜员机

① 向松祚：《美国为什么压迫人民币升值》，载《中国证券报》2007年2月1日。

(ATM) 和商户销售终端 (POS) 上使用。

本币国际化意味着该国在国际政治、经济中的地位的确立，表明该国在国际经济事务中具有参与制定规则的权力。这种权力是一种国家政治力量的体现，也是一种潜在的国际经济资源。在全球金融体系的演变中，人民币国际化不仅有利于国际货币体系多极化发展，也意味着中国在世界经济舞台上可以通过制定国际金融规则来体现国家长远利益和经济目标，并从中获得相应的制度性收益。当然，货币国际化最直接的收益还是“国际铸币税”收入。它使发行国可以凭借货币的发行成本堂而皇之地自他国获取与货币票面价值相当的财富。人民币成为国际货币，中国可以凭借向国外投放人民币而吸收国外的实物商品和货物，这就是铸币税收益。[①] 同时，中国在国际收支逆差的情况下可以通过发行人民币来弥补，从而节约大量国际储备。

中国银行体系尚不完备，主要银行的运作水平、不良贷款占比和资本充足率还令人担忧；金融监管滞后，还难以胜任兼顾内外复杂情况的决策与监管。从外部因素看，国际社会对人民币的接纳程度还十分有限，美元约 2/3 在境外流通，而人民币沉淀在境外的仅占发行总量的 1%～2%；人民币作为国际结算货币的占比也不大，主要体现在与周边国家的边境贸易中，属于民间自发性的“渗透”且绝大部分并无相应的法律制度、体系保障。有对人民币和美元等主要国际货币所进行的国际度指数化分析显示，

① 铸币税 (Seigniorage) 并不归属于税收，本质上是政府当局拥有货币发行的垄断权而发行货币取得的收入。金币之类的足值货币，包含着价值上同硬币面值大致相当的金属。在金本位制下，黄金可以随意送到造币厂铸成金币，只需为这一特权支付少量铸币税。相比之下，辅币和纸币的成本则比它们的面值要小得多。通货的币面价值超出生产成本的部分也被称作铸币税。

若将美元的国际度定为10.25，则欧元为2.27，日元为1.17，人民币仅为0.19。[①] 对于货币霸权，包括货币霸权对整个世界的影响深刻程度，我们也估计不足。从客观上说，人民币还没有成为国际货币。[②]

全球经济一体化引起全球货币一体化，区域经济一体化引起区域货币一体化。区域经济一体化是全球经济一体化的初级阶段。货币区域化是货币国际化的初级阶段。东亚经济是继北美、欧洲之后的第三大经济体。世界将逐步形成三个币缘圈：美元圈、欧元圈，再加上可能出现的“亚元圈”，都是围绕一个核心货币形成的经济、政治甚至包括军事的复合体。地缘是在实物经济基础上形成的一个概念集，人们生产、生活最基本的条件就是土地或地域。但在当代，由于出现了一个非实物经济的生存形态，就是虚拟经济形态，人们的生产、生活可以脱离土地、地理的概念。与以往地缘概念所不同的是，能够反映虚拟经济时代世界格局变动的内在规律是“币缘”。币缘是指若干经济体围绕核心货币形成的一种紧密的经济关系。这种关系，最终会形成“币缘圈”。由于经济利益的一致性，币缘圈会有自己相对一致的政治态度，对国际事务也会有相对统一的立场。

欧元启动后，欧洲就形成了一个相对统一的资本市场，在国际资本市场中占的分量也越来越重。到2002年底，欧元圈的债券发行量达到了9.4万亿美元，相当于美国的一半；另外以欧元为结算的国际债券发行额则与美国持平。倒萨战争可以看成是一场“币缘”战争，是美元对欧元的战争。实际上，科索沃战争也是美

① 崔锐林：《人民币国际化对中国金融安全的影响》，载《金融时报》2004年11月23日。

② 参见《21世纪经济报道》2005年1月1日。

元对欧元的“币缘”战争。货币霸权将按照它的方式建构现行的国内和国际政治秩序，谁处在什么等级序列上，谁当家主导，谁成为棋手，谁是支柱，就看你在币缘圈中的作用和表现。

在金融危机中，人民币坚挺，成为东南亚各国抵抗危机的定心丸，中国作为负责任的大国形象使得周边国家对人民币的信心大增。在一些边境贸易中如越南、泰国、俄罗斯等国开始用人民币结算，人民币开始走出国门，一定程度上充当起国际货币的职能。随着中国经济的发展，一旦人民币资本项目放开，将在香港逐步取代港币，这一进程将大大推动人民币的国际化。形成东亚货币圈的问题目前还没有列入议事日程。对中国来说，关键要加快推进东亚这一极的成长，东亚成为世界币缘格局上真正的一极，中国的未来才有希望。

一项制度安排本身是否具有足够的稳定性，从根本上来讲应具备三个条件：一是该体系下是否存在霸权国家（联盟）；二是该体系下政治经济力量的对比是否在足够长的时间内不会发生本质变化；三是在力量对比发生变化条件下，原体系是否有足够弹性考虑并反映这种力量对比的变化。① 东亚本来是日元的天然区域，但原来日本政府担心日元国际化会冲击国内经济。20 世纪 90 年代以后，日本大力推动日元国际化，提出建立以日元为核心的经济区，但未得到美国的支持，也未得到亚洲国家的呼应。同时日本经济十几年来经济停滞不前，使得日本的想法暂时不可能实现。东亚经济一体化的发展态势要求人民币走出困境。充分吸取布雷顿森林体系的失败和欧洲货币一体化相对成功的历史经验。历史经验表明，从长远来看，集体联盟要比单个霸权国家支配下的国

① 章奇：《中国与亚洲金融合作中的政治经济学》，载《战略与管理》2004 年第 4 期。

际秩序更具稳定性。在相当长的时间内，中国的经济总量仍将低于日本和美国，以人均收入水平来看更是将长期处于相对较低阶段。因此，在金融合作中应该充分联合本地区大国，争取日本、印度等国的合作，应尽量争取日本与中国的联合，说服日本放弃建立日元区的企图，转而构建包括人民币和日元在内的亚洲一揽子货币篮子，作为未来亚洲货币的发行基础。

第八章

中国的发展援助外交

在国际政治中，发展援助是一种重要的经济外交的手段。一般说来，一个国家提供对外援助的动机主要有四个：经济发展动机、人道主义动机、贸易动机和政治动机。[①] 在国际关系的现实及理论体系中，对外援助具有独特的地位与作用。一方面，与投资和贸易一起构成了国际经济关系的三大领域。另一方面，作为经济外交的载体与政治外交、军事外交一起，构成了国际政治关系中不可或缺的重要部分。因此，对外援助既非单纯的国际经济现象，也非单纯的国际政治现象，而是一种典型的国际政治经济现象。美国现实主义大师摩根索认为，无论什么形式的对外援助，本质都是政治性的，主要目的都是促进和保护国家利益。

① 林德昌：《对外经济援助动机之研究》，载台湾《问题与研究》1993 年 12 月第 32 卷第 12 期。

第一节 新时期中国对非洲经济援助政策的逐步调整

一、中国对外援助理念的变化

自1950年开始，中国向发展中国家提供了力所能及的援助。援助方式分为无偿援助、无息贷款和少量低息贷款。新中国初期的外交曾经主要突出理想性、道义性以及价值性，在反帝反修的过程中，实行了许多非功利、超现实的“无偿援助”。[①] 截至2005年，接受中国援助的国家已达118个，同时中国还向19个国家提供过一次性或少量援助。1978年12月召开的中国共产党十一届三中全会，作出将工作重点转移到社会主义现代化建设上来和对外开放等重大决策，明确提出要在自力更生的基础上，积极发展同世界各国平等互利的经济合作。邓小平同志在1979年指出：“应当肯定我们过去援助第三世界是正确的，我们国家经济困难，但是我们还得拿出必要数量的援外资金，从战略上讲，我们真正发展起来了，要用相当数量来援助，中国发展以后不要忘记这一点。在援助问题上，方针要坚持，基本上援助的原则还是那个八条（指援外八项原则），具体办法要修改，真正使受援国得到益处。”邓小平同志的这一重要论断，为中国新时期的对外援助工作确立了正确的指导思想。正是按照小平同志的思想和其他中央领导同

① 潘一禾、余潇枫：《中国加入国际组织的文化伦理定位》，载王逸舟主编：《磨合中的建构》，北京：中国发展出版社，2003年3月版，第337页。

志的指示，多年来我们在继续向一些第三世界国家提供力所能及的援助的同时，对援外工作管理体制和援助方式进行了重大改革，在实践中不断探索新的援助方式，将援外工作与对外贸易、对外投资及其他多种形式的互利合作结合起来，根据“大经贸”的发展思路，逐步走出一条新的援外道路。实行改革开放总方针 20 多年来，中国对外援助事业在调整与改革中获得不断发展。

自 1982 年起，中国对多、双边援助工作，实行“有进有出”的方针，开始接受一些发达国家和国际组织的经济援助。在工作中既考虑援助方提供援助的可能，又考虑中国经济建设发展重点的需要，尽可能多地引进无偿援助资金和先进技术，促进中国经济的发展。同时，中国也通过国际组织，向别的国家提供力所能及的援助。

在计划经济时期，中国的经济援助主要是从政治和外交的需要出发。进入 90 年代后中国以建立社会主义市场经济为目标，在市场经济的环境中，根据市场经济的要求来实施援外项目，强调经济援助对中国发展市场经济的作用与意义。

50 多年来，中国帮助其他发展中国家建成了 1600 多个项目，其中形成生产能力、具备一定规模的项目主要有：农场、农技推广站及农业合作项目 141 个，种植面积 7.4 万公顷；水利工程 37 个，灌溉面积 13.6 万公顷；打井 1896 眼；粮食加工厂 33 个，日处理原粮 2914 吨；榨油厂 5 个，日处理原料 605 吨；纺织印染厂 69 个，纱锭约 110 万枚，布机 2.5 万台；糖厂 63 个，日处理甘蔗或甜菜 1.4 万吨；造纸厂 45 个，年生产纸张 168 万吨；卷烟火柴厂 9 个，年产卷烟 29.4 亿支；机械厂、车间 65 个；化肥厂 7 个，年产尿素 48 万吨，磷肥 12 万吨；电站 80 个，装机 189 万千瓦；输变电工程 22 个，线路总长 2640 公里；水泥厂 8 个，年产水泥 106 万吨；制砖厂 15 个，年产标准砖 2.88 亿块；石油工业项目

19个，年处理原油332万吨；铁路，新建（含改建、修复）4286公里；地铁29.6公里；公路69条，总长8016公里；桥梁53座，总长8205米；医院48个，共有5025张床位；学校32所，总建筑面积25.5万平方米；会议堂50座，总建筑面积47.3万平方米；体育设施49个，总建筑面积74万平方米，看台座席76万个；累计派出援外工程技术人员50万人次。除上述成套项目援助外，中国还在援款项下，向广大发展中国家无偿提供了大量的物资援助和各类技术援助，为受援国培训了大批技术人员。2000年，中国同96个国家和组织签订了新的援款，在28个国家新承担援助项目37个，其中生产性项目9个，福利性项目10个，其他项目18个；向46个国家提供了70批物资援助；向84个国家提供了多边援助，举办技术培训班20个，培训568人。[①]

1982年9月召开的中国共产党第12次全国代表大会，总结了新中国成立以来30多年经济建设的经验教训和外交工作的实践，确定了对外开放、对内搞活的建设方针，进一步确立了独立自主的和平外交路线，把不断加强和扩大同第三世界的友好合作作为外交政策的基本立足点。

二、1979年至1990年为探索性的改革与调整阶段

在这一阶段，中国援外工作通过统筹安排，扩大援助面；将中国援助同联合国的多边援助、受援国自筹部分资金、国际金融组织或第三国援助等相结合，在投入较少援款的情况下推动互利经贸业务；因地制宜地对不同项目采取技术合作、管理合作、代管经营、租赁经营、合资经营；进行援外管理体制的初步改革，

① http://www.ecdc.net.cn/newindex/chinese/page/bulletin/01.htm.

在援外项目实施阶段，由试行投资包干逐步发展到试行承包责任制等等。在这一时期，中国援外工作以上述多种方式进行调整提高援助效益。

20 世纪 80 年代的中国外交政策，对美国因为在台湾问题上的分歧而保持了一定的距离，与苏联的关系逐步缓和，同时继续发展同第三世界国家的关系。[①] 1982 年 1 月，胡耀邦对中国的包括非洲在内的第三世界政策进行检讨，胡耀邦认为，“第三世界国家当局对待帝国主义、超级大国的态度上，在对待本国人们的态度上，也有种种差别。对于第三世界国家国内社会经济政治状况和阶级状况，我们至今还很少研究，不甚了了，甚至可以说还处在一团混沌的状态。”，“对一些处在艰难时期，并且遭受侵略和威胁的穷困国家，只要有可能，就要给以军事和经济的支持和援助。军事援助，中央有原则，一般只收成本费。至于经济援助，根据历史经验，那种完全奉送的办法，对双方都不利”。胡耀邦还认为：“绝对不可在国际上造成一种印象，似乎前些年我们到处送钱交朋友，现在却只算经济账，连老朋友都可以丢。”[②] 1983 年开始，随着国际形势的变化以及中国改革开放政策的实施，中国逐步调整对外经济援助政策。1984 年，邓小平说，“现在中国还很穷”。[③] 随着中国实施对外开发政策，在对外援助中更多地增加了互利合作的充分，总体上作为外交政策手段的经济援助更能服务于国家的改革和发展需要。

---

① Robert G. Sutter, “Strategic and Economic Imperative and China's Third World Policy”, in China and the Third World: Champion or Challenge? Ed. Lillian Craig Harris and Robert , L. Worden, Massachusetts, 1986, p. 25.

② 沈冲、向熙杨主编：《10 年来理论、政策、实践资料汇编》（第 8 册），北京：求实出版社，1989 年版，第 148—149 页。

③ 《邓小平文选》(1975—1982)，人民出版社 1983 年版，第 26 页。

从实践来看，非洲是中国对外援助的主要地区。如 1956—1977 年，中国向 36 个非洲国家提供了超过 24 亿美元的经济援助。相当于中国对非共产党集团国家外援总额的 50%。非洲也是中国实施最大单项外援项目的地方——总额超过 4.55 亿美元的坦赞铁路。[①] 1982 年底至 1983 年初，中国总理赵紫阳出访非洲 11 国，在坦桑尼亚宣布了中国和非洲开展经济技术援助的四项原则，概括为“平等互利、讲求实效，形式多样，共同发展”，具体内容是：1. 中国同非洲国家进行经济技术合作，遵循团结友好、平等互利的原则，尊重对方主权，不干涉对方内政，不附带任何政治条件，不要求任何特权；2. 中国同非洲国家进行经济技术合作，从双方的实际和可能条件出发，发挥各自长处和潜力，力求投资少、工期短、收小快、能取得良好的经济效应；3. 中国同非洲国家进行经济技术合作，方式可以多种多样，因地制宜，包括提供技术服务、培训技术和管理人员、科技技术交流、承建工程、合作生产、合作经营等，中国方面对所承担的合作项目负责守约、保质、重义，中国方面派出的专家和技术人员不要求特殊待遇；4. 中国同非洲国家进行经济技术合作，目的在于取长补短，互相帮助，以利于增强双方自力更生的能力和促进各自民族经济的发展。

这四项原则和八项原则的基本精神是一致的。但同 60 年代初期周恩来总理提出的八项原则相比，这四项对非洲的援助原则更强调双方之间的互利性和双向性。即中国从自身的实际条件出发，表明中国要顾及国内建设的需要，强调经济技术合作形式的多样

---

① ［美］于子桥著，沈浦娜译：《坦赞铁路—赞比亚铁路——中国对非经济援助个案研究》，载北京大学非洲研究中心编：《中国与非洲》，北京大学出版社，2000 年第 1 版，第 274 页。

性。相比之下，60 年代的对非援助原则，更加强调政治方面的考虑，看中通过援助来增加世界上反对帝国主义的力量。

20 世纪 80 年代开始，中国对外援助更加重视巩固援外成果、注重效益，注意根据第三世界国家社会制度、政治制度和经济发展水平，区别不同情况和需要，发展平等互利合作，促进双方共同发展，使对外援助的功能和作用进一步得到体现。中国先后对数百个建成项目进行了多种形式的技术合作、管理合作、代管经营、租赁经营、合资经营等，同受援国政府、企业共同努力，使项目的经济效益有了不同程度的改善和提高，一些项目迅速转亏为赢，恢复生机，许多项目发挥了较好的经济和社会效益。为帮助受援国培训人才，除在技术合作中继续搞好现场培训外，根据项目的需要，适当接受对方派遣留学生、实习生来华学习，培养高中级技术人员和管理人员。继续做好零配件的供应工作，区别不同情况，灵活采取多种支付方式，帮助一些国家解决零配件付款的困难。本着量力而行的原则，向一些经济困难的友好国家继续提供力所能及的援助，合理调整对外援助规模、布局和结构，进一步加强了对最不发达国家的援助；提高成套项目和技术援助的比重。这期间共帮助 71 个国家建成成套项目 353 个。同时，探索适应不同国家情况和需要的多种灵活援助方式：一是中国双边援助同联合国机构的多双边援助相结合。利用联合国开发计划署给受援国的援款，中国再提供一部分资金和物资，受援国承担部分当地费用，由中国派专家组织实施小型援助项目。二是中国贷款援助与受援国自筹部分资金相结合，由中国承担全部工程的组织实施。三是中国援助与第三国援助相结合，由中国派公司承包实施项目。四是适应经济富裕和比较富裕的第三世界国家进行大规模经济建设的需要，发挥中国拥有一些第三世界国家所需要的实用技术、机械设备和充足熟练的劳动力的长处，同有关国家进行承包工程和劳务合作，办合资企业，帮助开发资源等。

整个20世纪80年代，中国共承诺对非援助14亿7700万美元，比70年代多了2亿7400万美元。对非洲国家援助的国家数目，从70年代的33个增加到46个。如1983—1985年，中国对非洲的援助达到了新的高潮，每年有22个国家进入中国的援助名单。在1984年，中国对非洲的援助达到4亿6700万美元，比1983年增加了3亿2700万美元。有关情况参加如下表格：

1979—1989 中国对外经济援助的分布

地 区	援助数量	援助协定数目	援助对象国数目
非 洲	1477.5	129	46
亚 洲	528.2	31	9
中 东	119	10	6
拉丁美洲	106.9	27	14

90年代初，随着国内外市场的转变，单纯的政府之间的合作已经不再适应发展中国家经济形势的变化，改变援外方式，推进中国企业同受援国企业的直接合作，既帮助受援国发展经济，又带动中国企业走向国际市场，已经成为援外工作的必由之路。1991年至1994年主要围绕帮助受援国发展当地有需要又有资源的中小型项目开展对外援助，并与发展多双边互利合作的经贸关系相结合，促进受援国和中国共同发展。例如：调整援外结构，重点建设生产性项目，适当援建人员培训和社会公益性项目；促进中国企业与受援国企业合资、合作经营生产性援助项目；将一部分援外资金与联合国发展机构的资金相结合，开展发展中国家间的技术合作等。这一时期，在中国对外援助项目中，成套项目占

60%，同时又设立了多种形式的援助专项资金，增加形式多样、灵活、及时的小额赠送，使中国对外援助的方式更为灵活，援助的项目更加实用。[①]

三、1995年后中国对外援助工作进行全面改革

1995年5月，国务院批准实施改革对外援助方式。国务院在批准改革方案时，充分肯定了多年来中国对外援助取得的成绩和对扩大中国影响，提高中国国际地位、创造和平安定的国际环境、促进中国改革开放及对外经济贸易合作事业发展、增强受援国自力更生能力，所起的重要作用。进一步强调，对外援助是中国对外工作的重要组成部分。援外工作既是严肃的政治任务，又是复杂的经济技术工作，政策性很强。中国对外提供援助是为了帮助受援国发展民族经济，维护国家主权，捍卫民族独立，促进中国和广大发展中国家的友好关系和经贸合作。在新形势下，援外工作既要继承优良传统，继续遵循援外八项原则，发挥中国的政治优势，又要改革创新，借鉴国际通行有效的援助做法，使有限的援外资金发挥更大的作用，获得更好的效果。

1995年10月，中国召开了进一步改革对外援助工作会议。强调要继续坚持援外工作的基本方针，继续遵循援外的八项原则，同时借鉴国际上通行有效的援助做法，大力推行政府贴息贷款方式，扩大对外援助的规模，提高有限的援助资金的使用效率，带动中国设备、材料和技术出口。要积极推动援外

① 刘小云：《中国对外援助改革与调整二十年》，载《国际经济合作》1998年第10期，第30—31页。

项目合资合作等有效方式。适当调整援助结构，今后主要是扩大政府贴息优惠贷款规模，适当增加无偿援助，一般不再提供无息贷款。

20 世纪 90 年代，中国已逐步建立起社会主义市场经济体制，许多发展中国家也实行了经济自由化和企业私有化，国内外政治经济形式发生了很大变化。在继续遵循援外八项原则的基础上，改革对外援助方式，重点推行政府贴息优惠贷款。政府贴息优惠贷款方式主要为由中国政府向受援国提供具有援助性质的优惠贷款，国家用援外经费贴息，以扩大对外援助的规模，提高援外资金的使用效益，推动双方企业的投资合作，带动中国设备、材料和技术出口。中国企业与受援国企业在援助项目上的合资合作，有利于政府援外资金与企业资金相结合，扩大资金来源和项目规模，巩固项目成果，提高援助效益。中国企业凡是在受援国那里找到了适当项目，都可申请政府优惠贷款。[①] 具体做法是：

（一）积极推行政府贴息优惠贷款方式

这种援助方式是国际上通行的做法。由于这种援助方式发挥了金融机构在对外援助发展项目上的管理职能，可扩大援助规模，提高贷款的使用效益，并促进成套设备、技术的出口和双方企业的投资合作。从 1995 年开始，中国进出口银行作为中国政府指定的承贷银行，负责办理援外性质的优惠贷款业务。优惠贷款主要用于援助建设生产性项目和带动成套设备、机电产品出口等项目，对象是有偿还能力的国家。按照国际惯例，可视借款国国情及项目性质分别采取单独提供、混合贷款或 BOT 方式。优惠贷款的利

① 江清华：《改革开放以来中国同西亚非洲国家经贸合作的回顾与展望》，载《西亚非洲》（双月刊），1998 年第 4 期。

率与中国人民银行公布的基准利率之间的差额，由财政援外费补贴。贷款期限一般掌握在5—15年左右。每年的贷款规模，由中国人民银行会同外经贸部、外交部、中国进出口银行提出，并报国务院批准。

鉴于我对外援助将推行优惠贷款方式，今后除对外已签的无息贷款协议继续执行外，一般不再向受援国提供新的无息贷款。有特殊需要确需对外提供新的无息贷款，应个案报国务院批准。

（二）适当扩大无偿援助的比重

无偿援助（包括小额赠送）的主要对象是，无偿还能力的经济比较困难的周边友好国家、最不发达国家和有特殊需要的国家。用于建设项目或技术援助等，也可视情况提供一定额度内的小额赠送。还可将一部分无偿援助资金与联合国发展机构的资金相结合，开展发展中国家间技术合作活动。

（三）推动援外项目实行合资合作等方式

把援外与投资、贸易及其他互利合作等结合起来，既有利于受援国的经济，也有利于中国企业开拓国际市场。因此，今后重点要援建一些当地有需要又有资源的中小型生产性项目，并大力推动中国企业与受援国企业走合资、合作经营的路子。新建项目，可由受援国政府将中国政府援款转贷给受援国企业作为对方企业资本，中方企业再投入一定比例的资本，由双方企业合资经营；对已利用中国援款建成的生产性项目，经受援国同意，可转为双方企业合资或中方企业租赁经营；一些有条件的项目由受援国政府和中国政府签订原则性协议，两国政府在政策或资金方面给予扶持，由两国企业直接合作使用。

（四）适当调整对外援助结构

随着世界政治、经济形势的变化和中国援外改革的实施，对外援助结构做相应调整。除适当扩大无偿援助的比重外，重点是要扩大优惠贴息贷款的规模。对外提供优惠贴息贷款，由外经贸部与受援国签订政府间协议。这类优惠贷款贷出后要保证收回，因此必须选择有偿还能力的国家和投资少、见效快的项目，并由受援方提供担保。项目可由外经贸部（现为商务部）根据受援国要求提出，中国进出口银行参与审查。要注意增加对发展中国家技术、人才和智力方面的援助。对中国与受援国关系有重大影响的已建成的经援项目，还要拨一定资金设法巩固。在援助项目选择上，根据受援国的要求，除生产性项目外，也可承担诸如医院、学校、低造价住房等对方急需、社会效果又好、花钱不多的社会福利项目。

（五）保证援助重点

中国是发展中国家，能够用于对外援助的资金有限，因此援助对象不宜太广，重点应放在周边国家、最不发达国家和其他低收入国家。对重点受援国的援助数额和优惠程度应相对高些，但这类受援国不宜太多。对一般受援国也应根据具体情况在援款的使用方式和贷款利息上有所区别。总之，要根据不同情况，区别轻重缓急，保证重点需要。

（六）做好援外贷款的回收工作

对受援国拖欠中国的债务，不逼债，通过友好协商，争取受援国以现汇、商品、资产、资源或当地货币等多种方式偿还。

（七）加强援外工作的管理和领导

外经贸部（现为商务部）作为援外工作的归口部门，配合改革，逐步形成一套能适应国内外形势发展的规范化、科学化的援外管理制度。

进一步健全、完善项目招标、议标制度，加强对援外项目、援外物资的质量及财务管理。优惠贷款项目和援外合资合作项目更要注意加强管理。对优惠贷款项目，承贷银行要对承贷的项目做好可行性评估，贷款可以收回，才能放贷。援外合资合作项目注意选择好合作伙伴，注意项目的经济效益。外经贸部制订了有关管理办法，做好各类援外项目的监督、检查工作。在总结经验的基础上，建立项目评估与项目总结报告制度、全面统计制度和年度报告制度，研究形成了一套能够适应国内外形势发展的援外管理制度。

这些改革受到了受援国的理解和欢迎。这种援助方式推行几年来，呈现如下几个方面的特点：一是接受优惠贷款援助方式的国家逐渐增多，1995 年只有 11 个，1998 年末达到 43 个，非洲、亚洲、拉丁美洲和南太地区岛国都有国家接受这种援助方式。二是中国企业的主动性、积极性高。1995 年探讨通过优惠贷款搞合资、合作项目的企业只有 8 家，1998 年末已达 70 多家。这些企业中，实体性、生产性企业越来越多。三是优惠贷款和合资、合作项目多样化。有资源开发项目、工业生产项目和机电产品带料加工项目、基础设施项目、社会福利性项目、提供国产成套设备和机电产品等。这些项目都为扩大出口发挥了促进作用。如，苏丹石油开发项目 3 年来带动了 10 亿多美元的承包项目和几千人劳务出口，仅 1998 年一年使用的国产设备材料就有近 2.2 亿美元。四是促进了中国企业与受援国企业间的直接合作。企业以援外为桥梁，迅速地进入发展中国家市场，受到这些国家政府和企业的欢迎。五是受援国和企业还款意识较强，对贷款条件十分重视，按协议规定已开始偿还贷款本息。

自 1978 年党的十一届三中全会确立中国改革开放总方针以来

的20多年间，中国对外援助工作按照党中央制订的新时期的基本路线，依据国内外政治经济形势的发展和国家财力的可能，进行了调整和改革，取得了丰硕成果。在实行改革开放总方针的20年中，中国在亚洲、非洲、拉丁美洲和南太地区的发展中国家援助建成各类IEC项目712个。此外，中国还为一些国家援建了广播通讯、农产品加工、建筑材料生产、手工艺加工等方面的项目。这些项目，对受援国社会经济发展正在产生着重要影响，有些生产型项目已形成相当规模的生产能力。在这一时期，中国还向受援国提供了大量的物资援助，培训了大批技术人员。自1983年至1998年，中国向100多个发展中国家和10个国际组织提供了多边援助，培训各类技术人员近3000人，培训内容涉及农业、畜牧、渔业、小水电、机械、能源、医疗卫生、环保、气象、民航、农田水利、干旱地区沙漠治理、陶瓷、手工业、粮食加工等几十个专业。党的十一届全会以来，中国对外援助在改革与调整中不断发展，不断谱写着中国人民支持第三世界国家并与之友好合作，维护世界和平，发展本国经济的成功篇章。

四、个案研究：对亚非国家债务的减免

国际债务，即外债，是一个国家公共部门和私人所欠非本国居民债务的总称。对外负债是世界经济中的一种普遍现象。每个国家都在不同程度上存在外债。国际债务作为一种经济现象，对国家间政治关系产生重要影响。[①] 1960年发展中国家的债务不足200亿美元，到90年代初期，发展中国家的外债总

① 宋新宁、陈岳：《国际政治经济学概论》，北京：中国人民大学出版社，1999年12月版，第179页。

额达到13410亿美元。沉重的债务负担，严重制约发展中国家的经济发展。90年代以后，减免发展中国家的债务成为国际社会协商的重要议题。

中国作为发展中国家的一员，对相关国家所欠债务进行了力所能及的减免。2002年11月2日，作为推动东亚共同发展的重要努力，出席东亚领导人有关会议的中国代表团宣布实施“亚洲减债计划”，免去柬埔寨所有对华到期债务。洪森首相评价朱总理的这一决定“体现了中国人民对柬埔寨人民的真诚友谊，令人感动”。他事后还表示，“我们所得的出乎我们的意料”。到2002年，柬埔寨债务总额约为30亿美元，欠中国债务大约2.1亿美元，相当于其债务总额的1/15。柬埔寨是世界上最不发达国家之一，其财政收入的60%来自外援，2亿多美元对柬埔寨来说非常可观。此前，双方还签署了一项总额达1250万美元的对柬援助配套计划。受惠国除柬埔寨外，还包括越南、老挝、缅甸、阿富汗、马尔代夫，中国减免这些国家的部分或全部到期债务。外交部有关人士介绍：“我们减免这些国家的全部或部分到期债务，具体将通过双边渠道来实施。这张牌是作为中方的倡议和一个成果打出去的。”2000年10月在北京举行的中非合作论坛——北京2000年部长级会议上，中国政府首次宣布在两年内减免非洲国家100亿元人民币的债务。两年后，这一承诺已基本实现。2006年11月，中国和48个非洲国家的国家元首、政府首脑和代表团团长在北京举行中非合作论坛峰会。中国政府宣布免除同中国有外交关系的所有非洲重债穷国和最不发达国家截至2005年底到期的政府无息贷款债务。

中非论坛承诺的减免债务工作进展顺利，但其他尚未减免的债务如何处理值得研究。一些国家确实不能偿还到期贷款，但也有不少国家养成了依赖心理。贷款的减免应当严格控制在重债贫穷国和最不发达国家，贷款延期实际上就是一种债务减免。在贷款的偿还上，要服从于国家利益，可以灵活多样，如将债务转化为中国公司的股份，为中国公司添置固定资产，用于在当地投资的税收免、抵，用于充实对外投资基金和人力资源开发基金等。

第二节　对外经济援助的实施过程

中国外援改革和调整的最大特点是政府在对外援助中角度的变化和中国外援的行为体的多元化，政府、金融机构和企业在援助政策制定和执行过程中都相对独立地发挥作用。外援成为一个利益协调的过程。[①] 中国对外援助的决策机制呈现以商务部——原外经贸部——为主导，多元参与的特点。中国外交部也积极参与对外经济援助工作。外交部处于国家总体外交的考虑，主要从政治和安全角度审视对外经济援助。更多地将外援当作实现政治外交目标的手段，体现经济为外交服务的特征。长期以来，中国外经贸部——2003 年 3 月重组后，职能并入商务部——具体负责对外援助的操作，并专门下设对外援助司。另外，还设立专门的援外项目的管理机构：商务部国际经济合作事务局。外交部和商务部组成了中国对外经济援助的制度框架，当外援的政治利益和经

① 袁晓峰、杨阳：《中国外援：政府在外援中的角色变换》，载肖佳灵、唐贤兴主编：《大国外交——理论·决策·挑战》，北京：时事出版社，2003 年 6 月版，第 581 页。

济利益发生冲突时，政府内部的这些机构之间又需要进行协调。[①]随着对外援助改革的进程，涉及对外援助的主体也开始多元化。国家设立了中国进出口银行参与到对外经济援助项目的过程中。具体分布如下：

一、对外援助的职能分布

（一）中国商务部对外援助司

1. 拟订并执行对外援助政策，起草对外援助法律、法规，拟订部门规章；研究和推进对外援助方式改革。2. 编制对外援助计划并组织实施，拟订国别援助方案，确定援助项目。3. 负责政府间援助谈判，商签援助协议，处理政府间援助事务，办理援外项目对外移交；负责援外贷款偿还和债务重组工作。4. 核准各类援外项目实施企业的投标资格，组织援外项目决标，下达援外项目任务，监督检查各类援外项目的实施。5. 负责编报对外援助资金预决算和援外统计工作。6. 负责使用援外经费，监督和管理援外优惠贷款和援外合资合作基金项目，并解决政府间重大问题。7. 指导国际经济合作事务局的相关援外工作。

（二）中国商务部国际经济合作事务局

1. 受商务部委托承担援外项目的组织实施和具体管理工作；2. 根据授权与受援国政府指定机构商谈援外项目的具体事宜；3. 承办援外项目招标工作；4. 签订和管理援外项目内部承包合

① 袁晓峰、杨阳：《中国外援：政府在外援中的角色变换》，载肖佳灵、唐贤兴主编：《大国外交——理论·决策·挑战》，北京：时事出版社，2003 年 6 月版，第 582 页。

同，指导援外项目实施企业商签对外合同，监督检查合同执行；5. 负责援外项目的技术经济监督和技术资料管理；6. 参与编制援外项目的年度资金预决算，办理援外项目资金管理的有关手续及援外项目的对外结算；管理驻外经商机构援外存量资产；7. 承办援外项目统计并提供相关信息服务；8. 承担推动中国企业走出去开展对外经济合作业务的促进业务，与境外相关机构和组织开展合作与交流，为中国企业进入国际市场提供国别、市场等投资合作环境方面的信息咨询和服务；负责“中国合作指南”的日常运营并向企业提供信息资料；9. 受商务部委托，参加、举办各类官方对外经济合作拓展活动。

（三）中国进出口银行

中国进出口银行1994年成立以来，到目前为止，职能和所发挥的作用是支持中国的高新技术产品、机电产品、成套设备船舶等货物的出口，调整中国的出口商品结构，增强中国的资本和中国企业出口竞争力，通过进出口银行政策性导向作用，支持资本和货物进口，调整中国的出口商品结构。

二、中国对外援助项目的实施过程①

中国政府在50多年的援外工作中，已形成了一套完整的管理制度。对外援助主要采取如下方式：政府贴息优惠贷款方式、援外项目合资合作方式、无偿援助方式。主要实施过程如下：

（一）政府贴息优惠贷款方式

政府贴息优惠贷款（以下简称优惠贷款）是中国政府指定的

① 《中国对外援助方式简介》，载《世界机电经贸信息》1997年第23/24期。

金融机构对外提供的具有政府援助性质、含有赠与成份的中、长期低息贷款。优惠利率与中国人民银行利率之间的差额由中国政府对中国承贷机构进行补贴。中华人民共和国商务部（2003 年以前为对外贸易经济合作部）是优惠贷款援助方式的主管机构。中国进出口银行（以下简称承贷行）是中国政府指定的对外提供优惠贷款的承贷机构。中国政府的援外资金和中国金融机构的资金相结合，可以扩大中国对外援助规模和资金来源，推动双方企业在投资、设备、技术等方面的合作。中国驻外使馆经济商务参赞处根据中国外经贸部的指示和承贷行的委托处理有关优惠贷款的重大问题。优惠贷款主要用于中国企业与受援国企业合资合作建设、经营的生产性项目，或提供中国生产的成套设备和机电产品等。

根据受援国的要求和中国的可能，中国政府同受援国政府就提供优惠贷款的额度、主要贷款条件、使用范围、承贷行、转贷行等签订政府间框架协议。中国企业和受援国企业在中国政府和受援国政府签订框架协议之前可以先探讨项目，供中国向受援国提供优惠贷款时参考。中国外经贸部和受援国政府主管部门对拟使用优惠贷款的项目进行审核后，向承贷行和转贷行推荐。申请使用优惠贷款的企业（包括合资合作企业）需向中国外经贸部和受援国政府主管部门提供项目考察报告、项目可行性研究报告、双方企业签订的合资合作意向书、双方企业草签的合资合作合同和章程、双方政府主管部门或银行出具的合资合作伙伴的资信证明。承贷行和转贷行对中国外经贸部和受援国政府主管部门推荐的项目进行评估，并最终决定是否放贷。承担优惠贷款项目的企业在政府间协议和银行间协议的范围内实施项目，并接受双方政府部门和银行和监督、检查。转贷行根据借贷协议的规定按期向承贷行偿付优惠贷款的本金、利息和有关费用。

自1995年7月中国同津巴布韦签订第一笔优惠贷款至1999年底，中国累计同57个国家签订优惠贷款框架协议。外经贸部向中国进出口银行推荐项目109个。中国进出口银行累计签订61个项目借贷协议，已支款项目48个。援外合资合作项目进展顺利，中国企业用援外合资、合作项目基金累计在40多个国家实施项目77个。

（二）援外项目合资合作

援外项目合资合作是在中国政府与受援国政府原则协议的范围内，双方政府给予政策和资金支持，中国企业同受援国企业以合资经营、合作经营的方式实施的项目。中国外经贸部（现为商务部，下同）是援外项目合资合作方式的主管机构。中国驻外使馆经济商务参赞处根据中国外经贸部指示处理有关援外合资合作项目的重大问题。中国政府和受援中政府同意或批准的企业即为援外合资合作项目的实施机构。

援外合资合作项目分为三种形式：一是中国政府援建项目中已建成的生产性或其他有条件经营的项目，由受援国企业经营转为双方企业合资、合作经营；二是中国政府对外新承担的生产性或其他有条件经营的援助项目，受援国企业以中国援款作为资本、中国企业再按双方企业商定的股权比例投入资金，项目由双方合资建设和经营；三是受援中政府和中国政府签订原则协议，在政策或资金上给予扶持，双方企业直接合资合作。下列资金均可用于援外合资合作项目：中国政府对外提供的援款可转为受援国企业的资本与中国企业建立合资合作项目；中国对外提供的政府贴息优惠贷款可由受援国转贷行转贷用于中国企业与受援国企业建立合资合作项目。中国政府和受援国政府分别贷给双方企业部分资金建立合资合作项目；受援国政府可将中国以往用无息贷款或低息贷款方式帮助建成的项目形成的固定资产转让给中国企业，中国政府相应冲减受援国应偿还的债务，这部分债务转由中国企业偿还；中国企业和受援国企业自筹一定比例的资金。

（三）无偿援助

中国政府根据本国财力的可能向经济困难的发展中国家无偿提供的援助。主要用于帮助受援国建设中、小型生产性项目、社会福利项目或向受援国提供一般物资。

受援国政府提出物资赠送要求，中国政府与受援国政府签订政府间协议。受援国政府主管部门提出所需物资清单，并与中国外经贸部（现为商务部）根据协议金额确定物资的品种和数量。中国驻外使馆经济商务参赞处根据中国外经贸部指示处理有关无偿援助的重大问题。中国外经贸部（现为商务部）选定中国企业负责物资的组货和发运，如有必要，提供售后服务，如设备安装、人员培训等。受援国政府主管部门及时提供物资收货人的名称、地址等，办理物资清关、提货手续，负责境内运输及物资分配，并负担上述费用。对于中方提供设备安装、人员培训等供后服务的项目，受援国政府协助办理中方技术人员的出入境手续，选派必要数量的专业人员协助中方对设备进行安装和调试，并负担上述人员的费用，选派技术人员接受培训。中国政府与受援国政府签署交接证书。

三、实证分析：以对东南亚海啸灾害的人道主义援助为案例

国家在制定外援政策的过程中受到国内各种力量的制约，而这

些力量在全球化的时代已经开始绕过传统的国家利益代言人（这里指外交部），与国外的机构、集体或个人发生了直接的沟通与交往，并且在沟通交往中谋求自己的利益。援助国虽然通过机构改革、部际交流与合作等方式，致力于使多种利益之间的矛盾内部化，并且根据国家的外交政策的需要，协调对外援助的各个部门。[①]

2004 年 12 月 26 日，印度尼西亚苏门答腊岛北部海域发生里氏 8 级以上强烈地震并引发海啸，波及印度、斯里兰卡、马尔代夫、泰国等国家，造成数千人死亡、失踪，大批房屋损毁。为体现中国政府和人民对上述国家政府和人民的友好情谊，中国政府决定根据灾情向印度、印度尼西亚、斯里兰卡、马尔代夫和泰国五国提供人道主义紧急救灾援助，商务部启动紧急救灾援助应急机制，协调有关部门在第一时间将紧急援助交付受灾各国。

2004 年 12 月 29 日晚，根据灾情的最新发展和领导指示，中国外交部长李肇星紧急召开财政部、商务部、卫生部、地震局和军队有关部门负责人联席会议。会议商定大幅增加中国政府对受灾国家的物资和现汇援助。采取进一步救援措施：组建超过 100 人的医疗队待命，视受灾国的需求，医疗队可于 24 小时内赶赴灾区。商务部将会同相关部门办理增援物资的筹备和发运。中国有关专家将继续参加世界卫生组织等国际机构的救援队前往灾区。卫生部常务副部长高强、财政部副部长廖晓军、外交部副部长武大伟、商务部部长助理陈健等参加了会议。2005 年 1 月 1 日，外交部长李肇星召集关于印度洋海啸救援工作部际协调会。会议提出，中国政府向受灾国捐赠的第一批物资和现汇援助已全部运抵有关国家并提供给灾区人民。新增加的 5 亿元人民币的援助将根

① 周弘主编：《对外援助与国际关系》，北京：中国社会科学出版社，2002 年 3 月版，第 12 页。

据受灾国需求，协调有序地加以落实。商务部负责援助物资的调拨，民政部负责将民间组织和个人的捐助款项及时转交给受灾国红十字会等相关机构。

第三节　对外经济援助的发展趋势

进入21世纪，中国对外援助的方式，必须根据形势的变化，继续进行相应改革。

一、援外工作需要适应国内外政治经济的变化

在国内，改革开放以来，企业逐步成为经济运作和市场竞争的主体。政府部门一竿子到底统管援外项目的做法已不能完全适应市场经济的需要。援外项目的实施也应遵循市场经济的规则。必须把政府对援外工作的宏观管理同企业（作为实施援外任务的主体）很好地结合起来。发展中国家的形势也发生了很大变化，大都实行了经济自由化、企业私有化。受援国政府对具体受援项目多数也难以决策和组织实施。不少受援国提出与中国企业合资经营中国援建的项目。过去那种项目建成后就移交给受援国或仅仅对企业经营和生产提供技术指导的方式，也已不适应受援国形势变化的需要。因此，必须进行援外工作改革，走出一条既适合中国改革开放的要求，又符合发展中国家现实情况的援外新路子。

二、继续改革对外援助的方式

回顾中国援外工作的历程，20世纪五、六十年代，主要帮助

受援国建设生产性项目，帮助它们“造血”，增强它们经济发展的动力和活力。项目投产后效果还是好的，起到了帮助受援国发展经济的作用。但是由于他们管理水平跟不上，加上有些受援国政局不稳，经济环境恶化，许多建成的项目经营不下去。因此，开始转向援建一些“纪念碑”式的项目，如办公大楼、会议大厦、体育场，还有公路、桥梁等基础设施。这些项目看得见，摸得着，人民也能得到一些实惠。应该说，“纪念碑”式的项目在加强中国与受援国的友好关系方面发挥了重要的作用。但是这类项目搞多了，也引起连锁反应，且要求越来越多、越来越高，国力难以承担。对外援助的根本目的还是帮助发展中国家发展民族经济。现在，由于他们经济体制的变化和中国经济体制的改革，中国再来帮助他们建设工厂，已经具备了这样的条件，项目建成后中国企业可以同他们的企业搞合资合作。通过搞好中国援建企业的经营和共同管理，既可以帮助受援国发展经济，增加就业，又可以培养当地管理和技术人才。同时也推动中国企业走向发展中国家市场，带动中国价格便宜、对发展中国家比较适用的成套设备、机电产品出口。这也是对发展中国家的一种帮助。当然，要选择有投资条件的发展中国家推行援外项目合资合作；同时，要选择对发展当地经济有帮助又有经济效益的项目搞合资。可以说，这是对外援助发展到援助加合作，以平等互利、共同发展为目的的新阶段。

三、扩大援助的规模，使援外资金来源多样化

中国是发展中国家，目前对外援助的规模十分有限。而受援国对中国援助的期望愈来愈高，要求愈来愈强烈。单纯依靠中央财政已不能满足援外工作的需要，因此需要扩大援外资金来源，

多渠道筹集援外资金。1994年初，国务院决定搞政府贴息贷款的方式，即动员一部分银行的资金，通过政府贴息，使向受援国提供的贷款利率较低，条件变得优惠。中国银行目前有条件筹集到资金，在项目管理上还可以发挥银行的作用。企业为了自身的发展，为了带动产品出口，也可以拿出一部分资金出来。国家、银行和企业资金相结合，援外规模就扩大了，每个项目的贷款规模也可以大一些。过去对外提供无息贷款项目，一般不超过5000万元，利用贴息贷款的项目就有条件适当放宽。当然，真正使资金发挥效益，还要靠银行和企业共同努力来实现。

四、援外工作是实施市场多元化战略的重要举措

党中央、国务院十分重视援外工作，始终把援外工作作为外交工作的一个重要组成部分。现在西方国家在亚、非、拉争夺非常激烈。它们利用援助干涉发展中国家的内政，争夺资源和廉价劳动力。台湾当局更是活动频繁，利用金钱拉拢经济困难的发展中国家。必须加强对外援助工作，使有限的资金发挥更大的作用，更好的效果。发展中国家就单个国家来说并不是个大市场，但就整体来说市场还是不小的，且大有潜力。承担援外任务的企业，在发展中国家多年艰苦工作，对当地市场，包括承包劳务市场有了相当的了解。在发展中国家开展承包劳务虽然有了长足的进展，但同他们的贸易开展得还很不够。我们提供政府贴息优惠贷款可以支持中国企业同受援国企业建立合资合作企业。这样，既帮助发展中国家发展民族经济，又可以带动中国成套设备、机电产品出口和承包劳务的发展。

五、加大无偿援助的规模

过去提供受援国的无息贷款，收回来不多，实际上成为无偿

援助。优惠贷款这部分资金是通过金融机构筹集来的，是低息的，也是优惠的，一定要还。无偿援助这部分资金是国家财政拿出来的，我们不可能送很多。无偿援助主要对象是那些无还款能力，特别贫困的国家，可以提供一些受援国最急需的医疗、培训等项目。对外提供援助，特别要注意对人员的培训。援助工作是多方面的，有经济的、教育的、医务的、还有军事的。但是，对培训人员这方面重视得还不够，需要在援外培训工作上下些功夫。派遣医疗队是很成功的，今后还要继续搞好。搞培训人才，少花钱，多办事。特别是要培训管理人员，花钱不多，获益匪浅。

第九章

中国外交中的经济制裁

第一节 概念与历史的考察

一、经济制裁的概念与国际经验

经济制裁是指一个或多个国际行为体为了实现一定的对外政策目标，对特定国际行为体的经济资源和交往空间实行抵制、禁运、断绝经济交往关系等歧视性限制的一种政策或行为。在手段上，现代经济制裁可以分为贸易制裁和金融制裁。根据限制程度，贸易制裁又可分为进出口的数量限制、类别管制和拒绝购买某一国家或国家集团的全部或某一类产品。金融制裁可分为减少或中断、贷款、信用担保，甚至资产冻结等。根据对抗国家的需要和力量状况，经济制裁可以运用不同手段，在不同程度上进行。既有最严厉的经济封锁，如断绝贸易关系和金融往来，实行禁运，冻结该国政府和私人的海外资产等，又有较轻微的惩罚措施，诸如仅对贸易的某些方面进行限制。国外学者提出了“积极制裁”（positive sanction）和“消极制裁”（negative sanction）两种概念，即为了实现约束的目的，除了可以采取惩处的办法外，还可以采取奖励的手段，主旨是通过提供或者承诺提供经济上的便利以促使目标国行为发生改变。多数有关经济制裁的用法，还是主要强调消极惩罚行为。

制裁国通过发动经济制裁给被制裁国造成一定的困难和损失，改变被制裁国国内的政治环境，促使发动制裁的预期目标得以实现。这一作用机制实际上有可能达到两个效果：一是经济效果；二是政治效果。经济制裁能否达到预定的对外政策目标，一方面取决于制裁所能达到的经济效果的程度、性质。另一方面，在很大程度上取决于制裁所能达到的政治效果的程度、性质。经济制裁是否能达到预期的经济效果与以下几方面的因素有关：一国的对外贸易依存度，特别是被制裁国对制裁国（或参与制裁的国家的全体）的贸易依存度，贸易依存度越大，经济制裁给被制裁国造成的损失就可能越大；寻找替代的难易，当A国停止向B国出口某种产品时，如果B国能够很容易地转向从第三国进口该种产品，则制裁的经济意义就十分有限。这里可以借鉴美国学者罗伯特·基欧汉和约瑟夫·奈提出的敏感性和脆弱性概念。敏感性反映的是外部变化对另一国可能造成的代价有多大，它主要取决于目标国对相互交往的依赖程度和供需弹性；而脆弱性则是从动态角度反映其寻求替代的调整能力。在面临外部经济强制时，目标国必然会从国内外寻求替代，比如对内实行进口替代或配额供给制等。对外寻求新的市场和供给来源，以尽量减少制裁所造成的消极影响。敏感性为国际经济制裁的影响提供了一种前提条件，而脆弱性则决定其最终的结果。就理解相互依赖关系的政治结构而言，脆弱性尤为重要，在向行为体提供权力资源方面，脆弱性相互依赖的重要性大于敏感性相互依赖。①

美国等西方国家大量使用经济制裁的手段。二战结束后，美国发起“巴黎统筹委员会”，发动对社会主义国家的经济制裁，是大规模多边经济制裁的例子。还有大量双边经济制裁的例子。在1914年到1990年间的116起经济制裁中，美国发起的就有77项②。据有关统计，在1914年第一次世界大战到1998年国际社会所发生的170多件经济制裁案例中，有150多件发生在二战后，其中仅1990—1998年就发生了50多件。③

据埃利奥特等人对1938—1990年间国际经济制裁案例的实证分析发现，经济制裁的成功率在不断下降：1938—1972年间，迫使对方做出让步，达到制裁预定目标的为67%，1973—1990年则下降到22%④（参见表1）。

表1：经济制裁作为外交政策工具的运用和成效

	制裁案总数	制裁成功数	制裁成功率
所有制裁案			
1914—1945	12	6	50
1945—1969	41	18	44
1970—1989	67	16	26

① 周方银：《国际关系中的经济制裁》，载《现代国际关系》，1997年第10期。

② Kimberly A. Elliott, *Economic Sanctions*, Intervention into The 1990's U.S. Foreign Policy in the Third World, Lynne Rienner Publisher Inc., 1992, p. 97。

③ Kimberly A. Elliott, Gary Clyde Hufbauer, *Ineffectiveness of Economic Sanctions: Same Song, Same Refrain? Economic Sanctions in the* 1990's, The American Economic Review, Vol. 89, Iss. 2, Nashville, May 1999, p. 403.

④ Kimberly A. Elliott, *Economic Sanctions*, Peter J. Schraedered., op. cit., p. 110.

续表

	制裁案总数	制裁成功数	制裁成功率
1990—1998	50	—	—
美国与其他国家合作制裁			
1945—1969	30	16	53
1970—1989	48	10	21
1990—1998	36	—	—
单方面制裁			
1945—1969	16	11	69
1979—1989	40	6	13
1990—1998	12	—	—

资料来源：Cary clyde hufbauer，jeffrey J. schott，and Kimberly ann Elliott，economic sanctions reconsidered，3rd ed. ，revised，Washington：institute for international economics.

虽然经济制裁有很多局限，但是政策的制定者们却往往没有更优的选择：军事手段过于激烈且代价沉重，外交手段力量太过微弱，经济制裁相对而言就成了更为有效、更具威胁性的工具。[①]作为一种对外政策工具，正是政策目标和政策手段的匹配性，赋予了经济制裁更为广泛的可行性。制裁可以适度影响国际关系和国际行为体的行为，被一些国家特别是大国不断地使用。对于任何一个国家来说，根据不同的对外战略目标，合理选择和搭配政策工具都是极为重要的，对于中国来说亦是如此。在对外政策中，中国极少对他国实行经济制裁，即使实行制裁，也几乎总是基于纯粹的道义并符合国际法的精神。与许多西方国家相比，中国把国际正义等道德和国际法方面的利益看得相对重一些。研究经济

① 很多学者都对经济制裁有类似的评价，比如卡里·哈夫堡尔等人。参见 *Economic Sanctions Reconsidered：History and Current Policy*，second edition，p. 13.

制裁一方面是为了认识某些规律性，以更好地分析和预测国际关系中的经济制裁行为和现象。另一方面则可以有意识地采取措施以提高中国制裁抵抗能力并避免被制裁。作为一个大国，中国应纠正对制裁的偏见，在适当的情况下掌握制裁的主动权并能灵活运用。在特定的时间背景下，符合国际法、伦理道德标准和中国现实利益的经济制裁或许会成为一种最佳的选择。在新形势下，中国应该对经济制裁持客观的观点，一方面积极应对制裁带来的挑战，另一方面也要合理地利用经济制裁这一对外政策手段来维护自己的国家利益。[①] 中国实际上已成为大市场，经济成为中国外交的主要手段之一，要学会利用经济制裁等外交手段，与友好国家分享市场，对不友好国家考虑采取强硬态度，让外交成为真正维护国家利益的工具。

二、中国在反对经济制裁方面的外交行为

二战结束后，苏美之间两大阵营开始冷战。1949 年 11 月，西方国家在巴黎成立了巴黎统筹委员会，目的是防止和限制与军事战略相关的武器、技术和物资流入东方阵营。1952 年后，在巴统内部又专门成立了“中国委员会”，实施巴统成员国对中国的各项制裁。到 80 年代，随着中国改革开放的启动，巴统逐渐放宽对中国的出口限制。从 1985 年开始，巴统对中国出口的数控机床、通讯设备、测量电子设备、民用飞机、民用直升机等放松限制。1988 年 7 月，又对计算机技术、医学高技术领域放松对中国的出口，并同意缩短敏感合同审查周期。1988 年底还决定，从 1989 年初开始对中国出口审查采取一揽子批准方式，对健全遵守巴统规

① 万书：《试论经济制裁》，载《世界经济与政治》，2004 年第 9 期。

定等制度的企业发给一揽子许可证，个别项目的出口不用批准，涉及电子计算机、集成电路等40多项产品。

冷战时期，中美长期处于敌对状态，中国一直被列为控制战略物资出口协调委员会的限制出口国家。中美建交后，在中国政府的交涉和美国对华企业界的压力下，美国政府在80年代初期将中国单独列入“P”类，限制条件较大部分计划经济国家宽松。1983年6月，里根总统承认中国是一个“非结盟的友好国家”，并把中国列入有关控制的“V”类国家。

1989年中国发生政治风波后，美国带头对华实施“制裁”。中国采取措施平息政治风波的第二天，即1989年6月5日，当时的美国总统布什就宣布五项对中国实施制裁的行动：(1) 暂停政府对政府的一切武器销售和商业性出口；(2) 暂停美国和中国军事领导人之间的互访；(3) 同情地重新研究中国留美学生要延长逗留时间的请求；(4) 通过红十字会向那些在突然袭击中受伤的人提供人道主义的医疗援助；(5) 在中国的事态不断揭开的同时重新研究美中双边关系的其他一些方面。20日，美国白宫发言人菲茨沃特在一篇书面声明中宣布，布什总统下令对中国采取新的制裁措施：(1) 美国将寻求世界银行和国际货币基金组织这样一些国际贷款机构推迟向中国提供考虑中的新贷款；(2) 美国政府官员中断与中国政府官员所进行的所有高层接触。这期间，美国国会先后通过20多项干涉中国内政的议案，严重地损害了中美关系。

与此同时，澳大利亚政府于6月4日，丹麦政府、瑞典政府等分别于6月5日，法国政府、英国政府、西班牙政府、新西兰政府等分别于6月6日，加拿大政府于6月12日，联邦德国有关部门于6月14日，以及还有一些国家公开宣布对中国进行各类形式的“制裁”。日本从6月6日开始也宣布了一些措施，对中国实行制裁，但相比之下，日本的行动是谨慎的。6月26日，世界银行在一项声明中宣布推迟考虑对中国的几项贷款。7月6日，关贸总协定发言人说：该组织已无限期推迟有关中国申请加入的讨论。欧洲经济共同体12国政府领导人6月27日在第41届欧共体首脑会议上发表声明，宣布已决定对中国实行八项制裁措施。7月14日至16日，法国、美国、英国、联邦德国、日本、意大利、加拿大等七国首脑和欧洲共同体委员会主席在法国巴黎召开会议，采取中止对华高层接触及延缓世界银行的贷款等制裁措施。

面对国际社会的制裁，中国政府坚持改革开放不动摇，保持中国的社会稳定。采取以不变应万变的态度。邓小平说，“现在国际舆论压我们，我们泰然处之，不受他们挑动。但是，我们要好好地把自己的事情搞好。”，“中国能不能顶住霸权主义、强权政治的压力，坚持我们社会主义制度，关键就看能不能争取教快的增长速度，实现我们的发展战略。”① 针对美国等西方发达国家的制裁，中国也进行了有理有节的斗争，如停止接受美国派来的“和平队”计划，拒绝接受美国之音派来的替补记者，暂停富布赖特计划等。

中方提出的报复性措施包括：（1）中止与美国汽车企业洽谈其在中国大陆的投资；（2）暂不考虑美商在中国设立控股公司的申请；（3）将对从美国进口的录音带、唱碟、香烟和其他一些消费品提高关税；（4）中止与“国际知识产权联盟”和“商业电脑软件联盟”的贸易关系；（5）停止考虑美国化学与医药制造业者要求在中国保扩其专利权的申请；（6）停止考虑美国音像业驻中国的分公司进口音像设备的申请，取消价值数10亿美元的波音飞

① 《邓小平文选》第3卷，北京：人民出版社，1993年版，第311、356页。

机的采购。

但同时，中国尽量采取措施改善同发达国家的关系。邓小平指出："尽管苏联东欧出了问题，尽管西方7国制裁我们，我们坚持一个方针：继续同苏联打交道，搞好关系；同美国继续打交道，搞好关系；同日本、欧洲国家也继续打交道，搞好关系。这一方针，一天都没有动摇过，中国度量是够大的，这点小风波吹不倒我们。"[①] 邓小平在1989年7月和12月两次会见美国总统特使、国家安全事务助理时指出："中美两国尽管有些纠葛，有这样那样的问题和分歧，但归根到底，中美关系是要好起来才行。""中美关系有一个好的基础，就是两国在发展经济、维护经济利益方面有相互帮助的作用。中国市场毕竟还没有充分开发出来，美国利用中国市场还有很多事情能够做。我们欢迎美国商人继续进行对华商业活动，这恐怕也是结束过去的一个重要内容。"[②] 江泽民提出了发展中美关系的十六字方针："增加信任，减少麻烦，发展合作，不搞对抗。"在这种情况下，中国积极运用经济手段促进中美关系的改善。派出大型采购团到美国大量采购美国商品，以经济手段打破美国国会取消对华最惠国待遇的提议。1990年11月，中国外长钱其琛访问美国，1991年11月，美国国务卿访问中国。1992年12月，美国总统宣布解除接触的禁令。1993年中国国家主席江泽民和克林顿在美国西雅图进行了正式会晤。在这个背景下，西方国家对中国的制裁陆续解除。1990年10月，欧共体外长会议决定恢复对华关系，宣布取消除政府首脑往来和军事合作之外的所有制裁，1991年7月，欧共体又决定恢复同中国政府首脑的互访。

---

① 《邓小平文选》第3卷，北京：人民出版社，1993年版，第359页。

② 《邓小平文选》第3卷，北京：人民出版社，1993年版，第332—333页。

近年来，尽管中美两国政治关系因受到一个个具体问题的影响而出现大起大落，但两国经贸关系却有了长足发展。建交的1979年两国的贸易额仅为24.5亿美元，1996年已达428.4亿美元。美国在华投资金额142美元，投资项目2万多个。美国最大的500家企业中有200多家与中国有经贸合作关系。美国已成为中国的第二大贸易伙伴。随着经贸关系不断加深，贸易不平衡问题日渐突出。由于中方的顺差数字被大大夸大，美国便以此为借口，扬言对华实行贸易制裁。美国动辄以制裁相威胁的主要原因是，中国经济对美国的依存度大于美国对中国的依存度。为了反对制裁，中国利用进出口贸易的多元化来增强谈判中的实力，从而增加了美国对中国经济的依存度。与此同时，中国积极扩大与日本和德国、法国等欧盟国家及俄罗斯间的贸易往来，努力减少和遏制美国对华贸易政策的不利影响，致使美国的制裁政策越来越显得孤掌难鸣。在中国的对外经济交往中，利用发达国家经济结构的同构性，利用跨国公司之间的竞争，采取“东方不亮西方亮”的灵活政策，既扩大了与美国的盟国间经济往来，又迫使美国取消对华贸易制裁，并坐到谈判桌前。这是中国经济外交的成功，显示了经济外交的艺术魅力。

在中美经贸关系中，最惠国待遇问题是一个长期未得到彻底解决的问题。贸易最惠国待遇是一种正常的、对等的非歧视性贸易安排，并非是一国给予另一国的优遇，更非恩惠。然而，美国却不断在此问题上做文章，将其与人权问题挂钩，每年讨论一次，对此，中国政府的态度非常明朗：“互相给予最惠国待遇是中美两国经贸关系的核心，这是一种互利互惠的关系”，“如果取消最惠国待遇的情况最终发生，中国经济照样发展，改革开放照样进行。中国保留采取报复措施的权利”。同时，中国积极开展工作，除了不断向美国官员和企业界人士阐明两国近年来经贸关系的迅速发展和最惠国待遇是双方贸易的基础之外，还从减少贸易逆差方面做出努力。[①]

从1990年起，美国对中国提出知识产权保护的问题。对此，中国主张通过谈判、协商的方式予以解决。但美国多次在这个问题上给中国制造麻烦。1991年4月26日，美国宣布向中国进行所谓特殊310条款的重点调查。5月9日，中国对外经济贸易合作部发言人发表谈话指出，美国政府不顾中国在知识产权保护方面做出的努力，对中国进行所谓重点调查是中方所不能接受的。1991年11月26日美国宣布，如果到1992年1月底在知识产权方面达不成协议，就对中国商品实施惩罚性关税，金额达3亿至4亿美元。经过中国正式表示不满、遗憾和抗议，促使继续谈判，问题才得以缓解。[②] 1994年7月1日，中国外经贸部发言人就美对华动用特殊301条款，开始对中国知识产权问题进行调查作出反映，认为美国的做法毫无道理，中国绝对不能接受。[③] 1994年12月31日，中国外经贸部公布了对美反制裁的贸易清单。外经贸部公告指出：鉴于美国贸易代表办公室单方面公布对中国出口美国的产品实施贸易报复，根据《中华人民共和国对外贸易法》第七条关于“任何国家或地区在贸易方面对中华人民共和国采取歧视性的禁止、限制或者其他类似措施的，中华人民共和国可以根据实际情况对该国或者该地区采取相应的措施”的规定，为维护国家主权和民族尊严，对于美国的贸易报复措施，中国将不得不采取相

① 张学良：《中国的经济外交》，载《绵阳师范学院学报》2004年8月。

② 谢益显等编著：《中国当代外交史（1949—2001）》北京：中国青年出版社，2002年版，第472页。

③ 夏勤：“中美知识产权问题磋商大事记”，新华社1995年2月28日讯。

应的反报复措施。对原产于美国的各种游戏机、激光唱盘、烟、酒、化妆品、程控交换机等除征收正常关税外，加征税率为100%的特别关税。暂停进口产于美国的电影片、激光视盘等七条措施。2月4日，美国贸易代表坎特邀请中国代表团去华盛顿谈判。2月26日，中美两国就知识产权问题在北京达成协议，避免了一场贸易战。

当前，增强中国的综合国力、实现国际贸易进出口市场的多元化以及在国际关系实践中对自己行为或立场更明确地表明态度，都有助于提高抵抗经济制裁的能力或减少被制裁的可能性。

第二节　中国经济制裁的实证分析

美国中国问题专家奥格森博格等认为，在80年代的大部分时间里，中国政府把商业和政治政策分开。中国政府逐渐学会利用其贸易地位作为杠杆，在国际政治争端中获得政治利益。越来越愿意让政治因素来影响其采购决定。[①]

一、围绕台湾问题进行的经济制裁

法国政府于1991年6月6日决定向台湾出售价值27亿美元的6艘拉法叶特护卫舰。1992年1月，法国又提出了法国正在考虑向台湾出售性能先进的“幻影2000”战斗机。为了阻止法国向台湾出售“幻影”战斗机，中方立即采取了一系列措施。先是向

---

① ［美］伊丽莎白·埃克诺米、米歇尔·奥克森伯格主编：《中国参与世界》，北京：新华出版社2001年1月版，第192页。

法方提出严正交涉，指出这一问题的严重性质，表示中方绝不会容忍。同时，还积极采取措施，回应法方提出的所谓“法对华贸易严重不平衡”的问题。中方派出经贸代表团访问法国，明确表示，如法方放弃售台“幻影”战斗机，中方将派采购团访法，签订一批合作专案，并可现汇购买 20 亿美元的法国产品。代表团还向法方提供了一个可能同法方合作的专案单子，共 8 大类，50 个专案，总金额达 154 亿美元。中国政府宣布：撤销部分拟议中与法方的大型合作专案，如广州地铁、大亚湾核电站二期工程、购买法国小麦等；不再与法国商谈新的重大经贸合作专案；严格控制两国副部长级以上人员的往来；立即关闭法国驻广州总领事馆。1993 年底德国总理科尔率领大批企业家访华，拿到同中国签订的 160 亿法郎的合同，法国阿尔斯通等公司期待已久的广州地铁承建项目由德国中标。据法中委员会计算，仅 1993 年一年法国在中国失掉的合同金额就达 60 亿法郎。这引起法国企业界对政府的强烈不满，要求政府调整政策。[①] 1994 年初，法国总理访华期间，两国政府于 1 月 12 日签署和发表《联合公报》，法国政府确认，法国政府承认中华人民共和国政府是中国的唯一合法政府，台湾是中国领土不可分割的一部分。法国政府明确保证不再向台湾提供武器，也不允许法国企业向台湾出售武器。此后，中法经贸关系迅速发展。

1993 年 3 月，法国社会党政府在大选中失败，戴高乐派政党保卫共和联盟上台执政。法国新政府从战略上重新评价了中法关系的重要性，积极谋求改善对华关系，于同年 7 月和 12 月两次派特使来华商谈中法关系正常化问题。双方经过多轮谈判，终

① 李长久：《经济外交——中国总体外交的重要组成部分》，载《和平与发展》季刊 2000 年第 1 期。

于就此达成协议。1993 年 12 月 28 日，中国外交部副部长姜恩柱同法国总理特使雅克·弗里德曼草签了“联合公报”。公报中说，“法国政府承诺今后不批准法国企业参与武装台湾”。随后两国外长就公报进行换文，确认了联合公报的内容。法国外长朱佩还在换文中表示：“法国政府承诺今后不再批准向台湾出售战争武器。”1994 年 1 月 12 日，中法两国发表了“联合公报”。公报的发表标志着两国关系实现了正常化，同时，公报是对两国建交原则的发展，是双方就台湾问题，特别是法不再售台武器问题所签署的最重要文件，也为发展两国全面伙伴关系奠定了稳固的基础。①

二、在人权问题上实施经济制裁

1997 年，当时丹麦在联合国人权大会上点名抨击中国对待少数民族和持不同政见者的政策。中国外交部的发言人当即驳斥：“我相信丹麦政府提出这项反华议案是搬起石头砸自己的脚。”北京随即取消了和丹麦的所有商贸合约。在一年以后的人权大会上，哥本哈根以及另外不少欧洲国家显然不愿再就人权问题和中国形成对抗。自 1990 年以来，一些西方国家在联合国人权委员会上 10 次抛出反华提案，中国团结和依靠广大发展中国家，积极主动做西方国家工作，连续 10 次挫败这些西方国家借人权问题干涉中国内政的图谋。

三、运用飞机采购配合外交工作

中国的《财经》杂志曾经对购买民航客机的决策过程大致理

① 蔡方柏：《1989—1997 年的中法关系回顾》，载《人民日报》，2004 年 01 月 16 日。

出如下脉络：首先，国内航空公司与国外飞机制造公司接触并协商，在就希望购买的机型、数量和付款方式等达成一致并签订意向书；之后，向民航总局提出申请；民航总局批准后提交发改委，由发改委会签外交部，并征求其他相关方面的意见。中央政府在国际政治、贸易关系方面的宏观考虑即在这个阶段，通过外交部的意见体现到决策过程中。发改委随后将申请提交国务院；航空公司在获得国务院批准后，才可以签署框架协议。中国的航空公司通常会与两家制造商同时接触，在两家公司的对应机型之间保持一定的灵活性，以配合中央政府可能出于国际关系的考虑而作出的调整。①

总部设在美国西雅图的波音飞机公司创建于1916年，波音公司已成为美国最大的单独出口者，在美国的对外贸易中起着至关重要的作用。截至2000年，中国共有喷气客机510架，其中341架是波音飞机。自1972年以来，中国已购价值149亿美元的波音飞机。1993—1995年，波音公司每生产的10架飞机就有1架出售给中国，当时约占中国航空市场的70%。为了保住这个市场分额，“波音公司似乎愿意为中国做任何事情”。② 空中客车公司是世界上领先的飞机制造商，在法国、德国、英国和西班牙设有研发机构和工厂，并在美国、中国和日本建立了全资子公司，总部位于法国图卢兹。中国于1985年引进第一架空中客车飞机。从那时起，空中客车在中国内地、香港和澳门的现役飞机数量不断上升。90年代中期中国对空中客车进行了大规模的采购。1998年，空中客车在中国的飞机数量为100架。2003年底上升到220多架。

---

① 《波音空客订单之秘政治左右中国购买决策机制?》，载《财经》2005年2月。

② ［美］理查德·波恩斯坦、罗斯·芒罗：《即将到来的美中冲突》，北京：新华出版社1997年5月版，第106页。

中国航空器材公司正式成立于1980年。1996年3月18日，经国家工商行政管理局批准，中国航空器材公司正式更名为中国航空器材进出口总公司。该公司是中国主要的飞机对外采购企业，中国国内许多航空公司的飞机对外采购都由该公司统一进行。以下根据各年度的飞机采购情况分析中国在该领域，包括经济制裁等案例的经济外交行为。

80年代的大部分时间里，中美关系是准盟友的关系，各个领域的关系都得到较快发展。1982年，航材公司为中国民航订购了B737—200飞机和B747—200飞机，这是航材公司首次为航空公司引进波音飞机。1983年，航材公司为中国民航订购了MD—82飞机，这是航材公司首次为航空公司引进麦道飞机。1985年，航材公司为中国民航订购了3架A310—200飞机，这是航材公司首次引进空客飞机。以下是关于中国在飞机的采购过程中实施经济外交的实证分析：

1990年5月，航材公司与美国波音公司签订了72架波音系列飞机的购买合同；1990年5月24日美国总统布什宣布，自当年7月1日至1991年6月30日，给予中国最惠国待遇。

1992年，航材公司为东方航空公司订购了10架荷兰福克100飞机，这是航材公司首次引进福克飞机。1992年2月荷政府重申不向台湾出售潜艇，两国关系进一步恢复，高层政治往来逐渐增多。

中国1993年能够促使德国放弃对台出售潜艇和护卫舰，其主要原因是德国政府意识到经济高速增长的12亿人口的中国大陆将会给德国提供一个长期的、比台湾更为广阔的市场。德国联邦安全委员会决定禁止对台出售潜艇后，德国航空航天公司很快就获得了谈判对华出售6架A—320空中客车飞机合同和向3家中国航空公司供应飞机优先权的机会，并获得对华出口12亿美元的商品的合同。[1]

1994 年 12 月 1 日，中国航空器材/波音零备件服务中心在北京开业，这是中国首家规模最大、库存项目最全的航材寄售库。

1996 年 4 月 11 日，中航材总公司与空中客车工业公司签订了 30 架 A320—200 飞机的购机总协议及东航 3 架 A340 飞机购机协议，李鹏总理参加了签字仪式。1996 年 3 月中国军队在台湾海峡进行军事演习，美国派出 2 艘航空母舰进行威胁。

1997 年 3 月 25 日，中航材总公司与美国波音公司签订了 5 架 B777—200 飞机的购机协议，李鹏总理、美国戈尔副总统出席了签字仪式；1996 年 11 月中美两国元首在马尼拉会晤，克林顿提出与中国建立“战略伙伴关系”的建议。1997 年 5 月美国宣布给予中国最惠国待遇。

1997 年 5 月 15 日，中航材总公司与空中客车公司签订了 30 架 A320/A321 飞机购机总协议，国家主席江泽民、法国总统希拉克出席了签字仪式。1997 年 5 月 17 日，法国总统希拉克、中国国务院副总理吴邦国参加了中国航空器材进出口总公司与空中客车公司在北京合作建立的华欧航空培训及支援中心的开业剪彩仪式并视察了该中心；法国总统访问中国。1997 年 5 月 15—18 日，雅克·希拉克总统对中国进行国事访问。中法元首签署联合声明，决定中法建立面向二十一世纪的“全面伙伴关系”。

1997 年 10 月 30 日，中航材总公司与美国波音公司签订了 50 架波音飞机的购机框架协议。国家计委主任曾培炎、美国商务部长戴利参加了签字仪式；1997 年 10 月 26 日至 11 月 3 日，江泽民主席对美国进行国事访问。

---

① Wang Yong, “Pact with Germans Valued at ￥1.2 Billion”, CHINA DAILY March 31, 1993.

1998年6月29日，中航材总公司与美国波音公司签订了20架波音飞机的订购协议及10架波音B737—700/800飞机的意向订购协议。国务委员吴仪、美国商务部长戴利出席了签字仪式；1998年6月25日至7月3日，克林顿总统对中国进行国事访问。

1999年4月16日，中航材总公司与加拿大庞巴迪公司签订了3架DASH8—400飞机的购机协议；1999年4月，应加拿大总理让·克雷蒂安的邀请，朱镕基总理对加进行了正式访问。1999年11月，中加签署了关于中国加入世贸组织的双边协议。

2001年2月16日，中航材总公司与加拿大庞巴迪公司签订了6架CRJ—200飞机的购机协议；2001年2月13日，国家主席江泽民在中南海会见了来访的加拿大总理克雷蒂安。代表团十分庞大，包括500余名企业家。中加签署许多重要的投资及合作协议。

2001年10月2日，中航材总公司与美国波音公司签订了30架B737飞机的购机总协议；2001年4月1日，中美发生撞机事件。10月19日，江泽民主席在出席上海举行的亚太经合组织领导人非正式会议期间，与美国总统布什首次举行会晤。12月27日，美国总统布什签署命令，正式宣布给予中国永久正常贸易关系地位。

2003年4月25日，中航材集团公司与空中客车公司在北京人民大会堂签订了30架A330/A320系列飞机的购机框架协议；2003年4月25—26日，让—皮埃尔·拉法兰总理访问中国。此次访问正值“非典型肺炎”肆虐时期，他仍坚持如期访华，显示法国对发展与中国“全面伙伴关系”的高度重视。

2003年11月12日，中航材集团公司与美国波音公司在美国商务部签订了30架波音B737飞机的总体购机框架协议；2003年12月7日至10日，温家宝总理对美国进行正式访问。

2003年4月25日，中国航空器材进出口集团公司与空中客车公司在北京签署框架协议，确认订购30架空中客车飞机。南航确认订购21架A320系列飞机，东航订购20架A330—300，国航订购了6架空中客车A319飞机，海南航空订购了8架A319，此外2004年12月中国航空器材进出口集团公司在北京与空中客车公司签署订购23架空中客车A320系列飞机的协议。这样，空中客车2004年已累计获得81架飞机订单，是历史上在中国销售业绩最好的一年；法国总统希拉克10月访华；德国总理施罗德11月访华。中国对解除欧盟于1989年作出的对中国的武器禁运令进行外交工作。

2005年1月28日，波音公司宣布，将向6家中国航空公司出售共60架波音787“梦幻客机”。同一天，中国南方航空公司也与空中客车签订协议，购买5架空客“巨无霸”A380客机；几乎同时，中国国际航空公司还宣布，计划购买20架空客A330—200客机，这两笔合同总值近43亿美元。在业内人士看来，此次中国向飞机制造的双巨头联合下单，影响最大的政治因素是台湾问题。当年春天召开的全国人代会，审议通过了《反分裂国家法》。而在中国与欧盟的关系中，对中国解除销售武器的禁令，则是一个可能影响空客购买合同的重要因素。

2006年10月，中国航空器材进出口集团公司与欧洲飞机制造商空中客车公司在北京签署了订购150架空中客车窄体A320系列飞机的框架协议和订购20架A350宽体飞机的意向书，总价值预计超过100亿美元，这是空客进入中国20年来获得的最大一笔、也是迄今为止中国民航历史上签署的最大一笔飞机订单；同时，法国总统希拉克对中国为期4天的国事访问。与历次访华一样，希拉克这次还将在一些中国关注的问题上传达法国支持的声音。例如，在欧盟对华军售解禁问题上，尽管德国立场的转变使希拉克在欧盟“孤掌难鸣”，但他在北京期间仍重申法国支持解禁的立场。

四、WTO框架下的经济制裁行为

全球化趋势的发展，导致传统的贸易壁垒大大削减。按照乌拉圭回合谈判的结果，发展中国家的平均关税水平下降到10%左右，发达国家的平均关税下降到3%左右。配额、许可证等非关税壁垒等非关税壁垒削减，而反倾销、技术性壁垒等更加隐蔽的贸易保护手段广泛运用。出口高速增长的中国正在成为国际贸易保护主义的主要针对对象，中国已经进入国际贸易摩擦高发期。[1] 未来中国经济外交的一个重点，是在国际贸易摩擦越来越频繁的情况下，中国如何加强开展反倾销、反补贴，应对世界经济大国强国针对中国的冲突型、消极型的经济外交。

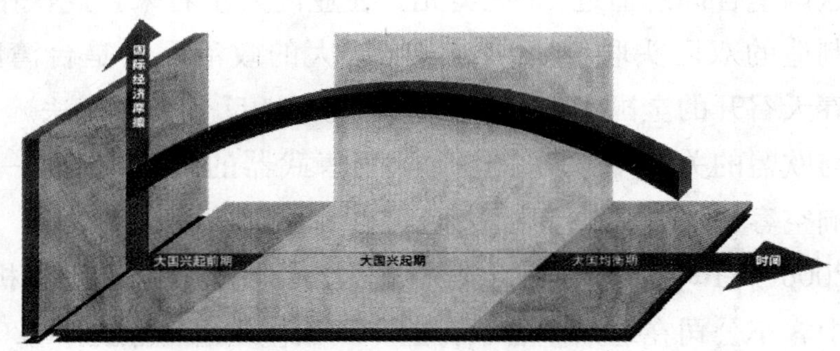

中国“中国兴起”与国际磨擦示意图

资料来源：《中国企业家》，2004年第11期（下），第91页。

中国在世界贸易中的地位也由1980年的第26位上升至2003

---

① 隆国强：《十大应对促策略——中国直面国际贸易摩擦高发期》，载《国际贸易》2003年第12期。

年的第 4 位。2004 年中国对外贸易总额突破万亿大关，首次达到 11547.4 亿美元，比上年增长 35.7%，相当于"入世"前 2001 年贸易规模的 2.3 倍，[①] 2006 年达到 17606 亿美元。随着中国在世界贸易中地位的提高、出口的扩大，中国融合世界经济的程度加深，贸易摩擦频繁发生。20 世纪 90 年代以来，中国成为国际贸易保护主义的重灾区，已连续 9 年成为全球遭受反倾销调查最多的国家。美国、欧盟、印度、阿根廷、巴西、韩国、土耳其等国家和地区对华反倾销占全部反倾销的比例均维持较高的数量，中国是这些国家和地区的重点关注对象，其中欧盟和美国分别占第一和第二位，占对华反倾销案的 2/5。从 1979 年—2004 年 5 月，遭遇"二反一保"（反倾销、反补贴、保障措施）及特保调查的数量高达 637 起。中国加入世贸组织以来至 2004 年 11 月底，国外共对中国发起反倾销调查 137 起，涉案金额约 35 亿美元。截至 2004 年 11 月底，国外共对中国约 4000 种产品发起反倾销调查，涉及五矿化工、机电、轻工、纺织、食品土畜等多个行业。值得注意的是，农产品、纺织品等已逐步成为国外对中国反倾销的热点。

反倾销诉讼双方的力量是不均衡的，一方是政府，另一方是企业。中国政府应当积极同外国政府交涉，加强对外宣传、沟通，同有关国家达成协议，稳定双边或多边贸易关系，减少国外对华反倾销调查，并帮助企业在反倾销应诉中取得胜利。在 WTO 的框架下，可以利用反倾销协议的条款，抵制外国在对华反倾销案中用歧视性的法律方法处理同中国的贸易争端，同时利用 WTO 争端机制加以评判，在 WTO 范围内由当事者双方进行协商。2001 年后，中国商务部公平贸易局具体负责反倾销问题，在中国加入世贸组织的 3 年间，利用各种多双边机制，针对国外反倾销

① http：//finance. sina. com. cn 2005 年 03 月 04 日，《环球财经》杂志。

调查中的歧视性、不公平做法，积极展开了政府交涉。

针对国外的反倾销行为，中国应根据自身的情况，加强针对国外产品的反倾销力度，实施经济领域的经济制裁。随着中国在税收管理、关税削减等方面的改革，市场准入的条件大为改善，许多外国产品大量进入中国市场，有许多进行低价倾销。外国生产商的倾销行为会阻碍幼稚产业的成长和新兴产业的建立，危害中国的经济安全。但中国企业提起的对外国产品的反倾销案例仍旧很少。从现实来看，中国企业应对反倾销的能力和运用反倾销法的能力还比较弱，因此政府部门和有关商会的协调作用就显得重要。

第十章

中国积极接受多双边的经济技术援助

经济技术援助国际上也称为“官方开发援助”，是一国政府为促进发展中国家经济发展和人民生活水平的改善，以赠予或赠予成分不低于25％的优惠贷款形式，向这些国家或国际多边贷款机构提供的援助，[①] 主要有无偿援助、政府官方贷款等形式。国际无偿援助，按援款的流通渠道可分为多边援助和双边援助。多边援助是指多边机构利用成员国的捐款、认缴的股本、优惠贷款及在国际资金市场借款或业务收益等，按照他们制定的援助计划向发展中国家或地区提供的援助。双边援助是指两个国家或地区之间通过签订发展援助协议或经济技术合作协定，由援助国以直接提供无偿款项、技术、设备、物资等方式，帮助受援助国发展经济或渡过暂时的困难而进行的援助活动。双边援助具有实施周期长、行业导向强、投入金额大的特点。援助过程中，通常组织专家派往受援国，双方专家互访，对促进受援方知识更新及管理水平的

① 所谓赠予成分是指与市场利率和偿还期相比较而计算出的贷款的优惠程度。

提高效果明显。双边援助通常受到双方政府高层的重视，援助领域侧重于基础设施等受援国战略发展领域。中国从 1979 年开始采取“有进有出”的政策，接受外国和国际组织的援助。美国学者江忆恩（Johnston）甚至认为，中国之所以作出加入世界银行和国际货币基金组织（IMF）的决定，是因为想获得技术、专家和发展援助。[①]

第一节　中国接受外援的基本概况

一、接受外援观念的变迁

中国共产党的领导人之一刘少奇曾经认为：“很明显，苏联及东欧各国无产阶级对于中国无产阶级的帮助，对于中国经济的发展及上述任务的实现，是有重大意义的。这种援助我想有以下几方面：经验上的援助；技术上的援助；资金上的援助。此外在物资方面似应实行某种程度和范围内的经济互助。如果这种援助和互助是很大的，那就可能帮助中国更快地走向社会主义。”[②] 1949 年以后，出于意识形态和实际需要的双重考虑，中国决定“一边倒”战略，开始全面接受 20 世纪规模最大的援助，来自苏联的援助在国家和社会生活的各个方面展开。50 年代苏联提供的援助，无疑使中国的发展有了一个大的飞跃，但是中国也为接受这一大

① ［美］江忆恩：《中国和国际制度：来自中国之外的视角》，载王逸舟主编：《磨合中的建构》，北京：中国发展出版社 2003 年 3 月版，第 352 页。

② 刘少奇：《关于新中国的建设方针》，载《刘少奇选集》（上卷），第 430 页。

规模援助付出了高昂代价。60年代初，中国又经历了赫鲁晓夫政府撕毁合同、撤走专家、逼债之苦，“文革”中“四人帮”推行极“左”路线，歪曲自力更生思想，把利用外资看作是向资本主义“乞讨”、给社会主义制度的中国脸上摸黑，利用外资在一段时期成为禁区。对外债持否定态度，长期以“无外债”为荣。中国在60—70年代的文化大革命期间，拒绝了国外各种形式的援助，包括来自国外的贷款，并把对外贸易视为将其拉入资本主义市场经济的一种手段，而不是促进经济增长的动力。①

20世纪70年代末期，中国对对外借债政策进行了大幅度调整，开始大规模借债，为经济增长融资。② 1978年10月邓小平访问日本，同年11月出访泰国、马来西亚和新加坡，他特别对新加坡吸引外资和先进技术的经验感兴趣。1979年1月邓小平访问美国，分别走访了休斯顿、西雅图等城市，亲自了解美国经济发展、科学技术、教育文化，坚定了以对外开放为基本国策的决心。邓小平同志于1979年1月17日，即与当时全国知名的工商界领导人座谈，听取他们对如何搞好经济建设的意见和建议。他指出：“现在搞建设，门路要多一点，可以利用外国的资金和技术，华侨、华裔可以回来办厂。吸收外资可以采取补偿贸易的方法，也可以搞合营，先选择资金周转快的行业做起。当然，利用外资一定要考虑偿还能力。”1979年10月4日，他在中共省、市、自治区委员会第一书记座谈会上，对重点做好经济工作谈了五点意见。

① 参见福特基金会驻京代表 Andrew Watson2000年9月在“对外援助与国际关系”国际研讨会上的发言。载《对外援助与国际关系》，北京：中国社会科学出版社，2002年3月版，第5—6页。

② 周振华：《体制变革与经济增长——中国经验与范式分析》，上海三联书店、上海人民出版社，1999年1月版，第478页。

其中一点就是要求大家充分研究一下怎样利用外资的问题。他引述第二次世界大战后，日本、欧洲等国利用外资促进经济恢复和发展的经验后说："利用外资是个很大的政策，我认为应该坚持。至于用的办法，主要的方式是合资，某些方面采取补偿贸易的方式，包括外资设厂的方式，我们都采用。"他讲了到新加坡考察时，了解他们利用外资的情况和利用外资得到的多方面的好处后说："我们要下这个决心，权衡利弊、算清账，略微吃点亏也干，总归是在中国形成了生产能力，还会带动我们一些企业。我认为，现在研究财经问题，有一个立足点要放在充分利用外资、善于利用外资上，不利用太可惜了。现在我们有这个条件。"在他的强有力的推动下，1979年底成立了国家外国投资管理委员会，由谷牧副总理兼任主任，江泽民担任秘书长，李岚清负责世界银行和外国贷款方面的工作。中央决定中国加入世界银行，并和有关国家政府建立正式金融合作关系。当时国家利用外资的主导思想是利用外国贷款而不是外国直接投资，利用外国贷款还主要是利用政府间贷款和国际金融组织中长期贷款。[①]

作为受援国的政府，中国政府确定了"以我为主，为我服务"的政策导向：即对国际发展理论和经验注意借鉴，但不照搬；努力学习，但不盲从；不断创新，但不照抄；对援助项目"资金来源以我为主、项目设计以我为主、项目实施以我为主"，使得获得的项目贷款服务于中国政府的发展战略和发展计划。这本身也是一个以国内需求者为导向，以自主发展为导向的吸收、利用国际发展援助的策略。

---

① 李岚清：《李岚清教育访谈录》，北京：人民教育出版社，2003年，第18—19页。

二、中国接受外援的管理机构

从20世纪70年代末期以后，中国开始逐步融入国际社会，对待外援和开展与世界各地的贸易方面变得更为开放。[①] 党的十一届三中全会确定了改革开放的大政方针，中国开始接受多双边援助。1979年至1991年，中国接受多边无偿援助2.3亿美元，执行了260个项目；1987年至1989年，接受联合国儿童基金会援助7716万美元，执行了59个项目；1979年至1989年，接受联合国人口基金组织援助1亿美元，执行56个项目；如1987年，中国接受如下组织援助：世界粮食计划署和粮农组织8191万美元，世界卫生组织3000万美元，联合国教科文组织80万美元。到1994年，中国接受外国政府的双边和国际组织、特别是联合国发展系统的多边无偿援助资金达到40多亿美元。[②] 到2004年，中国共接受国际多双边援助近56亿美元，实施了1000多个项目。这些项目涉及扶贫救灾、工业技术改造、农业、林业、畜牧业、教育、医疗卫生及艾滋病防治、环保、交通、能源、通讯、体制改革、司法合作、人力资源开发和提高政府管理能力等众多领域，其中70％的援助资金用于中国中西部地区的发展。目前，援助方主要有欧盟、日本、英国、德国、加拿大、澳大利亚、意大利、瑞典、挪威、丹麦、荷兰、比利时、卢森堡、新西兰、韩国、捷克、希腊、联合国开发计划署、儿童基金、人口基金等20个国家和国际机构。（注：联合国工发组织、

---

① 参见福特基金会驻京代表Andrew Watson2000年9月在“对外援助与国际关系”国际研讨会上的发言。载《对外援助与国际关系》，北京：中国社会科学出版社2002年3月版，第5—6页。

② 李岚清：《中国利用外资基础知识》，北京：中共中央党校出版社、中国对外贸易出版社，1995年4月第1版，第378—381页。

国际粮农组织、世界粮食计划署等国际组织也对中国提供了相当数量的援助，但未包含在上述统计中。）

80年代以来，中国接受外援的管理机构经历了一个逐步调整的过程。1981年12月成立中国投资银行（后改为国家开发银行），具体管理世界银行向中国所提供资金的分配和使用。1986年中国加入亚洲开发银行后，中国投资银行同时承担了亚洲开发银行项目贷款的分配职能。总之，中国投资银行负责协调分配由世界银行和亚洲开发银行提供的全部资金。1987年，中国成立了一个非银行金融机构——中国对外经济及贸易信托投资公司，管理从大多数工业化国家取得的优惠双边政府贷款。① 在中国的主管体制中，官方援助项目的确定属于国家计委的职能，引进官方援助的协议须由计委、外经贸部及财政部三个部门共同签署，协议生效后由国家开发银行把外国的官方援助贷款转贷给使用单位。官方援助项目被编入中国的国民经济五年计划，保证了官方援助项目在中央和地方的约束力和效率，保证了官方援助项目所需的土地、工资、动迁等。② 多年来，中国接受和管理双边国际援助的归口单位是外经贸部（现为商务部）国际经贸司。该司负责管理外国政府、联合国机构对华无偿援助事务，谈判、签署无偿援助协议并组织实施。③ 财政部负责与世界银行等多边国际发展援助机构的合作。在接受开发援助方面，中国财政部具体拟定政府外债管理的方针政策、规章制度和管理办法，并承担外国政府贷款、世界银

① ［美］伊丽莎白·埃克诺米、米歇尔·奥克森博格主编：《中国参与世界》，华宏勋等译，北京：新华出版社，2001年月版，第213—214页。

② 周弘主编：《对外援助与国际关系》，北京：中国社会科学出版社，2002年版，第253页。

③ http://gjs.mofcom.gov.cn/article/200308/20030800114927_1.xml。具体参见商务部网站。

行贷款、亚洲开发银行贷款和日本输出入银行贷款的对外谈判与磋商业务，代表中国政府参加国际财政组织。对国外政府发展贷款的使用，由中国国家开发银行负责，具体纳入开发银行的融资渠道。目前，国家开发银行的外币资金主要来源于出口信贷、境内外发行外币债券、国际银团贷款及国外政府贷款。开发银行具体操作的转贷款包括：外国政府贷款转贷款、出口信贷转贷款、境外发债转贷款、国际银团贷款转贷款、国际金融组织转贷款。

根据惯例，政府一直倾向于按照地区分工及项目的规模和复杂性将特定类别的项目分配给各个捐助机构，由每个捐助机构在不同的地区和部门开展工作。目前中国政府对项目的协调职责分散在各个政府部门之间，如财政部门负责贷款和某些赠款项目，商务部负责双边赠款项目。这些项目之间既有所区别，也有所联系，这就需要广泛地协调各捐助机构的活动，协调中国政府内部各机构与国际组织的国际合作，减少某些领域的重复性。

第二节 积极接受发达国家的双边援助

一、长期成为日本的最大援助国

官方援助主要来自发达国家政府及联合国发展系统，其援助金额在国际援助中占有较大份额。二战以后，日本告别了战前外交，形成了以日美基轴和经济外交为两大支柱的战后外交。其中，以 ODA 为中心的对外经济合作成为其经济外交的核心手段。战后日本的 ODA 以如下几点作为理念基础：其一，地缘政治理念，即以经济合作为手段，营造出有利于自身的和平与稳定的周边环境；其二，相互依存理念，即从日本高度依赖海外资源与市场的现实出发，以经济援助开拓发展中国家的市场和资源来源；其三，大国外交理念，即把大国战略、国际贡献论、人道主义观点有机结合，以经济援助为手段在解决全球性问题的进程中扩大自身的对外影响。日本ODA分为对国际组织出资的多边合作和以特定国家为对象的双边合作。双边合作分为有偿合作（即以日元贷款为中心的政府优惠贷款）和无偿援助。日本政府对华经济合作分为有偿资金合作、无偿资金合作、技术合作三大部分，是中日两国合作的重要内容。

1978年7月，中国领导人向日本表示可以引进“民间银行贷款”。[①] 10月25日，访日期间的邓小平副总理表示，要对日本的政府贷款进行研究。1979年9月1日，谷牧副总理访日，正式要求日本对中国的建设项目提供86亿元的贷款。9月3日，大平首相对谷牧表示将带着日元贷款决定访华。12月5日，大平首相访华，向中国正式表达了提供日元贷款的决定。1980年4月，日本向中国提供500亿日元的贷款协议在北京签字，这是新中国成立以来中国同资本主义国家签订的第一个政府间贷款协定。

中国利用发达国家的双边援助是从1982年开始的。无偿资金合作包括：一般无偿资金合作、小规模无偿援助、文化无偿援助、紧急无偿援助等等。其中一般无偿资金合作由商务部（原对外贸易经济合作部）国际经贸关系司统一负责归口管理。自1979年大平正芳首相访华表明积极协助中国进行现代化建设以来，中国逐

---

① ［日］《朝日新闻》，1978年7月19日，转引自金熙德著：《日美基轴与经济外交》，第208页。

渐成为日对外援助的重点国家之一，特别是无偿援助有了很大进展。一般无偿资金合作中方窗口为对商务部国际经贸关系司，日方主管部门为外务省经济协力局，实施促进机构为日本国际协力事业团。[①] 从1981年到2002年11月底，一般无偿资金合作总额约1250亿日元（约10亿美元），执行各类项目115个，在一定程度上缓解了中国在基础生活和人才培养等方面的急切需求，对提高人民生活水平、缩小东西部差距，促进两国友好关系的发展起到了积极作用。

80年代初以来，日本对华ODA形成了以日元贷款为主、无偿援助和技术合作为辅的资金结构，以经济基础设施为主、民生项目为辅的项目结构，以及以“多年度一揽子决定方式”为主、以小数额灵活决定方式为辅的决策结构。对华ODA成为日本对华友好政策的重要标志和中日友好合作关系的重要一环。从1979年至2004年，日中签署的ODA协议累计金额为3万2272亿日元（约300亿美元），其中贷款为2万9505亿日元，占91.65%，占外国向中国承诺的政府贷款总额的40%以上，贷款项目分布在交通、能源、通信、农业、环保等领域。无偿资金援助1364亿6900万日元，占4.24%，约占中国接受外国无偿援助总数的25%左右，援助领域包括教育、医疗、农业、环保等等。[②] 技术援助1402亿4900万日元，利民工程41亿日元。贷款中方偿还期30年，年利率平均3%。日本给了25年，一共给了300亿美元，不用偿还的无偿援助只占一小部分，超过91%却是最终要连本带利

① http://gjs.mofcom.gov.cn/article/200301/20030100062052_1.xml。具体参见商务部网站。

② 金熙德：《日本对华ODA中的“利民工程无偿援助”》，载《日本学刊》2001年第3期。

偿还的。2004年11月21日，日本前驻华大使谷野作太郎说："中国现在还给日本的ODA贷款，要远比从日本借出的资金都多。"内容是：第一年提供500亿日元；其后对六个建设项目继续提供日元贷款，总额将达到15亿美元，年利率为3%，包括10年宽限期在内30年内偿还；无偿援建医院。第一次对华日元贷款从1980年开始实施，日本对华无偿援助也正式启动。继提供第一次对华日元贷款（1980—1983年，总额为3309亿日元）之后，1984年中曾根首相访华时，对中方承诺了第二次日元贷款（1984—1990年，总额为4740亿日元）。1988年8月竹下登首相访华时承诺：提前一年把第二次日元贷款提供完毕，并从1990年起提供第三次日元贷款（1990—1995年，总额为8100亿日元，约为60亿美元），年息进一步降低。[①] 日本自1979年度首次表明对中国提供日元贷款以来，截至2003年度（会计年度从4月到第二年的3月）末，已经累计约达到29，504亿日元（协议额，约合1516亿元人民币），实施了为数众多的项目，支持中国改革开放、加强中国经济社会发展的基础。自20世纪80年代开始到90年代前期，以中国的沿海地区基础建设为中心提供了援助。2001年度以后，按照"对华经济协力计划"的内容，以环保、人才培养领域为中心进行援助。

对华无偿资金援助从1980年开始，在医疗保健、环境保护、人才培养和教育等基础生活领域开展了援助。截至2002年度末累计：1365亿日元（约合58.2亿元人民币）包括后述的利民工程无偿援助和文化无偿援助等金额。代表性项目：中日友好医院器材装备项目（160亿日元）、中日友好环境保护中心器材装备项目

① 金熙德：《日美基轴与经济外交：日本外交的转型》，北京：中国社会科学出版社，1998年11月版，第208—211页。

（103亿日元）以及对学校提供教育设备、省级医院提供医疗器材等提供设备。

5大对华援助国（2001—2003年平均、支出总额单位：百万美元）

1	日本	1202
2	德国	281
3	IDA（国际开发协会）	259
4	法国	79
5	英国	58

资料出处：引自日本驻中国大使馆网站。

日本的双边经济援助国·援助金额表（2002年）

（纯支出额、单位：百万美元、%）

顺序	国名、地区名	业绩	比例
1	中国	828.71	12.32
2	印度尼西亚	538.30	8.00
3	印度	493.64	7.34
4	越南	374.74	5.57
5	菲律宾	318.20	4.73
6	巴基斯坦	301.12	4.48
7	泰国	222.43	3.31
8	阿塞拜疆	141.84	2.11
9	孟加拉国	122.72	1.82
10	秘鲁	119.58	1.78

资料出处：日本驻华大使馆网站。具体参见外务省“政府开发援助（ODA）白皮书2003年版”。

中国利用日元贷款情况（单位：亿日元）

贷款方式	年度	承诺金额	项目数
5年一揽子方式	1979—1984	3309（年均661）	7
5年一揽子方式	1985—1989	5400（年均1080）	17
5年一揽子方式	1990—1995	8100（年均1620）	52
	1996—1998	5800（年均2900）	51
3+2方式	1999—2000	3839（年均1949）	23
	2000	2134	2
	2001	1613	15
一年一定方式	2002	1212	
	2003	1000	

资料来源：具体参见日本驻华大使馆网站。

日本政府在2006年后不再批准新的向中国提供不需要偿还的无偿资金合作项目。关于低利融资的日元贷款问题，日本政府目前打算继续削减，在对中国无偿资金合作结束后隔一段时间再停止。日本政府今后将一边与中国方面协商，一边削减幅度。日本政府参照世界银行的融资指针对发展中国家进行援助，对人均国内生产总值在1400美元以下的国家提供无偿资金合作，对人均国内生产总值在3000美元以下的国家提供日元贷款。据2003年的统计，中国的人均国内生产总值约1090美元。显然，因为中日两国在海洋能源、海洋领土、俄罗斯能源供给、历史问题、台湾问题上存在竞争或矛盾，因此日本政府削减对中国的资金援助主要是出于政治目的。

二、德国对中国的无偿援助

1982年10月13日，中、德两国政府签署了《中华人民共和国政府和德意志联邦共和国政府技术合作总协定》，标志着中、德两国技术合作的正式开始。中国属德国对外援助的38个重点受援国之一，同时也是德国政府对外技术合作的最大受援国。截至2001年6月，德国政府共向中国政府提供了13.3亿马克（约合6.7亿欧元）的无偿援助，其中技术合作资金达9.9亿马克（约合5亿欧元）。技术合作主要是通过项目合作来实现。20年来，中、德技术合作项目共计123个，涉及10多个领域。自2002年起，中、德技术合作将优先对环境和自然资源保护，尤其是林业和气候保护、生物多样性保护、职业教育与培训、扶贫开发及在农村地区建立自助体制给予支持。[①]

第三节 积极吸纳多边经济援助

一、成为世界银行的最大受援国

1979年开始，中国同国际政府组织（主要是联合国发展系统）的合作采取有予有取的方针，在向这些国际组织提供援助的同时，也充分利用其无偿援助。其中以联合国开发计划署和世界粮食计划署为主。国际农业发展基金、人口基金、儿童基金、联合国粮农组织、世界卫生组织、联合国教科文组织等组织也提供了一定数量的援助。联合国开发计划署是联合国系统多边经济、技术合作的主要筹资和中心协调机构。1982年12月，中国投资银行与世界银行达

① http://gjs.mofcom.gov.cn/article/200301/20030100060831_1.xml 具体参见中国商务部网站。

成贷款协议，世界银行向中国投资银行提供7000万美元的贷款。

世界银行也称国际复兴开发银行。世界银行和国际开发协会及国际金融公司共同组成世界银行集团。世界银行的主要任务是通过提供中长期贷款来满足各成员因发展经济而产生的资金需求。

从1981年至2002年，中国累计接受国际金融组织贷款620亿美元。其中世界银行贷款366亿，亚洲开发银行121.6亿，国际金融公司贷款12.7亿，国际农发基金4.3亿美元。到2002/2003财年，累计接受世界银行贷款366亿美元，中国成为世界银行最主要的借款国之一，占中国接受国际金融组织贷款总额的一半以上。自世界银行成立以来到2001年6月向发展中国家提供贷款总额累计达4870亿美元，中国约占7.5%。到2002年亚洲开发银行对中国贷款122亿美元。这些贷款大部分用于投资周期长，社会效益显著，对借款国家经济具有战略性、长期性影响的部门和领域，如农业与农村发展、基础设施建设、教育、卫生、环境保护、扶贫等，都是外国私人投资者不太愿意介入的公共投资领域。国际金融组织对中国贷款援助有以下几个特点：（1）贷款总额最大，[①] 但是人均贷款额很小；（2）贷款规模大，但是占全国投资总量比重很低，占GDP总量比重也比较低；（3）国际组织贷款占全国外贸总额比重先上升后下降，而国外直接投资持续上升，成为外资主要来源；（4）援助作用不仅仅局限于投资，还包括技术援助、政策咨询、项目咨询、人员培训、国际经验与学习和借鉴等多个方面。国际金融组织对中国援助时间并不长，只有22年，但相当成功，主要在于中国改革开放，国内环境的明显改善，使得中国在利用贷款、实施项目、提高

① 世界银行对中国的贷款总额在世界银行各贷款国中名列第一；中国是亚洲开发银行项目规模最大、执行最好的国家之一，对中国贷款占亚洲开发银行贷款总额的12%（见亚洲开发银行：《中国国别援助战略与规划（2004—2006）》，2003年11月）。

发展能力等方面有明显的提高，外部援助与内部资金、外部建议与内部改革改革相匹配、相适应、相支持。根据美国全球发展中心统计（2003年），74个国家接受的国际援助占GDP比重为10.8%，28个人均GNI在1435—2975美元的国家接受的国际援助占GDP比重为1.4%。相比而言，中国作为低收入的发展中国家所接受的国际援助占GDP比重是相当低下的，但它可能是世界上发展效果最好的国家之一。

中国的贷款总额在世行各借款国中名列第一。20多年来，世界银行对华贷款无论从规模还是从行业和地区分布上都发生了很大的变化。这些变化既反映了世界银行贷款政策的调整，又在一定程度上反映出中国经济的发展。世行贷款从1981年2亿美元起步，以后金额逐年上升，20世纪80年代末增加到每年15亿美元。到20世纪90年代中期的1993、1994、1995年，每年的贷款金额超过30亿美元以上，达到顶峰。从1996年开始，考虑到中国经济连续多年增长的现实，世行有意识地减少了对华贷款的额度，到2000年又回到15亿美元左右，2002年锐减为5.63亿美元。今后几年世行对华贷款还会逐年减少，从世行2006年末公布的材料中可以看出，2003年至2005年3个财政年度世行对中国的贷款额度将在40亿美元左右，2005年至2007年3个财政年度可能会下降到20亿美元左右。①

多年来，世界银行等国际金融组织非常注意援助战略与中国政府发展目标之间的联系性与匹配性。中国在过去20年间由于所处的经济发展阶段不同，在不同的时期面临着不同的挑战，具有不同的发展战略和发展重点。在这个过程中，世界银行和亚洲开发银行全面了解中国政府各个阶段的发展目标、发展战略和发展政策，主动与中国政府合作，制定与中国的国家发展目标相匹配的国别援助战

① 陈梅、黄蓓东：《世界银行与中国的合作发展》，载《财经科学》2004年增刊。

略。亚洲开发银行对中国项目评估的报告认为中央政府和地方政府都很努力在为亚行项目方面寻找国内配套资金，建立合适的匹配制度，显示了对项目的高度负责态度。随着国际金融组织贷款引进的新制度安排，在改革开放过程中起到的作用也远远大于国际金融组织贷款所带来的直接收益。以中国高速公路发展为例，国际金融组织贷款额占总投资比重很小，但却成功地引入收费制度。

二、欧盟对华的多边援助

欧盟于 1984 年开始向中国提供财政技术援助。1984—1987 年间，欧盟一直以每年 600 万欧洲货币单位的规模对华提供援助，1988 年开始增长到每年约 860 万欧洲货币单位。1994 年 7 月，欧盟制定了“走向亚洲新战略”，1995 年 12 月欧盟委员会又发表了《中国—欧盟关系长期政策》文件，明确调整了欧盟的对华政策及对华发展合作援助政策，扩大了欧盟对华援助项目所涉及的领域。1997 年 10 月 14 日，中、欧双方在北京签署了“中欧发展合作备忘录”，再次明确了中欧双方在人力资源开发、经济和社会改革、商业和部门合作、环境保护和农业发展和扶贫五大领域进行合作。1984—2001 年，中欧发展合作项下项目共 54 个，其中已完成项目 31 个，正在执行的项目 23 个，累计援助金额约为 4.5 亿欧元。2001 年 5 月 15 日，欧委会通过了新的《欧盟对华新战略》，强调中欧双方的发展援助将在三大优先领域加强合作，包括支持中国的经济与社会改革、促进环境保护及其可持续发展和改善政府管理与促进人权和法制。[①]

① http：//gjs. mofcom. gov. cn/article/200301/20030100060831 _ 1. xml 具体参见中国商务部网站。

三、联合国儿童基金对华无偿援助

联合国儿童基金（UNITED NATIONS CHILDREN'S FUND）成立于1946年，是联合国发展援助系统重要的筹、供资机构之一。它根据联合国大会和经社理事会的授权，负责协调儿童领域的国际合作。长期以来，由于奉行“普遍性、中立性、无偿性”的原则，该基金得到联合国各成员国，特别是发展中国家的广泛欢迎。1979年以来，双方共开展了六个周期的合作方案。到目前为止，儿童基金共计为我国提供了约3亿美元的无偿援助，建立了150多个项目，涉及儿童保健、教育、残疾儿童康复等领域。近年来，在双方的共同努力下，合作的深度和广度得到不断加强，并逐步将重点向我国西北、西南贫困地区转移。儿童基金承诺在2001—2005年间向我国提供6000万美元正常资源的无偿援助和4000万美元的待筹资金无偿援助。

四、联合国人口基金对华无偿援助

联合国人口基金（UNFPA）于1969年正式成立，是联合国大会的一个下属机构，同时也是全球最大的向发展中国家提供人口领域援助的国际组织。它的活动经费主要来自各国政府的自愿捐款，其中大部分来自发达国家。至今，人口基金已累计提供了50亿美元的援助。目前，它在世界上140多个国家开展项目。2000年人口基金正常资源总收入为2亿7千万美元。中国与人口基金的方案合作始于1979年，已完成了三个周期的合作，现正在执行第四周期的项目。援助金额约2亿美元，共完成了近120个项目。在人口基金第一、二周期援华方案项下，人口基金共向我国提供了1.09亿美元的无偿援款，主要用于人口普查、计划生育、妇幼保健、避孕药具生产、人口教育、人口学研究等领域，共安排了64个项目。在双方的共同努力下，前两周期项目已全部顺利完成，产生了积极的社会效益。人口基金第三周期（1990—1995年）援华方案总金额5700万美元，共完成了50多个项目。第三周期方案的基本特点是，除了继续加强前两周期的传统合作领域外，还首次制定了妇女参与发展等新的合作领域项目。这些项目以循环基金的方式资助妇女从事一些创收性的生产活动，提高妇女的经济地位，从而使她们自觉地实行计划生育。另一特点是，大部分援款集中用于农村及贫困地区，以帮助它们脱贫，进而更有效地开展计划生育工作。1998年9月，中国与联合国人口基金第四周期（1998—2000年）合作方案正式启动。方案包括：生殖健康与计划生育、妇女赋权、宣传倡导、南南合作等项目。项目的目的是协助中国政府根据本国情况实施国际人口与发展大会（行动纲领）的各项建议，向群众提供更好的生殖健康和计划生育服务，以提高人民的生活质量。

不同时期国际援助贷款与FDI

项目	六五期间（1981—1985年）	七五期间（1986—1990年）	八五期间（1991—1995年）	九五期间（1996—2000年
援助性贷款（亿美元）	39.60	128.2	217.03	235.23
占外资总额比重（%）	26.21	27.70	13.47	8.12
占GDP比重（%）	0.08	0.30	0.33	0.22
FDI（亿美元）	45.63	142.62	1141.80	2134.80
占外资总额比重（%）	30.20	30.81	7.89	73.67
占GDP比重（%）	0.30	0.77	3.92	4.53

资料来源：对外经济贸易部：《中国对外经济贸易年鉴》（各年卷），对外经贸出版社。

第四节　中国接受经济援助面临的挑战和对策

一、接受经济援助面临的挑战

改革开放8年来，中国国民经济持续快速发展，社会主义市场经济体制基本建立并日益完善，综合国力日益增强。2003年中国国内生产总值（GDP）突破11万亿元人民币，人均GDP突破1000美元；2004年中国进出口贸易总额超过10000亿美元，成为第三大贸易国，实际吸收外资500亿美元，继续成为全球吸收外国直接投资最多的国家之一。2006年进出口贸易额达到17606亿美元。人民生活水平大幅度提高，农村贫困人口已从1978年的2.5亿减少到2003年的2900万。这些都是令人振奋的数字，同时也充分证明了中国改革开放的巨大成就，但就争取多双边援助来讲，却意味着难度会增加。国际上围绕中国接受国际发展援助问题出现新的看法：中国已由原来的穷国，正在转变为一个经济较快增长的大国。国际上这种心态的改变正在使中国进入一个新的时代，即向国际提供回报的时代。近年来，官方发展援助的规模出现大规模下降，这个趋势一是因受援国经济结构调整没有收到预期效果，经济发展未见起色导致官方发展援助资金的减少。另一方面，是因受到一些当代援助理论的影响，这些理论包括："毕业论"，即认为某些发展中国家如中国和东亚国家不应再继续接受西方援助。"民间资金论"，即认为许多发展中国家已有大量民间资本流入，政府援助的作用越来越小。这些理论直接导致了很多西方国家不断削减援助预算。还有一些理论如“环境论”、“人权论”、“减轻贫困论”等，造成援助资金逐渐偏离官方发展援助的初衷，越来越强调对政治改革、民主、人权、私营经济发展等领域的援助等。

日本政府2003年提出，要逐步停止对华的无偿经援。就亚洲开发银行来说，1991年的对华援助目标是提高经济运行效率、减少贫困人口、保护环境和自然资源；1997年将扶贫目标改为通过加速内陆省份的经济增长而减少贫困人口。到了2002年，亚行已经不再为金融、商业部门（如工业、农业产业，农业加工）和一些基础设施领域（如港口和通讯）发放公共部门贷款，而全面转向促进减少贫困型经济发展、营造有助于民营企业发展的环境和强化公共治理体制、促进区域合作帮助中国进一步融入全球经济以及促进环境的可持续性等四个方面，更加注重协调发展、均衡发展和可持续发展。联合国世界粮食计划署2004年也表示，随着经济的快速发展，中国已不再需要国际社会提供的粮食援助，现在是中国给予回报的时候了。在过去25年中，联合国粮食计划署在中国资助了70多个项目，提供了大约9亿多美元的援助，帮助中国养活了3500万人口。粮食计划署执行干事莫里斯表示，粮食计划署的任务是向最饥饿、最贫穷的人们提供食物，中国现在已经具备了自给自足的能力。目前其他一些国家也正在调整重点受援国名单，对华援助有所减少，如澳大利亚已经连年削减了援助规模，比利时准备停止对华援助。还有一些国家把无偿援助转作他途，如英国把其原来的对华无偿援助改为对世行贷款的贴息。随着中国经济的快速发展，这些国际援助的减少，是未来几年内中国不得不面对的现实，而中国也应该学会适应这种新的角色变化。①

① 参见2004年12月15日安邦《每日经济信息》。

二、中国的对策

尽管中国经济取得了迅猛发展，但人均国民收入与发达国家比还存在巨大差距。而国内的地区差距可以用“一个中国、四个世界”来形容，目前中国大部分中西部地区（除黑龙江、吉林）处于“第四世界”即相当于低收入水平地区的人口有 6.3 亿，约占总人口一半。这是进一步争取国际金融组织贷款的重要依据。总体上说，中国的中央财政支出占 GDP 的比重（只有 3%—4%）比较低，因而在为 13 亿人口，特别是低收入地区的 6.3 亿人口提供最基本的公共服务方面的能力上同样不足。在减少贫困、环境保护和农村基础设施建设等许多方面仍然需要国际金融组织的帮助和支持。对中国广大中西部地区和农村地区而言，国际金融组织贷款仍然大有作为。

要分析研究多双边援助的新动向和各援助方的政策调整。通过国际多双边援助的渠道，特别是多边合作，积极参与国际会议及相关活动，掌握国际政治经济的最新动态，加强中国与国际社会的联系，尤其是加强与周边国家和广大发展中国家的关系，这是开展外交工作的基础。不同国家对华援助有其共性和个性，要认真逐一分析研究，并结合中国经济社会发展的总体规划和地区发展的优先领域，有的放矢地提出项目建议，只有这样才能提高命中率，并保证项目的效益。援助项目政策性强、涉及面广，单靠一个部门的力量难以优质高效地实施项目，需要各部门之间，目标一致，形成合力。在实施援助项目过程中，中央各部、委、局、办需要加强横向协作，相互支持，明确牵头单位和协作部门，顾全大局，一致对外。

继续完善项目管理制度。要抓好立项前后以及项目实施过程中每个环节的工作，做到有章可循、照章办事。要加强沟通，协调配合。中央各部、委主管的项目在地方实施，也要加强与地方政府的沟通协调，得到当地政府和部门的支持；地方各部门之间同样需要，密切配合。要不断总结经验，从国际援助项目的示范性入手，以点带面，推广其网络效应，大力培养当地人才，提高自身发展能力，把项目的示范性、推广性和可持续性联为一体，发挥其最大的社会和经济效益。[①]

① 易小准：《在全国接受多双边无偿援助第四次管理工作会议开幕式上的讲话》，参见商务部网站。

第十一章

中国的贸易市场与贸易争端外交

冷战结束后，各国转向以综合国力为主的竞争，经济合作关系日益成为巩固外交关系的重要因素。对外经济贸易是国家经济实力的综合反映，是联系各国间利益关系的纽带。中国经济实力和中国与各国、各地区的利害关系是通过对外经济贸易体现出来的。对外经济贸易发展有利于中国加强同世界各国的了解和友好关系，创造建设社会主义现代化的良好外部环境，制约别国对中国采取的敌视行动，有利于国家的安全。对外经济贸易的发展使别的国家、地区对中国的依赖加大，又使中国的实力明显反映出来，因而其他国家对中国采取不友好措施，首先要考虑对自身的损害。目前制约中国经济发展的基本因素，已由以前的资本和外汇短缺缺口转变为资源和市场短缺缺口。冷战后军事力量在国际斗争中的主导作用逐渐让位于经济实力，因此对国际市场的控制力成为极其重要的实力因素。

第一节　中国的贸易外交

阿尔波特·赫希曼认为，对外贸易是推动一个主权国家实力增长的主要经济手段。通过对外贸易，一个国家可以用相对丰富的物品交换相对稀缺的产品，同时国家可以通过干预和控制进出口贸易，对别国实施影响。[①] 因此，一国进出口贸易量在全球贸易中所占份额越大，影响力就越大，在多边贸易体制中的地位就越突出。[②]

一、中国对外贸易依存度不断上升

自 1978 年中国实行改革开放以来，全方位、多层次、宽领域的对外开放格局基本形成，社会主义市场经济体制日益完善。GDP 由 1978 年的 1400 多亿美元提高到 2006 年的 2.5 万多亿美元，年均增长 9.4%，经济规模已居世界第 4 位。

2003 年社会消费品零售总额达 5560 亿美元，全社会生产资料销售总额达 1 万亿美元。进出口总额由 1978 年的 206 亿美元增加到 2006 年的 17580 亿美元，贸易规模由世界第 32 位飚升至第 3 位（参见表 1）。

---

① Albert O. Hirschman：*National Power and the Structure of Foreign Trade*，Berkley，University of California Press 1980，p13，p15.

② 张幼文等：《经济强国——中国和平崛起的趋势与目标》，人民出版社，2004 年版，第 356 页。

表 1：1981 年以来进出口总值　　单位：亿美元，%

年度	进出口	出口	进口	同比		
				进出口	出口	进口
1981	440.2	220.1	220.2	—	—	—
1982	416.1	223.2	192.9	−5.5	1.4	−12.4
1983	436.2	222.3	213.9	4.8	−0.4	10.9
1984	535.5	261.4	274.1	22.8	17.6	28.1
1985	696.0	273.5	422.5	30.0	4.6	54.1
1986	738.5	309.4	429.0	6.1	13.1	1.5
1987	826.5	394.4	432.2	11.9	27.5	0.7
1988	1027.8	475.2	552.7	24.4	20.5	27.9
1989	1116.8	525.4	591.4	8.7	10.6	7.0
1990	1154.4	620.9	533.5	3.4	18.2	−9.8
1991	1357.0	719.1	637.9	17.6	15.8	19.6
1992	1655.3	849.4	805.9	22.0	18.1	26.3
1993	1957.0	917.4	1039.6	18.2	8.0	29.0
1994	2366.2	1210.1	1156.2	20.9	31.9	11.2
1995	2808.6	1487.8	1320.8	18.7	23.0	14.2
1996	2898.8	1510.5	1388.3	3.2	1.5	5.1
1997	3251.6	1827.9	1423.7	12.2	21.0	2.5
1998	3239.5	1837.1	1402.4	−0.4	0.5	−1.5
1999	3606.3	1949.3	1657.0	11.3	6.1	18.2
2000	4743.0	2492.0	2250.9	31.5	27.8	35.8
2001	5096.5	2661.0	2435.5	7.5	6.8	8.2
2002	6207.7	3256.0	2951.7	21.8	22.4	21.2
2003	8512.1	4383.7	4128.4	37.1	34.6	39.9
2004	11547.4	5933.6	5613.8	35.7%	35.4	36.0%
2005	14221	7620	6601	23.2	28.4	17.6
2006	17580	9630	7950	24	27	20

资源来源：根据历年《中国对外贸易年鉴》资料汇编。

到2004年中国利用外资已连续11年居发展中国家首位。外资外贸吸纳就业达8500万人。[①] 截至2006年11月底，外商在华投资累计设立企业59万余家，实际投入的金额近6766亿美元，来华投资的国家和地区近200个，全球最大的500家跨国公司已有480多家在华投资。国际流动资本和经济贸易发展的规律表明，随着一国经济的发展、经济规模的扩大、经济结构层次的提升，开放经济在经济总量中的比重不断增强。当经济发展到一定水平，客观上需要扩大对外投资，全面参与经济全球化的需要。中国“走出去”战略也让世人瞩目。中国已和220多个国家和地区建立了经贸关系，截至2006年底，中国累计在160多个国家和地区投资设立非金融类企业8000多家，中方直接投资金额已超过733亿美元。

伴随着中国的体制变革而来的工业化进程，在经济总量迅速增长的同时，也促进了经济结构的调整。从变动的过程来看，内部构成经历了两个发展阶段。即20世纪80年代的工业化是以轻型化倾向为主导，进入90年代以后，中国工业化进程发生了重大变化，即转向了以重工业为主导的发展阶段。从整个80年代的情况看，轻工业保持快速的发展势头，1978—1992年轻工业增长了6.9倍，重工业增长了4.3倍，轻工业年平均增长速度为14％，而重工业为10.6％。轻工业在工业增长中占据主导单位，贡献份额为50.13％。进入90年代以后，轻工业发展速度放慢，产品市场出现由“卖方市场”向“买方市场”的转变。受投资需求的拉动，重工业增长速度开始领先于轻工业。如按1990年不变价格计算，重工业产值占工业总产值比重由1990年的52.42％上升到1995年的53.04％。与重工业的发展相适应的

① 《人民日报》2004年9月11日第2版。

是，中国对能源和原材料的需求扩大。[①] 这种情况随着 20 世纪 90 年代中国工业的发展，供需矛盾显得日益突出。中国工业结构的调整和工业的飞速发展使得对各种原材料的需求与日俱增。同时，对工业产品的国内需求饱和也使得中国出口产品对国外市场的依赖程度越来越高。

2002 年，中国的 GDP 总量为 1.25 万亿美元，不足全球份额的 4%，按当年汇率计只是美国 GDP 总量的 1/8、日本的 1/4，但在全球 GDP 新增份额中，中国的贡献率却达到 17.5%，仅次于美国。[②] 中国商务部公布，2005 年进出口总额 14221 亿美元，比上年增长 23.2%。其中，出口 7620 亿美元，增长 28.4%；进口 6601 亿美元，增长 17.6%。进出口相抵，顺差达 1019 亿美元，比上年增加 699 亿美元。从经济的增量以及对全球经济增长的贡献角度看，中国俨然已成“超级大国”，对世界经济的影响力日益扩大。应该利用这一“地位优势”来进一步发展对外贸易和扩大对外开放，为国内经济发展争取最有利的国际环境。首先，要利用“地位优势”所带来的“话语权”积极参与双边和多边贸易经济谈判，使国际贸易和经济规则更多地反映中国的正当利益；其次，要利用“地位优势”所带来的“定价权”尽可能地控制进口和出口价格，改善贸易条件，确保进出口安全；另外，也可以利用“地位优势”来改善中国的国际政治环境。

---

① 周振华：《经济体制变革与经济增长》，上海人民出版社、三联出版社，1999 年 1 月版，第 399 页。

② 赵晓：《从大国兴起透析国际摩擦时代的中国经济外交》，载《中国企业家》2004 年第 12 期。

二、努力加强经济外交的力度

20 世纪 90 年代以来，中国的外贸依存度持续上升。在出口贸易已经占到中国 GDP1/3 的情况下，中国应该加强政府的国际贸易外交，外交工作的重点应该转移到商务和经济上。国际市场占有率是一国参与国际经贸活动和获得实际经济利益多少的主要衡量标准。提高对国际市场占有率的根本途径是增加商品和技术出口，而且出口的速度不能低于世界出口增长的平均速度。扩大商品出口是获取国际经济利益的最主要方面，因此它也是中国最基本的国际经济利益。中国参加国际经济活动的最终目标，是增加中国产品在国际市场上的销售额。

国际贸易外交包括外交过程中对外贸易政策的运用、国际贸易协调机制的启动等。对外贸易政策是一个国家在一定时期内对进出口贸易实行的各种准则、法令、规章和措施的总和。制定贸易政策的依据并不仅仅是一般的贸易理论，而是受多方面因素的制约，并为其国内经济发展和对外政治目标服务。① 国际贸易协调机制是世界各国政府和有关国际机构为维持世界贸易的正常运行，对国际贸易活动进行联合干预、管理和调节，以及相互调整、相互适应的方式及其起作用的过程。国际贸易协调机制实质是国际经济领域竞争和矛盾尖锐化的产物。因此，它的产生和发展是有其客观基础的。② 一些国家可以利用贸易、货币政策等手段在操纵资源，对其他国家施加影响。如 20 世纪 90 年代后，中美之间围

① 宋新宁、陈岳：《国际政治经济学概论》，中国人民大学出版社，1999 年版，第 152 页。

② 王晓华：《不可或缺的合作———竞争政策领域的国际协调》，载《国际贸易》2003 年第 7 期，第 32—33 页。

绕最惠国待遇问题、知识产权、贸易不平衡问题进行了一系列的博弈，但美国仍旧采取了推进中美贸易不断发展的政策，主要原因就是美国力图通过推进中美经贸关系的发展而影响中国政治的发展。[①] 在中国外贸政策的传统理念中也包括实现非经济目标的考虑，对外国的歧视性和不公平政策实施“以牙还牙”的报复，针对关系远近不同的国家采取差别性的政策使贸易政策具有了浓厚的政治外交的色彩。[②]

从外部环境来说，主要是指一个国家能否较好地利用海外资源和扩大出口。对新兴国家来讲，参与经济的终极目标就是寻求海外出口市场。[③] 对中国而言，拥有稳定的技术和资金来源、拥有稳定的产品出口市场，是中国外部经济环境良好的表现。扩大商品出口是中国目前最主要的国际经济收入。按照货币量计算，目前中国主要国际收入的次序为商品出口、国际投资和贷款、国际旅游、承包工程和劳务出口以及技术出口。但是由于中国的基础设施还很不发达，总体经济水平和技术水平与发达国家之间的距离较大，所以商品出口以外的几种方式所创造的国际收入规模还很有限。

进入21世纪，经济外交的最主要的外部动力是中国加入世界贸易组织体系，中国在开放市场的同时也获得了巨大的世界市场空间。光开放市场，而不去占领已经开放给中国的海外市场必然会导致海内外市场的不平衡，加入世界贸易组织体系给中国带来

---

① 宋新宁：《国际政治经济与中国对外关系》，中国社会科学出版社，1997年版，第306—324页。

② 盛斌：《中国对外贸易政策的政治经济分析》，上海人民出版社，2002年11月版，第111页。

③ 阎学通：《中国国家利益分析》，天津人民出版社，1997年版，第138—141页。

开拓海外市场的巨大的动力和压力。[①] 提高对国际市场的支配能力，是新形势下贯彻中国对外政策的重要物质基础。苏联解体后，东西方的矛盾已不再是主要国际矛盾。然而，由于社会主义国家数量的减少，东西方在意识形态上的分歧集中到了中国身上。西方国家对中国在人权、军售、西藏、台湾等问题上不时施加压力。提高中国对国际市场的支配能力，则有助于实现中国对外政策目标。

2001 年中国加入 WTO 后，为了寻求日益扩大的出口产品市场，中国政府逐渐加大了贸易外交的力度。中国也像世界上其他国家一样，卷入了在世界贸易组织贸易谈判陷入僵局下的“地区贸易安排”（RTA）和双边“自由贸易协定”（FTA）热中，积极探讨与亚洲和非亚洲国家谈判，达成自由贸易协定。在 2000 年的东盟十国加中日韩（10＋3）领导人会议上，中国提议与东盟建立自由贸易协定关系，受到东盟国家的欢迎。这是中国首次与外国拟议建立自由贸易协定。2002 年，该自由贸易协定逐步具体化，《中国东盟经济合作框架协定》成立。2003 年中国和东盟开始自由贸易协定谈判，六个相对发达的东盟老成员国与中国的自由贸易协定将在 2010 年生效，而其他几个相对落后的东盟成员国则在 2015 年。中国还采取了更加积极主动的政策，开展“早期丰收计划”（EHP），尽快减让几百种产品的关税，向经济不发达的老挝、柬埔寨、越南提供最惠国待遇，以便加快这一自由贸易进程。中国还积极促进诸如“大湄公河流域”等次区域在“共同市场”下的合作。除了中国东盟自由贸易谈判外，作为地区贸易安排的重要组成部分，中国继续推动东盟加中日韩的“东亚自由贸易区”进程。在东盟加快建立经济共同体的情况下，中国希望组建东北

① 郑永年：《经济外交助中国和平崛起》，载《台声》2004 年 4 月。

亚的"中日韩自由贸易区"。日本和韩国已经开始谈判建立日韩自由贸易协定。由于东北亚三国经济发展阶段不同，特别是中国和日韩之间存在着很大的差异，尽管呼吁组建东北亚自由贸易区，但中国在短期内不可能加入日韩自由贸易协定。当然，中国和韩国也在探讨双边的自由贸易协定。在这轮地区贸易和自由贸易热潮中，中国还计划让一开始主要对付安全威胁的上海合作组织演变为"中亚自由贸易区"。2003 年 8 月，在北京举行的上海合作组织领导人会议上，中国提出关于建立中亚自由贸易区的动议。亚洲两个人口最多、经济潜力最大的国家中国和印度之间也在加强经济关系，并探讨未来经济关系的模式。中国同时还注意与利用国际资源结合，并应有选择地与某些石油、特殊金属矿产市场国家开展互惠互利的贸易自由化谈判。

三、实施战略性贸易政策

一个国家的经济发展离不开国际市场。国际市场是各国进行商品、服务、技术、资金、人才、管理等交流的场所，而且也是各国经济利益最容易发生冲突和竞争的地方。美国认为，"国内的繁荣取决于国外的积极参与"，"经济的成功取决于在国际市场的成功"。[①] 拓展国际市场被各国纳入经济安全的重要领域。战略性贸易政策是主权国家以赶超为目的，运用国家的力量，为建立和形成比较优势而在贸易领域所做努力的总和，是主权国家在国际贸易领域为了增进本国经济福利而采取的主动行为。战略性的贸

① 梅孜编译：《美国国家安全战略报告汇编》，时事出版社，1996 年版，第 271 页。

易政策是经济外交的重要一环，也是经济外交最常见的表现形式。[①] 主要有：

（一）积极发展对外贸易

更好地实施以质取胜、市场多元化和科技兴贸战略，努力扩大货物和服务出口。积极开拓新的出口市场，优化出口商品结构和市场结构，继续扩大大宗传统产品和劳动密集型工业制成品出口，不断提高其技术含量和附加值，增加高新技术产品和高附加值产品出口。加强加工贸易管理，提高加工贸易的增值率，扩大加工贸易出口。继续规范发展边境贸易。大力发展承包工程、设计咨询、技术转让、国际旅游、国际运输、航天发射、教育文化和金融保险等领域的服务贸易出口，逐步缩小服务贸易逆差。积极引进先进技术、关键设备，努力实现大宗产品和重要资源进口来源多元化。加强口岸查验、税务、金融、保险和运输等对进出口贸易的服务功能。严厉打击走私、逃套汇、骗取出口退税等不法行为，维护对外经济贸易秩序。

（二）进一步提高对外开放水平

根据中国经济和社会发展、结构调整的需要以及加入世界贸易组织的承诺，逐步降低关税，有步骤地开放银行、保险、电信、外贸、内贸、旅游等服务领域。对外商投资企业逐步实行国民待遇，制定统一、规范、透明的投资准入政策，除关系国家安全和经济命脉的重要行业或企业必须由国家控股外，取消对其他企业的股比限制。适应加入世界贸易组织的要求，抓紧制定和完善相

① 樊勇明：《西方国际政治经济学》，上海人民出版社，2001 年 1 月版，第 212、217 页。

关涉外法律法规，提高涉外经济工作依法行政的水平。深化改革，建立健全符合国际通行规则和中国国情的对外经济贸易体制。实行外贸经营资格登记注册制度，逐步实现对各类企业进出口贸易的放开经营。建立和完善对外经济贸易促进和服务体系，发挥中介组织的作用。

完善反倾销、反补贴及保障措施等手段。加强对外国反倾销、反补贴的磋商和应诉，维护中国企业的合法权益。借鉴和采用国际标准，推进技术性贸易措施体系建设，有效实施健康、安全、卫生、环保等方面的检验检疫和疫情监控，防止有害物质和生物入境。积极参与多边贸易体系和国际区域经济合作。加强和改善双边经贸关系，进一步加强与发展中国家的经济技术合作与交流。积极参与国际经济、贸易、金融等方面的规则制定，维护中国作为发展中国家的正当权益。

（三）合理有效地利用外资

把吸收外商直接投资作为利用外资的重点，完善利用外资政策，改善投资环境，扩大利用外资规模，提高利用外资质量。鼓励外商特别是跨国公司参与国有企业的改组改造，投资高新技术产业和出口型产业，促进中国产业结构调整和技术水平的提高。鼓励有条件的企业对外发行股票，积极探索采用收购、兼并、风险投资、投资基金等各种方式，促进利用外资和国有企业产权制度改革。鼓励和促进中外中小企业之间的合作。不断提高服务业利用外资的比重。继续发挥经济特区、浦东新区及其他沿海地区的优势，提高利用外资水平。采取鼓励政策，引导外资更多地投向中西部地区，特别是中西部地区的老工业基地改造、基础设施建设、生态建设和环境保护、矿产和旅游资源开发、优势产业发展等。继续合理利用国际金融组织和外国政府贷款，并更多地用于中西部地区。努力降低筹资成本，用好银团贷款、融资租赁、出口信贷等国际商业贷款。强化外债全口径管理，保持合理的外债规模，健全责权利统一的借用还机制，加强外债监测和短期资本监管，优化债务结构，防范债务风险。

鼓励能够发挥中国比较优势的对外投资，扩大国际经济技术合作的领域、途径和方式。继续发展对外承包工程和劳务合作，鼓励有竞争优势的企业开展境外加工贸易，带动产品、服务和技术出口。支持到境外合作开发国内短缺资源，促进国内产业结构调整和资源置换。鼓励企业利用国外智力资源，在境外设立研究开发机构和设计中心。支持有实力的企业跨国经营，实现国际化发展。健全对境外投资的服务体系，在金融、保险、外汇、财税、人才、法律、信息服务、出入境管理等方面，为实施“走出去”战略创造条件。完善境外投资企业的法人治理结构和内部约束机制，规范对外投资的监管。[①]

第二节　关于争取中国“市场经济地位”的外交

一、中国争取“市场经济地位”必要性

WTO是一个由市场经济国家组成的组织，加入WTO本身就意味着成员国的市场经济国家地位。但中国为了打破中美入世谈

① 具体参见：《中华人民共和国国民经济和社会发展第十个五年计划纲要》（2001年3月15日第九届全国人民代表大会第四次会议批准）。

判僵局，在中国市场经济地位问题上做了重大让步。在中美入世协议第15条反倾销和补贴方法条款中，明确规定：美国和中国同意美方将来碰到反倾销个案时可以维持美方现时的反倾销方法（把中国视为非市场经济国家），而无需遭遇法律挑战。这个条款在中国进入世贸之后15年内维持有效。

中国“入世”议定书第15条规定：在反倾销过程中，中国企业需要证明该产品属于市场经济条件下生产的，否则可以采用第三国标准来对中国产品判定是否构成倾销以及倾销的幅度。这是一个歧视性条款，对中国产品反倾销很不利。目前，国际上没有任何一个国际组织有一整套的客观标准来衡量市场经济地位。只有美国、欧盟以及加拿大、韩国等有国内标准。美国标准强调劳工标准、外商投资自由度和汇率等问题；而欧盟则注重会计核算标准和破产法是否在企业中运用。美国和欧盟不承认已是世贸成员的中国为市场经济国家，却承认尚未成为世贸成员的俄罗斯为市场经济国家。这实际上更多的是出于政治上的原因。因此，必须对美国和欧盟施加一定的压力。对于反倾销较多的国家，重点是要求他们放弃以15条为由对中国产品的反倾销，在遇到反倾销案件时应逐个去应付。

被别国视为“非市场经济国家”对中国外贸的正常发展带来了一系列影响：一是对中国企业开拓国际市场造成了极为严重的困扰和伤害，也使中国具有比较优势企业的出口遭到众多国家的围堵，恶化了中国外贸企业出口面临的国际环境，成为中国外贸由大额顺差开始走向逆差的重要原因。据中国商务部统计，自1979年8月欧共体对中国的出口产品首次反倾销以来，到2003年6月已有33个国家和地区对中国出口产品发起反倾销调查案518起。反倾销调查案涉及中国五矿、化工、轻纺、土畜、机电等4000多种商品，影响出口额200亿美元。从1992年至今，中国已经成为反倾销措施的最大受害国。根据WTO的最新统计，仅1995年至2003年6月30日，针对中国的反倾销案件就达到324起，约占同期世界发案总数的14.19%。同期，实际对中国反倾销结案的案件有232件，占了世界总结案数的16.55%。这两者的比例是中国在世界贸易中所占比例的3—5倍。[①] 二是中国的非市场经济地位使中国企业在应诉他国反倾销时往往使用“替代国”提供的价格数据，从而容易导致较高的败诉率，被迫退出或者大大减少在该国的市场份额。2003年以来，美国对中国的彩电、家具、纺织品等一系列产品加征高额反倾销税，其判定依据就是中国的非市场经济地位。三是在美国极力追求“公平贸易”的时代，已经大大市场化的中国仍被视为非市场经济国家，不仅与客观事实不符，而且使中国在对美经济关系中与其他国家相比时处于受歧视的地位，造成中美双边经济关系中对中国的不公正行为。中国应继续全力争取WTO各成员国承认的市场经济地位。因为它牵涉的不仅仅是企业的反倾销问题，还是中国在未来时期内如何从战略高度上确立中国企业国际竞争力的外部环境问题。

二、“市场经济地位”是中国经济外交的重要目标

中国国内的改革进行得很彻底，也避免不了日益增多的国际贸易摩擦。这既是由当前世界贸易保护主义加剧的总体格局所决定的，也是由中美两个贸易大国本身的国家利益之争所制约的。无论如何，有必要把争取中国的市场经济地位提高到更高的层面来认识。也就是说，中国的市场经济地位应该成为中国和平崛起

① 宋泓：《非市场经济地位与中国对外贸易的发展》，载《世界经济与政治》2004年第10期。

战略下经济外交的重要目标之一。

中国政府有关部门已经就市场经济地位问题展开了全方位的出击。在 2004 年 11 月底举行的 10＋1 领导人会议上，东盟明确承认中国完全市场经济地位，被《纽约时报》认为是“中国经济外交的重大胜利”。到 2006 年 6 月，中国的市场经济地位问题取得巨大突破，陆续有东盟 10 国（印尼、马来西亚、泰国、新加坡、文莱、菲律宾、越南、老挝、柬埔寨、缅甸）、新西兰、刚果（布）、吉尔吉斯斯坦、格鲁吉亚、贝宁、多哥、南非、巴西等 50 多个国家承认中国的市场经济地位，但美国及欧盟等发达经济体尚未承认中国的市场经济地位。

第三节　外交手段对经济议题的介入：以中国对美国的经济外交为例

一、外交手段解决中美贸易不平衡的分析：中国政府对美采购行为分析

（一）中美贸易不平衡的概况

从 1979 年到 1988 年，中美贸易在两国建交后的第一个十年里，双边贸易额从 1979 年的 24.51 亿美元增长到 1988 年的 100.11 亿美元。10 年里翻了两番，平均每年递增 15.1％。[①] 中美贸易不平衡问

① 田增佩主编：《改革开放以来的中国外交》，世界知识出版社，1993 年 10 版，第 411 页。

题由来已久，早在20世纪90年代初，就因贸易不平衡问题产生摩擦。按照中方的统计，1979—1993年，中国对美国贸易收支一直是逆差。1993年以后，对美贸易收支才出现顺差，且顺差额不大，1996年以前贸易顺差不足100亿美元。而按照美国的统计，美国早在1983年对华贸易就出现了逆差，1996年美国对华贸易逆差额为395.2亿美元。关于中美贸易额的统计，中方和美方存在较大出入。根据美国统计，美国对中国的贸易逆差2004年为1300亿美元；而中方的数据则显示，2004年对美国的贸易顺差为586亿美元。双方数字的不匹配其实是计算方法不同造成的，中国商务部副部长魏建国指出，因统计方法差异造成的高估表现在四个方面：一是对进出口使用不同统计标准，进口货值被高估，而出口货值则被低估；二是由于美方未考虑增值因素，将通过香港等第三方中国商品对美转口全部算作从中国的进口，而与此同时又将美国商品通过香港等对华转口忽略不计；三是美方在统计对华贸易逆差时只计算商品贸易，而不包含服务贸易；四是许多中国商品是通过美国转口到加勒比和拉丁美洲地区的，但美方将这部分转口计入了中国对美国的出口。此外，中国对美出口构成中有很大比例是加工贸易产品，加工贸易在亚洲区域内调整布局致使有关国家和地区同美国的贸易顺差被转移到了中国。多年来，中美贸易的不平衡问题成为制约中美关系的一个重要障碍。

（二）外交手段对中美贸易不平衡的介入

二战结束初期，中美贸易额达到高峰。新中国成立后，中美外交关系中断，中美经济交往也限于停滞。1971年，中美两国的贸易额为490万美元。到1972年增加到9200万美元，1973年达到8.05亿美元，其中美国向中国出口占到7.4亿美元。1975年到1977年由于中美关系的暂时陷于停滞，贸易额一直在3—4亿美元之间徘徊。1978 年中美正式建交后，贸易额增加到 11.45 亿美元。到 20 世纪 80 年代，由于中美就台湾问题的谈判一度陷于僵局，中美经贸关系受到影响，出现了 1981 年和 1983 年的两次负增长。随后里根政府调整对华政策，强调加强中美友好关系，中美关系得到进一步的提升，1984 年的贸易额达到 60.65 亿美元。中美经贸关系较大程度上受到中美外交关系的影响。自 20 世纪 90 年代初期以来，随着中美贸易关系的发展，中美贸易逆差的扩大，解决中美贸易中存在的贸易不平衡问题以及配合政治外交的需要，中国政府经常进行大规模的对美采购。在国际市场上，石油、大豆等战略性物资的商品属性逐渐淡化，而其政治属性日益突出，政治属性的增强，不仅体现在市场波动备受政局、外交等非市场化因素的影响越来越大，同时也要求政府从国际市场角度给予“有效调控”。美国政府通过其相关机构的信息公布，就是成功经验。

调动美国在华跨国公司做其政府工作。中国将采购主要对象集中于通用、波音、摩托罗拉等在美政府高层有重要影响力且重视发展中美经贸关系的跨国公司，这具有重要战略意义，有利于在美国国内扩大、巩固支持中美关系发展的社会基础。如 2003 年 12 月中国总理温家宝访美，之前中国购买 67 亿美元的波音飞机、通用飞机发电机和汽车。中国来美第二批采购团 12 月 18 日在芝加哥签署了 15.9 亿美元合同，其中包括近 14 亿美元的大豆和近 2 亿美元的机电设备。14 亿美元的大豆包括 250 万吨正式购买合同和 250 万吨意向性购买合同，买主是中国的 12 家粮油进出口和加工企业；近 2 亿美元的机电产品包括燃气机组、医疗设备、采煤设备、挖泥船等。①

---

① 《中国赴美采购团在芝加哥签署近 16 亿美元的合同》，2003 年 12 月 19 日 06：55 中国新闻网。

二、中国加入WTO前对最惠国待遇问题的经济外交

最惠国待遇作为国际贸易中常用的一项制度，也称“非歧视性待遇”，指的是缔约国双方在通商、通航、关税等方面相互给予的不低于现时或将来给予任何第三国的优惠或豁免等待遇。最惠国待遇是世界各国之间进行正常贸易的基础，也是中美两国经贸往来的基本条件。按照美国1974年贸易法中的《杰克逊—瓦尼克修正案》，美国国会每年要单方面检查一次计划经济国家的移民情况和做法（目的是迫使苏联和东欧社会主义国家允许境内犹太人移民到以色列），才能决定是否给予该国最惠国待遇。1990年以前，美国延长中国最惠国待遇一向是例行公事。1989年以后，中国的最惠国待遇问题成为中美关系的晴雨表，成为中美关系外交博弈的重点。1990—1992年，这期间的焦点是延长或取消对华最惠国待遇。这三年里，布什总统力排众议，多次否决国会参众两院的诸多议案，坚持延长中国的最惠国待遇。1993年5月，克林顿总统颁布行政命令，有条件延长对华最惠国待遇，即“明年是否延长最惠国待遇将取决于中国是否在改进人权状况上取得重大进展”。1994年5月，美国800家公司企业、协会联合致函克林顿总统，“强烈要求延长中国最惠国贸易地位，把贸易制裁与人权分开”。之后，106名国会议员签名的公开信敦促克林顿总统延长中国的最惠国待遇。在此背景下，5月26日克林顿总统宣布延长中国最惠国待遇，并把人权同最惠国待遇问题脱钩。1996年夏季，国会在讨论中国最惠国待遇问题时没有遇到最的阻力，顺利地通过了。同年9月，国会参议院一致同意以“正常贸易关系”取代“最惠国待遇”的提法。1997、1998年，美国顺利地延长了对华最惠国待遇，但年度审议照常进行。

时任李鹏总理对来访的美国官员的一次谈话比较集中地谈到了中国的态度。他说："互相给予最惠国待遇是中美两国经贸关系的核心，这是一种互利互惠的关系"；中国的基本态度是"向最好的方向努力，同时作最坏的打算"；如果取消最惠国待遇的情况最终发生，也没有什么了不起。"可以坦率地讲，中国经济照样发展，改革开放照样进行。""中国人有中国人的骨气。""取消对华最惠国待遇，或者列入了一大堆附加条件，说穿了就是对中国施加压力。与其说最惠国待遇是个经济问题，还不如说是个政治问题。""我们保留采取报复措施的权利。"中国坚决反对将最惠国待遇问题政治化或附加与贸易无关的条件，不接受任何压力和讹诈。

西方国家的许多非官方机构和组织，特别是经贸领域的非官方机构和组织，对推动双边经贸关系的发展，经常起着重大作用。促使美国政府、国会调整对华政策的主要动力是代表美国企业和美国经济利益的非官方经贸机构和组织。在这个过程中，中国大量运用经济手段为中国的最惠国待遇问题进行攻关。美国中国问题专家奥克森伯格等认为，中国政府要求美国公司游说美国政府，制定对中国公司和政府有益的政策。[①] 从事为中国游说活动的机构有美中商务委员会、美国贸易问题紧急委员会、美国商会、全国零售商委员会和全国制造商委员会。在1989后8年中每年的对华贸易最惠国待遇的辩论中，在1999—2000年关于对华永久性正常贸易待遇（PRTN）的辩论中，他们都起到了至关重要的作用。[②] 1989年中国发生政治风波以后，美国政府对中国实行制裁，美国

① ［美］伊丽莎白·埃克诺米、米歇尔·奥克森伯格主编：《中国参与世界》，北京：新华出版社，2001年1月版，第192页。

② 陶文钊：《中美关系：半个世纪的启示》，载《中美关系100年》，北京：中国社会科学出版社，2001年4月版，第48页。

国会内部更是争论激烈，特别是反对党的一些议员一再掀起反华浪潮，甚至要求政府取消对中国的贸易最惠国待遇。从1993年8月到1994年1月，美国有100多名议员相继访问中国，大多数议员访华后对中美关系采取积极态度或比较缓和的态度，大约60%的参议员主张或倾向于主张将贸易与人权问题分开。1994年2月24日，代表60家大公司的美国贸易非常委员会要求克林顿政府和国会长期给予中国贸易最惠国待遇；3月31日，美中贸易全国委员会要求政府和国会彻底解决中美贸易之争，长期给予中国贸易最惠国待遇；5月4日，美国全国制造商协会和国际商业委员会要求政府和国会向中国提供最惠国待遇。在中国内地和香港特区的美国非官方经贸机构和组织也提出了同样要求。1996年初，美国的部分大公司成立“中国正常化计划”临时联盟，为永久性地延长中国的贸易最惠国待遇进行游说。主要成员包括美国波音公司、摩托罗拉公司、美亚国际保险公司等。“新的中国院外活动集团是一个由多方面人士组成的松散的网络，中国主要通过许诺让他们赚到钱或不让他们赚钱的方法，对它的活动予以鼓励和操纵。”[①]最终在克林顿政府任内，在2000年5月美国众议院的表决中，以237：197票通过了给予中国永久性正常贸易关系的法案。中美关系的一大障碍被清除。

三、中美之间的知识产权问题

美国1988年修订的贸易法“特别是301条款”是专门针对知识产权保护问题的。根据该条款，美国政府每年4月30日以前宣

① ［美］理查德·波恩斯坦、罗斯·芒罗：《即将到来的美中冲突》，北京：新华出版社，1997年5月版，第90、104页。

布一份在保护美国知识产权方面做得不够的国家名单，并要求这些国家在一定的时间内与美国谈判解决纠纷，否则将对这些国家向美国出口的产品征收高额关税。1991年4月26日，美国贸易代表希尔斯宣布将中国列为未能对美国知识产权提供充分有效保护的“特殊301条款”重点国家。11月26日，又公布了可能征收报复性关税的中国产品清单。根据这份清单，中国向美国出口的15亿美元产品，将成为征收10%关税的目标。后来美国又把这份清单调整到对中国向美出口的7.5亿美元产品征收高额关税。经过多次谈判，中美双方于1992年1月17日在华盛顿签署了中美关于保护知识产权的谅解备忘录。从当天起，美国终止根据特别301条款对中国发起的调查，并取消了把中国列为重点观察国家。1995年2月，中美又签订了知识产权保护协议。中国在保护知识产权方面相继采取了许多措施，取得了令人瞩目的长足进展。

第四节 实施“走出去”战略与对外交资源的利用

一、“走出去”战略是主要的经济外交政策

“走出去”战略是按照国际市场经济的通行规则，鼓励有条件、有实力的企业通过扩大对外投资，发展跨国经营，逐步形成在地区乃至全球范围内配置资源和企业供应链管理的能力。因此，实施“走出去”战略，就是要有部署、有次序、有重点地把中国的国际比较优势产业推向全球市场，同时积极利用不同国家和地区的比较优势，形成更大范围内的要素组合和市场规模效应，不

断提升企业的国际竞争力。

中国企业自改革开放以来就没有停止过走出去步伐，但此路并不平坦。20世纪80年代初期，首先是有涉外经营权的外贸公司开始了少量的对外投资，进行了海外投资举办合营企业的尝试，举办国外合营企业。企业在海外建立起了一些贸易代表处和很少的中小型生产企业。80年代中期以后，随着外贸改革的深化发展，许多专业外贸公司、大中型生产、综合经营类企业开始进入国外一些资源性生产企业中。当时的国际化经营指的是企业在经营管理过程中，始终以国际化为目标，以生产、交换和资本的国际化来实现企业的国际化。90年代以后，随着改革开放的深入，国民经济向市场经济体制转轨并与世界市场直接接轨，世界大型跨国公司不断进入中国，中国海外投资和跨国经营有了较快的发展，理论界与企业界对跨国经营有了新的认识，提出了中国企业必须走跨国经营和发展跨国公司的道路。

1997年中国共产党十五大就提出并确定了“鼓励发挥中国比较优势的对外投资，更好地利用两个市场、两种资源”的战略方针。党的十五届五中全会通过的《中共中央关于制定国民经济和社会发展第十个五年计划的建议》指出：实施“走出去”战略，努力在利用国内外两种资源、两个市场方面有新的突破。鼓励能够发挥中国比较优势的对外投资，扩大经济技术合作的领域、途径和方式，支持有竞争力的企业跨国经营，到境外开展加工贸易或开发资源，继续发展对外承包工程和劳务合作，在竞争中形成一批有实力的对外承包工程企业。1998年江泽民总书记明确指出，“在积极扩大出口的同时，要有领导有步骤地组织和支持一批有实力有优势的国有企业走出去、到国外，主要是到非洲、中亚、中东、中欧、南非等地投资办厂”。1999年，国务院办公厅下发了“关于鼓励企业开展境外加工装配业务意见的通知”，2000年国务院办公厅又连续下发了32号、35号、50号文件，采取一系列政府扶持措施，支持“走出去”开放战略。党的十六大提出，坚持“引进来”和“走出去”相结合，全面提高对外开放水平，形成一批有实力跨国企业和著名品牌。企业“走出去”战略是关系到中国经济和整个现代化建设全局的大战略，是中国在参与国际竞争中掌握主动权、打好“主动仗”的必由之路。中国副总理吴仪在全国外经贸工作会议上说：“如果我们不抓住这一良机，加快实施‘走出去’发展步伐，就有愧于我们所处的时代。长此以往，就可能成为民族的罪人。”

目前，中国的对外开放和经济发展已进入一个新阶段。要适应经济全球化和入世后的市场开放新形势，实现国民经济发展的第三步战略目标，就必须在更广泛的领域、更高层次上融入世界经济体系。因此，实施“走出去”战略具有重大的意义：

1. 实施“走出去”战略，是扩大出口、开拓国际市场的需要。中国加入世贸组织，在向其他成员履行承诺、开放市场的同时，其他成员也向中国开放市场。中国要抓住加入世贸组织的机遇，充分享受相应权利，实现权利和义务平衡，必须加快实施“走出去”战略，带动货物、技术和服务出口，提高国际市场占有率，在国际分工与合作中取得有利地位。

2. 实施“走出去”战略，是促进经济结构战略性调整的需要。经济结构调整如果仅在国内进行，空间相对较小。中国进行经济结构调整，应当充分利用国际国内两个市场两种资源，这样才有更大的发展空间。要发挥中国的比较优势，推动有条件的企业以成熟技术和设备开展对外投资合作，促进经济结构调整和产业升级，同时也有利于中国集中力量发展高新技术产业和新兴产业。

3. 实施“走出去”战略，是实现国民经济可持续发展的需要。中国是发展中大国，石油、天然气以及许多重要矿产资源、森林资源、渔业资源等蕴藏量不足，即使国内拥有一定的资源，人均占有量也较低。在经济全球化加速发展的新形势下，中国必须借鉴其他国家的经验和做法，在国际市场上配置资源，加强境外资源开发合作与综合利用，为中国获取重要资源提供相对稳定的来源，实现国民经济的长远发展。

4. 实施“走出去”战略，是深化国际经济合作的需要。随着中国经济的快速发展，越来越多的国家和地区特别是发展中国家和地区，希望加强同中国开展多种形式的贸易投资合作和其他经济技术合作。中国企业到这些国家和地区投资，不仅可以增加当地的就业和税收，促进当地经济发展，同时也会进一步深化中国与发展中国家和地区的团结合作，实现共同发展。

5. 实施“走出去”战略，是积极主动参与经济全球化、顺应世界经济发展趋势的需要。经济全球化趋势加速发展，是当前世界经济发展的重要特点和潮流。中国要进一步发展，就要顺应世界经济发展趋势和国际潮流，主动“走出去”参与国际经济竞争与合作，从而不断增强中国的综合国力，在参与经济全球化中趋利避害。实际上，这也是在经济全球化中，在世界范围内从资金、市场、资源的合理配置中分享所获得的效益。

6. 实施“走出去”战略，是培育中国跨国公司的需要。不推动中国企业“走出去”，不走向国际市场，就不可能培育出有国际竞争力的中国跨国公司。过去中国仅有中石化等 3 家企业进入跨国公司 500 强，现在已有 11 家。在新世纪，中国企业要在经济全球化加速发展的进程中更好地参与国际竞争与合作，必须面向世界，“走出去”开展跨国经营，在全球范围内优化配置资源，到国际市场求生存、谋发展。

总之，“走出去”战略是面向世纪的一项带有战略性、全局性和长期性的重大举措。从战略上看，中国前 20 年对外开放的重点是积极引进外资。从“十五”计划起，中国对外开放的重点将转向实施扩大对外投资的“走出去”战略。逐步形成多层次、宽领域和全球化的“走出去”发展格局。从全局看，中国经济已由总有效供给不足转变为总有效需求不足，把具有比较优势的供给过剩能力转移到国外市场，把国内市场发展受到限制的企业供应链扩展到国外市场，逐步由点到线、由线到面地发展地区乃至全球性供应链综合运作能力，从而提升中国企业国际竞争力。从长期性看，“走出去”战略无论在宏观还是微观层次上，都是一个由试点起步，总结经验逐步推广的长期发展过程。在初始阶段，切忌一哄而起，盲目进入不熟悉的领域，付出过高的学习代价。在实施前，应有一个整体配套规划，并在实施过程中不断完善。

实施“走出去”战略的重点是在国外投资建设国内有短缺趋势的战略性资源和初级产品的长期稳定供应地，如油气、矿产、木材及纸浆生产基地。这类项目投资大，市场和投资风险高，建设周期长，不仅项目建设会涉及采掘、加工、运输、仓储、销售、融资、投资方式等极其复杂的系统问题，还往往涉及国际政治、经济、技术和生态环境等不可预见性因素，需要政府为企业创造条件，进行必要的组织协调，调动各方面的积极因素进行建设。

二、当前中国企业“走出去”政策背景层面存在的问题

吸取中国实施“引进来”战略的发展经验，“走出去”战略的实施也应作分几步走的阶段性安排：一是起步阶段，主要目标是在实践中逐步摸索和建立适合中国企业跨国经营的对外投资方式、

地域、途径和管理体制。除大型资源型开发项目外，投资规模一般较小，投资企业以改制后的国有企业、外向型企业和有实力的民营企业为主体，投资领域主要是国内有比较优势的产业以及为国内企业跨国经营相配套的研发、销售和生产环节。二是稳步发展阶段，主要目标是初步建立国际化的生产体系，形成一批中等规模的跨国公司和企业，逐步培育起国际化的综合物流和金融运作能力。三是在更长时期内形成全球生产体系，形成一批有全球竞争实力的大型的跨国公司和企业，这些企业具备在全球市场上配置供应链和技术创新的能力。

中国对外贸易过程中长期以风险防范为首位的管理思路，制约了中国海外投资的快速发展。立项审批方面，境外企业分别由中央和地方兴办，贸易类和非贸易类企业的主管部门不同。第三产业更涉及金融、保险、卫生、运输等众多部委。外交部、国家外汇管理局、商务部、国家发改委、财政部等政府部门多头管理、协调性差。项目审批复杂，影响企业海外投资的时效性和积极性。长期以来政府为企业服务的意识不强，至今没有一个提供国内外商情信息的官方和半官方机构，国内有优势的产品和项目无法及时得到投资机会，国外的多种投资机会和需求信息也无法及时反馈到国内，即使有部分反馈，也是政府有关部分垄断，很难直接到达企业。从中国当前的现有的外汇政策看，对海外企业从国内获取流动资金贷款控制严格，对项目申请的人民币贷款原则上不予购汇。中国进出口银行主要办理中国的出口信贷业务，主要以扶持机电产品和成套设备类的海外工程项目，很多以土建为主的国内大型建筑公司，完全可以承包桥梁、地铁等一系列海外项目，但由于无法取得贷款、实行带资承包而无法参与国际招标。

三、充分运用外交资源帮助企业“走出去”

以政府身份进行外交活动不仅具有客观必要性，而且还比单个企业对外公关具有多方面的优越性：第一，政府代表全部企业对外交往比每个企业都自己独立去对外公关所费成本小，能够收到分工专业化带来的利益，取得集中公关的规模经济效果，节约社会资源。第二，政府对外交往争取贸易机会与利益的成功机会大。一般来说，政府外交争取贸易机会与利益信用高、分量重、影响大、竞争能力强、外交工具多，一般企业公关能力是难以与国家外交能力相比拟的。第三，政府外交容易接近具有决策权力的人物，绕开若由企业对外公关可能会经历的不必要弯路及其阻挠，能够迅速接近权力人物进行劝说、商谈、达成有关经贸协议。第四，政府外交部门专门从事外交活动，具有信息灵通、外交人员整体素质高、渠道多、手段多、技巧灵活等优势。总之，政府外交活动促进外经贸发展既具有必要性，又具有优越性。目前，各国外向型企业对其本国政府外交支持的需求都非常强烈。一般而言，一国政府外交部门重视经贸外交的贡献，就会促进本国外经贸更便利地参与国际经济，否则就会抑制外经贸的成长与发展。20 世纪 90 年代，美国国务院作为外交的主管部门，把促进美国产品的出口列为首要任务。时任美国总统的克林顿要求美国各驻外使领馆一致推动美国商业利益，国务院在六个地区事务司专门设置商务协调人，责令各大使积极为美国企业寻找商业机会，积极执行“外交促进全球竞争力”计划。[①]

---

① 刘丽云、张惟英、李庆四：《美国政治经济与外交概论》，北京：中国人民大学出版社，2004 年版，第 280 页。

（一）对大型国有企业“走出去”的外交支持

案例 1：中远集团通过中国驻外使馆和自身共同努力促使美国政府“受控承运人”豁免权。

“受控承运人”待遇是美国通过立法给予所有为外国政府拥有或控制的船公司的歧视性待遇，以限制“受控承运人”公司在运价制定和调整方面的灵活性。这一法律 1978 年出台时主要针对的是原苏联航运企业，但苏联解体后，此法律不但未被解除，反而在 1998 年之后强化了对“受控承运人”的限制。由于世界上绝大多数拥有对美业务的大型航运企业都为私有企业，这一法律的限制对象实际变成以中远为首的国有大型航运公司。为解决这一问题，中远积极向中国政府和中国驻美使领馆反映所遇困难，并提出解决建议。相关部门曾多次就此与美展开谈判，并将这一问题列入历次双边海运协议的谈判议题，要求对方解除对中国企业的这一歧视性待遇。与此同时，中远按照美国的惯例做了大量的高层外交公关工作，比如聘请美国公关公司协助工作，并邀请美国国会议员到中国访问。在与美国运输部、航运总署、联邦海事委员会、众参议院、全国工业运输联盟等机构的广泛接触中，广泛解释中远集团在中美贸易中起到的重要作用、在美国发展所创造的就业机会以及中远遭受的歧视性待遇，以争取他们的理解和支持。此外，还向美国联邦海事委员会递交了豁免申请，并争取到多家美国大货主企业以及参众议员支持中远豁免申请的信函。同时，中远内部也推行了改革，完全按照市场经济的机制运作，这得到美方上述各有关方面的高度赞扬。2003 年 7 月，中美新一轮海运谈判开始，中远一方面积极配合交通部参与谈判政策的制定，另一方面在美国开展更广泛、更积极的公关工作。在多方推动下，中远“受控承运人”问题终于得到了实质性进展。2004年4月，美国正式宣布豁免中远以及另外两家中国船公司的“受控承运人”地位。外交为中远在海外发展铺路的类似案例还有很多，“有了问题找使领馆”已成为中远海外发展的一条重要经验。①

案例2：中兴电信在巴基斯坦的营销公关

中国中兴电信集团一直试图进入巴基斯坦市场。该国的电信市场一直为西方国家垄断，经营了几十年，根深蒂固。中国尽管跟巴基斯坦很友好，但也很难进入。时任中国住巴基斯坦大使张成礼为此积极进行高层攻关，卓有成效。他说“巴基斯坦跟中国讲，中国产品物美价廉很好，我们很欢迎，但是中国产品进入巴基斯坦市场会带来技术上的混乱，这就是一个大问题。怎么办？我决定不了，你去找总理去，我们大使不能天天去为这个事情、这么多的事情，我们都去找总理，那还找得过来吗？在这种情况下，我想曲线救国，找周边的人。当时他的弟弟当团长，也是我的好朋友，我把情况向他通报一下，他肯帮忙，他在总理的身边，很有影响力，总理接受了他的建议，同意中国公司进入巴基斯坦。现在我们的电信企业不仅是中兴，现在华为等一些企业也进入了巴基斯坦市场，这是一个有1.5亿人口不小的国家，电信市场非常强大，应该说这是一个良好的开端”。②

（二）对民营企业“走出去”的外交支持

从这些年的经验来看，大型企业、国有直属企业利用外交资

① 中国远洋集团魏家福：《充分利用外交资源实践中远“走出去”战略》，在“经济与外交”高层研讨会上的发言。2004年11月7—8日，北京。

② 中国前驻巴基斯坦大使张成礼：《外交与海外高层公关》，在“经济与外交”高层研讨会上的发言。2004年11月7日，北京。

源的支持相互配合，成功的例子非常多。现在的问题是随着企业市场主体地位的确立，民营企业走出去的势头更强，而且发展得很好，大量的中小企业、民营企业走向海外。这些企业可能主动地去寻求外交机构给自己提供便利、支持的意识没有国有大型企业强，外交机构也要改变外交神秘的面纱，应该有这方面的意识，让企业了解到外交并不是高不可攀，不只管政治，也管经济。

一是通过加强政府公关为民营企业提供更多的商业机会。驻外使领馆是中国在国外的政府代表机构，代表着国家，有着独特的政治优势，也有着了解当地情况的优势。它可以通过政府间协商，为中资企业消除不平等待遇，保证在一个公平的环境中进行经营发展。同时可以利用外交资源，通过搭桥牵线，帮助企业与政府进行联系，加强企业的政府公关，获得企业所需要的资源、项目和政策。尤其是驻外使领馆能结合国家当前的能源形势和战略需求，代表中国政府积极与当地政府和客户联系，争取中国企业在一些国家的能源项目投资方面有所收获。此外，随着驻外中资企业数量的增多，驻外使领馆可以在部分条件成熟的国家和地区推动成立中资企业商会组织，并对其进行相应的指导，使之能有效地为中国企业提供更多的服务保障。

二是直接为民营企业的境外投资提供信息指导。一个企业获取信息资源的渠道和能力有限，对不同国家的政治、经济环境了解不够。而驻外使领馆恰恰有这方面的优势，可以对当地的法律法规进行收集、整理，为企业走出去提供所在国的政治、市场信息，并且协调企业间的竞争与合作。在这方面，不少使领馆已经做了很多工作，比如在市场和投资信息方面，就已经多次为民营企业提供过欧盟、非洲、东南亚、澳大利亚等地区的投资机会，对民营企业的境外投资和事业发展起到了关键作用。为了更充分地发挥外交部驻外机构的优势，加强对民营企业的信息服务和业务指导，建议外交部和全国工商联建立一套固定的联系机制，使驻外使领馆与企业间有一个畅通的信息交流渠道，使民营企业的境外发展少走弯路、少犯错误。

三是为民营企业提供更多的法律支持和政治保护。大部分中国的企业家在海外市场孤军奋战。很多时候，在完全陌生的海外市场，他们无法联络到当地的政府高官；不知道如何获得当地投资的有效信息；在利益受到侵犯时也投诉无门。在海外的经营实践中，发现中资企业在一些诉讼案件中经常处于被动地位，究其原因，除了像刚才讲到对当地法律不够熟悉外，关键还有一些企业使用的律师不够得力，以及部分国家的执法和司法机构在司法实践中存在一定的歧视。更重要的是，近年来，中国的资本输出也开始成为全球投资的重要来源，这些海外经贸活动的增长带来了很多问题：贸易壁垒、恐怖袭击、反倾销等，一个企业在强大的国家贸易政策和法律面前，显得很无能为力。驻外使领馆加强对中资企业的法律指导、律师推荐，代表中资企业就一些不公平的判决进行对外交涉，并且考虑在部分中资企业比较密集的国家和地区派驻专职法律人员。同时，对于部分和中资企业有关的突发事件、社会影响比较大的事件，也希望外交机构继续给予更大关注，以加强对海外中国企业及其法人代表合法权益的保护。

四是尽快消除民营企业走出去的政策性障碍。需要重点提出的是，要简化民营企业境外投资的审批程序。现在一个企业到境外投资，首先必须经过省经贸厅的批准，然后还必须通过意向投资国驻华使馆的同意，后者实行一票否决制，很可能一个民营企业看好的对外投资项目，会因使馆某商务参赞的个人因素而导致流产。民营企业大多是中小企业，与国有大企业相比，在政策上缺乏统一公平待遇，审批程序繁杂，且多家管理，经常会为此延误商机。如果能妥善解决这些问题，就可以为民营企业走出去创造更好的条件。

（三）对政府经济外交能力和效果的评估

为企业“走出去”提供帮助，是体现政府价值的重要方面，而如何做到这一点，就要体现在战略、规划及细节上。如：由于韩国企业大举进军中国，为了协助在中国大陆投资设厂的韩国企业能够方便地从事经营活动，韩国政府决定在北京设立金融监督院北京办事处。韩国金融监督院已经与中国人民银行及银监会签署了谅解备忘录。据了解，韩国金融监督院隶属于韩国政府金融监督委员会，负责实施具体的金融监管和检查活动，是由各金融机构共同出资举办的民间公益性机构。目前已分别在纽约、伦敦及东京设立了三个办事处，在北京设处将是在海外设立的第四个据点。中国现在天天喊支持企业走出去，但“雷声大，雨点小”，韩国政府的做法，值得中国政府和金融监管部门学习。

作为公共产品的政府外交产品的生产规模及质量应由公共选择决定。例如，如果中国当年外交服务促进了外经贸预期的规模扩张和效益提高，满足或适应了国内经济增长的要求，那么第二年人代会听证外交工作报告就能顺利通过；反之，如果外交不能满足外经贸和国内经济发展的需要，人代会将会监督和敦促政府进一步做深做细外交工作，增加外交投入，提高外交技能技巧，领导人要频繁地走访贸易伙伴，以求广泛开拓国际市场。① 利用外交资源不是一个新的课题，多年来国家一直在利用外交这个渠道支持企业走出去，现在的问题是随着形势的发展，企业利用外交资源走出去的要求越来越强烈，要求服务的质量越来越高，面对国际市场竞争也日益激烈，更加需要政府各部门在政策上协调一致，进一步总结一下这些年来企业走出去的经验，了解到存在的实际困难，制定从中央

① 夏先良：《试论中国的经济外交》，载《中国人民大学学报》1995 年第 6 期。

这个层次支持企业走出去的整体战略和促进措施。

第五节　WTO框架下中国的经济外交——与发达国家和发展中国家的利益冲突与重迭

中国作为联合国安理会常任理事国，却被长期排除在“经济联合国”世界贸易组织之外，严重影响了中国在国际上的影响力。在党中央的果断决策下，1986 年 7 月 10 日中国正式向关贸总协定各缔约国（地区）提出恢复关贸总协定缔约国地位的申请，经过 15 年的艰苦努力，2001 年 9 月 17 日，世界贸易组织中国工作组第 18 次会议通过了中国加入世界贸易组织的全部法律文件。11 月 10 日，世界贸易组织在卡塔尔多哈召开第四届部长级会议，审议并通过了中国加入世界贸易组织的决定，11 日中国政府与世界贸易组织正式签署了中国加入世界贸易组织的法律文件，并向世界贸易组织递交了经中国全国人民代表大会批准、由国家主席江泽民签署的中国加入世界贸易组织批准书。12 月 11 日，中国正式成为世界贸易组织的成员，标志着中国的经济外交政策取得极大成功。从历史的经验看，一个崛起的大国往往会对当时的世界政治经济秩序重构形成压力，因此，中国在 WTO 框架下的多边贸易体制中所扮演的角色是中国在发展过程中采取何种姿态的重要标志。[①]

① Supachai Pantichpakdi and Mark L. Clifford: *China and the WTO: Changing China, Changing World Trade*, Singapore: John Wiley & Son (Asia) Pte Ltd. 2002, p. 190.

一、中国参与多边贸易谈判的国家利益原则

中国是一个贸易大国，1978年后中国对外经济战略的主要目标是提高中国的出口竞争力。经过20多年的努力，由于国外投资的大量增加，国内外贸易体制改革和竞争压力的增强，中国出口竞争力大大提高，在国际经济体系中的地位大大提升。同时，又是一个发展中国家，这种双重的身份决定了在WTO框架下中国经济外交的特殊性。应当明确，在WTO框架下，在全球利益格局中，中国不属于任何集团。根据中国的利益所在而确定的谈判立场以及相应的谈判策略选择，并不能使中国顺理成章地归入某一个特定阵营。而中国利益的多元化决定了若是依据“阵营”来确定中国的谈判态度和战略，将会受到极大束缚，甚至会损害中国的利益。如在农业问题上，中国将会继续要求欧盟、美国、日本等发达成员大幅度减少农业补贴、降低农产品进口壁垒、消除出口补贴，这也许与发展中成员更为接近一些；但中国的农产品进口关税降低、配额许可证管理减少，走在了一般发展中国家的前面，接近于发达成员。在货物贸易方面，中国的关税水准仍然较高，高于发达成员而与发展中成员相近；但中国每年进口3000多亿美元，进口增长速度达到两位数以上，更符合发达成员利益。在服务贸易领域，中国需要开放金融、电信、交通、分销等行业市场以促进发展，这为发达成员的企业提供了更多投资机会；但中国的市场机制不健全、监管体系水准低，又需要采取渐进式开放和保持对外资的调控能力，这似乎又跟发展中成员较为一致。

又如关于贸易与投资问题。1996年新加坡部长会议成立“贸易与投资”工作组以后，对投资问题的谈判就存在着重大

分歧。多数发展中成员怕 MFI 变成跨国公司的通行证和本国的紧箍咒，而一直对激活谈判不积极，甚至要“打掉”它。日本、韩国、欧盟等积极一些，但美国却认为“低水准的协议还不如没有协议”，也并没有表现出积极性。维持目前的跨国投资格局，等于发展中成员的继续、甚至进一步的“边缘化”——1990 年代初期发展中国家在全球跨国投资中所占份额曾经达到 40%左右，而近年来却下降到不到 20%，这值得发展中国家警醒。这样的结果，更不见得对中国有利。虽然近几年中国吸收外商投资在全球外国投资大幅下降的时候仍保持了高速增长，但并不能说明中国的投资环境已经足以保证对外资的吸引力。虽然中国是世界最大的外国投资东道国之一，年吸收外资超过 500 亿美元，外资在国民经济和社会发展中的作用日益突出。但中国吸收外商投资的巨大潜力仍未充分发挥出来，其正面效应也因为多种原因而大打折扣。正因为如此，中国政府一直把改善投资环境、加强对外商投资的吸引力和提高利用外资品质作为一项重要工作。当初加入世贸组织，很重要的一个直接原因是为了适应外商投资的需要；现在中国已经是世贸组织成员，并不意味着一劳永逸，如何进一步扩大开放、完善有关法律法规体系，仍是中国对外开放的重点工作之一。

在这个意义上，推进世贸组织 MFI 的谈判，对中国应是具有重大利益的事情，不能因为此立场更接近于发达成员而不为，或者必须站在发展中成员的立场上阻碍投资议题的谈判。原中国商务部部长吕福源在坎昆会议结束后表示，中国“将用建设性的态度来推动谈判”。作为 WTO 的新成员，作为一个具有独特国情和重要国际地位的大国，中国理应在 WTO 中担当建设性的角色。而担当这种建设性的角色，也是中国对外开放新形势的必然要求。

二、从发展中国家的利益出发，寻找与发达国家利益的平衡点

有的学者认为，中国需要 WTO 这样的组织和体制所确定和规范的一个稳定和透明的国际环境，并要确立“现时国际经济秩序”的坚定维护者的形象，彻底改造和推翻这个组织的责任不在中国身上。[①] 作为贸易大国、潜在的经济大国，以及发展中国家的一员，中国应该与印度、巴西、阿根廷等发展中大国密切合作，共同维护发展中大国的利益，在具体议题的谈判过程中，为落后国家和地区谋求更多的公平贸易条件。

三、充分利用 WTO 的贸易争端机制

近年来，中国出口的外部环境日益严峻，针对中国的反倾销逐年增加，各种形式的“中国威胁论”对中国的经济贸易环境产生了广泛的影响。WTO 有争端解决机制，一旦双方无法通过磋商解决分歧，即可诉诸该机制，最后的裁决双方都必须遵守。这样就可以避免由于某一方施加压力使另一方被迫做出反应而导致矛盾升级，冲突的程度在某种程度上被限定，并有助于避免贸易问题政治化。[②] 长期以来，中美双边贸易摩擦与纠纷由于缺乏正常的争端解决机制而往往导致单边贸易报复或经济制裁，这严重影响

---

① 宋泓：《负责任的发展中大国》，载《世界经济与政治》2002 年第 12 期，第 33 页。

② 张向晨、孙亮：《WTO 后的中美关系：与美国学者对话》，广东人民出版社，2002 年 9 月版，第 60 页。

了中美经贸的发展，成为发展与扩大双边经贸合作的制约因素。[①] 中国加入 WTO 为中美处理相互关系提供了新的框架，对中美经贸关系产生积极的影响。“由于相互间的经济利益越来越大，全面政治对抗造成的损失越来越难以承受，因此中国加入世界贸易组织对中美政治关系是利大于弊。”[②] 但加入 WTO 为各国解决国际贸易问题提供了一个框架，它不可能解决国际贸易中存在的所有问题。[③]

四、进一步提升 WTO 框架下中国经济外交的能力

GATT 及 WTO 长期以来的实践证明，世界多边贸易体制仍旧是一个发达国家占据主导地位的不对称的贸易体制。鉴于发展中国家在以往多边谈判中的经验和教训，在合作的策略上，中国不能仅停留在强调原则性和对别国提出的议程被动做出反映，而应该是多边谈判议程的积极制定者和具体方案的提出者，并遏止发达国家将非贸易议题强加给多边贸易谈判，从而维持多边贸易体制及谈判的经济属性。[④] 在多边贸易谈判中，中国应积极参与规则的制定，扩大在新议题方面的发言权，在全球贸易中扩大参与国际经济合作的新领域。同时扩大区域经济谈判的范围，将区域

---

① 《新因素——中美经济贸易关系中期展望》，《国际贸易》2001 年 4 月号，第 4—10 页。

② 王辑思：《全球化与中美关系的未来》，参见郭益耀、郑伟主编：《经济全球化与中美经贸关系》，中国社会科学文献出版社，2001 年版，第 15 页。

③ 张向晨、孙亮：《WTO 后的中美关系：与美国学者对话》，广东人民出版社，2002 年 9 月版，第 142 页。

④ 张幼文等：《经济强国——中国和平崛起的趋势与目标》，北京：人民出版社，2004 年版，第 367 页。

经济合作的视野由亚洲扩大到全球，在区域经济合作中拓宽中国经济技术合作的新领域。在双边谈判中要抓住重大贸易摩擦过程中孕育的重大合作机会，达到利益的平衡和互惠。履行入世承诺，促进经济合作由制造业向服务业发展。[①]

2005 年 1 月美国政府对联想并购 IBM PC 部门案设置种种限制，市场再次担心联想并购可能得不偿失。美国对外国企业的并购实行如此严格的审查，中国是否也应该同等对待美国企业？这样的审查和阻碍是否符合 WTO 的基本原则？迟迟未见中国政府的表态是令人遗憾的，显示了中国有关部门并未意识到此问题的重要性和巨大的象征意义。此外，中国也应该学习美国政府的举措，即一个大国在全球化之下如何设置保护性壁垒。

① 赵瑾：《应对贸易摩擦的国际经验和中国选择》，载《国际经济评论》2004 年第 5 期，第 25 页。

第十二章

中国的国际经济机制外交

所谓国际机制（International Regimes）指的是在国际关系特定领域里行为体愿望汇聚而成的一整套明示或默示的原则、规范、规则和决策程序，[①] 或有关国际关系特定问题领域的、政府同意建立的、有明确规则的制度。[②] 二战后美国组织并支配的西方发达国家是一种基于相互依赖和广泛的认同感的“安全共同体”，成员间不使用武力或以武力相威胁，形成了西方国际体系的一大特色——体制化的相互约束（institutionalized co-binding）。它缓解或消除了传统的安全两难以及相关的安全疑惧，极大地缓解了西

① Stephen D. Krasner，Structural Causes and Regime Consequences：Regimes As Intervening Variables，International Organization，Vol. 36，1982，p. 186.

② Robert Keohane，International Institutions and State Power：Essays in International Relations Theory (Boulder：Westview Press，1989)，p. 4.

方国家相互之间的无政府状态。[①] 美国学者斯蒂芬·克拉斯纳在考察了二战后发展中国家在国际舞台上的斗争历程后认为："没有现存制度安排所提供的参与权，第三世界就不会对居主导地位的自由制度发起实质性的冲击。主权国家一律平等的准则和正式国际组织的开放性是决定第三世界是否成功的两个变量。主权平等的规范保证了第三世界在讨论国际游戏规则时取得了与大国一样的发言权。国际组织的开放性为第三世界国家发表意见和投票提供了讲坛。"[②] 西方的学习理论认为，外交政策的制定是一个不断学习和改善的过程。[③] 中国与国际组织的关系经历了一个从拒绝到承认、从扮演一个一般性角色到争取重要位置、从比较注重国内需求到更加兼顾国际形象的曲折过程，反映了中国对外部世界看法和对国际组织需求的变化。[④]

---

① 时殷弘、宋德星：《21世纪前期中国国际态度、外交哲学和根本战略思考》，《战略与管理》，2001年第1期。

② Stephen D. Krasner, *Structural Conflict*, California: University of Califonia Press, Ltd. 1985, p. 72.

③ 王逸舟：《西方国际政治理论：历史与理论》，上海人民出版社，1998年版，第466—467页。

④ 王逸舟主编：《磨合中的建构：中国与国际组织关系的多视角透视》，北京：中国发展出版社，2003年版，第24页。

第一节　中国加入国际经济机制的回顾与评价

一、中国参与国际经济机制的历程回顾

新中国成立后，外交政策实行一边倒的策略，没有可能和当时已经存在的国际经济机制进行接触。20 世纪 60 年代初中苏关系恶化，中国的外交政策显得更加内向。国内意识形态的泛滥，导致中国外交政策顾此失彼。整个 60 年代和 70 年代初，中国和世界主要国家的关系都很紧张。所以基本上没有可能加入任何国际经济组织。1949—1970 年，中国为了赢得联合国的唯一合法代表权而努力，但以失败告终。在 20 世纪 50 年代，中国分别向世界卫生组织（WHO）、世界气象组织（WMO）、国际民航组织（IVAO）、国际劳工组织（ILO）、国际货币基金（IMF）、国际复兴与发展银行（IBRD）和万国邮政联盟等众多国际组织递交了加入申请，但是所有的努力都付诸东流，更谈不上利用国际经济组织来促进中国国内的经济建设。邓小平评价这段发展过程时说："中国在西方产业革命以后变得落后了，一个重要的原因就是闭关自守。建国以后，人家封锁我们，在某种程度上我们也还是闭关自守，这给我们带来了一些困难。三十几年的经验教训告诉我们，关起门来搞建设是不行的，发展不起来。"[①] 从 1971—1978 年，中国恢复了在联合国的合法席位，并加入了大部分国际组织，包括

① 《邓小平文选》第 3 卷，北京：人民出版社，1993 年版，第 64 页。

联合国发展署、环境规划署、产业发展组织、贸易与发展委员会、粮农组织、教科文组织等。中国也发展或重塑与欧共体、拉美无核区组织、国际大坝委员会、国际奥委会和国际标准组织等的合作关系。这一时期的特点是，中外的政治关系发展得比较快，而经贸方面的联系比较弱。[①] 随着1978年以后中国对外开放政策的实施，中国逐渐融入国际社会。在对世界的看法和发展问题的观念方面，中国高层逐渐进行调整和改变。在这个大的背景下，中国陆续加入一些全球和区域的国际经济组织。1980年中国先后恢复了在国际货币基金组织的代表权、世界银行的合法席位。1982年11月中国成为联合国国际贸易法委员会正式成员，1984年12月中国参加国际清算银行，1986年中国加入了亚洲开发银行，参与亚行的各项活动。从1979年至今，中国参加了联合国的裁军谈判，签署了一系列裁军和大规模杀伤性武器的不扩散文件，经过15年的艰苦谈判加入了WTO，直到现在，中国已经加入大部分主要国际组织或与之建立了合作关系。[②] 据统计，20世纪60年代中期，中国参与的国际组织的数量接近于零，而到90年代中期，中国参与的国际组织达600多个，标志着中国已经全面融入国际社会。[③]

二、中国参与国际经济机制的基本特点

中国已经从国际社会的旁观者转变为开放的参与者，从被动

---

① 王逸舟主编：《磨合中的建构——中国与国际组织关系的多视角透视》，北京：中国发展出版社，2003年版，第23页。

② 中国社会科学院世界经济与政治研究所余永定：《崛起的中国与七国集团、二十国集团》，载《国际经济评论》2004年第9—10期。

③ 转引自颜声毅：《当代中国外交》，上海：复旦大学出版社，2004年9月版，第345页。具体参见《太平洋学报》2001年第4期。

的角色转变为主动的角色，从无足轻重的普通一员转变为举足轻重的重量级选手。从旧秩序的长期受害者和反抗者转变为国际新秩序的建设者和支持者。① 中国实行对外开放需要在经济体制和规则上与世界市场的主流接近，并且利用这些外部条件，特别是国际经济组织的合作和支持，使之成为推动中国改革开放和经济发展的外部动力。实质上就是主动或创造性地融入经济全球化，并因此促进经济发展及综合国力的增强。中国强调对于经济全球化的两方面的影响。江泽民同志说："经济'全球化'是世界经济发展的客观趋势，谁也回避不了，都得参与进去。问题的关键是要辩证地看待这种'全球化'的趋势，既要看到它的有利的一面，又要看到它的不利的一面。这对于我们中国这样的发展中国家来说尤为重要。我们既要敢于又要善于参与这种经济'全球化'条件下的国际经济合作与竞争，学会趋利避害，既要充分地利用它提供的机遇与有利条件加快发展自己，又要清醒地认识和及时防范它可能带来的不利因素与风险。"② 在中共十五届五中全会上，江泽民同志进一步指出："这是一场全球范围的大竞争，任何国家、任何民族都回避不了；在这场竞争中，就如同逆水行舟、不进则退。"③ 中国改革开放20多年的时间，既是中国综合实力明显提升、物质力量壮大、正在走向崛起的时期，也是中国参与国际社会、国家身份再造和国家社会化的过程。④ 有美国学者从20多

① 转引自颜声毅：《当代中国外交》，上海：复旦大学出版社，2004年9月版，第345页。具体参见《法学评论》1999年第2期。

② 《人民日报》1998年3月1日第1版。

③ 《全国政协九届四次会议闭幕会上的讲话》，载《人民日报》2001年3月13日第1版。

④ 袁正清：《建构主义与外交政策分析》，载《世界经济与政治》2004年第9期。

年中国对外交往的历史中发现，中国一直是国际经济机构内的“体制的维护者”而不是体制的改变者。[①] 经济关系中的共享利益在很大程度上维持了美中关系，但对基本经济利益的强调引来了批判的声音，认为经济外交弱化了美国的政治和安全议程。贸易和投资确在帮助美国达到它更广泛的外交目标，途径是抬高中国政府对全球化和中国融入国际社会的赌注。对国际社会的承诺使中国社会更加开放，按照更受市场控制的世界经济的要求，以及全球化所必需的商业惯例模式的要求，中国正在迅速地（尽管不一定是平稳地或直线上升地）调整自己的经济政策和社会、政治结构。[②]

第二节　1986—2001 年中国加入世界贸易组织过程的经济外交

WTO（1995 年以前为 GATT）关贸总协定是开展经济外交的一个重要场所。WTO 目前有 146 个成员，《WTO 协定》涵盖了货物贸易、服务贸易以及与贸易有关的知识产权等领域。目前正在进行的多哈发展日程谈判，涉及到农业、非农产品市场准入、知识产权与公共健康等多个议题，有许多议题中国已经向 WTO 递交了提案。

---

① Gerrit W. Gong，etc. *China Economic Brief*. Issues for New Administration and Congress. February，2001. The Center for Strategic & International Studies，p. 4.

② 《美国外交关系委员会独立任务组报告——启程：中国、美国和 WTO》，参见张向晨、孙亮：《WTO 后的中美关系：与美国学者对话》，广东人民出版社，2002 年 9 月第 1 版，第 155 页。

中国加入WTO下的多边贸易体制框架，不仅有助于“锁定”中国在过去20多年中取得的向市场经济过渡的改革成果，并进一步将国内的改革开放向纵深推进，而且有助于中国参与国际规则的制定，并利用稳定和透明的国际环境参与竞争、解决贸易争端。[①] 美国学者江忆恩认为，中国参与国际贸易组织，主要是渴望经济增长最大化，以及在面临内部阻力时使用国际承诺来帮助推进艰难的国内经济改革。[②] 1983年初，中国政府就已经做出加入关贸总协定的决定。中国申请成为关贸总协定理事会的观察员，参加了关贸总协定的外围组织——“多种纤维协定”，到一些国家考察参加关贸总协定的利弊，请关贸总协定的专家讲授有关知识，派人参加关贸总协定的培训班等等。[③] 考虑到关贸总协定的特殊性，比如加入条件需要谈判、法律条款不容易理解等等，因此进行了较长时间的准备工作。

一、中国决定参与关贸总协定（世界贸易组织）

1948年3月24日，中国政府签署了在哈瓦那召开的联合国世界贸易和就业会议的最后文件，成为国际贸易组织临时委员会执行委员会的成员。1948年4月21日，中国政府签署关贸总协定(临时适用议定书)，并从1948年5月21日正式成为关贸总协定缔约方。1950年3月6日，台湾当局由其“联合国常驻代表”以

① 张幼文等：《经济强国——中国和平崛起的趋势与目标》北京：人民出版社，2004年版，第366页。

② ［美］江忆恩：《中国和国际制度：来自中国之外的视角》，载王逸舟主编：《磨合中的建构》，北京：中国发展出版社，2003年3月版，第352页。

③ 张向晨、孙亮：《WTO后的中美关系：与美国学者对话》，广州：广东人民出版社，2002年9月版。

“中华民国”的名义照会联合国秘书长，决定退出总协定。1965年1月21日，台湾当局提出观察总协定缔约方大会的申请，同年3月，第22届缔约方大会接受台湾当局派观察员列席缔约方大会。

1949年10月1日，中华人民共和国成立。1971年10月，联合国大会通过了关于恢复中华人民共和国合法席位的第2758号决议，恢复了中华人民共和国在联合国的合法席位。关贸总协定按照在政治上服从联合国决议的原则，于1971年11月26日终止了台湾当局的“观察员”地位。不久，中国于1972年5月成为联合国贸发会议和关贸总协定下属机构国际贸易中心的成员，逐步与关贸总协定恢复了联系。

自1979年中国开始实行改革开放政策后，随着对外交往增加，外资开始进入中国，对外贸易逐渐成为国民经济的重要组成部分，参与世界上最大的多边贸易体制——关贸总协定逐渐提上了中国政府的议事议程。自1980年起，关贸总协定应中国的要求正式向中国常驻联合国日内瓦代表团提供关贸总协定文件资料。同年8月，中华人民共和国政府官员作为中国唯一合法代表，出席了国际贸易组织临时委员会执行委员会会议。1980年8月26日合众国际社日内瓦的一份电稿中写道：“一些西方官员今天说，中国可能在准备谋求加入世界上最重要的贸易机构——关税贸易总协定。表明北京要采取这种行动的一个迹象是，在参加今天在日内瓦开学的法语训练班的21个人中，有一个是中国外贸部的一位副处长刘善明（译音）。一位西方官员说，苏联与东德从未表示有兴趣参加关税及贸易总协定，而中国人‘一些时候以来一直在做出友好的表示’。”①

① 《中国接触关贸总协定第一人——刘显铭》，载《北京青年报》2001年10月28日。

1981年，中国代表列席了关贸总协定纺织品委员会第三个《多种纤维协议》的谈判，并于当年5月获得了纺织品委员会观察员资格。1982年11月，中国第一次派代表团以观察员身份，列席了关贸总协定第36届缔约国大会。中国代表在发言中指出："中国是关贸总协定的创始缔约方之一……""中国与关贸总协定之间的关系正在加强，我们愿意与关贸总协定探索进一步发展关系的可能性。"中国代表还与关贸总协定秘书处就恢复中国在关贸总协定缔约方地位等法律问题交换了意见。1982年12月31日，国务院批准了关于中国申请参加关贸总协定的报告。1984年1月，中国正式参加了第三个《多种纤维协议》，并成为关贸总协定纺织品委员会的成员。1984年11月，作为观察员，中国获准出席关贸总协定理事会及其附属机构的会议。而且，中国每年都列席关贸总协定缔约方大会。

1985年4月，中国成为关贸总协定发展中国家非正式磋商小组的成员。1985年10月3日至9日，以经贸部部长助理沈觉人为团长的中国代表团利用列席关贸总协定特别缔约方大会的机会，在日内瓦分别同美国、日本和欧共体代表团就中国复关问题进行了首次非正式磋商。1986年3月，关贸总协定总干事邓克尔应邀访华。1986年7月10日，中国常驻联合国日内瓦代表团大使钱嘉东照会关贸总协定总干事阿瑟·邓克尔，正式提出中国政府关于恢复在关贸总协定缔约方地位的申请。在申请照会中表示，中国政府基于中国是关贸总协定创始缔约国之一这一事实，现决定申请恢复它在关贸总协定中的席位。中国是关贸总协定缔约方，只是由于历史上的原因，曾一度中断了与关贸总协定的联系，因此根本不存在"重新加入"的问题。

中国申请复关并非权宜之计，而是出于长远的战略考虑，是改革开放的一个重要组成部分，对发展对外经济贸易和促进经济体制改革有着重要意义。作为12亿人口的大国，中国理应全面参与制定21世纪的世界经济贸易规则。随着中国经济体制改革的推进、对外开放政策的具体实施，恢复关贸总协定席位客观上就成为一种必然的选择，当时的主要考虑有：

首先，大力发展对外贸易。1978年，十一届三中全会提出了进行经济体制改革和对外开放、对内搞活的经济政策。这大大加强了中国对外贸易在国民经济中的地位。随着对外开放的进行，对外贸易总额迅速增加，1978年对外贸易总额约为206亿美元，1986年达到738.5亿美元。其中，与关贸总协定缔约方的贸易额约占中国对外贸易总额的85%左右。由于没有恢复关贸总协定缔约方席位，在国际贸易中不能获得作为关贸总协定缔约方所享受的一些权利。复关后，可使中国受益于多边贸易体制，获得无条件的最惠国待遇和公正、公平与稳定的对外贸易环境，这对进一步改善中国对外经济贸易发展的外部环境有着重要意义。

其次，促进经济体制改革的深化。根据关贸总协定原则与规则在公平基础上竞争，可促进企业在国际竞争中提高经济效益，更好地参与国际竞争。按关贸总协定的要求，缔约方要增加外贸制度的透明度和外贸政策法规的全国统一性，这对逐步减少贸易扭曲、消除地方保护主义都有重大的作用。

第三，积极参与国际经济事务和制定国际贸易规则。1980年，中国恢复了在国际货币基金组织和世界银行中的合法席位。通过这两个组织，中国获得了一些中、长期优惠贷款和技术援助，促进了经济建设和对外开放。但由于在协调国际经济政策方面，国际货币基金组织和世界银行与关贸总协定有密切的联系，加之获得的贷款大都与贸易有关，为了全面地参与国际经济事务，中国很自然地考虑参加关贸总协定。更为重要的是，通过复关，中国可获得参与制定贸易政策与规则的权利，实现在国际事务中“参政议政”的目标。

第四，有利于抑制其他国家的贸易保护主义。20 世纪 80 年代初，西方国家贸易保护主义的加强使中国的出口产品受到来自许多关贸总协定缔约方的不公正对待。例如，欧共体对中国许多产品有单方面的数量限制、中国的一些出口产品常常被进口国征收严于其他国家的反倾销税、中国不能利用关贸总协定有效地解决贸易争端。对方也因中国不是关贸总协定缔约方而不受关贸总协定法规的约束，因而在双边谈判时中国经常处于不利的地位。在《多种纤维协议》中的经历使中国看到了是否作为关贸总协定缔约方的一些差别待遇，这促使中国下决心恢复关贸总协定缔约方地位。因为参加《多种纤维协议》后，一方面使中国纺织服装出口得到稳定的发展，从 1984 年的 66 亿美元发展到 1991 年的 178 亿美元；另一方面使中国在同西方国家进行纺织品贸易谈判中处于有利的地位。通过谈判，取消了对中国纺织品出口的一些限制，并通过《多种纤维协议》，较好地解决了中美贸易中关于纺织品贸易的争端。因此，在当时世界各国贸易保护主义盛行的情况下，借助总协定解决贸易争端的程序，可加强中国的谈判地位，有利于中方同贸易伙伴磋商和解决贸易争端，维护中国的经贸权益。

最后，可以获得经贸信息，完善中国的商情网。关贸总协定拥有世界经济贸易的全面信息资料，如各缔约方的贸易政策、法规、双边贸易协定、贸易统计资料等等。这是中国了解和收集国际经贸信息的重要场所，可通过关贸总协定及时了解各缔约方贸易政策新动向，并及时调整中国的外贸政策。

二、中国复关过程中的经济外交

1. 从 1986 年 7 月到 1992 年 10 月，主要是审议中国经贸体

制，中方要回答的是要搞市场经济还是计划经济。中国在1986年7月10日提出恢复关贸总协定缔约方地位的申请，便开始了长达9年的复关谈判。从1995年7月开始，又转入入世谈判。其间从1986年7月提出复关申请到1989年5月中美第五轮双边磋商达成了谅解。这期间，中国与主要缔约方进行了十几次双边磋商，并就中国复关的一些核心问题基本达成了谅解，而且中国工作组通过连续召开7次会议，也已基本结束了对中国外贸制度的答疑和综合评估工作，中国复关议定书基本成型，无论在多边谈判，还是在双边磋商中已基本形成共识——1989年底结束复关谈判。这一时期的复关谈判之所以进展顺利并在一些焦点问题上（如选择性保障条款和美对华无条件最惠国待遇，以及欧共体列出取消对华歧视性数量限制时间表等）取得突破性进展，其原因有五个方面：一是中国改革开放的进程位居原苏联、东欧国家之前；二是中国当时提出的改革目标是建立和完善有计划的商品经济，改革开放的每一项举措均使美、欧、日等主要缔约方喜出望外；三是主要缔约方基于中国的经济改革目标（建立有计划的商品经济，而非市场经济）所提出的要价比较适中、务实，而且这些要价与当时中国改革开放的步伐基本协调；四是中国与欧、美、日等主要缔约方双边政治关系发展处于“蜜月”时期，双边经贸关系处于建立、开拓的发展阶段，贸易纠纷和摩擦被良好的双边政治关系所掩盖，美、欧急于把中国拉入多边贸易体制，以期为原苏联东欧树立一个样板；五是乌拉圭回合谈判伊始，世贸组织的建立并未提到议事日程，中国复关的“入门费”只局限在货物贸易的准入，完全基于关贸总协定的规定，而未涉及知识产权、投资措施和服务业市场准入问题。

这一时期美、欧对中国复关谈判的关心和要价，主要集中在贸易政策的透明度与统一实施、关税与非关税措施的减让、价格改革的时间表和选择性保障条款等五个中心问题上。基于这种要价的复关谈判，内容和范围不仅少而窄，而且涉及的问题也大都是关于中国贸易管理体制方面的，未全面涉及中国国内经济政策和外汇政策。

但是，从1989年6月到1992年2月第10次中国工作组会议召开，以美国为首的西方国家对华实行经济制裁，把暂时不让中国复关作为其经济制裁的一项主要内容，加之国内经济处于治理整顿阶段，复关谈判涉及的双边磋商和以日内瓦工作组会议形式进行的多边谈判（这期间曾召开过第8次和第9次工作组会议，均为象征性例会）事实上陷入停顿，而且还危及到中国复关谈判前一时期所取得的成果，致使这一阶段复关谈判陷入停顿。主要西方大国对中国复关谈判采取了拖延战术。

2. 第二阶段从1992年10月到2001年9月，是双边市场准入谈判和围绕起草中国入世法律文件的多边谈判阶段。1993年11月，江泽民主席在第一次参加在美国西雅图举行的亚太经合组织领导人非正式会议时，提出了著名的中国复关“三原则”：一是关贸总协定没有中国参与是不完整的；二是中国必须以发展中国家身份复关；三是中国复关坚持权利与义务的平衡。

这一阶段复关谈判重新启动并进入权利与义务敲定的最后攻坚时期。在这期间，1992年因邓小平南巡讲话而引发的深化改革和全方位对外开放为中国经济的高速发展注入了新的推动力，十四大的召开为中国经济体制改革确立了建立社会主义市场经济和现代企业制度的目标，并相应地迈出了一系列深化改革的重大步骤。

这一系列改革开放的新举措本应为及早结束中国复关谈判提供契机。但由于冷战后出现的新国际形势和乌拉圭回合形成的“世贸组织协议”生效在即，中美三个备忘录（劳改产品、知识产权和市场准入）的相继签署和人权与贸易关系的脱钩，美对华贸易政策中唯一可以向中国施压的杠杆就是复关谈判。加之主要西方国家基于中国经济贸易迅猛发展而对中国复关未来对其本身和多边贸易体制上影响的重新认识，使上述出现的一系列因素对中国复关谈判不仅未能发挥其提供契机和推动作用的一面，还扩大了中国复关谈判的内容。它们无视中国现阶段经济发展水平，要求中国提前从发展中国家行列中“毕业”，承担发达国家在关贸总协定中所承担的义务。

为及早摆脱和打破这一谈判怪圈，增加有关各方的责任感与紧迫感，中国于1994年11月28日及时明智地做出了“1994年底为结束中国复关实质性谈判最后期限”的重大决定，以推动主要缔约方丢掉幻想，要价适可而止，对中国复关谈判采取务实灵活的态度。但谈判仍未能最终达成协议。自1994年复关谈判受挫未果至1996年中期，在这期间虽然经过中国工作组主席多次倡议和邀请，中国代表团曾四次赴日内瓦与主要成员进行了非正式磋商，但谈判僵局一直未能打破，谈判始终围绕着几个难点问题进行周旋。1995年6月3日中国成为WTO观察员。1995年7月11日，中国正式提出加入WTO的申请。1995年11月，应中国政府要求，中国复关谈判工作组更名为WTO中国工作组，并于1996年3月召开了第一次工作组会议。

直到1997年下半年中美关系趋缓，中国台湾地区入世谈判取得进展，中国香港已顺利回归和世界区域集团化与一体化并举的形势下，美国政府通过高层官员陆续向中国透露，美国最高层已决定调整美国对中国入世的政策，并对负责中国入世谈判的班子进行了必要的调整，由对华比较了解的中间务实派全面负责中国入世谈判。美国高层认为，克林顿连任为解决中国入世问题提供了极难得的机遇，希望中方能与美方配合，争取在1997年5月完成这场重要的入世谈判。遗憾的是谈判并未如人们良好的愿望那样发展，1997年中国与美国未达成协议。1998年美国总统克林顿首次访问中国，中国入世问题再次成为世人关注的焦点。1999年11月15日，中美正式签署了关于中国入世的双边协议，从而为结束长达13年的复关或入世谈判铺平了道路。

1998年以来，中美双边政治关系的改善创造了良好的谈判气氛。克林顿访华，尽管象征意义大于实际经贸利益，但却给国际社会一个重要信号，中美已经结束了政治、意识形态和经济的对抗，美国要寻求与中国进行较广泛的合作。其中最重要的就是经贸领域的合作。这一信号在1998年7月中旬美国参众两院关于延长中国最惠国待遇的议案中，以绝对多数的票数获得通过，并修改美国贸易法，把“最惠国待遇”条款改为“正常贸易关系”。这是最终修改或制定新的美国国内立法解决“杰克逊—瓦尼克”修正案的问题，为给予中国永久性最惠国待遇迈出了关键的一步。同时，中方也采取积极的态度，改善双边贸易状况，使谈判气氛有了好转。1999年4月，朱镕基总理成功访问美国，使入世谈判进程加快。然而，5月8日，中国驻南联盟使馆被以美国为首的北约轰炸，又使谈判受阻。9月11日，在亚太经合组织非正式首脑会议上，江泽民主席与克林顿总统一致同意两国恢复谈判具有重要意义，并表示希望能早日成功地结束谈判。11月10—15日，美国贸易谈判代表巴尔舍夫斯基访华，中美进行了新一轮谈判，15日双方终于签署了《中美关于中国加入世界贸易组织的双边协议》。2001年9月13日，中国与墨西哥结束了关于中国加入WTO的双边谈判。中墨签署双边协议标志着中国与所有WTO成员的双边市场准入谈判全部结束。中国加入世界贸易组织的所有法律文件于2001年9月17日下午在日内瓦获得通过。中国长达15年的入世谈判宣告完成。日内瓦当地时间17日下午3时30分至5时20分，世贸组织中国工作组第18次会议在世贸组织总部举行正式会议，通过了中国加入世贸组织的所有法律文件，包括：中国工作组报告书、中国入世议定书、货物贸易减让表和服务贸易减让表。1987年3月4日成立的中国工作组也随之结束了历时14年6个月的历史使命。

2001年11月10日，当地时间18时35分，世界贸易组织第四届部长级会议在卡塔尔首都多哈以全体协商一致的方式，审议并通过了中国加入世贸组织的决定。11日中国政府与世界贸易组织正式签署了中国加入世界贸易组织的法律文件，并向世界贸易组织递交了经中国全国人民代表大会批准、由国家主席江泽民签署的中国加入世界贸易组织批准书。12月11日，中国正式成为世界贸易组织的成员，标志着中国的经济外交政策取得极大成功。

加入世界贸易组织，是党中央、国务院审时度势、高瞻远瞩做出的重大战略决策，充分展示了中国顺应经济全球化潮流、主动参与国际竞争与合作的积极姿态。加入世界贸易组织，符合中国的根本利益：一是有利于改善中国经济发展的外部环境，拓宽经济发展空间，促进国内经济结构调整，推进国民经济结构的优化升级。二是中国可以在更大的范围、更广的领域、更高的层次上参与国际合作与竞争，实现资源优化配置，更好地“引进来”、“走出去”，把中国对外开放提高到一个新的水平。三是促进中国社会主义市场经济体制改革，清除生产方式中不适应生产力发展和时代要求的体制和机制障碍，为经济发展创造良好的体制环境。

第三节 中国对其他全球性和区域性国际经济机制的参与

一、对亚太经济合作组织（APEC）的经济外交

中国参与以 APEC 为依托框架的亚太地区经济合作，是中国进一步深化改革开放的需要，也是中国加速社会主义市场经济建设的需要。中国参加亚太经济合作，是一种长期的战略选择。

亚太经合组织是亚太地区重要的政府间区域经济合作组织，是本区域国家和地区加强多边经济联系、交流与合作的重要组织之一。1989 年 1 月，澳大利亚总理霍克访问韩国时建议召开亚太国家部长级会议，以讨论加强经济合作问题。经与有关国家磋商，1989 年 11 月 5—7 日，澳、美、日、韩、新西兰、加拿大及东盟六国在澳大利亚首都堪培拉举行了亚太经济合作组织首届部长级会议，亚太经济合作组织成立。经合组织的宗旨和目标是："相互依存，共同受益，坚持开放性多边贸易体制和减少区域内贸易壁垒"。该组织的最高活动是非正式首脑会议，它是区域内国家首脑个人非正式的集会，就有关经济问题发表见解，进行意见交流。1990 年 7 月在新加坡举行的亚太经合组织第二届部长级会议通过的《联合声明》，欢迎中国、中国台湾地区和中国香港地区三方尽早同时加入这一组织。1991 年 11 月，在"一个中国"和"区别主权国家和地区经济"的原则基础上，中国、中国台北和香港（1997 年 7 月 1 日起改为"中国香港"）正式加入亚太经合组织。

亚太经合组织现有 21 个成员，成员总人口占世界人口的

45％，国内生产总值占世界的55％，贸易额占46％。这一组织在全球经济活动中具有举足轻重的地位。亚太地区是中国对外经济贸易的重要依托。近年来，中国与亚太经合组织其他成员之间每年的贸易额均占中国当年贸易总额的70％以上。2000年中国与亚太经合组织其他成员的贸易额为3517.2亿美元，其中出口额1827.81亿美元，进口额1689.4亿美元。2001年上半年，中国与亚太经合组织其他成员的贸易额为1765.5亿美元，其中出口额899.38亿美元，进口额866.12亿美元。从1991年到1999年，亚太经合组织成员成为中国的主要贸易对象和投资来源地，占据中国进出口贸易和投资总额的70％—80％。

中国一直以积极的姿态参与APEC的各项活动。20世纪90年代，中国通过参与地区经济合作，逐渐熟悉国际经济惯例，在当时中国尚未加入WTO的情况下，成为参与地区经济合作的替代性选择。例如，根据中国做出的承诺，1996年连续大幅度降低关税，使中国的平均关税从1995年的39.5％削减为23％，1997年降低到17％，2002年降低到12％。在非关税壁垒和贸易便利化方面也进行了改革，增加了透明度。这些措施显示了中国参与全球化的实质性动作，增强了APEC成员对中国加入WTO后的信心。①

中国自加入亚太经合组织以来，始终本着积极参与、求同存异、推动合作的精神全面参与该组织各项活动，对亚太经合组织近年的合作进程发挥了重要的影响。迄今为止，中国国家领导人已参加了8次亚太经合组织领导人非正式会议，表明了中国改革开放、积极参与亚太经济合作的决心。中国政府首脑在出席历次

① 喻常森：《亚太地区合作的理论与实践》，北京：中国社会科学出版社，2004年8月版，第162页。

APEC 领导人会议的时候，多次提到亚太经济合作应该坚持的原则。1993 年在美国西雅图召开的首次领导人会议上，江泽民主席提出区域经济合作要遵循相互尊重、平等互利、彼此开放、共同繁荣的原则。1994 年印尼茂物会议上，又对上述原则进行了具体的延伸和阐述。1996 年在菲律宾苏比克会议上，江泽民主席总结 APEC 方式的主要特点是：承认多样性、强调灵活性、渐进性和开放性；遵循相互尊重、平等互利、协商一致、自主自愿的原则；单边行动和集体行动相结合，并认为 APEC 方式是一种行之有效的方式。[①] 此后，APEC 方式被正式写入当时的《苏比克宣言》。中国特别强调在 APEC 的合作中要把经济技术合作与贸易投资自由化结合起来的做法，要做到两个轮子走路。2001 年 10 月，APEC 第九次领导人非正式会议在上海举行。在江泽民主席的主持下，APEC 成员领导人围绕“新世纪、新挑战：参与、合作，促进共同繁荣”这一主题，就世界经济形势、人力资源能力建设、APEC 未来发展方向等重大问题深入交换意见，发表了《APEC 领导人宣言》、《上海共识》、《数字 APEC 战略》、《APEC 领导人反恐声明》等重要文件。会议取得了丰硕成果，获得了圆满成功。

长期以来，鉴于亚太地区各国存在的现实的制度和战略利益差别，内部的政治不稳定和各国之间基于历史原因根深蒂固的不信任，APEC 一直贯彻“开放的地区主义”，缓和了在经济一体化过程中，因为利益分配不均而带来的各种潜在冲突，并“在地区主义和全球主义之间架起了桥梁，并为二者之间的过渡提供了全新而宝贵的经验。这将从根本上缓解人们对地区主义与全球主义

---

① 王隅生：《亲历 APEC：一个中国高官的体察》，北京：世界知识出版社，2000 年版，第 106 页。

相抗衡、区域经济一体化组织之间相对峙这一局面的疑虑和担心。”[①] 从本质上讲，APEC 只是一种就长期经济政策进行经常性对话和磋商的机制，没有严格的制度约束，也没有一般国际组织的责任约束。有人认为 APEC 是一个“清谈馆”（talk shop）或“无牙的老虎”（tiger without teeth），的确，APEC 约束性机制的缺失影响了它功能的发挥。[②] 但这种状况在目前的情况下，符合亚太国家政治经济的实际，作为 WTO 等硬约束机制的补充，APEC 具备独特的价值。

举办上海 APEC 领导人会议是 2001 年中国的一项重大外交活动。这次会议展示了中国改革开放和社会主义现代化建设的伟大成就，进一步提高了中国在国际和地区事务中的地位和影响。中国经济发展、社会进步、悠久历史、灿烂文化以及上海城市面貌的日新月异都给与会的各成员领导人和代表留下了深刻印象。同时，会议为重振地区和全球经济做出了重要贡献，也为 APEC 未来发展奠定了坚实的基础。

二、中国与东盟自由贸易区的经济外交

20 世纪 90 年代以来，在欧盟和北美自由贸易区的示范和刺激下，区域经济一体化加速发展。到 2002 年，世界贸易组织累计收到 250 个区域贸易协定的通报。区域贸易协定具有贸易创造和贸易转移的双重效应，有利于成员国在更大的市场范围内配置资源，更好地发挥比较优势，从而获得分工深化带来的效率提高。任何

① 宋玉华等：《开放的地区主义与亚太经济合作组织》，商务印书馆，2001 年版，第 202—203 页。

② 喻常森：《亚太地区合作的理论与实践》，中国社会科学出版社，2004 年 8 月版，第 184 页。

区域合作都有一定的政治动因和国际政治目标，东亚经济合作更是有鲜明的政治意图，事实上，东亚经济合作从一开始就是一种政治合作框架，一年一度的领人对话会议已成为各国讨论地区事务的一个重要机制。[①] 东亚经济合作的基本框架是东盟（ASEAN）、东盟地区论坛（ARF）、10＋1会议（东盟与单一国会议）和10＋3会议（中、日、韩与东盟的对话会议）。1997年确立的10＋3机制是东亚经济合作的主要框架，但近年来发展缓慢，一直有口惠而实不至的现象，签订的很多协议只停留在纸面上，而在历次10＋3会议期间还分别召开的3个10＋1会议近年来则取得明显成效，合作进程不断加快，其标志是2001年11月第五次东盟—中国10＋1领导人会议通过了在10年内建立中国—东盟自由贸易区的建议。2002年11月，中国东盟领导人会晤期间双方又签署了《全面经济合作框架协议》，促进双方自由贸易区的建设驶入快车道。2003年10月第七次东盟—中国10＋1领导人会议上，双方签署了“面向和平与繁荣的战略伙伴关系”联合宣言，中国正式加入《东南亚友好合作条约》，并签署了《全面经济合作框架协议》补充议定书，更是表明3个10＋1中最具发展前景和动力的中国与东盟经济合作再上新台阶。中国—东盟自由贸易区的建设在东亚经济合作中具有里程碑的重要意义，它不仅为该地区经济合作起到了很好的带头作用，而且推动了日本、韩国同东盟之间的自由贸易谈判进度。[②]

随着中国经济持续增长，中国必须在融入地区的两种方式中选择一种：日本方式（通过在地区内投资，但关闭其大部分国内市场）或美国方式（通过打开市场，创造相互依赖）。中国认为美

① 张蕴岭：《东亚合作及其影响》，载《国际金融研究》2003年第11期，第8页。

② 王小芳：《东亚经济合作中的政治因素分析》，载《东南亚》2004年第1期。

国方式更为合适有效。通过开放国内市场而让地区国家分享中国发展的机会，中国希望地区内国家更能接受中国的经济增长，将中国的崛起视为机遇而不是威胁。[①] 这是中国倡议与东盟建立自由贸易区的主要原因之一。中国向全世界务实地表明了她渴望用经贸内涵充实传统（以政治挂帅的）外交关系的愿望。借助缔结自由贸易协定，中国在地区乃至世界经贸事务中的发言权必将大大提升。

由于冷战的原因，中国与东盟一直处于敌对状态，直到1991年中国才与所有东盟成员国建交或恢复了外交关系。1996年，中国开始成为东盟全面对话伙伴国。1997年，江泽民主席与东盟领导人共同确立了建立面向21世纪的睦邻互信伙伴关系。同时，这种政治关系的良好势头又为双方发展更深层次的经济合作提供了必要条件。2000年底，在朱镕基总理的提议下，双方进一步探讨了如何加强经济联系、提供贸易投资便利。2001年11月初，在文莱首都斯里巴加湾举行的第五届东盟与中、日、韩领导人“10＋3”以及中国与东盟领导人“10＋1”会议期间，朱镕基总理提出了三项建议：一是确定中国与东盟之间的重要合作领域；二是10年内建立“中国—东盟自由贸易区”；三是加强政治互信与支持。

2002年11月初，中国和东盟领导人在柬埔寨首都金边签署了《中国—东盟全面经济合作框架协议》，为2010年前建成拥有17亿消费者、近2万亿美元国内生产总值、1.2万亿美元贸易总量的世界上最大的自由贸易区确定了更加明确而具体

① 张蕴岭：《为什么推动东亚地区合作》，载《国际经济评论》2003年第5期，第48—50页；陈虹：《共享增长：东亚地区经济合作》，载《国际经济评论》2003年第5期，第51—55页。

的目标、范围、措施和时间表，成为促进中国与东盟在当今世界经济挑战面前扩大双方的贸易和投资、争取实现共赢的关键一步，也为中国政府主动参与区域经济合作、开展经济外交提供了一个最新尝试。这种务实性自由贸易协定，被称作“丰收计划”。2010年还有些远，那就先从能做的事情慢慢做起。比如，中国云南、广西等地与东盟国家的边境贸易，以及围绕大湄公河流域的众多合作事务，正开展得有声有色，让各国民众和商家尝到了不少甜头。

建立中国—东盟自由贸易区顺应了全球化发展的潮流，符合世界贸易组织的有关规定，体现了中国—东盟领导人致力于加强睦邻互信伙伴关系的强烈意愿，也是近年来中国与东盟经济联系不断深化的必然结果，相信它必将给双方带来共赢的局面。中国将与东盟各方共同努力，尽早启动有关准备和谈判工作。

应该指出的是，中国与东盟建立自由贸易区虽已达成协议，且通过了《中国与东盟全面经济合作框架协议》，但在未来的十年内自由贸易区能否如期建立，仍然存在不少变数和问题，较为突出的有：

一是“中国威胁论”仍有市场，一些东南亚国家的政府官员仍怀疑这项计划的可行性，担心大量中国廉价商品的流入，可能“摧毁东南亚经济”。二是如何处理中国与东盟国家之间产品的竞争互补性。中国与东盟之间有很强的互补性，但不可否认的是，双方也存在一些相互间竞争性很强的产品。因此，在如何安排“敏感产品”的开放，如何保护各自的弱势产品，亦即如何达到双方互利双赢等方面，仍然存在一些难题需要解决。三是如何历史、现实、客观地认识与处理中国与东盟在南海岛屿的纷争，切实履行中国与东盟签署的《南海各方行为宣言》，使建立中国—东盟自由贸易区的进程有一个良好稳定的周边环境。四是美国在东亚有着巨大的政治、经济、军事利益，美国对东亚政策的变化将对中国与东盟自由贸易区的建立产生重要的影响。目前看来，东盟国家在政治和经济两方面都对中国存在较大戒心：从经济上讲，东盟担心如果中国掌握了自由贸易协定谈判的主导权，那么东盟与中国处于竞争状态的劳动密集型产业就将遭受打击；而从政治上讲，由于历史的原因，东盟国家一直隐含着对“中国威胁论”的担心，这与日本的遏制中国战略可谓不谋而合。

总之，中国提出与东盟建立自由贸易区，是基于中国外交和经济发展的战略需要。发展与东盟国家的睦邻互信伙伴关系，建立稳定繁荣的周边环境，是中国外交的长期目标。中国为了更好地走向世界，也需要实行外贸多元化，开拓周边国家市场，以减少对美国市场的依赖。中国对地区多边合作的态度，近年来也从20世纪90年代初的谨慎观望变得更为积极主动，力争在地区事务中发挥重要作用，树立负责任大国的国际形象。①

三、上海合作组织经济功能的扩展

1996年4月26日，中国、俄罗斯联邦、哈萨克斯坦、吉尔吉斯斯坦、塔吉克斯坦五国元首在上海举行首次会晤。该定期会晤机制旨在推动各成员国之间的合作，维护地区和世界的和平、安全与稳定，这就是“上海合作组织”的前身。随着国际和地区形势的不断变化，成员国一致认为，现有的会晤机制已不能适应各

① 马燕冰：《中国—东盟自由贸易区计划及其影响》，载《和平与发展》2002年第1期。

国合作与发展的需要。2001 年 6 月 14—15 日，“上海五国”元首在上海举行第六次会晤，此次会议上，乌兹别克斯坦以完全平等的身份加入上海合作组织。随后，六国元首签署了《上海合作组织成立宣言》，“上海合作组织”正式成立。上海合作组织是第一个在中国境内宣布成立、第一个以中国城市命名的国际组织。虽然在上海合作组织框架内，成员国的合作是全方位的，涉及政治、军事、经济、教育、交通、能源、环保等众多领域，但加强区域经济合作一直就是上海合作组织的一项主要任务。上海合作组织六国面积 3017 万平方公里，占欧亚大陆面积的 3/5，人口 15.1 亿，占世界人口的 1/4，区域经济合作的潜力巨大。六国元首签署的《上海合作组织成立宣言》明确提出，要利用成员间在经贸领域互利合作的巨大潜力和广泛机遇，在上海合作组织框架内开展区域经济合作并启动贸易和投资便利化进程。2001 年 9 月，各成员国总理在哈萨克斯坦的阿拉木图会晤期间，重点研究了区域经济合作问题，并签署了《上海合作组织成员国政府关于区域经济合作的基本目标和方向及启动贸易和投资便利化进程的备忘录》，为区域经济合作明确了原则、指明了方向，并提出建立成员国经贸部长会晤机制，落实区域经济合作和启动贸易投资便利化谈判。在 2002 年 5 月举行的成员国经贸部长的首次会晤上，中国商务部副部长张志刚曾公开表示，经过两年多的发展，上海合作组织已经进入全面务实合作的阶段，建立自由贸易区是深化本区域经济合作、适应世界区域经济发展的必然选择。截止至 2005 年中国与五国贸易额达 377 亿美元区域经济合作的法律框架、组织机制和目标已经确立，贸易投资便利化和经济技术合作已经启动。中国政府高度重视该组织区域的经济合作视为区域经济一体化和经济全球化的重要组成部分。

四、中国与 G7（G8）：有选择地参与

20 世纪 70 年代爆发的石油危机和布雷顿森林体系的结束，导致 G7 首脑会议产生。1975 年，在法国的朗布依埃，英、美、德、日、意大利和法国的政府首脑出席会议，共同讨论国家社会面临的经济等问题。1976 年美国卡特前总统召集六国首脑和加拿大政府首脑在波多黎各举行会议，G7 机制开始固定下来。G7 作为一个所谓“有共同思想的人民”的国家组成的非制度化论坛，通过对各国政策的协调以及对全球经济政策的引导，对世界经济的进展起到非常重要的作用。进入 90 年代以后，G7 在讨论全球问题时开始涉及发展中国家的贸易政策、债务减免、发展中国家的发展等议题。

1978 年以后，中国经济飞速发展，每年保持了 9%的年平均增长率，经济实力急剧增加。如到 2002 年中国就已经成为国际贸易第四大国，并且成为该年吸引 FDI 最多的国家。近年来，不断有 G8 的成员邀请中国加入 G8 组织。随着 1999 年 G20 财政部长和央行行长会议的召开，中国开始了参与 G7 的合作进程，参与了至今的所有 G20 会议，并在国际金融建设和全球经济发展等问题方面提出自己的看法。1999 年 11 月，在中国财政部副部长带领由财政部和中国人民银行的官员参加了温哥华会议。12 月，由中国财政部长和央行行长带领的代表团参加了柏林部长会议。2000 年 10 月，中国财政部长和央行行长参加了 G20 财政会议。2001 年 11 月，中国财政部长和央行行长参加第三次 G20 渥太华部长会议。11 月，中国财长和央行行长参加了在新德里举行的 G20 第四次部长会议。2003 年，中国国家主席受 G8 集团的邀请，参加了 G8 集团与主要发展中国家的讨论。同时从 2003 年起，中国财政

部和中国人民银行和G7的副部长、副行长级别的官员进行接触，就人民币汇率等问题阐述中国的立场，起到了良好的效果。到2004年，中国财政部长、央行行长与G7财长和央行行长持续进行对话。

第四节　中国的经济机制外交与国际经济新秩序

中国加入世贸后仍继续前进，积极参与区域经济协作，中国大陆与港、澳地区签订了CEPA协议，令中国目前的开放形成三层架构的基本体系：第一层是最基本也最广泛的，包括与外国的双边经贸关系和通过世贸等国际组织而开展的多边关系。目前来看，入世及全球化的双引擎正促使中国的开放更趋全面。第二层是通过区域协作与其他国家加强经贸关系。目前进展最好的是中国—东盟的自由贸易区协商。其他还有研讨中的与日、韩三国建立自贸区构想，将来可与中国—东盟自贸区结合，形成涵盖东亚的“十加三”自贸区。另一重要安排是包含中、俄及中亚诸国的上海合作组织。中国又开始与非相邻国家或集团，包括新西兰、智利及中东的海湾六国等探索建立自贸区的可能性。而且，区域协作还可与中国国内的地区发展结合，形成内外区域协作互动。例如：云南正积极与东盟开展合作，新疆及东北则参与中亚及东北亚地区合作等。第三层次是中华经济圈内的经贸合作。至今中国已与港澳地区签订了两期的CEPA协议，成为中华经济圈的首个官方经贸关系规章。但是，台海两岸政治关系紧张与经济关系日趋紧密的背驰现象尚待解决。从长远看，这一层次的开放还有很大扩展空间，如可纳入新加坡及海外华人而演化为华人经济圈，或再纳入韩国成为汉文化经济圈等。总结来看，上述第二、第三层次的发展反映了中国开放已进入了后入世时期，在满足入世承诺的同时选择性地进一步扩大开放，因此新的突破将不断出现。三个层次构成了一个地理范围逐步扩大的开放体系：以大陆为内核心、中华经济圈为外核心，由此伸延向周边及遥距的区域协作圈后，再走向全球市场。[①]

1961年不结盟国家第一次首脑会议提出废除国际贸易不平等交换及稳定原料和初级产品价格等要求，开始涉及反对经济旧秩序的问题。1964年第二次不结盟国家首脑会议发表的宣言要求重建世界经济体系，第一次明确提出了建立国际经济新秩序的口号。在1974年4月召开的第6届特别联大上，第三世界国家提出了建立国际经济新秩序的建议。会议通过了“七十七国集团”起草的《建立新的国际经济秩序宣言》和《建立新的国际经济秩序的行动纲领》指出，国际经济新秩序应是建立在所有国家的公正、主权平等、相互依靠、共同利益和合作的基础上的各国的经济关系体系，这种秩序将纠正不平等和现存的非正义，并且使发达国家和发展中国家间日益扩大的鸿沟有可能消除，保证目前一代和将来世世代代在和平与正义中稳步地加速经济和社会发展。

国际经济新秩序的主要目标是，为发展中国家的经济发展提供一个有利的国际经济环境，在发达国家与发展中国家之间建立起公正、平等、合理的国际经济关系。这个新秩序的基本特点是：主权平等、公平合理、互利合作、共同发展。国际经济新秩序的主要内容是：要求改革旧的国际商品贸易制度、改善贸易条件、

① 亚太博宇：《中国经济运行》每日快报—2005年01月1日。

提高并稳定初级产品的合理价格。改革国际货币金融体制，使发展中国家有可能得到更多的发展基金，扩大发展中国家在国际金融机构的投票权，对重大国际金融问题有平等的发言权和决策权。增加发展援助，监督跨国公司的活动，确保发展中国家对本国资源的永久主权。

积极参与全球化，利用经济全球化中的国际制度安排来为本国谋求利益。同时应该积极主动地参与改革不公平、不合理的国际制度，创建公平合理的国际制度。由于全球化过程中，许多国际规则、国际制度是以发达国家为主导的，更多地体现了发达国家的利益，发达国家依然控制着全球经济、政治活动的“游戏规则”的制定权，借以谋求和巩固全球霸权。这就决定了发展中国家在对待这些国际游戏规则的同时，不应该只是被动地接受、融入和适应，而应该有个更长远的谋划：既要有信心去改造那些不公正的“游戏规则”，也要有心理准备在必要的时候去承担建设和制定新的国际游戏规则的任务。国际经济秩序由大量的国际制度构成，只有参与其中，进入国际制度内部，才能利用现存制度安排所提供的参与权、主权国家一律平等的准则和正式国际组织的开放性，化被动为主动，变不利为有利，逐步改革不公平、不合理的国际制度，创建公平、合理的国际制度。[①] 积极主动地进入国际制度体系的内部，“在重大的问题上发出自己应有的呼声，制约美国与西方的霸权主张，积小胜为大胜”。[②] 中国政府认为，建立国际政治经济新秩序应该反映世界各国人民的普遍愿望和共同利

① http：//www.xslx.com/htm/jjlc/sjjj/2004—10—02—17417.htm，参见陈柳钦、杨晶：《经济全球化时代发展中国家主权弱势分析》。

② 林利民、杨凡：《第三世界与21世纪国际新秩序》，载《当代第三世界透视》，北京：时事出版社，2001年版，第43页。

益，应该体现历史发展和时代进步的要求。和平共处五项原则、联合国宪章的宗旨和原则以及其他公认的国际关系准则应成为国际政治经济新秩序的基础。具体来说，这一新秩序应坚持以下基本原则：

第一，互相尊重主权和领土完整、互不侵犯、互不干涉内政。第二，坚持用和平方式处理国际争端。反对凭借军事优势动辄使用武力或以武力相威胁，要彻底摒弃冷战思维，树立以互信、互利、平等、协作为核心的新安全观，通过对话增进相互信任，通过合作促进共同安全。第三，世界各国主权平等。所有国家不论强弱、贫富都是国际社会平等的一员，都有平等参与世界事务的权利。各国的事情要由各国人民作主，国际上的事情要由各国平等协商，全球性的挑战要由各国合作应对。第四，尊重各国国情、求同存异。每个国家都有权独立自主地选择自己的社会制度与发展道路。世界本来就是丰富多彩的，不可能只有一种模式。各国社会制度和价值观念等方面的差异不应成为发展正常国家间关系的障碍，更不应成为干涉别国内政的理由。第五，互利合作、共同发展。各国之间，特别是发达国家和发展中国家应该相互合作、平等互利、共同发展。要改革旧的不合理的国际经济秩序，使之有利于维护世界各国特别是广大发展中国家的权益。中国愿同世界各国一道，为推动建立公正、合理的国际政治经济新秩序，创造一个持久和平和普遍繁荣的新世界而共同努力。①

改革开放之后，中国努力争取加入西方市场经济规则主导的国际经济秩序。2001 年中国加入世界贸易组织是融入这个经济秩序的标志。两者无不被看作是中国外交的胜利：中国的国际地

① 具体参见中国外交部网站。

位因前者得到了前所未有的提高；中国的经济也正是在融入现有的，也是旧的经济秩序的过程中获得了前所未有的发展。中国一方面不断强调至今还没有一个国际组织能够取代联合国所发挥的作用，中国重视并支持其发挥更重要的作用；中国在加入世贸组织以后也不断表示在享受其权利的同时，遵守其规则，履行自己的承诺。另一方面又一直把建立政治经济新秩序作为中国外交的一个目标。20 世纪 90 年代初，中国明确提出了建立国际经济新秩序的主张，并把它作为中国外交的重要内容。[①] 这种新秩序到底为何物，又如何建立，似乎并不清楚。但是若把这种理想主义的政策宣示当作一个现实的目标和任务，那就是传统的革命外交惯性的一个表现。[②]

改革开放 20 多年来，中国已经逐渐融入到全球化当中，成为推动全球化的重要力量，并成为全球化中最大的受益者。中国是现存国际秩序最大的受惠国之一，中国的发展享受了现行国际体系提供的现成的公共产品，其大致包括：开放的世界贸易体系、相对廉价的原油供应、区域安全和畅通的公海航道、相当长时期的总体和平的国际环境等等。[③] 中国经济 20 世纪 90 年代以来的飞速发展，国内改革开放是主要原因，亚洲金融危机、俄国的休克疗法、美国主导压各国开放市场等外部形势变化都使中国受益匪浅。美国的虚拟资本和虚拟经济需要中国日益强大的制造业打底，贸易自由化在现阶段符合美中两国利益，

---

① 李宝俊：《党的十一届三中全会以来中国外交的特点》，载《教学与研究》1998 年第 11 期，第 18—23 页。

② 张清敏：《中国外交的“变”与“不变”》，载《世界知识》2004 年第 4 期。

③ 《中央党校两教授谈中国和平崛起的发展道路》，载中共中央党校主办的《学习时报》第 317 期。

双方逐渐形成利益共同体。总之，随着经济全球化步伐的加快和国际关系朝着有序化、制度化和机制化的方向发展，中国必须进一步加快参与制定新的国际规范，在接受国际普遍规范、信守承诺的同时，积极参与制定新的国际规范，改变当前国际经济机制的霸权现象，这是化解国际体制对于中国崛起的“双面刃”效应的现实需要，也是中国作为负责任大国致力于改造国际经济新秩序的重要途径。

结 论

如同在本书的开头所提到的，外交作为主权国家对外的一种实践活动，源远流长。不同的国别、不同的历史时期，外交形成了不同的风格和特点。从 18 世纪开始，随着西方概念的民族国家的产生，在近现代国际关系体系中，摆脱了单纯依靠军事手段实现国家利益的局面。外交在世界事务中的地位得到提高，西方各主要国家都成立了专门的外交部门，外交成为实现国家利益的手段之一，外交在争夺政治霸权、贸易地位的过程中发挥了重要作用。

二战后，国际政治经济关系的内容构成日趋多元，国家在设定本国国家利益目标上随之多元。政治、经济、安全、文化、意识形态、环境等都作为对外政策目标，通过外交去实现，同时这些因素本身也作为实现外交政策的手段而加以运用。在这个过程中，外交的内涵和外延都得到扩大。外交功能也都在发生变化，从传统的政治外交、安全外交正在向经济外交、文化外交、民间外交，包括企业外交、总体外交方向发展。传统或狭义的政治外交、安全外交等概念继续保持稳定性的同时，经济外交、环境外交、文化外交等概念日益有了独立存在的价值和必要性，并已经为国际政治和外交的实践所证明。对外交概念的探索和研究，是一种理论层面的追求，更是国家提高外交质量的一种现实需要。

外交要顺应外交内涵的变化来扩大它的功能，不仅要维护国家的政治安全，国家的形象，维护国家主权领土的完整，同时也更好地、直接地为国内的经济建设服务。冷战结束后，经济外交实践越来越普遍，它在整个对外交往当中的作用越来越重要。在国家获取经济利益或者使用经济手段获取政治或安全利益的命题没有过时之前，经济外交的功能和效力就不会降低。所以，随着对外交理论研究的不断深化，对经济外交的研究和关注也应得到高度重视。

1978年党的十一届三中全会后，随着改革开放的逐步深入，中国国内的政治经济生活由计划经济时代的政治主义至上，向改革开放过程中经济在国家和社会生活中的应有地位回归，并直接对中国的对外政策和对外关系产生影响。尽管学术界对1978年后中国外交的特点和变迁规律尚存在不同的认识，但有一点是明确的：经济和外交的互动越来越频繁。以经济促外交或以外交促经济日益成为中国外交比较明显的现象。无论如何，作为新兴的和转型的发展中大国，中国的经济外交案例具备了相对典型的实践和理论方面的文本意义。新时期中国经济外交“是什么”和“应当是什么”？对这样命题的探索和研究，无论对丰富中国外交的理论本身，还是对中国外交的实践，都极具学术价值和实践意义。通过研究，本书认为：

第一，经济外交的一般规律和国际经验，随着新时期中国外交质量和能力的不断提升，逐渐为中国外交的实践所验证。经济外交是中国总体外交的重要组成部分。中国实行经济外交的过程，为评价中国的外交政策和外交行为提供了一个现实的平台。中国20多年改革开放的历程，为经济外交的研究提供了难得的、丰富的样本。中国外交的总体目标服务于中国改革开放的总体国家战略，为中国的改革开放创造一个良好的外部环境。如保障中国的出口产品市场和资源、能源来源的稳定获得是中国外交面临的重大任务和挑战。作为实现中国国家利益的手段之一，有足够的理由和需求对中国经济外交的研究投入更多的精力。通过研究中国的经济外交行为，不仅可以对中国的外交政策和外交行为有更清晰的观察，而且可以为外交学研究的立体性和丰富性提供一个具有较大学术价值和实践意义的文本。

第二，制度变迁、经济转型、文化传统、国内发展目标的调整等内政因素，是影响中国经济外交的重要变量。在改革开放的条件下，内政和外交的联系更为紧密，两者之间的相互作用更为明显。这种互动表现为三个层次：首先，制定国内政策离不开对国际形势的把握。中国能够经受国内风波和苏东剧变的考验，坚持改革开放的方针，重要的原因是对国际形势变化对中国的影响作了准确的判断。其次，国内的经济和政治发展不断给中国外交提出新任务，外交工作处于配合中心工作的地位。从国内经济、政治需要出发来考虑外交问题，对外政策更加务实。最后，中国参与经济全球化的过程，在一定程度上影响中国国内的经济和政治体制改革进程。

改革开放以后的中国外交强调了内外政策的一致性。20世纪80年代以来，中国强调经济建设的核心地位，指出外交要为现代化建设服务。邓小平在党的十二大开幕词中提出了“加强社会主义现代化建设，争取实现包括台湾在内的祖国统一，反对霸权主义、维护世界和平”的三大任务，强调“核心是经济建设，它是解决国际国内问题的基础”和“最重要的条件”。一方面，邓小平特别强调经济建设对于中国外交的作用，认为“中国在国际事务中起的作用的大小，要看中国自己经济建设成就的大小。如果中国国家发展了，更加兴旺发达了，中国在国际事务中的作用就会增大。现在中国在国际事务中起的作用并不小，但是如果中国的物质基础、物质力量强大起来，起的作用就会更大”。[①] 他说：“中国能不能顶住霸权主义、强权政治的压力，坚持中国的社会主义制度，关键就看能不能争得较快的增长速度，实现中国的发展战略。”[②] 另一方面，邓小平也特别强调外交为现代化建设服务是中国对外工作的总方针。他明确指出：中国压倒一切的中心任务就是搞社会主义现代化建设，而搞好建设需要一个好的国际环境，中国的对外政策就是反对霸权主义，维护世界和平；要根据这一任务、这一方针，解决国际上的问题、解决中国与各国间的问题，也解决中国自己的问题，如香港问题和台湾问题。

第三，从理论和实践的角度讲，中国经济外交的内容日益丰富、手段日趋多元、层次日益清晰，并形成诸多分支领域的议题。随着国际交往的日益增多和经济相互依赖的发展，中国经济外交在内涵和外延上不断拓展。同时，随着人们不断增强对经济外交的理解和运用的意识，经济外交的表现形式有多样性的特点，包括国家经济合作外交、封锁禁运、贸易外交、关税外交、金融外交、能源外交等等，这些具体问题领域的外交构成了中国经济外交的内涵。能源外交在中国外交的分量正在上升，已经成为中国外交战略中仅次于大国外交、周边外交的重要外交部署。能源安全——主要是石油和天然气——问题已经成为中国外交战略的最重要的考虑因素。中国外交的主要任务将会是争取更多国家利益，特别是中国非常缺乏的能源。中国经济发展对于石油的需求，已成为一个关系经济安全的大问题。

第四，经济外交作为一个重要的外交概念，已经与中国的大

---

① 《邓小平文选》，第2卷，北京：人民出版社，1994年第2版，第240页。

② 《邓小平文选》，第3卷，人民出版社，1993年版，第356页。

国外交、多边外交、周边外交表现出极大的重合性。冷战结束后，中国对外政策逐渐形成了三个基本侧重点：一是积极与大国搞好关系，努力发展大国间长期稳定的友好合作关系，与各大国建立各种类型的伙伴关系，扩大中国的回旋余地；二是发展与周边国家的睦邻友好关系；三是发展与发展中国家的关系。从战略高度加强与发展中国家的团结与合作，使中国与发展中国家的传统友谊得到巩固和充实。这三个侧重点是直接而务实的。中国经济外交是中国总体外交的重要组成部分。中国经济外交的战略目标服务和服从于中国外交战略的总体部署。

第五，从中国经济外交的具体实践观察，经济外交和单纯的政治、安全外交等所谓传统外交比较，表现出一定的独立性和特点。经济外交和政治外交具有一定条件下的正负相关性。中日、中美间的经济合作发展良好，但政治关系有时存在很多症结。两国间良好的政治关系也并不一定就会促进两国关系的飞跃发展，如 20 世纪 90 年代初中期中俄之间的贸易关系。反之，两国之间经济合作关系的水平也并不必然影响两国政治合作关系。

经济关系和政治关系一定条件下可以分离，即经济关系的强劲和政治关系的松散。如日本一方面在追求对美贸易利益的最大化行为过程中，尽力维护自己的贸易额和贸易顺差，坚持本国的市场准入制度，形成对美贸易的全方位优势，而在政治关系方面又以不损害日美政治同盟为底线。必须把发展经济关系作为促进政治关系的必要前提。在很大程度上，只有经济关系得到了发展，政治关系才能巩固。中美之间政治关系和经济关系的互动，是一个典型的案例，经济关系和政治关系的并行发展，经济成为双边关系稳定的基轴和压舱石。

第六，中国经济外交作为对政治、安全外交的重要补充，还存在大量提升的空间，经济外交的质量和意识亟待提高。中国经济战略要加强塑造能力、锤炼议程创设和实施能力，以经济战略的成就促进国际战略的整体成熟。要树立经济安全的思想，要提高中国商品在国际市场的占有率，要拓展中国获得国外技术和资金的渠道，要保障从国际市场获得能源和战略资源的途径和能力。尽管中国开展经济外交已经多年，但各方面的机制还有待完善、能力还有待提高。经济外交在中国外交中起着越来越重要的作用，但是仍然没有被提高到国家战略的高度来认识，中国的经济外交仍然局限于一些具体的经济实务方面。几十年革命外交所形成的惯性仍然影响目前的中国外交，今天“反对各种形式的霸权主义和强权政治”仍然是中国外交的一个重要内容。重义轻利的文化传统和建国 50 多年来社会主义国家的外交实践所形成的惯性使中国羞于将国家利益明确宣示为政策取向。中国一方面有必要树立广义的经济外交观念，更加积极地参与国际与地区多边经济、金融事务的对话与各项“国际规则”的决策过程，真正把经济外交提高到中国国际战略的高度；另一方面，也要加大政府交涉力度，拓展中国经济发展的国际市场空间。在国际贸易摩擦越来越频繁的情况下，中国应当加强开展反倾销、反补贴方面的经济外交，为中国企业产品走入国际市场创造一个有利的国际环境。现有的外交资源可能还没有得到充分的、有效的利用，要抓住难得的历史性机遇，加强经济外交，为全面建设小康社会服务，使中国在更大范围、更广领域、更高层次参与国际经济技术与合作和竞争的新形势，按照统筹国内发展和对外开放的要求，推进实施引进来和走出去相结合的对外开放战略，充分利用两个市场和两种资源为国家的发展服务。

总之，长期以来，中国习惯了政治外交，一般讲外交多指政治外交、安全外交。现在随着形势的变化，外交的内涵、外交功能也都在发生变化，经济外交现在越来越热，它在整个对外交往当中，在中国发展进程中、民族振兴进程中发挥的作用显得越来越重要。外交要为全面建设小康社会服务，就必须要重视外交的经济内涵。旧有的传统观念往往会落后于现实的需要，比如，至今仍有个别外交人员认为经济活动和外交活动是分离的。可见，要想避免因观念落后产生的障碍，就需要外交部门和其他领域人士来共同推动。中国的外交也要相应地顺应内涵的变化来扩大它的功能，不仅要维护国家的政治安全、国家的形象，维护国家领土的完整、主权的尊严，同时也要更好地为国内的经济建设服务。

参考书目[①]

中文书目

1. 谢益显等：《中国外交史》，河南人民出版社 1995 年版。

2. 刘建飞：《美国与反共主义：论美国对社会主义国家的意识形态外交》，北京：中国社会科学出版社 2001 年版。

3. ［美］伊丽莎白·埃克诺米等：《中国参与世界》，北京：新华出版社 2001 年版。

4. ［英］巴斯顿：《现代外交》，北京：世界知识出版社 2002 年版。

5. 中共中央宣传部：《“三个代表”重要思想学习纲要》，北京：学习出版社 2003 年版。

6. 张学斌：《经济外交》，北京大学出版社 2003 年版。

7. 刘山等：《中国外交新论》，北京：世界知识出版社 1998 年版。

8. 陈玉刚：《国家与超国家——欧洲一体化理论比较研究》，上海人民出版社 2001 年版。

① 在本书写作过程中，曾经参考了大量期刊杂志，相关部分见正文中的注释，在此不一一列举。

9. 苏长河：《全球公共问题与国际合作：一种制度的分析》，上海人民出版社 2000 年版。

10. 资中筠：《国际政治理论探索在中国》，上海人民出版社 1998 年版。

11. 王晓德：《美国文化与外交》，北京：世界知识出版社 2000 年版。

12. 时殷弘：《国际政治理论探究·历史概观·战略思考》，北京：当代世界出版社 2002 版。

13. 周永生：《经济外交》，北京：中国青年出版社 2004 年版。

14. 田增佩主编：《改革开放以来的中国外交》，北京：世界知识出版社 1993 年版。

15. 周弘：《对外援助与国际关系》，北京：中国社会科学出版社 2002 年版。

16. 高全喜主编：《大国》（第 2 期），北京大学出版社 2004 年版。

17. 谢希德等：《曲折的历程——中美建交 20 年》，上海：复旦大学出版社 1999 年版。

18. 夏旭东等：《走向 21 世纪的中美关系》，北京：东方出版社 1996 年版。

19. ［美］昂格尔：《现代社会中的法律》，北京：中国政法大学出版社 1994 年版。

20. 叶宗奎等：《国际组织概论》，北京：中国人民大学出版社 2001 年版。

21. 《毛泽东外交文选》，北京：中央文献出版社、世界知识出版社 1994 年版。

22. 《邓小平文选》（第 3 卷），北京：人民出版社 1993 年版。

23.《周恩来外交文选》，北京：中央文献出版社 1990 年版。

24. 金正昆：《现代外交学概论》，北京：中国人民大学出版社 1999 年版。

25. 陶文钊等：《中美关系 100 年》，北京：中国社会科学出版社 2001 年版。

26. 林晓光：《日本政府开发援助与中日关系》，北京：世界知识出版社 2003 年版。

27. 王逸舟：《全球政治与中国外交》，北京：世界知识出版社 2003 年版。

28. 李宝俊：《当代中国外交概论》，北京：中国人民大学出版社 1999 年版。

29. 宋新宁、陈岳：《国际政治经济学概论》，北京：中国人民大学出版社 1999 年版。

30. 刘丽云等：《美国政治经济与外交概论》，北京：中国人民大学出版社 2004 年版。

31. 颜声毅：《当代中国外交》，上海：复旦大学出版社 2004 年版。

32. ［美］詹姆斯·多尔蒂等：《争论中的国际关系理论》（第 5 版），北京：世界知识出版社 2003 年版。

33. ［法］佛朗索瓦·沙奈：《金融全球化》，北京：中央编译出版社 2001 年版。

34. 王逸舟主编：《全球化与新经济》，北京：中国发展出版社 2002 年版。

35. 陈文鸿等：《东亚经济向何处去》，北京：经济管理出版社 1998 年版。

36. 张海涛：《金融全球化——发展中国家的利益与风险》，北京：经济科学出版社 2003 年版。

37. 曹鉴燎：《制度冲突与国家经济安全》，北京：经济科学出版社 2002 年版。

38. 樊勇明：《西方国际政治经济学》，上海人民出版社 2001 年版。

39. ［美］肯尼迪·N·华尔兹：《人、国家与战争——一种理论分析》，上海译文出版社 1991 年版。

40. ［英］苏珊·斯特兰奇：《国际政治经济学导论——国家与市场》，北京：经济科学出版社 1999 年版。

41. ［美］罗伯特·基欧汉、约瑟夫·奈：《权力与相互依赖》（第 3 版），北京大学出版社 2002 年版。

42. 李若谷主编：《国际经济一体化与金融监管》，北京：中国金融出版社 2002 年版。

43. 周振华：《体制变革与经济增长——中国经验与范式分析》，上海人民出版社、三联书店 1999 年版。

44. 楚树龙主编：《世界、美国和中国——新世纪国际关系和国际战略理论探索》，清华大学出版社 2003 年版。

45. 柳剑平：《当代国际经济关系政治化问题研究》，北京：人民出版社 2002 年版。

46. 王逸舟主编：《磨合中的建构——中国与国际组织关系的多视角透视》，北京：中国发展出版社 2003 年版。

47. 门洪华：《和平的维度：联合国集体安全机制研究》，上海人民出版社 2002 年版。

48. 许嘉：《权力与国际政治》，上海：长征出版社 2001 年版。

49. 刘杰：《机制化生存：中国和平崛起的战略抉择》，时事出版社 2004 年版。

50. 阙水深：《国际货币运行机制》，北京：中国发展出版社

2000 年版。

51. 王辑思主编:《高处不胜寒——冷战后美国的全球战略和世界地位》，北京：世界知识出版社 1999 年版。

52. 李少军:《国际政治学概论》，上海人民出版社 2002 年版。

53. 樊勇明:《西方国际政治经济学理论与流派》，上海人民出版社 2003 年版。

54. 冯绍雷等主编:《制度变迁与国际关系》，北京：国际文化出版公司 1999 年版。

55. 石志夫主编：《中国人民共和国对外关系史（1949.10—1989.10)》，北京大学出版社 1994 年版。

56. 任晓主编：《国际关系理论新视野》，上海：长征出版社 2001 年版。

57. 苏格主编:《跨世纪国际关系格局与中国对策》，北京：中共中央党校出版社 2002 年版。

58. ［美］理查德·波恩斯坦、罗斯·芒罗：《即将到来的美中冲突》，北京：新华出版社 1997 年版。

59. 鲁毅等:《外交学概论》，北京：世界知识出版社 2004 年版。

60. 杨公素:《外交理论与实践》，四川大学出版社 1992 年版。

61. 张季良:《国际关系学概论》，世界知识出版社 1989 年版。

62. 陆钢、倪稼民:《金融外交：当代国际金融体系的政治分析》，福建人民出版社 2000 年版。

63. 王逸舟:《当代国际政治析论》，上海人民出版社 1995 年版。

64. 洪停杓等:《当代中国外交新论》，（香港）励志出版社 2004 年版。

65. 方柏华:《国际关系格局——理论与现实》，北京：中国社会出版社 2001 年版。

66.［美］罗伯特·基欧汉、海伦·米尔纳主编：《国际化与国内政治》，北京大学出版社 2003 年版。

67. 亓成章、何中顺《时代特征与中国对外政策》，北京：经济科学出版社 1998 年版。

68.［法］佛朗索瓦·沙奈：《资本全球化》，北京：中央编译出版社 2001 年版。

69. 陈忠经：《冷眼向洋看世界——研究邓小平国际战略思想的报告》，北京：中国社会科学出版社 1998 年版。

70. 安卫、李东燕主编：《十字路口上的世界》，北京：中国人民大学出版社 2000 年版。

71.［美］大卫·A·鲍德温：《新现实主义和新自由主义》，浙江人民出版社 2001 年版。

72. 李爱华：《走出冷战：世界大势与中国对外战略》，济南出版社 1997 年版。

73. 柳新元：《利益冲突与制度变迁》，武汉大学出版社 2002 年版。

74. 李岚清主编：《中国利用外资基础知识》，中央党校出版社、中国对外经济贸易出版社 1995 年版。

75. 杨洁勉：《后冷战时期的中美关系：外交政策比较研究》，上海人民出版社 2000 年版。

76.［法］让—马克·夸克：《合法性与政治》，中央编译出版社 2002 年版。

77.［美］玛莎·费丽莫：《国际社会中的国家利益》，浙江人民出版社 2001 年版。

78. 曾昭耀主编：《现代化战略选择与国际关系》，北京：社会科学文献出版社 2000 年版。

79. 亓成章、刘建飞：《二十一世纪的中国外交》，北京：党建读物出版社 2003 年版。

80.《中国共产党第十六次全国代表大会文件汇编》，北京：人民出版社 2002 年版。

81. 崔丕主编：《冷战时期美国对外政策史探微》，北京：中华书局 2002 年版。

82. 楚树龙：《冷战后中美关系的走向》，北京：中国社会科学出版社 2001 年版。

83. 张幼文等：《经济强国——中国和平崛起的趋势与目标》，北京：人民出版社 2004 年版。

84. 潘锐：《冷战后的美国外交政策——从老布什到小布什》，北京：时事出版社 2004 年版。

85. 门洪华主编：《中国：大国崛起》，浙江人民出版社 2004 年版。

86. ［美］布鲁斯·拉西特等：《世界政治》（第 5 版），北京：华夏出版社 2001 年版。

87. 陆忠伟主编：《非传统安全》，北京：时事出版社 2005 年版。

88. 张文木：《世界地缘政治中的中国国家安全利益分析》，山东人民出版社 2004 年版。

89. 梁守德等：《国际政治学理论》，北京大学出版社 2000 年版。

90. 俞正梁等：《大国战略研究》，北京：中央编译出版社 1998 年版。

91. 谢超等：《国际政府组织与中国的外交战略》，贵州人民出版社 2004 年版。

92. 张贵洪编著：《国际组织与国际关系》，浙江大学出版社

2004 年版。

93. 周敏凯：《国际政治学新论》，复旦大学出版社 2004 年版。

94. 中国人民共和国外交部政策研究室编：《中国外交》(2004 年版)，世界知识出版社 2004 年版。

95. 肖佳灵等：《大国外交》(上下)，北京：时事出版社 2003 年版。

96. 谢益显主编：《中国当代外交史》(1949—2001)，北京：中国青年出版社 2002 年版。

97. 刘国奋：《台湾的“务实外交”》，厦门：鹭江出版社 2000 年版。

98. 王泰平主编：《新中国外交 50 年》(上、中、下)，北京出版社 1999 年版。

99. 资中筠：《战后美国外交史——从杜鲁门到里根》(上、下)，北京：世界知识出版社 1994 年版。

100. 杨光斌主编：《政治学导论》，北京：中国人民大学出版社 2000 年版。

101. 宋新宁、陈岳：《国际政治学概论》，北京：中国人民大学出版社 2002 年版。

102. 李定一：《中美早期外交史》，北京大学出版社 1997 年版。

103. 阎学通：《国际关系研究实用方法》，北京：人民出版社 2001 年版。

104. 倪世雄等：《当代西方国际关系理论》，复旦大学出版社 2001 年版。

105. 方连庆主编：《现代国际关系史 (1917—1945)》，北京大学出版社 1990 年版。

106. ［日］浦野起央：《国际关系理论导论》，北京：中国社会科学出版社 2000 年版。

107. ［美］詹姆斯·德·代元主编：《国际关系理论批判》，浙江人民出版社 2003 年版。

108. 丛凤辉主编：《邓小平国际战略思想》，北京：当代世界出版社 1996 年版。

109. 王杰主编：《国际机制论》，北京：新华出版社 2002 年版。

110. 王方华等：《金融贸易全球化战略协同》，上海人民出版社 2002 年版。

111. 金熙德：《日美基轴与经济外交：日本外交的转型》，北京：中国社会科学出版社 1998 年版。

112. ［美］罗伯特．吉尔平：《全球政治经济学：解读国际经济秩序》，上海世纪出版集团 2003 年版。

英文书目

1. Europe and economic reform in Africa ：Structural adjustment and economic diplomacy / Obadiah Mailafia. — London; New York ：Routledge，1997.

2. Butter and guns ：America's Cold War economic diplomacy / Diane B. Kunz. —New York ：Free Press，c1997.

3. Economic diplomacy，trade，and commercial policy ：positive and negative sanctions in a new world order. — Aldershot，Hants ：E. Elgar，c1994.

4. The economic diplomacy of the Suez crisis / Diane B. Kunz.

—Chapel Hill : University of North Carolina Press, c1991.

5. Economic diplomacy: embargo leverage and world politics / M.S. Daoudi and M.S. Dajani. —Boulder : Westview Press, 1985. — (Westview special studies in international relations)

6. Economic diplomacy between the European Community and Japan, 1959—1981 / Albrecht Rothacher. —Aldershot, Hants., England : Gower, c1983.

7. Japanese private economic diplomacy : an analysis of business-government linkages / William E. Bryant. — New York : Praeger, 1975. (Praeger special studies in international politics and government)

8. China and Japan : new economic diplomacy. —Stanford, Calif. : Hoover Institution Pr., 1984.

9. Korea's economic diplomacy : survival as a trading nation. —Seoul : Sejong Institute, 1995.

10. Robert Dallek, The American Style of Foreign Policy: Cultural Politics and Foreign Affairs, New York, 1983.

11. Madelyn Ross, "China's and the U.S.'s Export Controls System" Columbia Joumal of World Business, vol. 21, Spring 1986.

12. Vogel. Ezra F, Living With China: U.S.-China Relations in the Twenty-first Century, W.W. Norton & Company, 1997.

13. Comparative patterns of foreign policy and trade : the Communist Balkans and international politics / by Cal Clark and Robert L. Farlow. —Bloomington : International Development Research Center, Indiana University, 1976.

14. International relations and the limits of political theory. —

Basingstoke, Hampshire : Macmillan, 1996.

15. The political economy of international relations. —Princeton, N. J. : Princeton Univ. Pr. , 1987.

16. Foreign policy in a constructed world / Vendulka Kublkov, editor. —Armonk, N. Y. : M. E. Sharpe, c2001.

后 记

本书结合自己的学术背景与工作经历，对自己多年以来一直感兴趣的“中国经济外交”这一交叉课题进行了探索，真诚期望我的努力能给读者带来有益的启发。感谢我的导师、中共中央党校国际战略研究所的亓成章教授，他的博学、宽容和严谨使我受益终生。也要感谢著名战略学者彭光谦少将、于洪君大使、刘建飞教授等专家的指点。在本书成文过程中，国防大学的周丕启博士、北京大学的梅然博士、中共中央党校的门洪华博士给了我很多建议与启发，商务部、人民银行、国资委及国家发改委等单位的几位朋友帮助查阅了部分资料，时事出版社的苏绣芳主任及其他编辑也为本书的出版付出了心血，在此一并感谢。最后将本书献给我的家人，尽在不言中。

作者

2007 年 1 月

图书在版编目（CIP）数据

新时期中国经济外交理论与实践/何中顺著. —北京：时事出版社，2007.4

ISBN 978-7-80009-044-8

Ⅰ. 新… Ⅱ. 何… Ⅲ. 国际经济关系：中外关系-研究 Ⅳ. F125

中国版本图书馆 CIP 数据核字（2007）第 030569 号

出版发行：时事出版社
地　　址：北京市海淀区万寿寺甲 2 号
邮　　编：100081
发行热线：（010）88547590　88547591
读者服务部：（010）88547595
传　　真：（010）68418647
电子邮箱：shishishe@sina. com
网　　址：www. shishishe. com
印　　刷：北京百善印刷厂

开本：787×1092　1/16　印张：27.25　字数：330 千字
2007 年 4 月第 1 版　2007 年 4 月第 1 次印刷
定价：52.00 元